AF371068

ŒUVRES COMPLÈTES

DE

R. SAADIA BEN IOSEF AL-FAYYOÛMÎ

VOLUME SIXIÈME

VERSION ARABE DES PROVERBES

ŒUVRES COMPLÈTES

DE

R. SAADIA BEN IOSEF AL-FAYYOÛMÎ

PUBLIÉES SOUS LA DIRECTION DE

J. DERENBOURG

MEMBRE DE L'INSTITUT

VOLUME SIXIÈME

VERSION ARABE DES PROVERBES

PARIS

ERNEST LEROUX, ÉDITEUR

LIBRAIRE DE LA SOCIÉTÉ ASIATIQUE

DE L'ÉCOLE DES LANGUES ORIENTALES VIVANTES

28, RUE BONAPARTE, 28

1894

VERSION ARABE

DES

PROVERBES

SURNOMMÉS LIVRE DE LA RECHERCHE DE LA SAGESSE

DE

R. SAADIA BEN IOSEF AL-FAYYOÛMÎ

PUBLIÉE POUR LA PREMIÈRE FOIS ET ACCOMPAGNÉE DE

NOTES HÉBRAÏQUES

AVEC UNE

TRADUCTION FRANÇAISE D'APRÈS L'ARABE

PAR

J. DERENBOURG

MEMBRE DE L'INSTITUT

ET

MAYER LAMBERT

PROFESSEUR AU SÉMINAIRE ISRAÉLITE

PARIS

ERNEST LEROUX, ÉDITEUR

LIBRAIRE DE LA SOCIÉTÉ ASIATIQUE

DE L'ÉCOLE DES LANGUES ORIENTALES VIVANTES

28, RUE BONAPARTE, 28

1894

AVANT-PROPOS

Le présent volume contient la version arabe des *Proverbes* par Saadia, ainsi que le commentaire dont le Gaon l'a accompagnée. Ce commentaire n'existe que dans un manuscrit unique de la Bodléienne (Catal. Neubauer, n° 119). Grâce à l'obligeance du savant bibliothécaire d'Oxford, nous avons pu acquérir un décalque du manuscrit sur papier végétal. Nous avions donc sous les yeux une reproduction absolument exacte du texte du manuscrit, qui est en très bon état. Il n'y manque qu'un ou deux feuillets de l'introduction et la fin du dernier chapitre. Les premières lignes de l'introduction proviennent d'un fragment spécial, tiré d'une liasse de feuilles détachées, appartenant à la Bibliothèque de Saint-Pétersbourg et faisant partie du fonds Firkowitch. M. le docteur Harkawy a bien voulu nous envoyer une copie de ce fragment.

Pour la version même, nous avions à notre disposition, outre le manuscrit déjà cité, une copie très exacte d'un manuscrit du British Museum (Orient. 2375), que nous avons collationnée avec un manuscrit de la Bibliothèque royale de Berlin (Or. in-fol., n° 1203). Les textes des manuscrits de Londres et de Berlin se ressemblent beaucoup, tandis qu'ils diffèrent souvent de celui du manuscrit d'Oxford. Nous avons adopté généralement les leçons du manuscrit de la Bodléienne, qui nous paraît présenter le texte le plus authentique de la version de Saadia.

Les notes hébraïques, que nous avons mises au bas du texte arabe, contiennent : 1° les variantes importantes dans la version elle-même ; 2° l'explication des difficultés que présente le commentaire avec les corrections que nous avons cru devoir y faire, et l'indication des sources auxquelles Saadia a puisé, quand il ne les cite pas directement ; 3° un résumé aussi fidèle que possible du commentaire de Saadia. Nous avons voulu que ceux qui ignorent l'arabe fussent mis à même de se faire une idée exacte de l'exégèse du Gaon.

De plus, nous avons traduit complètement en français les *Proverbes* d'après la version de Saadia; ainsi les personnes non versées dans les langues orientales pourront apprécier la manière dont Saadia a rendu en arabe l'original hébreu. Nous avons ajouté des notes françaises à notre traduction là où celle-ci ne rendrait pas assez clairement la pensée du Gaon; ces notes donnent, en outre, les interprétations que Saadia, dans son commentaire, déclare admissibles, mais qu'il n'a pas fait entrer dans sa version.

Le livre des *Proverbes* est surnommé par Saadia livre de la *Recherche de la Sagesse*. Salomon, dit-il, a voulu dans cet ouvrage rendre accessibles à l'esprit de ceux qui s'adonnent à l'étude de la Sagesse, les vérités abstraites de la raison. C'est pourquoi il s'est servi de comparaisons (*meschalim*) tirées de l'expérience journalière. Dans son introduction Saadia s'étend sur les diverses sortes de comparaisons (images, allégories, etc.) dont a usé Salomon.

Pour la caractéristique de l'exégèse de Saadia nous nous bornons à renvoyer à l'étude de M. Bondi[1]. En outre, M. le professeur Bacher a promis de composer, pour la série des Œuvres complètes de Saadia, un mémoire spécial sur la grammaire et l'exégèse du Gaon.

1. *Das Spruchbuch nach Saadia*, Halle, 1888.

TRADUCTION DES PROVERBES

OU

LIVRE DE LA RECHERCHE DE LA SAGESSE

PREMIÈRE PARTIE

I

1. Proverbes de Salomon, fils de David, roi du peuple d'Israël, — 2. pour faire connaître la sagesse et la morale, et pour rendre compréhensibles les paroles de l'intelligence, — 3. et afin qu'on accepte l'instruction rationnelle, et (ce qui est) exact, nécessaire ou juste [1]; — 4. afin de donner aux insouciants de l'ardeur [2], et aux jeunes gens le savoir et la réflexion. — 5. Le sage écoutera et en sera d'autant plus instruit, et l'homme sensé acquerra les artifices [3], — 6. pour faire comprendre la fable, l'interprétation, les discours des sages et leurs récits [4]. — 7. La crainte de Dieu est ce qu'ordonne en premier la science; la sagesse et la morale, les sots les méprisent toutes deux.

8. Écoute, mon fils, la morale que te fait ton père, et n'aban-

1) S. applique, dans son commentaire, les quatre mots du texte à quatre conceptions différentes : 1° les vérités indiscutables, comme les vérités arithmétiques; 2° les vérités démontrables comme les théorèmes de la géométrie; 3° les devoirs rationnels; 4° les préceptes révélés.

2) Les idées s'effacent vite, si l'attention ne les fixe pas.

3) C'est-à-dire les moyens artificiels de garder dans la mémoire ce qu'on apprend.

4) D'après S., le texte a en vue quatre enseignements : 1° les fables (qu'il est impossible de prendre dans le sens littéral); 2° l'interprétation des songes; 3° les paraboles des prophètes, d'où leurs interlocuteurs eux-mêmes tirent la moralité: 4° les paraboles que les prophètes accompagnent de la moralité.

donne pas la direction donnée par ta mère, — 9. car toutes deux sont un diadème de grâce sur ta tête et des colliers à ton cou.

10. O mon fils, si les pécheurs veulent te séduire, n'y consens pas, — 11. alors qu'ils te disent : « Viens avec nous, embusquons-nous pour (verser) du sang, guettons sans motif l'innocent ; — 12. faisons-le périr, comme (s'il descendait dans) la tombe, encore plein de vie, et comme s'il descendait dans la fosse, encore plein de santé. — 13. Nous trouverons tout trésor précieux, et nous remplirons nos maisons de butin. — 14. Mets ton lot avec le nôtre ; nous aurons tous la même bourse. » 15. O mon fils, ne va pas en route avec eux, écarte ton pied de leurs sentiers, — 16. car leurs pieds courent pour le mal ; et ils se hâtent pour verser le sang. — 17. C'est ainsi que le filet semble aux oiseaux être tendu sans but. — 18. Mais eux ils dressent une embûche pour (répandre) leur (propre) sang, et ils guettent leur (propre) vie. — 19. Telle est la voie que suit celui qui est avide de gain ; cette (passion) enlève la vie à celui qui en est possédé [1].

20. La Sagesse lance un appel sur la place ; dans la rue elle fait entendre sa voix ; — 21. à l'entrée des ruelles elle invite, et aux ouvertures des portes dans la ville, elle se met à parler : — 22. Jusqu'à quand, ô insouciants, aimerez-vous l'insouciance, tandis que les gens moqueurs [2] ont désiré pour eux-mêmes la moquerie et que les sots haïssent la science ? — 23. Si vous vous rendez à mes remontrances, je vous exposerai mon avis, et je vous ferai connaître mon discours. — 24. Parce que je vous ai appelés, et vous avez refusé (de venir), et que j'ai tendu la main et aucun de vous ne m'écoutait, — 25. que vous avez repoussé tous mes conseils, et n'avez pas voulu de mes remontrances, — 26. moi aussi je rirai de votre ruine, je me moquerai quand viendra ce que vous redoutez, — 27. quand votre terreur s'avancera comme la tempête, que votre ruine arrivera comme l'ouragan, et que

1) S. rattache le verset 18 au verset 16, et le verset 19 au verset 17.

2) Nous rendons ainsi l'arabe *dâhi*, par lequel S. a traduit *lêṣ*, bien que le dictionnaire arabe donne à *dâhi* le sens de rusé, trompeur. V. *Ousoul*, s. v., n. 63.

fondront sur vous le malheur et la détresse. — 28. Alors il m'appelleront et je ne leur répondrai pas; ils me chercheront et ne me trouveront pas, — 29. en raison de ce qu'ils ont haï la science, et qu'ils n'ont pas choisi la crainte de Dieu, — 30. qu'ils n'ont pas voulu de mon conseil, et ont rejeté toutes mes remontrances, — 31. qu'ils goûtent donc du fruit de leurs opinions, et qu'ils se rassasient de leurs conseils; — 32. car l'insolence des insouciants les tue, et l'égarement des sots les perd. — 33. Mais celui qui m'écoute demeurera en sûreté, et à l'abri des terreurs de l'adversité.

II

1. O mon fils, si tu accueilles mon discours et que tu conserves auprès de toi mes préceptes, — 2. si tu prêtes l'oreille à la sagesse et que tu inclines ton cœur vers la raison, — 3. si tu invoques l'intelligence et tu que lances un appel à la raison, — 4. si tu les recherches toutes deux, comme on recherche l'argent, et fouilles après elles comme après des trésors, — 5. alors tu comprendras la crainte de Dieu et tu trouveras la connaissance de Dieu. — 6. Car Dieu donne la sagesse, et de sa parole (émanent) la connaissance et la raison. — 7. Il réserve aux hommes droits la doctrine [1], il est un bouclier pour ceux qui marchent dans l'intégrité, — 8. protégeant les sentiers de la justice, et veillant sur les chemins de ses hommes pieux. — 9. Alors tu comprendras l'équité, la justice, la droiture, et toute bonne voie. — 10. Lorsque la sagesse entrera dans ton cœur et que la connaissance fera les délices de ton âme, — 11. la réflexion veillera sur toi, et la raison te protégera. 12. (La réflexion et la raison) te préserveront du mauvais chemin et de l'homme qui parle avec versatilité, — 13. de ceux

1) Nous traduisons ainsi l'arabe *fiqh* par lequel S. rend *touschiyyah*. S. a en vue la science des pratiques religieuses, telle qu'elle a été développée par les docteurs.

qui abandonnent les sentiers de la droiture et qui suivent les voies ténébreuses, — 14. de ceux qui sont heureux de faire le mal et se réjouissent de le varier[1], — 15. dont les voies sont difficiles et qui prennent des chemins détournés. — 16. Toutes deux te sauveront de la femme d'autrui, de l'étrangère aux paroles doucereuses, — 17. qui abandonne l'ami de sa jeunesse, et a oublié l'alliance (consacrée) par Dieu. — 18. Elle a incliné sa maison vers la mort, et ses voies (conduisent) vers les trépassés. — 19. Tous ceux qui entrent chez elle ne reviendront plus, et ils n'atteindront pas les chemins de la vie (future). — 20. (Je dis ceci) pour que tu marches dans la route des gens de bien, et que tu gardes les voies des justes[2].

21. Certes, les hommes droits habiteront le monde et les gens intègres y resteront ; — 22. les méchants en seront retranchés et les perfides en seront effacés.

III

1. Mon fils, n'oublie pas ma loi, et que ton cœur garde mes préceptes, — 2. car ils augmenteront la durée de ton existence, les années de ta vie et ton bonheur. — 3. Que la bonté et la vérité ne te quittent point; mais attache-les à ton cou et inscris-les sur les tablettes de ton cœur. — 4. Alors, tu trouveras la grâce et le (renom) d'un esprit juste aux yeux de Dieu et des hommes.

5. Confie-toi à Dieu sincèrement et ne t'en remets pas à ta raison. — 6. Dans toute ta conduite, reconnais (ce que tu) lui (dois), alors il aplanira tes voies. — 7. Ne sois pas sage à tes propres yeux, crains Dieu et évite le mal. — 8. Ce sera une guérison pour tes articulations et un breuvage pour tes os.

1) C'est-à-dire de passer d'une mauvaise action à une autre.

2) D'après S., le premier membre de phrase se rapporte aux femmes et le second aux hommes.

9. Honore Dieu avec ta fortune et avec les prémices de toutes tes récoltes. — 10. Alors tes granges se rempliront de produits abondants et tes cuves déborderont de moût.

11. Ne dédaigne pas, ô mon fils, les leçons de Dieu, et ne sois pas lassé de ses avertissements, — 12. car Dieu avertit celui qu'il aime, agissant à son égard comme il plaît au père d'agir envers son fils.

13. Heureux l'homme qui a trouvé la sagesse, et à qui la raison a été accordée[1] ! — 14. car en faire le commerce vaut mieux que faire le commerce de l'argent, et le produit qu'on en tire vaut mieux que l'or fin. — 15. Elle est plus précieuse que les pierreries, et rien de ce que tu désires ne la vaut. — 16. La longévité est à sa droite, et à sa gauche la richesse et l'honneur. — 17. Ses chemins sont les chemins de la félicité et ses sentiers (conduisent au) bonheur. — 18. Elle est l'arbre de vie pour ceux qui la saisissent, et ceux qui la soutiennent sont dans la bonne voie.

19. Dieu a fondé la terre avec sagesse et a disposé les cieux avec raison. — 20. Par sa science, les masses d'eau ont jailli, et par elle les hauteurs (célestes) distillent la rosée. — 21. Donc, ô mon fils, que cela[2] ne s'écarte pas de tes yeux, garde la doctrine et la réflexion. — 22. Elles seront la vie pour ton âme, la grâce (d'une parure) pour ton cou.

23. Alors, tu suivras ton chemin avec assurance, et ton pied ne se heurtera à rien. — 24. Lorsque tu te coucheras, tu seras sans crainte, et lorsque tu dormiras, ton sommeil te sera doux. — 25. Ne redoute pas la terreur soudaine, ni le tumulte des méchants, quand il s'avance, — 26. car en Dieu sera ta confiance, il empêchera ton pied d'être pris (au piège).

27. Ne refuse pas le bienfait aux gens (qui le demandent)[3], lorsque tu as les moyens de le faire.

1) Dans le premier membre du verset, il est question de la sagesse acquise par les recherches, dans le second de celle que Dieu a implantée dans la nature de l'homme.

2) Dans le commentaire, S. paraît surtout penser à la sagesse, qui produit l'équilibre du monde.

3) C'est-à-dire qu'il ne faut pas trop s'enquérir s'ils méritent ou non la charité.

28. Ne dis pas à ton prochain : « Va-t'en et reviens; demain
je te donnerai », alors que tu as de quoi.

29. Ne prépare pas le mal contre ton prochain, surtout quand
il demeure en sécurité avec toi.

30. Ne cherche pas à quelqu'un une querelle gratuite, surtout
lorsqu'il ne t'a pas fait de mal.

31. Ne sois point jaloux d'un homme injuste, et ne choisis
aucune de ses voies, — 32. car Dieu a en horreur les pervers et
(réserve) son secret aux hommes droits. — 33. Sa malédiction
(pèse) sur les maisons des méchants, mais il bénit la demeure
des justes.

34. Certes, il dévoile la moquerie des moqueurs, et donne aux
humbles la grâce[1]. — 35. Les sages ont l'honneur en partage;
quant aux sots, leur ignominie est grande.

IV

1. O enfants, écoutez la leçon des pères, et prêtez l'oreille,
pour connaître la raison, — 2. car je vous ai donné un bon enseignement, à savoir ma loi; ne l'abandonnez pas. — 3. Car moi
aussi, j'étais, comme vous, un fils pour mon père, (un enfant) déli-
cat et unique pour ma mère. — 4. (Mon père) m'a instruit et m'a
dit : « Que ton cœur retienne mon discours; garde mes préceptes et tu vivras. — 5. Acquiers la sagesse et la raison. N'oublie pas, et ne dévie pas des paroles de ma bouche. — 6. Ne les
abandonne pas, elles te garderont; aime-les, elles te protégeront.
— 7. Le commencement de la sagesse consiste à l'acquérir et
tu arriveras à l'acheter pour toute ta fortune. — 8. Donne-toi
entièrement à elle, et elle t'élèvera; elle t'honorera si tu t'atta-
ches à elle. — 9. Elle mettra sur ta tête un diadème de grâce, et
elle t'abritera sous une couronne de gloire. »

1) De manière qu'on reconnaisse la nature des uns et des autres.

10. Toi aussi, mon fils, écoute, accepte mes paroles, et les années de ta vie se multiplieront. — 11. Car je t'ai guidé dans le chemin de la sagesse, et je t'ai fait marcher dans les sentiers de la droiture. — 12. Que tu marches, tes pas ne seront pas embarrassés; ou que tu coures, tu ne trébucheras pas. — 13. Attache-toi à la morale, ne t'en écarte pas; garde la sagesse, car elle est ta vie.

14. N'entre pas dans la voie des scélérats, et ne te laisse pas diriger dans leur route. — 15. Repousse-la (de ta pensée), ne la franchis pas, évite-la et passe ; — 16. car ils ne s'endorment pas à moins d'avoir fait du mal, et leur sommeil s'enfuit s'ils n'ont fait trébucher (personne), — 17. ayant mangé la nourriture de l'injustice et buvant le vin des violences.

18. La voie des justes est comme la lumière de l'aurore, dont la clarté va en croissant jusqu'au plein jour ; — 19. et la route des méchants est comme couverte de ténèbres, ils ne savent pas ce qui les fait trébucher.

20. Mon fils, sois attentif à mon discours et prête l'oreille à mes paroles. — 21. Qu'elles ne s'écartent pas de tes yeux, garde-les au fond de ton cœur; — 22. car elles sont la vie pour ceux qui les trouvent et (apportent) la guérison à tous leurs corps. — 23. Garde ton cœur de tout ce qui est défendu, car de là sortira la vie. — 24. Éloigne de toi la dureté de paroles, et repousse loin de toi les écarts du langage. — 25. Que tes yeux regardent bien en face, et que tes prunelles soient fixées droit devant toi. — 26. Règle le sentier que suivra ton pied, et tous tes chemins seront assurés. — 27. N'incline ni à droite ni à gauche, et détourne ton pied du mal.

V

1. Mon fils, sois attentif à ma sagesse, prête l'oreille à ma raison. — 2. Conserve la réflexion, et que ton langage garde la raison ; —

3. car les lèvres de l'étrangère distillent du miel, et son palais est plus doux que l'huile. — 4. Mais le résultat (qu'elle amène) est amer comme la coloquinte et acéré comme une épée à deux tranchants. — 5. Ses pieds descendent vers la mort, ses pas aboutissent au tombeau. — 6. Le chemin de la vie, elle ne le règle pas, et quand les sentiers (qu'elle suit) se confondent, elle ne s'en aperçoit pas.

7. Et maintenant, vous, enfants réunis, écoutez-moi, et ne vous écartez pas des paroles de ma bouche. — 8. Éloigne d'elle ton chemin, et ne t'approche pas de la porte de sa maison, — 9. afin que tu ne livres pas ton honneur à d'autres, et tes années aux gens cruels, — 10. que les étrangers ne se rassasient pas de tes forces, et que tes gains ne passent pas dans la maison d'autrui, — 11. que tu n'aies pas à te repentir lors de ta fin, quand ta chair et ton corps seront consumés, — 12. et que tu ne dises pas : « Hélas! comment ai-je pu haïr l'instruction, et comment mon cœur a-t-il pu rejeter l'avertissement? — 13. Que n'ai-je écouté la voix de mes guides, et prêté l'oreille aux (paroles de) mes maîtres. — 14. Pour peu j'aurais été dans le pire état, au milieu de la communauté et de l'assemblée [1]. »

15. Bois l'eau à ton puits, et les ondées à ta citerne. — 16. Alors, tes fontaines se répandront au dehors, et il y aura dans la rue des ruisseaux, — 17. qui t'appartiendront à toi seul, et non pas en même temps à des étrangers. — 18. Ta source sera bénie, et réjouis-toi avec la femme de ta jeunesse. — 19. Biche aimable, gracieuse gazelle, ses mamelles te désaltéreront en tout temps et tu te délecteras toujours de son amour. — 20. Ne te délecte pas, mon fils, avec l'étrangère, et n'embrasse pas le sein de la femme d'autrui.

21. Certes les voies de l'homme sont sous les yeux de Dieu, et il règle tous ses sentiers. — 22. Les fautes du criminel l'enlacent, et il est maintenu solidement dans les liens de son péché.

1) Dans son commentaire, S. explique le verset en disant que l'impie, dans sa passion, considère le déshonneur et la mauvaise réputation comme peu de chose

— 23. Il meurt sans être corrigé et tombe dans l'erreur par excès
de sottise.

VI

1. Mon fils, que tu aies donné ta garantie pour ton prochain,
ou que tu te sois engagé envers l'étranger en mettant ta main
dans la sienne [1], — 2. tu es pris au piège par les paroles de ta bouche, et tu es enlacé par elles. — 3. Use donc d'un moyen, mon
fils, pour échapper, puisque tu es tombé entre les mains de ton
prochain. Va, humilie-toi et supplie-le. — 4. Ne donne pas de sommeil à tes yeux ni d'assoupissement à tes prunelles, — 5. sauve-
toi, comme le cerf (échappe) à la main et le passereau au piège.
6. Va auprès de la fourmi, ô paresseux, regarde ses allures,
et deviens sage, — 7. elle qui n'a ni chef, ni préposé, ni gouverneur, — 8. et elle prépare en été sa nourriture, et a déjà
amassé, lors de la moisson, ses aliments. — 9. Jusqu'à quand, ô
paresseux, resteras-tu couché? Quand te réveilleras-tu de ton
sommeil? — 10. Encore un peu dormir, sommeiller, croiser les
bras pour rester couché, — 11. et ta pauvreté viendra comme un
voyageur, et ton dénûment comme un homme armé d'un bouclier.
12. L'homme pervers a de mauvais desseins, il va en se
prononçant difficilement; — 13. il cligne des yeux, il remue
les pieds, il fait signe des doigts; — 14. il a l'intention de revenir (sur sa parole), il se propose de nuire en tout temps, et il fait
naître les querelles. — 15. Aussi. le malheur l'atteindra à l'im-
proviste, il sera brisé subitement, sans guérison possible.
16. Il y a six choses que Dieu hait, et une septième [2] qu'il
abhorre : — 17. des yeux hautains, une langue mensongère, des
mains qui versent le sang innocent, — 18. un cœur qui médite
des projets iniques, des pieds qui se hâtent de courir au mal; —

1) S. entend par prochain l'Israélite et par étranger le non-Israélite.

2) La septième, c'est la langue mensongère qui amène tous les autres vices.

19. débiter des mensonges, ce qui est porter un faux témoignage et faire naître les querelles entre les amis.

20. Garde, mon fils, les préceptes de ton père et de ta mère, ainsi que leurs enseignements, et ne les abandonne pas. — 21. Attache-les toujours sur ton cœur, et qu'ils soient l'ornement de ton cou; — 22. car ils te guideront quand tu t'en iras, ils te protégeront dans ton sommeil, et à ton réveil ils s'entretiendront avec toi, — 23. parce que le précepte est un flambeau et la Loi une lumière; et le chemin qui mène à la vie, ce sont les avertissements de la morale.

24. Ils te garderont d'une femme mauvaise[1] et de la langue doucereuse de l'étrangère. — 25. Ne convoite pas sa beauté dans ton cœur, et ne te laisse pas prendre à (l'éclat de) ses prunelles, — 26. car l'homme débauché s'imagine qu'il obtient la femme adultère en lui fournissant une miche de pain, tandis qu'elle fait la chasse à l'âme précieuse.

27. L'homme peut-il prendre du feu dans son giron, sans que ses vêtements se consument? — 28. Ou marchera-t-il sur des charbons sans qu'il se brûle les pieds? — 29. De même celui qui a commerce avec la femme de son prochain; quiconque s'approche d'elle ne reste pas impuni[2].

30. Qu'on ne méprise pas le voleur quand il vole, car peut-être ne le fait-il que pour assouvir sa faim, — 31. et s'il est pris, il paiera une forte amende, ou bien il donnera tout son avoir pour s'acquitter, — 32. (qu'on ne le méprise pas) au même point qu'on méprise celui qui commet un (adultère), étant dépourvu d'intelligence. Qui veut se perdre, agit ainsi; — 33. il trouvera le malheur et l'ignominie, et son opprobre ne s'effacera pas.

34. Le châtiment (qui lui est infligé par Dieu) sera comme la colère du mari; (Dieu) n'aura pas pitié au jour de la punition.

1) Qui néglige les devoirs que la religion lui impose.

2) Le second ne fait que convoiter la femme; le premier se brûle le corps, le second seulement ses vêtements.

— 35. Il n'acceptera comme réparation aucune rançon; il ne voudra d'aucun cadeau, si grand qu'il soit.

VII

1. Mon fils, garde mes paroles, et conserve précieusement chez toi mes préceptes. — 2. Retiens-les et tu vivras par eux, et (garde) ma loi comme la pupille de tes yeux. — 3. Attache-les à tes doigts, et inscris-les sur les tablettes de ton cœur. — 4. Dis à la sagesse : Tu es ma sœur, et appelle la raison ma connaissance.

5. Elles te mettront en garde contre la femme étrangère, contre la femme d'autrui aux paroles doucereuses. — 6. Car, pendant que je regardais par une fenêtre de ma demeure et que j'observais à travers la lucarne, — 7. je vis parmi les étourdis, et je distinguai parmi les jeunes gens un adolescent manquant d'intelligence. — 8. Il passait sur la place près du coin (où se tenait une femme), et s'avançait dans la direction de sa maison, — 9. dans le crépuscule, au déclin du jour, alors que la nuit et les ténèbres s'épaississaient. — 10. Voici que la femme (vient) à sa rencontre, mise comme une courtisane qui veut ravir les cœurs. — 11. Elle est bruyante et turbulente; ses pieds ne reposent point dans sa demeure. — 12. Tantôt sur la place, tantôt dans les rues, elle s'embusque à chaque coin. — 13. Elle le saisit et l'embrasse, avec un visage effronté elle lui dit : — 14. « Je dois à Dieu des sacrifices rémunératoires, aujourd'hui je vais accomplir mes vœux, — 15. parce que, étant sortie à ta rencontre et ayant cherché ta face, je t'ai trouvé. — 16. J'ai garni mon lit de tapis et de coussins rembourrés à l'égyptienne. — 17. J'ai embaumé ma couche de musc, d'ambre et de bois odoriférant. — 18. Allons, enivrons-nous de caresses toute la nuit jusqu'au matin, et jouissons de l'amour, — 19. car mon mari n'est pas dans la maison, il est allé en voyage au loin; — 20. il a pris sa bourse avec lui, et il ne reviendra pas jusqu'au jour des sacrifices. » — 21. Elle

l'entraîne par sa causerie prolongée, elle le séduit par la douceur de sa parole. — 22. Je le vis partir derrière elle étourdiment, comme un bœuf qui se laisse conduire à l'abattoir, et comme un débauché (qui est entraîné) vers l'enseignement des sots [1], — 23. jusqu'à ce qu'une flèche lui perce le foie, semblable à l'oiseau qui se précipite vers le filet; il ne sait pas qu'il y va de sa vie.

24. Et maintenant, vous, enfants réunis, écoutez-moi et obéissez; soyez attentifs aux paroles de ma bouche. — 25. Que votre cœur ne se détourne pas vers les chemins (de cette femme), et ne vous égarez pas dans ses sentiers, — 26. car c'est elle qui a fait tomber beaucoup de ceux qui sont terrassés, et ses victimes sont considérables. — 27. (Aller dans) sa maison, c'est (prendre) les chemins du tombeau qui font descendre aux chambres de la mort.

VIII

1. La sagesse n'appelle-t-elle pas et la raison même n'élève-t-elle pas la voix? — 2. Elle est debout sur les cimes des hauteurs, sur les routes et dans les sentiers qui y conduisent; — 3. à l'emplacement des portes, sur les toits, et aux entrées des maisons, elle s'exclame. — 4. Elle dit : Je vous appelle, vous, hommes réunis, et j'élève ma voix vers tous les fils d'Adam. — 5. O insouciants, comprenez l'ardeur; et vous, sots, faites entrer la raison dans vos cœurs. — 6. Écoutez, car je parle avec discernement, et mon discours débute par la droiture. — 7. Ma langue professe la vérité, et mes lèvres répugnent à l'injustice. — 8. Toutes les paroles de ma bouche sont sincères; il ne s'y trouve rien de tortueux ni de pénible. — 9. Elles sont toutes justes pour l'homme intelligent, et faciles pour ceux qui ont trouvé la science. — 10. Acceptez ma morale, et non l'argent; la science est meilleure que l'or, — 11. la sagesse est préférable aux pierres précieuses, et toutes les choses désirables ne la valent pas.

1) C'est-à-dire le maniement des armes et le tir des flèches dans l'arène.

12. Moi, la sagesse, en demeurant avec la finesse et la science,
je trouve les réflexions[1]. — 13. Puisque la crainte de Dieu consiste à haïr le mal, moquerie, orgueil, mauvaise conduite
et parole versatile, tout cela je le hais. — 14. A moi appartiennent le conseil et la doctrine; je suis la raison, j'ai la puissance. — 15. Par moi règnent les rois, et les ministres décrè-
tent la justice. — 16. Par moi gouvernent les princes, les nobles
et tous les juges de la terre. — 17. Moi, j'aime ceux qui m'aiment, et ceux qui me cherchent, me trouvent. — 18. La richesse
et l'honneur sont avec moi, ainsi qu'une fortune solide (acquise)
honnêtement. — 19. Mon fruit est meilleur que l'or et le métal
précieux, et mon produit est préférable à l'argent. — 20. Je fais
marcher dans des chemins de vertu, et au milieu des sentiers du
droit, — 21. pour mettre ceux qui m'aiment en possession de
tout ce qui existe[2], et remplir leurs trésors.

22. Dieu m'a produite comme début de sa création et comme
sa première œuvre au commencement du temps. — 23. Dès l'origine du monde, j'ai été élue, à l'époque la plus reculée de la
terre. — 24. Il a commencé par moi, alors qu'il n'y avait ni
océans, ni sources pas plus qu'abondance d'eau, — 25. avant que
les montagnes ne fussent fixées, et avant les collines j'ai été
créée, — 26. alors qu'il n'avait pas encore fait la terre avec ses
grandes places ni la première motte du monde. — 27. A l'époque où il disposait les cieux, j'étais là. Et lorsqu'il dessina
un voile sur la surface de l'océan, — 28. lorsqu'il consolida le
firmament, en haut, et qu'il fortifia les sources de l'océan, —
29. lorsqu'il traça à la mer sa limite, pour que les eaux ne pus-
sent transgresser son ordre, lorsqu'il marqua les fondations de
la terre, — 30. j'étais tout à ses yeux, j'étais les délices de chaque jour; je me réjouissais devant lui à tout moment. —

1) S. paraît avoir négligé les accents et avoir joint *da'at* et *mezimmâh*. Il n'est pas impossible, cependant, qu'il faille traduire : Moi, la sagesse, je demeure avec la finesse, et (moi), la science, je trouve les réflexions.

2) Littéralement : l'être, opposé au néant.

31. Cette joie était pour les habitants d'ici-bas, sur sa terre, et mes
délices pour les fils d'Adam [1].
32. Maintenant donc, vous, enfants réunis, écoutez-moi; heureux ceux qui gardent mes voies. — 33. Écoutez la morale pour
devenir sages, et ne la repoussez pas. — 34. Heureux l'homme
qui m'écoute, qui s'attache à mes battants de porte tous les
jours, et qui garde les poteaux de mes entrées. — 35. Car celui
qui me trouve trouve la vie et obtient la bienveillance de Dieu,
— 36. et celui qui pèche envers moi se fait du tort à lui-même,
et ceux qui me haïssent aiment la mort.

IX

1. La sagesse a bâti sa maison, et elle a taillé ses colonnes
en grand nombre. — 2. Elle a préparé ses viandes et mélangé
son vin; elle a aussi dressé sa table. — 3. Puis elle envoie ses
servantes, elle appelle sur le sommet des toits les plus élevés. —
4. Elle dit : Que celui qui est négligent se détourne (pour venir)
ici; et à celui qui manque d'intelligence je dirai : — 5. « Venez,
mangez de ma nourriture et buvez du vin que j'ai mélangé. —
6. Abandonnez l'insouciance et vivez, et laissez-vous guider dans le
chemin de la raison. » — 7. Combien font la morale à un moqueur,
qui s'attirent à eux-mêmes la honte, et combien réprimandent un
méchant, qui en reçoivent une tache [2]. — 8. Ne reprends pas le
moqueur de façon qu'il te haïsse, mais reprends le sage, car il
t'aimera. — 9. Donne au sage ce qui le rendra encore plus sage, et
enseigne à l'homme de bien ce qui le rendra encore plus instruit [3].
13. La sottise est comme une femme turbulente et insouciante,

1) La sagesse ajoute que la joie n'est pas pour elle-même, mais pour ceux qui la possèdent.

2) Par les insultes et les affronts qu'ils reçoivent du méchant.

3) S., appliquant les versets 1-9 aux partisans de la vérité et les versets 13-18 aux partisans de l'erreur, a rejeté à la fin du chapitre les versets 10-12, qui interrompaient le parallélisme des deux paragraphes.

qui ne sait quoi que ce soit. — 14. Elle est assise près de la porte de sa maison, sur un siège, au plus haut du toit; — 15. elle appelle les passants, dont les voies étaient droites. — 16. Elle dit : Que celui qui est insouciant se détourne vers moi, et à celui qui manque d'intelligence je dirai : — 17. « Que l'eau dérobée est douce ! et que les mets pris en cachette sont agréables ! » — 18. Et lui ne sait pas que là-bas sont les morts, et que ses invités sont dans les profondeurs de la géhenne.

10. Ce que la sagesse ordonne en premier, c'est la crainte de Dieu, et le résultat immédiat qu'amène la raison, c'est la connaissance du Saint. — 11. Elle dit : Par moi se multiplieront tes jours, et s'augmenteront les années de la vie. — 12. Si tu deviens sage, c'est pour toi-même, et si tu deviens moqueur, tu en supporteras la peine.

(Fin de la première partie du livre de la *Recherche de la sagesse.*)

DEUXIÈME PARTIE

(PROVERBES ET SENTENCES DÉTACHÉS)

X

1. Proverbes de Salomon : Le fils sage réjouit son père, et le fils sot fait le chagrin de sa mère.

2. Les trésors (acquis) par la violence ne profitent pas; mais la justice sauve de la mort.

3. Dieu ne laisse pas le juste souffrir de la faim, et il écarte de lui le malheur qui atteint les méchants.

4. La pauvreté est la suite de la main qui se lasse, et la main des hommes actifs enrichit.

5. Le fils intelligent amasse pendant l'été, et le fils qui agit mal dort profondément au moment de la moisson.

6. Les bénédictions descendent sur la tête du juste, et l'injustice couvre la face des méchants [1].

7. De même, le souvenir du juste est une bénédiction et le nom des méchants s'efface.

8. L'homme à l'esprit sensé accueille les préceptes, et celui qui raisonne sottement s'embarrasse.

9. Celui qui marche dans l'intégrité marche avec assurance, et celui qui prend les chemins ardus est reconnu pour tel [2].

10. Celui qui cligne de l'œil cause de la peine, et celui qui parle sottement s'embarrasse également [3].

11. Le parole du juste est une source de vie, et la parole des méchants est étouffée par leur injustice [4].

12. La haine excite les querelles, et l'amour couvre toutes les fautes.

13. Dans le langage de l'homme raisonnable on trouve la sagesse, et la verge est pour le dos de l'homme inintelligent.

14. Les sages thésaurisent la science, et la parole du sot est
bientôt ruinée, — 15. de même que la fortune du riche est sa
place forte, et les haillons des pauvres sont leur ruine.

16. Le salaire du juste est la vie, et ce que récolte le scélérat est une rétribution des péchés.

17. C'est le chemin de la vie que de garder la morale, et celui qui néglige l'avertissement égare [5].

18. Celui qui cache sa haine a un langage faux, et celui qui répand des médisances est un sot.

1) C'est-à-dire que tout le monde les maudit.

2) Commentaire : L'homme déloyal n'est pas cru ; ou bien : Ses ruses finissent par être démasquées ; ou bien : Son attitude craintive le trahit.

3) Le sens paraît être : Celui qui fait des signes secrets cause de la peine aux hommes intelligents et met les sots dans l'embarras.

4) Ils ont peur de parler, ou bien on ne les écoute pas.

5) Soi-même et les autres.

19. Avec l'abondance de paroles la faute ne manque pas, et celui qui en retient ses lèvres est intelligent.

20. La langue du juste est comme de l'argent pur, et le cœur des méchants est faible [1].

21. Le langage du juste dirige bien des gens, et les sots, par leur manque d'intelligence, les tuent.

22. Seule la bénédiction de Dieu enrichit, et la peine qu'on se donne n'ajoute rien.

23. Commettre une abomination est pour le sot comme un jeu; la sagesse appartient à l'homme raisonnable.

24. Ce que redoute le méchant lui arrive, et ce que les justes désirent, Dieu le leur accorde.

25. Comme passe un ouragan le méchant disparaît, et le juste est le fondement du monde.

26. Comme est le vinaigre pour les dents, et la fumée pour les yeux, tel est le paresseux pour ceux qui lui donnent une mission.

27. La crainte de Dieu prolonge les jours, et les années des méchants sont abrégées.

28. L'attente des justes (aboutit) à la joie, et l'espérance des méchants est anéantie.

29. La voie de Dieu est une force pour les hommes intègres, et un écrasement pour les artisans d'iniquité [2].

30. Le juste ne trébuchera jamais, et les méchants ne demeureront pas dans le monde [3].

31. La bouche du juste produit la sagesse, et la langue versatile sera retranchée.

32. Les lèvres des justes sont habituées à la bienveillance et la bouche des méchants est habituée à la versatilité.

1) Litt. : petit. Le sens est que le méchant n'a pas de confiance en lui-même.

2) Parce que les premiers obéissent aux ordres de Dieu, tandis que les seconds font juste le contraire.

3) Ni dans ce monde-ci, ni dans le monde futur.

XI

1. Les balances de la fraude sont abhorrées par Dieu, et les poids justes lui plaisent.

2. Quand vient l'insolence, vient la honte, et la sagesse accompagne les humbles.

3. L'intégrité des hommes droits les guide, et la fausseté des perfides les dépouille.

4. La fortune ne profite pas au jour de la résurrection, et la charité sauve de la mort[1].

5. La vertu de l'homme intègre aplanit sa route, et le méchant tombe par sa méchanceté. — 6. La vertu des hommes droits
les sauve, et les méchants sont pris dans les malheurs qu'ils causent.

7. Une fois que le scélérat meurt, il n'y a plus rien à espérer (de lui), de même que l'espoir des gens d'iniquité périt[2].

8. L'homme vertueux échappe à la détresse et le scélérat y prend sa place.

9. L'homme vulgaire[3] fait périr son prochain par sa parole, et par la science les justes sont sauvés.

10. Lorsque les gens de bien sont heureux, les habitants du pays doivent se réjouir, et lorsque les méchants périssent, il convient qu'ils manifestent leur allégresse.

11. Par la bénédiction des hommes droits le toit s'élève, et par la parole des injustes il est démoli.

12. Celui qui insulte son prochain manque d'intelligence, et l'homme raisonnable ne lui répond pas.

1) Commentaire : De la mort dans ce monde et de la punition dans le monde futur.

2) D'une part, la mort empêche le méchant de revenir au bien et de l'autre, elle détruit les espérances qu'il mettait dans les jouissances de ce monde.

3) Litt. : profane, impur. Le sens est : Les gens sans religion se pervertissent mutuellement, tandis que les justes enseignent la vérité les uns aux autres.

13. Celui qui dévoile le secret est comme celui qui s'en va médire, et celui qui le cache a un caractère sûr.

14. Faute d'habileté, le peuple tombe, et le salut provient de longues délibérations [1].

15. Il arrive du mal à celui qui garantit pour un étranger [2], et celui qui déteste ceux qui s'engagent est en sûreté.

16. On trouve de la grâce à la (femme) qui est le pilier la fortune, et ceux qui sont le pilier de la richesse sont redoutés.

17. Celui qui fait du bien à sa famille [3] est doué de générosité, et celui qui outrage ses proches est impitoyable.

18. Le méchant a pour salaire de son action ce qui est faux, et celui qui sème la justice a pour salaire la vérité [4].

19. Ainsi la vertu conduit à la vie, et celui qui poursuit le mal (va) à sa mort.

20. Dieu abhorre ceux qui ont le cœur dur, et il agrée ceux qui marchent dans l'intégrité.

21. En un tour de main [5], l'(homme) mauvais cesse d'être impuni, et la postérité des gens vertueux est sauvée.

22. Comme un anneau d'or au museau d'un porc, ainsi une femme belle qui manque de bon sens.

23. La passion du juste est pour le bien, et l'espérance des méchants (aboutit à) la colère [6].

24. Combien dépensent et gagnent encore, et celui qui s'abstient de la générosité finit par le dénûment.

25. La personne qui répand les bénédictions est comblée [7], et celle qui abreuve est abreuvée à son tour.

1) Litt. : du grand nombre de conseils.

2) De la part de l'adversaire; ou bien : Celui qui garantit est écrasé (par le juge).

3) Commentaire : Ou : « celui qui se sèvre (de péchés). »

4) Commentaire : Une mauvaise action en amène une autre, et une bonne action engendre le bien.

5) Le sens littéral paraît être : Comme un tour de main pour une main. Saadia (ch. XVI, 5) explique que cette expression désigne la rapidité.

6) Soit des hommes, soit de Dieu.

7) Litt. : engraisse.

26. Celui qui accapare le blé, le peuple le réprouve, mais la bénédiction vient sur la tête de celui qui le fournit.

27. Celui qui cherche le bien cherche la faveur, et celui qui poursuit le mal en est atteint.

28. Celui qui se fie à sa richesse tombe, et les justes poussent comme la feuille [1].

29. Celui qui prend parti pour la sottise outrage sa famille. Il faut que le sot soit l'esclave du sage.

30. Le fruit du juste est un arbre de la vie [2], et celui qui acquiert des personnes est un sage [3].

31. Plût à Dieu que l'homme vertueux restât sauf ici-bas ; et à plus forte raison le scélérat et le pécheur (doivent-ils imiter la conduite du sage) [4].

XII

1. Celui qui aime être corrigé aime la science, et celui qui hait l'avertissement est un sot.

2. L'homme de bien obtient de Dieu la faveur et l'homme de réflexion l'emporte (sur son adversaire).

3. Personne ne s'affermit par la méchanceté ; et les racines qu'ont jetées les justes ne branlent pas.

4. La femme forte est la couronne de son mari, et celle qui est mauvaise est comme la carie dans ses os.

1) D'après le commentaire : Les justes n'ont qu'une confiance très faible en eux-mêmes, et ne se considèrent eux-mêmes que comme un rameau ou une simple feuille.

2) Le premier hémistiche signifie sans doute que le juste répand la vie autour de lui.

3) Le sage acquiert des personnes en se créant une famille, en formant des élèves, en exerçant la charité et la justice.

4) Le sens de la traduction de Saadia paraît être : Le juste même subit forcément des malheurs dans ce monde et s'y résigne ; à plus forte raison le méchant, qui les mérite, doit-il prendre exemple sur lui.

5. Les pensées des justes sont (tournées) vers le droit, et les finesses des méchants (visent) à la fraude.

6. Les méchants parlent (de dresser aux hommes) une embûche meurtrière et la parole des justes les sauve.

7. Les méchants, à peine renversés, disparaissent, et les maisons des justes restent debout.

8. C'est en raison de son intelligence qu'un homme est loué; celui qui a l'esprit tortueux est exposé au mépris.

9. Être humble et avoir un serviteur vaut mieux que faire le noble et manquer de pain.

10. L'homme de bien soigne jusqu'à sa bête, et la pitié du méchant est de la dureté.

11. Qui cultive sa terre se rassasie de nourriture, et celui qui poursuit les choses vaines manque d'intelligence.

12. Le scélérat recherche le repaire des méchants, et les justes se conforment à leurs origines [1].

13. Le péché du langage est un piège funeste, et l'homme de bien se préserve de ce malheur [2].

14. Grâce au fruit de sa parole, l'homme se rassasie de bien, et Dieu le récompense selon l'œuvre de ses mains.

15 Le chemin du sot est droit à ses yeux; celui qui écoute le conseil est sage.

16. Le sot fait en un jour connaître sa sottise, et celui qui cache sa confusion est habile.

17. Celui qui parle avec loyauté racontera la vérité, et le faux témoin (est celui qui parle) avec ruse [3].

18. Combien il y en a dont les paroles sont comme des coups d'épée! et la langue des sages est une guérison.

19. Le langage vrai subsiste toujours et une langue menteuse (dure) un clin d'œil.

1) Pour rechercher ceux qui leur ressemblent.
2) En ne disant rien qui puisse le compromettre.
3) Commentaire : Celui qui parle avec ruse arrive à être faux témoin.

20. La ruse est dans le cœur de ceux qui ourdissent le mal, et la joie est pour ceux qui conseillent la paix.

21. Aucune iniquité n'atteint le juste, et le mal enveloppe les méchants.

22. Dieu abhorre le langage de la fausseté, et ceux qui pratiquent la loyauté lui plaisent.

23. L'homme avisé est celui qui a reçu sa part de la science, et le cœur du sot appelle la sottise.

24. La main des gens actifs domine, et (la main) qui se rebute devient dépendante.

25. Le souci dans le cœur de l'homme l'abat, et une chose bonne le réjouit.

26. L'homme de bien est plus généreux que son prochain; les voies des méchants les égarent.

27. Celui qui se rebute ne rencontre jamais ses provisions, et le bien précieux de l'homme est l'activité.

28. Sur le chemin de la justice (se trouve) la vie, et c'est un sentier où il n'y a point de mort.

XIII

1. Le fils sage est celui qui accueille la morale de son père, et le moqueur est celui qui n'accueille pas sa réprimande.

2. Du fruit de la parole de l'homme il convient de manger ce qui est bon ; mais on trouve dans l'âme des perfides l'injustice.

3. Celui qui retient sa bouche garde sa personne, et combien de gens écartent les lèvres pour (des paroles) qui seront leur ruine.

4. L'âme du paresseux convoite, et il n'a rien, et les personnes actives sont comblées [1].

5. L'homme de bien hait le mensonge, et le méchant fait du mal et en rejette la honte (sur autrui).

1) Litt. : engraissent.

6. La pureté protège celui qui marche dans l'intégrité, et la méchanceté et le péché pervertissent.

7. Combien font le riche, qui n'ont rien, ou font le pauvre, avec une grande fortune [1].

8. La richesse de l'homme est la rançon de sa personne ; celui-là est pauvre qui n'écoute pas la réprimande de Dieu [2].

9. La lumière des hommes vertueux augmente, et le flambeau des méchants s'éteint.

10. Ce n'est que par l'insolence que se produit la querelle, et la sagesse est avec ceux qui délibèrent.

11. La fortune diminue par suite de l'égarement ; et celui qui recueille dans sa main [3] augmente sa fortune.

12. L'attente prolongée rend le cœur malade, le désir qui se réalise est un arbre de vie.

13. Celui qui dédaigne quelque chose en devient dépendant [4], et celui qui respecte le commandement est préservé.

14. Le précepte du sage est une source de vie, pour échapper aux pièges de la mort.

15. Une saine intelligence fait obtenir la faveur, et le chemin des perfides est pénible [5].

16. Tout homme habile agit à bon escient, et le sot étale sa sottise.

17. Un messager déloyal tombera dans le malheur, et un envoyé fidèle est une guérison.

18. La pauvreté et la honte sont pour celui qui repousse la

1) Autres sens : Combien sont pauvres avec beaucoup d'argent et combien savent être riches avec peu ; ou : Combien s'enrichissent qui n'avaient rien, et combien s'appauvrissent qui avaient une grande fortune.

2) On évite le malheur en consacrant ses richesses à l'accomplissement des bonnes œuvres; le vrai pauvre est celui qui ne tient pas compte des avertissements divins.

3) C'est-à-dire : qui amasse peu à peu.

4) D'après les exemples donnés dans le commentaire, le sens serait : On arrive à être l'obligé de ceux qu'on avait tout d'abord dédaignés. — Peut-être même faut-il traduire dans l'arabe : Celui qui méprise un homme.

5) Commentaire : On doit le regarder comme tel et ne pas y aller.

morale, et celui qui tient compte de l'avertissement est honoré.

19. On voit le désir réalisé être agréable pour l'âme ; c'est pourquoi il répugne aux sots de s'écarter du mal [1].

20. Celui qui fréquente les sages devient sage, celui qui fraie avec les sots devient mauvais.

21. Le mal que font les pécheurs les poursuit, et Dieu donne une bonne récompense aux hommes vertueux.

22. L'homme vertueux transmet son héritage jusqu'à ses petits-enfants, et parfois les biens du pécheur sont réservés au juste.

23. Combien de fois le manger est une marque de pauvreté [2], et combien de gens sont enlevés sans jugement [3].

24. Qui retient sa verge hait son enfant, et celui qui l'aime l'habitue de bonne heure à être corrigé.

25. Le juste mange pour se rassasier, mais le ventre des méchants n'a jamais assez.

XIV

1. La femme sage bâtit sa maison, et la femme sotte la démolit de sa main.

2. Celui qui marche dans la droiture craint Dieu, et celui qui suit des chemins détournés le dédaigne.

3. Dans la parole du sot se trouve le bâton de l'orgueil, et le langage des sages les préserve.

4. (Car pour le sot, c'est) comme le blé qui disparaît lorsque

1) Les sots aiment les plaisirs de ce monde, parce qu'ils donnent une jouissance immédiate, tandis que les jouissances que procure la sagesse sont éloignées de leur esprit.

2) Soit qu'on mange gloutonnement devant les rois, soit qu'on commette un péché.

3) C'est-à-dire sans qu'ils connaissent le jugement de Dieu. S. donne encore une seconde explication, en se fondant sur ce que le mot hébreu *mispat* peu signifier « règle ». Combien de gens ne meurent pas de leur mort naturelle.

manquent les bœufs, et comme la récolte qui devient abondante grâce à leur vigueur [1].

5. Le témoin digne de foi, c'est l'homme qui ne ment pas, et celui qui prononce le mensonge est un faux témoin [2].

6. Le moqueur cherche la sagesse sans la trouver, et pour l'homme intelligent, la science est facile.

7. Quitte la présence du sot ; autrement tu ne sais rien des paroles de la science.

8. La sagesse de l'homme habile consiste à comprendre sa situation, et la sottise des sots, c'est leur ruse [3].

9. La faute des sots est pour eux un interprète [4] ; et au milieu des justes (règne) la bienveillance.

10. Le cœur (seul) connaît son propre chagrin, et un étranger ne se mêle pas à sa joie.

11. La maison des méchants sera détruite, et la tente des justes s'étendra.

12. Combien de fois une route (semble) droite devant l'homme, et elle aboutit au chemin de la mort.

13. Le rire, lui aussi, fait souffrir le cœur, et la joie est suivie de la tristesse [5].

14. Celui qui a le cœur faux finit par être excédé de sa conduite, et l'homme de bien lui est supérieur [6].

15. L'insouciant ajoute foi à toute chose, et l'homme habile discerne la bonne direction.

16. Le sage craint et s'écarte du mal, et le sot se laisse aller avec confiance.

1) Saadia rattache les deux versets ainsi qu'il suit : le sot parle avec dureté, croyant que tout se fait par la force, comme la culture de la terre.

2) Le mensonge devient un faux témoignage, parce que ceux qui l'entendent le prennent pour la vérité. Celui qui ne ment jamais doit être seul regardé comme témoin loyal.

3) Par sottise, ils emploient la ruse.

4) Leurs actions révèlent leurs pensées.

5) Il s'agit des plaisirs défendus.

6) Il ne doit jamais se lasser de faire le bien.

17. L'impatience est produite par la sottise, mais que de fois l'homme de réflexion est haï[1].

18. On voit que les insouciants se sont approprié la sottise, et les gens avisés prennent pour couronne la science.

19. Il convient que les mauvais s'inclinent devant les bons, et que les méchants soient aux portes des justes.

20. Le pauvre est odieux même à son compagnon ; les amis du riche sont nombreux.

21. Or, celui qui méprise ainsi son compagnon est un pécheur ; heureux celui qui est compatissant pour le pauvre.

22. Certes, ceux-là s'égarent qui méditent le mal ; ceux qui méditent le bien trouvent l'affection et l'équité.

23. Beaucoup d'efforts donnent un profit[2], et combien de paroles causent une perte.

24. La couronne des sages, c'est là leur richesse. L'ignorance des ignorants est de s'ignorer[3].

25. Le témoin véridique sauve bien des gens, et celui qui énonce le mensonge est un trompeur.

26. Celui qui marche dans la crainte de Dieu jouit pour lui d'une sécurité solide, et il sera un abri pour ses enfants.

27. La crainte de Dieu est une source de vie pour éviter les pièges de la mort.

28. Le nombre des sujets fait l'éclat du roi, et lorsque le peuple manque, le ministre est ruiné.

29. Le longanime montre beaucoup de raison, et celui qui s'irrite vite, beaucoup de sottise.

30. Le cœur sain est la vie du corps ; la jalousie est la carie des os.

31. Celui qui traite mal le pauvre blasphème son Créateur, et celui-là l'honore qui est compatissant pour l'indigent.

1) Parce qu'on lui reproche sa lenteur.

2) Le sens serait : Il faut plutôt agir que parler. Peut-être aussi faut-il comprendre : Faire trop d'efforts est superflu et trop parler aboutit à une perte.

3) Les sages, se connaissant, jouissent de leur sagesse ; les sots ne connaissent pas leur sottise.

32. Dans le malheur, le méchant est poussé (plus avant vers le mal), mais le juste, dans l'adversité, cherche un refuge (auprès de Dieu).

33. Dans le cœur de l'homme raisonnable demeure la sagesse ; chez le sot, on reconnaît qu'elle lui est étrangère[1].

34. L'innocence relève la nation (qui la possède), et l'opprobre des peuples, c'est le péché.

35. La faveur du roi est pour un serviteur intelligent, et sa colère atteint celui qui fait mal.

XV

1. Une réplique douce apaise la colère, et une parole dure augmente l'irritation.

2. La langue des sages expose bien la science, et la bouche des sots exprime la sottise.

3. Partout les yeux de Dieu observent les bons et les méchants.

4. La sincérité de la langue est un arbre de vie ; sa fausseté brise l'âme.

5. Le sot rejette la morale de son père ; celui qui tient compte de l'avertissement devient avisé.

6. Dans la maison du juste, la sécurité est grande, et le déshonneur est dans la récolte du méchant.

7. Les lèvres des savants répandent la science ; le cœur des sots n'agit pas ainsi.

8. Le sacrifice des impies est abhorré de Dieu ; il agrée la prière des justes.

9. Dieu abhorre la conduite de l'impie, et il aime celui qui s'attache à l'innocence.

10. Une rude leçon (attend) celui qui quitte la (bonne) voie, et celui qui hait l'avertissement périt.

1) Parce qu'il applique mal même le peu de sagesse qu'il peut avoir acquis.

11. La tombe et l'anéantissement[1] sont à découvert devant Dieu, à plus forte raison les cœurs des enfants d'Adam.

12. On voit le moqueur ne pas vouloir être averti; il ne va pas chez les hommes instruits.

13. Le cœur joyeux rassérène le visage, et lorsque le cœur est affligé, l'âme souffre.

14. Le cœur de l'homme raisonnable cherche la sagesse, et les sots ont pour but d'avoir soin de la sottise.

15. Tous les jours de l'homme à l'intelligence faible sont mauvais; l'excellence de l'esprit est un festin perpétuel.

16. Peu avec la crainte de Dieu vaut mieux qu'un grand trésor avec le trouble[2].

17. Mieux vaut une botte de légumes là (où règne) l'amitié, qu'un bœuf engraissé accompagné de haine.

18. Un homme emporté excite la querelle, et le longanime calme la dispute.

19. La route du paresseux est comme entourée d'une haie d'épines, et les voies des justes sont libres.

20. Le fils sage réjouit son père, et l'homme sot dédaigne sa mère.

21. La sottise fait la joie de l'homme qui manque d'intelligence, et l'homme raisonnable se facilite la marche.

22. Les desseins échouent, lorsqu'on ne garde pas le secret ; ils se réalisent par le grand nombre de conseillers.

23. C'est une joie pour l'homme que de savoir répondre, et combien est belle une parole qui arrive à temps !

24. Le chemin de la vie va en montant pour l'homme intelligent, afin d'éviter la géhenne en bas.

25. Dieu démolit la maison des orgueilleux, et il fixe les bornes des faibles[3].

1) D'après le commentaire, le premier mot désigne la terre (qui recouvre les morts) et le second le tombeau.

2) Ce trouble est causé par le mécontentement de Dieu.

3) Saadia prend le mot « veuve » du texte hébreu comme exemple des faibles.

26. Dieu abhorre les mauvais desseins ; les paroles de la sagesse sont pures.

27. L'homme cupide déshonore sa famille, et qui hait les cadeaux vivra.

28. Le cœur du juste médite ce qu'il doit répondre ; la bouche des méchants exprime les méchancetés.

29. C'est pourquoi Dieu s'éloigne des méchants et écoute la prière des justes.

30. Comme la lumière des yeux réjouit le cœur, ainsi la bonne nouvelle fortifie les os.

31. Une oreille écoutant l'avertissement salutaire [1] se rencontre chez les hommes instruits ;

32. certes celui qui repousse la leçon se méprise lui-même ; celui qui accueille l'avertissement acquiert du cœur [2].

33. La crainte de Dieu est un enseignement de la sagesse, et la suite de l'humilité est l'honneur.

XVI

1. A l'homme appartiennent les dispositions de son cœur, et de Dieu viennent les paroles de sa langue.

2. Toute voie de l'homme paraît pure à ses yeux, mais Dieu prépare les âmes [3].

3. Expose à Dieu tes actions, et tes desseins seront affermis.

4. Toute œuvre de Dieu a sa raison d'être, et le méchant aussi est (fait) pour le jour du malheur [4].

5. Dieu abhorre tout cœur hautain ; en un tour de main [5], le méchant cesse d'être impuni.

1) Litt. : de vie.
2) Commentaire : C'est-à-dire de l'intelligence, dont le siège est le cœur.
3) Étant le créateur des âmes, il connaît leurs pensées.
4) Le sens est que même le jour du malheur est fait pour corriger le méchant.
5) V. ci-dessus, p. 19, n. 5.

6. Par la charité et les bonnes œuvres le péché est pardonné, et par la crainte de Dieu on se détourne du mal.

7. Lorsque Dieu agrée la conduite de l'homme, il lui donne la paix avec ses ennemis.

8. Peu avec l'équité vaut mieux que de fortes récoltes sans justice.

9. Le cœur de l'homme réfléchit sur ses affaires, et c'est Dieu qui dirige ses pas.

10. Il convient que le langage du roi soit décisif, et en justice on ne doit pas se révolter contre sa parole [1].

11. Car la règle et les balances justes appartiennent à Dieu ; son action est comme pesée avec des poids.

12. Il faut que les rois abhorrent l'action injuste parce que le trône ne s'affermit que par l'équité; —13. et il faut qu'ils agréent la parole de vérité et qu'ils aiment le discours sincère.

14. La colère du roi ressemble aux messagers de la mort, et l'homme sage la détourne.

15. L'éclat de la face du roi donne la vie, et sa faveur est comme le nuage d'automne.

16. Acquérir la sagesse, combien est-ce préférable à l'or ! Acquérir la raison vaut mieux que l'argent.

17. La route des hommes droits. c'est d'éviter le mal ; l'homme qui veut préserver son âme doit donc prendre garde à son chemin.

18. La suite de l'orgueil est l'humiliation, et la suite de l'humilité est l'honneur [2].

19. Mieux vaut s'abaisser avec les humbles que partager le butin avec les orgueilleux.

1) D'après Saadia, il faut sous-entendre : Et, à plus forte raison contre l'ordre de Dieu, qui est le roi des rois. De cette façon, S. relie le verset suivant avec le nôtre.

2) Saadia s'est trompé, ici, en confondant ce verset avec XVIII, 12, et la confusion existe également dans le commentaire. Mais, dans deux manuscrits, on trouve la traduction suivante, conforme au texte hébreu : La suite de l'orgueil est la ruine, et la suite de la fierté est l'abaissement.

20. Celui qui est intelligent pour ses affaires trouve le bien, et heureux celui qui a confiance en Dieu.

21. L'homme au cœur sage est appelé intelligent, et celui qui a la parole douce répand de plus en plus l'enseignement.

22. L'intelligence est, pour celui qui la possède, la source de la vie ; et l'instruction que donnent les sots, c'est la sottise [1].

23. Le cœur du sage rend sa parole sensée, et dans ses discours il répand de plus en plus l'enseignement [2].

24. Les paroles de la sagesse sont comme le miel le plus pur ; elles sont une douceur pour l'âme et une guérison pour le corps.

25. Combien de voies semblent droites à l'homme, qui aboutissent aux chemins de la mort.

26. L'âme du malheureux souffre, quand sa situation est renversée.

27. L'homme pervers creuse les méchancetés [3], et on les aperçoit, dans son langage, comme un feu brûlant.

28. L'homme versatile fait naître les querelles, et celui qui excite divise les amis intimes.

29. L'homme injuste séduit son prochain et le conduit dans un chemin où il n'y a rien de bon.

30. Combien de gens, en baissant les yeux, méditent un changement de conduite, et en faisant un signe des lèvres ont déjà accompli le mal.

31. C'est une couronne d'honneur que les cheveux blancs, (quand) ils se rencontrent avec la vertu [4].

32. Un homme longanime vaut mieux qu'un héros, et celui qui est maître de sa pensée est supérieur au conquérant.

33. On jette d'habitude le sort dans le giron, et ce qu'il décide vient de Dieu.

1) C'est-à-dire qu'ils empêchent même celui d'entre eux qui recherche la sagesse de devenir sage.

2) La parole révèle les pensées du cœur.

3) L'image est prise d'une fosse que l'on creuse pour y faire tomber son prochain.

4) Litt. : quand ils se trouvent sur le chemin de la vertu.

XVII

1. Mieux vaut un morceau de pain sec, avec la tranquillité, qu'une maison remplie de viandes, avec des querelles.

2. Un serviteur intelligent mérite de dominer un fils qui se conduit mal, et de prendre sa part d'héritage entre les frères[1].

3. Le creuset est pour l'argent, le fourneau pour l'or, et c'est Dieu qui éprouve les cœurs.

4. Celui qui se conduit mal écoute un langage inique et prête l'oreille au mensonge (proféré) par une langue pernicieuse.

5. Qui se moque du pauvre insulte celui qui l'a créé, et celui qui se réjouit du malheur (d'autrui) ne restera pas impuni.

6. La couronne des vieillards sont leurs petits enfants, et l'honneur des fils, ce sont leurs parents[2].

7. Il ne convient pas à l'insensé de parler trop, à plus forte raison, à l'homme noble, de dire des mensonges.

8. Le cadeau corrupteur est, aux yeux de celui qui le donne[3], une pierre (précieuse) qui séduit ; partout où on le dirige, il réussit.

9. Qui cherche l'amitié voile la faute, et celui qui répète ses paroles divise ses amis intimes[4].

10. Une réprimande adressée à un homme intelligent lui profite plus que beaucoup de coups donnés à un sot.

11. L'homme rebelle ne veut que le mal, et un messager cruel sera envoyé contre lui.

12. Que l'homme rencontre une ourse qui a perdu ses petits, mais non le sot avec sa sottise.

13. Celui qui rend le mal pour le bien, le malheur ne quittera pas sa demeure.

1) Commentaire : C'est conforme au droit talmudique.
2) Le commentaire explique cette seconde partie du verset comme s'il y avait : L'honneur des parents, ce sont leurs enfants.
3) Commentaire : Mais il n'en est pas de même aux yeux de Dieu.
4) C'est-à-dire : Celui qui réitère ses remontrances malgré les excuses.

14. Le commencement d'une querelle est comme la fissure (d'un réservoir) d'eau ; c'est pourquoi, abandonne la dispute avant qu'elle ne devienne acharnée.

15. Celui qui innocente l'injuste et celui qui condamne l'innocent, Dieu les déteste tous deux[1].

16. A quoi sert au sot d'avoir un salaire en main, pour acheter la sagesse, lui qui n'a pas d'intelligence? — 17. Il aime en
tout temps (d'avoir) beaucoup d'amis; or, que de fois un frère naît
pour le malheur!

18. Un homme sans intelligence engage sa parole, et se porte garant pour son prochain.

19. Celui qui aime la dispute aime le péché, et celui qui veut s'élever au-dessus de sa situation[2] cherche sa ruine.

20. L'homme au cœur dur ne rencontrera pas le bonheur, et celui qui est changeant dans ses paroles tombera dans le mal.

21. Qui engendre un sot en a du chagrin, et le père de l'insensé n'a pas de joie.

22. Le cœur joyeux fait épanouir le visage, et l'esprit abattu dessèche les os.

23. Le méchant tire le don corrupteur de sa manche pour faire fléchir les voies de la justice.

24. La sagesse est en face de l'homme intelligent ; les yeux du sot sont aux extrémités de la terre[3].

25. Le fils sot excite l'irritation de son père et est une amertume pour celle qui l'a enfanté.

26. Imposer même une amende à un juste n'est pas bien, non plus que frapper les honnêtes gens malgré leur droiture.

27. Celui-là ménage ses paroles qui connaît la science, et l'homme au maintien digne est doué de raison,

28. au point que le sot qui est réservé est parfois considéré comme sage, et celui qui ferme les lèvres comme intelligent.

1) Il y a là deux péchés résultant d'un seul acte.
2) Litt. : Celui qui exhausse sa porte.
3) C'est-à-dire : Il ne voit pas ce qui est devant lui.

XVIII

1. Celui qui s'isole[1] ne cherche qu'à (satisfaire) sa passion, à propos de toute doctrine il s'acharne après toi :

2. et on trouve le sot repoussant la raison, il marche dans l'obstination de son cœur.

3. Lorsque le méchant vient, se présente aussi le mépris, et la honte accompagne celui qui est vil.

4. Il convient que la parole de l'homme soit comme l'eau profonde, parce que la source de la sagesse est comme la rivière courante.

5. Il n'est pas bon d'avoir des égards pour l'injuste, ni de faire fléchir la justice contre l'innocent.

6. La parole du sot s'engage dans la querelle, et sa bouche appelle les coups.

7. La bouche du sot cause sa ruine, et ses lèvres sont un piège pour lui-même.

8. Les paroles de celui qui excite ressemblent à un badinage, alors qu'elles ont déjà pénétré au fond du cœur.

9. Celui-là aussi qui se relâche dans son travail est le frère de celui qui gâte (le sien).

10. Le nom de Dieu est comme une citadelle solide, vers laquelle le juste accourt et où il trouve assistance ;

11. de même que la fortune du riche est sa ville forte et ressemble à une citadelle imprenable avec son ornementation.

12. Lorsque le cœur de l'homme s'enorgueillit, la ruine vient après et à l'humilité succède l'honneur.

13. Si quelqu'un répond à une parole avant d'en avoir entendu la fin, c'est une sottise de sa part et une honte pour lui.

14. L'esprit de l'homme lui fait supporter ses souffrances, mais l'esprit abattu, qui le supportera[2] ?

1) Celui qui se détache de la tradition.

2) Le commentaire donne deux explications : 1° L'âme peut apaiser les souf-

15. Le cœur de l'homme intelligent acquiert la science, et les oreilles des sages la recherchent.

16. Un cadeau fait obtenir à l'homme bon accueil, et le conduit devant les grands.

17. La première des deux parties est sur le point de gagner sa cause, lorsque l'autre arrive et y met un terme.

18. Le sort fait cesser la dispute et sépare ceux qui luttent en-
semble, — 19. des frères isolés (l'un de l'autre) comme une forteresse[1], et dont la querelle est aussi puissante que le verrou d'un château-fort.

20. (Tantôt) du fruit de sa parole, l'homme rassasie son corps,
et (tantôt) du produit de son langage il a de trop ; — 21. c'est pourquoi, la mort et la vie sont au pouvoir de la langue ; (l'homme) en mange le fruit, selon qu'il aime l'une ou l'autre[2].

22. Celui qui a été gratifié d'une épouse a été gratifié d'un bien et a obtenu une faveur de Dieu[3].

23. On voit le pauvre parler d'une voix suppliante, et le riche avec force.

24. Combien de gens ont des compagnons par lesquels ils sont écrasés, et combien d'amis sont plus attachés qu'un frère !

XIX

1. Le pauvre qui marche dans son intégrité est meilleur qu'un homme au langage dur et en qui on a confiance (à cause de sa fortune).

frances du corps, mais qui peut calmer les souffrances de l'âme ? 2° L'homme doit supporter ses souffrances, bien qu'on entende dire : Qui saurait endurer l'abattement de l'âme !

1) Ou peut-être : Plus qu'une forteresse dont l'accès est impossible.

2) C'est-à-dire : L'homme tire de la parole la vie ou la mort selon l'usage qu'il en fait.

3) Commentaire : Le verset fait allusion à Ève, qui est appelée un bien (*Gen.*, II, 18).

2. Une âme sans la science n'est pas bonne non plus[1]; et celui qui est acharné après ses affaires ne l'atteint pas[2].

3. La sottise de l'homme lui fait prendre une fausse voie, et c'est contre Dieu que son cœur se révolte.

4. La fortune augmente le nombre des amis, et l'indigent est séparé même de ses amis.

5. Comme le faux témoin ne reste pas impuni, de même celui qui prononce le mensonge n'échappera pas.

6. On voit beaucoup de gens solliciter l'homme généreux, et la plupart des amis sont pour celui qui donne.

7. On voit beaucoup parmi les frères du pauvre qui le haïssent, et à plus forte raison ses compagnons s'éloignent-ils de lui, et il leur demande des choses qui ne lui sont pas accordées.

8. Celui qui acquiert la sagesse se montre ami de lui-même, et celui qui conserve la raison trouve du bien.

9. De même qu'un faux témoin ne reste pas impuni, de même celui qui prononce un mensonge périra.

10. Le plaisir ne convient pas au sot, à plus forte raison ne convient-il pas à l'esclave de commander aux princes.

11. L'homme (fait preuve) d'intelligence en étant longanime, et c'est une gloire pour lui de pardonner la faute.

12. Une parole dure du roi est comme le rugissement du lion, et sa bienveillance est comme la rosée sur l'herbe.

13. De même qu'un fils sot est un malheur pour ses parents, de même la querelle de la femme est comme une gouttière continuelle.

14. Les terres et l'argent (proviennent) de l'héritage des ancêtres, mais c'est Dieu qui accorde une femme heureuse (dans ce qu'elle entreprend).

15. La paresse a pour effet de faire tomber dans un profond sommeil; et celui qui se lasse facilement, on le voit souffrir de la faim.

1) C'est-à-dire quand même on aurait la fortune et les honneurs.
2) Les occupations matérielles le détournent de la science.

16. Qui observe le commandement (de Dieu) se conserve lui-même, et qui dédaigne la voie de Dieu périra.

17. Celui qui est charitable pour le pauvre prête à Dieu, et (Dieu) lui paiera son bienfait.

18. Corrige ton fils, car il y a lieu d'espérer; ne te laisse pas aller à le tuer[1].

19. Celui qui se met souvent en colère se charge de péchés; car, si tu es délivré d'un malheur, tu tomberas encore dans un autre plus grand[2].

20. Écoute les conseils, et accepte la leçon, pour que tu sois plus tard considéré comme un sage[3].

21. Sache que les pensées sont nombreuses dans le cœur de l'homme, et c'est la décision de Dieu qui s'accomplit.

22. C'est le désir de tout homme qu'on lui fasse du bien; mais il vaut mieux montrer sa pauvreté que de mentir[4].

23. La crainte de Dieu mène à la vie; et celui qui s'y attache le plus possible ne sera pas éprouvé par le mal.

24. On voit le paresseux plonger sa main dans le plat; il est impuissant à la ramener à sa bouche.

25. De même que si tu frappes le moqueur, il se réveille de son insouciance; ainsi quand tu avertis l'homme intelligent, il comprend la science.

1) D'après le commentaire, il pourrait y avoir trois sens : 1° Le père doit corriger son fils avec mesure; 2° Il ne doit pas craindre que la correction le tue: 3° Le père conserve la vie à son fils en le corrigeant (car le manque d'éducation causerait sa mort). V. plus loin, XXIII. 13-14.

2) Litt. : Si tu te délivres d'une chose, tu augmentes dans une autre. C'est-à-dire : La colère amène des péchés qui font tomber l'homme d'un malheur dans un autre. Mais si l'on met ce verset en rapport avec le précédent et le suivant, il signifierait : Car (en ne corrigeant pas ton fils) il deviendrait irascible et chargé de péchés. Tu dois donc le sauver et augmenter tes corrections.

3) Commentaire : Parce que, dans ce monde, les résultats de l'éducation ne se connaissent pas tout de suite, ou bien parce qu'il est impossible de se réformer dans la vieillesse; ou bien, l'éducation profite dans l'autre monde, pour obtenir la vie future.

4) C'est-à-dire : Il vaut mieux montrer son impuissance à satisfaire les désirs de celui qui demande, que de lui faire de vaines promesses.

26. On voit un fils d'une conduite indigne et honteuse dépouiller son père et faire fuir sa mère.

27. Abstiens-toi, mon fils, d'écouter des leçons qui te feraient négliger les paroles de la science[1].

28. Celui qui intervient dans la justice[2] est comme un faux témoin, et la parole des méchants cache la violence.

29. Les condamnations sont préparées pour les moqueurs, et les coups pour les dos des sots.

XX

1. Le vin est moqueur, la liqueur troublante; quiconque s'y délecte ne deviendra pas sage[3].

2. La crainte même[4] qu'inspire le roi est comme le rugissement du lion : qui passe outre pèche contre lui-même.

3. L'honneur de l'homme consiste à s'éloigner loin de la querelle, et tout sot s'y obstine.

4. Le paresseux ne laboure pas en automne; il cherche quelque chose au moment de la moisson et ne trouve rien.

5. Le conseil dans le cœur de l'homme est comme l'eau profonde; l'homme intelligent seul sait l'y puiser.

6. On trouve la plupart des hommes vantant chacun leurs qualités; mais un homme vraiment sincère, qui le trouvera?

7. Le juste marche dans son intégrité; heureux ses enfants après lui!

8. Il convient que le roi assis sur le siège de la justice écarte[5] de sa présence tout méchant.

9. Qui donc dira : J'ai purifié mon cœur; je suis exempt de

1) C'est-à-dire : De mauvaises leçons.
2) C'est-à-dire : Celui qui, sans être appelé, plaide pour ou contre l'une des deux parties.
3) Le vin excite l'esprit et rend moqueur : la liqueur trouble l'esprit.
4) Non seulement la colère du roi (v. ci-dessus, XIX, 12), mais même sa majesté.
5) Litt. : Disperse.

tout péché, — 10. alors que (d'avoir) deux poids différents et deux mesures qui ne sont pas justes, Dieu abhorre tout cela[1].

11. On reconnaît déjà le jeune homme à sa manière d'être, que sa façon d'agir soit pure ou (simplement) droite[2],

12. de même que l'oreille qui entend et l'œil qui voit, Dieu les a créés tous deux.

13. N'aime pas le sommeil, afin de ne pas devenir pauvre; ouvre les yeux, et tu trouveras ta subsistance.

14. On entend l'acheteur dire : Mauvais! mauvais! Mais lorsque c'est à son tour de (vendre la marchandise), il la loue.

15. On trouve l'or, la quantité de perles et les vases précieux avec les paroles du savoir[3].

16. Il est permis de saisir le vêtement de celui qui s'est porté garant pour un étranger et l'a mis en gage pour autrui[4].

17. On voit le bien défendu être doux à l'homme, et ensuite, sa bouche se remplit de gravier.

18. Puisque tous les calculs se réalisent au moyen de la délibération, à plus forte raison la guerre a-t-elle besoin d'artifices.

19. Celui qui révèle les secrets colporte les médisances; ne fréquente pas celui qui parle étourdiment.

20. Celui qui insulte son père et sa mère, son flambeau s'éteindra[5] dans les ténèbres profondes, — 21. son héritage sera troublé dès le début, et ne sera pas béni à la fin.

22. Ne dis pas : Je veux rendre le mal (pour le mal). Espère en Dieu, il viendra à ton aide.

1) Il est interdit d'avoir, chez soi, des poids et mesures non vérifiés, sinon on n'est pas pur de tout péché.

2) L'homme est bon à son origine, il peut être perfectionné par l'éducation ou rester droit par nature. Il n'est perverti que par une mauvaise éducation.

3) C'est-à-dire : Chez celui qui parle avec science.

4) Commentaire : L'Écriture défend de retenir, comme gage, le vêtement du débiteur, mais le permet pour le garant; car l'un est dans le besoin, l'autre est riche.

5) Commentaire : Il ne saura plus se diriger au moment de la détresse, ou bien Dieu ne l'exaucera pas, ou bien il n'aura pas part au monde futur.

23. De même que Dieu abhorre deux poids différents, de même il n'est pas bon d'avoir une fausse balance [1].

24. De Dieu vient la direction des pas de l'homme; mais le mortel, que sait-il de son chemin?

25. C'est un piège pour l'homme que d'avaler les choses sacrées et de faire des recherches après les vœux [2].

26. Le roi sage est celui qui disperse les méchants et qui fait tourner sur eux la roue [3].

27. La science de Dieu est un flambeau éclairant les âmes des hommes; elle scrute toutes les retraites des secrets.

28. La vérité et la bonté doivent protéger le roi, car c'est par elles qu'il soutient son trône.

29. La force est un honneur pour les jeunes gens, et les cheveux blancs un ornement pour les vieillards.

30. Faire montre de sa méchanceté, (c'est chercher) les blessures, les meurtrissures et les coups pénétrants [4].

XXI

1. Le cœur du roi, pour l'obéissance à Dieu, est comme les cours d'eau [5]; il convient qu'il le dirige partout où (Dieu) veut.
2. Toutes les voies de l'homme lui paraissent justes; mais
Dieu dirige les esprits, — 3. en (leur apprenant) que la justice et
l'équité sont préférées par lui aux sacrifices.
4. La marque des méchants, dans leur péché, est le regard hautain et le cœur insatiable [6].

(1) C'est-à-dire : Non vérifiée.

(2) Commentaire : Soit pour prendre les objets consacrés par d'autres, soit pour trouver un moyen de ne pas accomplir ses propres vœux.

(3) Soit, au propre, que le roi broie les méchants sous la roue; soit, au figuré, qu'il retourne contre eux le mal qu'ils voulaient faire aux justes.

(4) Parce qu'on s'attire la haine des hommes, comparable aux blessures visibles, et la haine de Dieu, qui frappe intérieurement.

(5) Que l'homme peut diriger en tous sens.

(6) Litt. : la largesse du cœur.

5. Les calculs de l'homme actif sont toujours dépassés; quant à l'homme craintif, il reste toujours en arrière [1].

6. Des trésors acquis par des paroles mensongères sont des atomes de poussière qui se dissipent pour des gens qui cherchent la mort [2].

7. L'injustice des méchants les entraîne, s'ils refusent d'accepter le jugement [3].

8. On voit l'homme être versatile dans sa route et s'en écarter, et l'homme pur est celui qui est stable dans sa conduite.

9. Mieux vaut être assis à l'angle d'un toit que d'habiter avec une femme querelleuse et acariâtre.

10. Lorsque l'âme du méchant désire le mal, on voit son ami ne pas trouver grâce à ses yeux.

11. Par le châtiment du moqueur, l'homme insouciant devient raisonnable, et par l'instruction du sage, il acquiert la science.

12. Lorsque le juste se montre intelligent dans la maison de l'impie, il égare les méchants (pour les conduire) au malheur.

13. Celui qui ferme son oreille aux cris du pauvre appellera lui aussi et ne sera pas écouté.

14. Le présent (fait) en secret fléchit la colère, et le cadeau (caché) dans la manche arrête une violente fureur [4].

15. Comme le juste se réjouit d'exercer la justice, de même les fauteurs d'iniquité en sont bouleversés.

16. Tout homme qui s'écarte du chemin de l'intelligence reposera dans la société de ceux qui ont péri.

17. Celui qui aime les plaisirs tombe dans le besoin, et celui qui aime le vin et l'huile ne s'enrichit pas.

1) Il a peur d'accomplir ce qu'il avait projeté.

2) Commentaire : L'argent mal acquis ne dure pas et entraîne pour ses possesseurs la perte de la vie future.

3) Commentaire : C'est-à-dire que, s'ils refusent de se soumettre aux jugements portés contre eux, on refusera également de leur faire justice, le jugement leur fût-il favorable.

4) Il s'agit de la colère d'un tyran, ou bien de la colère de Dieu, que la charité apaise.

18. Parfois le méchant devient la rançon du juste, et l'imposteur remplace l'homme droit.

19. Mieux vaut habiter un pays désert que de demeurer avec une femme querelleuse et rusée.

20. Les provisions choisies et la graisse se trouvent dans la demeure du sage, l'homme sot les gaspille.

21. Celui qui recherche la justice et la générosité trouvera la vie, la pureté et l'honneur [1].

22. Parfois le sage monte à la citadelle des guerriers et renverse la forteresse qui faisait leur sécurité.

23. Qui garde sa bouche et sa langue préserve sa personne des malheurs.

24. L'effronté vaniteux s'appelle moqueur; il pratique son effronterie avec emportement [2].

25. Le désir du paresseux va presque jusqu'à le tuer, parce que ses mains se refusent à travailler. — 26. Toute la journée il a des désirs, le juste satisfait les siens sans ménagement.

27. Le sacrifice offert par les méchants est une abomination, d'autant plus qu'ils ne l'apportent qu'en échange d'une mauvaise action [3].

28. De même que le faux témoin périt, l'homme qui écoute parlera toujours [4].

29. Lorsque le méchant prend un air effronté, il convient que l'homme droit comprenne quelle voie suit (ce méchant) [5].

1) Commentaire : Dieu lui accordera la longévité dans ce monde, et, dans l'autre, il sera pur et glorieux.

2) Il simule l'emportement pour paraître sincère.

3) Ils comptent d'avance sur le sacrifice pour effacer la mauvaise action qu'ils vont commettre.

4) Le commentaire donne trois sens différents : 1° Le faux témoin périra, mais celui qui rapporte fidèlement ce qu'il a entendu subsistera; 2° Le châtiment du faux témoin doit toujours être cité, pour servir d'avertissement; 3° Le faux témoin périt, mais l'homme qui écoute Dieu, subsiste.

5) Pour ne pas imiter ce méchant, pour le ramener au bien, ou pour prendre une leçon du châtiment qui l'atteint.

30. Il n'y a ni sagesse, ni intelligence, ni conseil auprès de Dieu [1].

31. Le cheval est préparé pour le jour du combat, mais le (vrai) secours (vient) de Dieu.

XXII

1. La réputation est préférable à la grande richesse, et une bonne considération à l'or et à l'argent.

2. Lorsque le riche et le pauvre se rencontrent, il faut que tous deux sachent que Dieu les a créés [2].

3. L'homme avisé voit le mal et s'en garantit, les insouciants passent outre et sont frappés.

4. La récompense de l'humilité et de la crainte de Dieu, ce sont la richesse, l'honneur et la vie.

5. Il y a des épines [3] et des pièges dans le chemin raboteux [4]; celui qui a souci de lui-même s'en éloigne.

6. Dirige l'enfant d'après son âge, car, lorsqu'il sera vieux, il ne déviera pas de cette direction.

7. Comme le riche domine le pauvre, il convient que l'emprunteur soit comme le serviteur du prêteur.

8. Qui sème l'injustice récolte l'iniquité, et la verge de son emportement disparaît.

9. C'est l'homme généreux qui est béni [5], quand il donne de sa nourriture au pauvre.

10. Chasse le moqueur, la querelle s'en ira, et le procès et l'ignominie chômeront.

1) C'est-à-dire : Dieu n'a pas besoin d'acquérir tout cela, car il en est la source. D'après une autre leçon : Il n'y a ni sagesse, ni intelligence, etc., en face de Dieu, c'est-à-dire qui tiennent contre lui.

2) Commentaire : Le riche doit faire du bien au pauvre et le pauvre ne doit pas être jaloux du riche.

3) Litt. : De grosses aiguilles.

4) Au sens propre et au sens moral.

5) Par les hommes et par Dieu.

11. Si quelqu'un aime la pureté du cœur, ses paroles ont de l'agrément et les rois sont ses amis[1].

12. La sollicitude divine protège les hommes de la science et pervertit les paroles des perfides.

13. On voit le paresseux dire : Il y a un lion sur la place, et au milieu des rues je crains d'être tué.

14. La fosse profonde, ce sont les écarts de langage[2] ; Dieu réprouve celui qui y tombe.

15. La sottise attachée au cœur du jeune homme en sera écartée par la verge de l'éducation.

16. Lorsqu'on opprime un pauvre pour augmenter son propre avoir ou pour donner à un riche, tout cela aboutit à une perte.

17. Incline l'oreille et écoute les paroles des sages, et sois attentif à ma science. — 18. Certes, il est agréable que tu les gardes dans ton cœur, qu'elles se fixent toutes dans ton langage, — 19. et que ta confiance soit en Dieu; je te l'enseigne aujourd'hui à toi aussi. — 20. Ne t'ai-je pas écrit des chefs-d'œuvre[3] en fait de conseils et de science, — 21. pour que tu connaisses les paroles de justice et de vérité et que tu répondes par des paroles de vérité à ceux qui te consultent[4]?

22. Ne dépouille pas le pauvre parce qu'il est pauvre, et ne traite pas injustement l'indigent sur les places publiques, — 23. car Dieu défendra leur cause et ôtera la vie à ceux qui leur font du tort.

24. Ne te lie pas avec un homme irascible[5], et ne fréquente pas celui qui s'emporte, — 25. pour que tu n'apprennes pas ses manières de se conduire, ce qui serait un piège pour toi-même.

26. Ne sois pas parmi ceux qui prennent des engagements et

1) Les rois mêmes recherchent son amitié.

2) Litt. : Les paroles des choses à éviter, c'est-à-dire les injures et les insultes.

3) Litt. : des rois, terme qui désigne en arabe des livres supérieurs.

4) Saadia voit, dans ces versets, l'exposé des cinq sources de la connaissance : 1° les sens, comme l'ouïe et la vue (v. 18) ; 2° l'intelligence (v. 19) ; 3° l'Écriture (v. 20) ; 4° la tradition (v. 17) ; 5° le raisonnement (v. 21).

5) Le sens caché est : Avec un homme qui s'est attiré la colère de Dieu.

garantissent les créances, — 27. car alors, si tu n'as pas de quoi payer, (le créancier) ne prendra pas ton lit de dessous toi.

28. Ne déplace pas la borne perpétuelle qu'ont posée tes pères. — 29. Lorque tu vois un homme habile dans son métier, il se mettra au service des rois et non au service du vulgaire [1].

XXIII

1. Lorsque tu t'assois à la table du roi, considère ce qui est devant toi. — 2. Mets un couteau dans ton gosier, si tu es un homme de grand appétit. — 3. Ne convoite pas ses mets, car c'est une nourriture qui peut (venir à te) manquer.

4. Ne te fatigue pas en cherchant à t'enrichir ; abstiens-toi d'y appliquer ta raison. — 5. Car, tandis que tes yeux fixent (la richesse), elle n'est déjà plus, mais elle se fait des ailes comme l'aigle qui vole dans le ciel.

6. Ne goûte pas la nourriture de l'avare et ne convoite pas ses mets. — 7. En effet, comme il l'avait décidé en lui-même, il te dit: Mange et bois ; mais son cœur n'est pas avec toi. — 8. Et lorsque tu auras mangé ton morceau, tu le vomiras, et tu auras gâté par là tes bonnes choses [2].

9. En présence du sot, ne parle pas de manière à ce qu'il méprise ce qu'il y a de rationnel dans ton discours [3].

10. Ne déplace pas les bornes anciennes et n'entre pas [4] dans le champ des orphelins, — 11. car leur protecteur est puissant, et il prendra en main leur cause contre toi.

12. Incline ton cœur à (accepter) la leçon, et ton oreille à (écouter) les paroles de la science. — 13. N'épargne pas à l'enfant la

1) C'est-à-dire : On ne doit pas changer les usages établis, non plus qu'enlever à quelqu'un les fonctions dont il a été chargé par les prédécesseurs.

2) Peut-être : et tu auras gaspillé tes amabilités.

3) C'est-à-dire : Ce qu'on ne peut comprendre qu'au moyen de la raison. Il faut parler aux sots simplement et se mettre à leur portée.

4) Commentaire : A plus forte raison n'entre pas, etc.

correction; si tu le frappes de la verge, il n'en mourra pas, — 14. car tu le frapperas de la verge, et tu sauveras son âme de la perdition.

15. Mon fils, si ton cœur devient sage, mon cœur à moi aussi se réjouit, — 16. et mes entrailles tressaillent de joie, lorsque tes lèvres parlent avec droiture.

17. Que ton cœur ne porte pas envie aux pécheurs, mais toujours (à ceux qui persévèrent) dans la crainte de Dieu, — 18. car il y a pour toi un avenir, et ce que tu as espéré ne te sera pas enlevé.

19. Écoute, ô toi, mon fils, et deviens sage; parmi les voies à suivre, dirige bien ton cœur. — 20. Ne sois pas de ceux qui boivent le vin avec excès, ou qui dépassent la mesure pour la chair. — 21. Parce que celui qui fait des excès et celui qui dépasse la mesure s'appauvrissent; et trop de sommeil fait revêtir les haillons.

22. Écoute ton père qui t'a engendré, et ne méprise pas ta mère, quand elle a vieilli. — 23. Achète la vérité et ne vends pas la sagesse, ni la morale, ni la raison. — 24. Le père du juste éprouve de la joie, et celui qui a engendré le sage se réjouit de lui, — 25. lorsqu'on dit à (cet enfant) : Ton père et ta mère peuvent se réjouir, et tes grands-parents peuvent être heureux!

26. Tourne, ô mon fils, ton cœur vers moi, et que tes yeux observent mes voies. — 27. Car la femme adultère est une fosse profonde, et l'étrangère est comme un puits étroit. — 28. Elle, de son côté, se met en embuscade comme (poussée par) une suggestion, et elle augmente, parmi les hommes, le nombre des infidèles [1].

29. Pour qui les hélas ! pour qui les lamentations, pour qui les disputes, pour qui les divagations, pour qui les blessures gratuites, et pour qui les yeux enflammés? — 30. Pour ceux qui

1) Commentaire : L'homme se précipite comme dans un puits, profond et étroit, d'où il est bien difficile de se tirer, et la femme sera punie pour des pièges qu'elle tend.

s'attardent jusqu'au matin auprès du vin et qui s'avancent pour
déguster la boisson mélangée. — 31. Ne regarde pas le vin,
quand il devient rouge, qu'il te donne sa couleur dans la coupe,
et se glisse tout droit. — 32. Car, à la fin, il mord comme le
serpent et lance son venin comme le serpent jaspé. — 33. Tes
yeux verront des choses étranges, et ton cœur concevra des
pensées incohérentes. — 34. Et tu seras comme si tu dormais
dans les profondeurs de la mer, ou comme si tu sommeillais au
haut d'un mât. — 35. Tu diras : On m'a frappé et je n'en ai pas
souffert ; on m'a battu sans que je m'en sois aperçu. Quand je
me réveillerai, je recommencerai et rechercherai toujours (le
vin)[1].

XXIV

1. Ne sois pas jaloux des méchants et ne désire pas être avec
eux, — 2. car leurs cœurs méditent la spoliation et leurs lèvres
profèrent des paroles vicieuses.

3. Par la sagesse les maisons se bâtissent, par l'intelligence
elles s'affermissent, — 4. et par la science les chambres se rem-
plissent de tous les biens précieux et agréables.

5. O toi, dont la sagesse fait la force, et pour qui la science est
une aide puissante, — 6. sache que tu feras la guerre à l'aide de
la finesse, et que le secours vient de l'abondance des conseils.

7. Le sot trouve la sagesse trop élevée pour lui ; dans les assem-
blées il n'ouvre pas la bouche.

8. Combien y a-t-il qui méditent le mal et que les gens
appellent hommes de réflexion !

9. La sottise est une abomination et un péché[2], et la moquerie
est détestée de l'homme.

1) L'homme ne doit pas se laisser séduire par l'odeur du vin (fin du v. 30), ni par sa couleur, ni par son goût (v. 31), car la raison de l'ivrogne se trouble et son caractère change ; il devient insensible aux coups et ne redemande qu'à boire.

2) Commentaire : Parce qu'elle produit l'abomination et le péché.

10. Si tu te relâches au jour du malheur [1], tes forces declineront[2]. — 11. Délivre ceux qui sont conduits à la mort; et ceux qui sont sur le point d'être tués il convient que tu les sauves. — 12. Et si tu dis : Nous ne savons rien[3]; certes, celui qui dispose les cœurs comprend, et celui qui garde ton âme le sait; il rétribue l'homme selon ses actions.

13. O mon fils, de même que tu manges le miel parce qu'il est bon, et le rayon parce qu'il est doux dans ton palais, — 14. de même connais la sagesse, car elle est utile à ta personne; si tu la trouves, tu trouveras un avenir[4], et ton espoir ne sera pas tranché.

15. Ne dresse pas d'embûches contre la demeure de celui qui est dans son droit, car tu commets une injustice à son égard, et ne dépouille pas son gîte, — 16. car le juste, même s'il tombe souvent, se relève, tandis que les injustes trébuchent dans le mal.

17. Lorsque ton ennemi tombe, ne t'en réjouis pas; lorsqu'il est frappé par le malheur, n'aie pas le cœur joyeux, — 18. de peur que Dieu ne le voie, que cela ne lui déplaise et qu'il ne retire de lui sa colère (pour la tourner) contre toi.

19. Ne rivalise pas avec les méchants, et n'envie pas les injustes. — 20. Car au méchant il ne restera pas d'avenir, et le flambeau des injustes s'éteindra.

21. Crains Dieu, mon fils, et son vicaire[5], et ne te mêle pas à ceux qui leur donnent des associés[6]; — 22. car le malheur (qui vient) d'eux, arrivera soudain; et la ruine que tous deux amènent, qui en connaît le moment?

1) Qui arrive à autrui.

2) Quand tu en auras besoin pour toi-même.

3) « Nous ne connaissons pas la personne qui est en danger », ou « nous ne connaissons pas le moyen de la sauver », ou « nous ne savons ce que nous gagnons à la sauver. »

4) Tu seras assuré du monde futur.

5) C'est-à-dire le roi qui est le représentant de Dieu sur la terre.

6) Commentaire : C'est-à-dire ceux qui rejettent l'unité chez Dieu ou dans le gouvernement. Le mot hébreu *schonim* peut avoir aussi d'autres sens : 1° ceux qui sont changeants; 2° ceux qui retombent dans leurs fautes; 3° ceux qui racontent ce qu'ils ne font pas.

23. Est-ce que de telles choses[1] conviennent aux sages? Il n'y a rien de bon à avoir égard aux personnes dans le jugement; — 24. car celui qui dit au coupable : Tu es innocent, les peuples le railleront et les nations le réprouveront.

25. Pour ceux qui réprimandent il y a du bonheur, et la bénédiction de l'homme de bien descendra sur eux, — 26. car celui qui donne une réponse juste est comme celui qui baise les lèvres[2].

27. Arrange ton travail dans la rue et prépare-le pour toi dans le champ, après cela construis ta maison[3].

28. Ne rends pas un vain témoignage à ton prochain, en le trompant par ta parole. — 29. Ne dis pas (non plus) : « Comme il m'a fait, je lui ferai; je lui rendrai selon sa façon d'agir[4]. »

30. Lorsque je passai près du champ d'un paresseux, et près de la vigne d'un homme sans intelligence, — 31. voici que la plus grande partie avait produit des orties, et les ronces en couvraient la surface, et les pierres de la clôture étaient renversées. — 32. Quand moi je le vis, je le pris à cœur, et quand je le regardai, j'en tirai une leçon. — 33. Un peu de sommeil et d'assoupissement, te croiser les bras encore un peu pour rester couché, — 34. et ta pauvreté viendra comme un voyageur, et ton dénûment comme un homme armé d'un bouclier.

(Fin de la deuxième partie du livre de la *Recherche de la sagesse.*)

1) Celles qui suivent.

2) Commentaire : Le juge qui donne tort à celui qui a tort : 1° sera favorisé par Dieu; 2° il sera béni par celui à qui il a donné raison; 3° celui à qui il a donné tort doit considérer sa décision comme un baiser, puisque le juge lui épargne une injustice.

3) C'est-à-dire : Ne te marie qu'avant d'avoir assuré les besoins de la famille que tu pourras avoir.

4) Il s'agit de celui qui fait de son prochain un éloge immérité, soit pour le flatter, soit pour le récompenser des éloges qu'il a lui-même reçus de celui-ci auparavant.

TROISIÈME PARTIE

XXV

1. Ceci fait également partie des proverbes de Salomon, qu'ont transmis les gens de Hizqiya, roi de Juda.

2. La majesté de Dieu est une chose impénétrable, et la majesté du roi est à l'extrême limite des choses[1].

3. Comme le ciel est ce qu'il y a de plus haut, et la terre ce qu'il y a de plus profond, de même la pensée des rois ne (doit) pas avoir de limite[2].

4. De même que si l'on ôte les scories de l'argent, il en sort
pour le fondeur un beau vase, — 5. de même, si l'on écarte le
méchant de devant le roi, son trône est affermi par la justice.

6. Ne fais pas le glorieux devant le roi, et ne te mets pas à la
place des grands, — 7. car il vaut mieux pour toi qu'on te dise :
Monte ici, que d'être humilié en présence des nobles, comme tes yeux l'ont déjà vu.

8. Ne t'avance pas précipitamment dans une dispute, de peur
que (tu ne saches plus) à la fin quoi faire, lorsque ton prochain te
confondra. — 9. Poursuis contre ton prochain ta réclamation et
ne révèle pas d'autre secret, — 10. de peur que (le juge) qui t'écoute
ne te haïsse, et que tu ne sois perdu de réputation sans retour[3].

1) Le sens est, d'après le commentaire : Comme la majesté divine est infinie, parce que nous ne pouvons comprendre Dieu, de même, nous ne devons pas limiter la gloire royale. S. donne encore deux autres sens : 1° la majesté de Dieu consiste à cacher ses œuvres, tandis que le roi montre les siennes : 2° devant la majesté divine, l'homme n'est pas obligé de s'étendre sur ce qu'il désire, devant le roi il faut être explicite.

2) Commentaire : L'administration du roi doit être aussi bonne que possible, et si l'intelligence du roi est insuffisante, il faut que son entourage y supplée.

3) D'après Saadia, le verset 9 expliquerait le premier hémistiche du verset 8,

11. Des pommes d'or dans des objets ornés en argent, telle est une parole dite selon sa règle[1].

12. Comme un anneau d'or et un bijou de pierres fines, tel un sage donnant des avertissements à une oreille docile.

13. Comme la fraîcheur que produit la neige au jour de la moisson, tel est le messager fidèle pour celui qui l'envoie; il remet l'âme de son maître.

14. Comme des nuages et du vent, sans qu'il y ait de pluie, tel un homme qui se vante d'un don qu'il ne fait pas.

15. Par la patience on séduit le gouvernant, et un langage doux brise pour ainsi dire les os[2].

16. De même que si tu trouves du miel, tu n'en manges que ce qu'il te faut, pour ne pas en prendre de trop et le vomir, —
17. de même, mets rarement ton pied dans la maison de ton prochain, de peur qu'il ne se dégoûte de toi et ne finisse par te haïr.

18. Comme une hache, un glaive, une flèche aiguë, tel est l'homme qui porte contre son prochain un faux témoignage.

19. Comme une dent qui branle et une jambe qui glisse, tel est l'appui de l'infidèle au jour du malheur.

20. Comme celui qui enlève son vêtement un jour de froid ou qui met du vinaigre sur du nitre, tel est celui qui se met à chanter devant un cœur affligé.

21. Si ton ennemi a faim donne-lui à manger, et s'il a soif donne-lui à boire, — 22. car (si même) tu répands ainsi des charbons sur sa tête[3], Dieu te récompensera.

23. Comme le vent du nord chasse la pluie, tel est le langage

et la précipitation consiste à sortir de l'affaire pour insulter l'adversaire et révéler ses secrets. Celui qui agirait ainsi risquerait : 1° d'assurer le triomphe de l'adversaire, qui ne parlerait que de l'affaire en question ; 2° d'être blâmé par le juge ; 3° de subir à son tour les outrages de l'adversaire.

1) Le commentaire s'étend sur les règles que l'on doit suivre dans l'écriture, dans la parole et dans la pensée.

2) C'est-à-dire : Apaise la colère.

3) C'est-à-dire : Bien qu'il puisse mal user de tes bienfaits ou les prendre en mauvaise part.

doux pour le visage abattu; — 24. c'est pourquoi il vaut mieux être assis sur l'angle d'un toit que (d'avoir) une femme acariâtre et querelleuse.

25. Comme l'eau fraîche pour une personne altérée, telle est une bonne nouvelle (venue) d'un pays lointain.

26. Comme une source bourbeuse et un cours d'eau corrompu, tel un juste qui fléchit devant le méchant.

27. De même qu'il n'est pas bon de manger trop de miel, de même quand on a épuisé la générosité de (ses amis), il faut à son tour être généreux envers eux[1].

28. Une ville démantelée, sans murailles, tel est l'homme qui a l'esprit indécis.

XXVI

1. Comme la neige en été et la pluie pendant la moisson, tel est celui qui décerne des honneurs à un sot[2].

2. Comme le moineau qui voltige, et l'hirondelle[3] qui s'envole, ainsi la malédiction gratuite ne s'accomplit pas.

3. Comme le fouet pour le cheval et l'aiguillon pour l'âne, tel est le bâton pour le dos des sots.

4. Ne réponds pas au sot selon son ineptie, là où tu craindrais de lui ressembler, — 5. mais réponds-lui sur son ineptie, là où tu craindrais qu'il ne se considère comme sage[4].

6. Comme celui qui coupe les pieds (d'autrui) et celui qui se fait tort à lui-même[5], ainsi celui qui confie une mission à un sot.

1) Saadia paraît rattacher ce verset aux versets 16 et 17, sans qu'on puisse, grammaticalement, expliquer le suffixe de *kebôdam*. Le sens est : Si l'on accepte toutes les marques de bienveillance des amis, ils finissent par réclamer la pareille, et, si on ne le fait pas, ils deviennent des ennemis.

2) D'après un ms. : De même, les honneurs ne conviennent pas au sot. Les deux autres mss. reproduisent l'hémistiche du verset 8.

3) Il n'est pas sûr que le mot arabe par lequel S. traduit *derôr* דרור signifie l'hirondelle.

4) Cf. Sabbat 30 *b*.

5) Litt. : Qui boit la violence.

7. Comme la (faculté de) marcher est enlevée au perclus, de
même la sagesse est impossible sur les lèvres du sot.

8. Comme (celui qui jette) une pierre fine dans un tas de
pierres, tel est celui qui décerne des honneurs à un sot.

9. Comme une épine qui s'est attachée à la main d'un ivrogne,
tel est un peu de sagesse dans les bouches des sots. — 10. On les
voit repousser avec cela tout le monde, et refuser de le commu-
niquer à celui qui l'ignore et aux passants[1].

11. Comme le chien qui revient à son vomissement, de même
un sot qui répète son ineptie.

12. Lorsque tu vois un homme sage à ses propres yeux, sache
qu'on peut plus espérer d'un sot que de lui[2].

13. On voit le paresseux dire : « Il y a un lionceau sur la route,
et un lion dans les rues. » — 14. Comme la porte tourne sur ses
gonds, de même le paresseux se retourne sur son lit. — 15. Si
même le paresseux plongeait pour ainsi dire sa main dans le plat,
il serait impuissant à la ramener à sa bouche ; — 16. et avec cela
il se croit plus intelligent que beaucoup[3] de ministres.

17. C'est prendre aux oreilles un chien qui passe, que de s'em-
porter pour la querelle d'autrui.

18. Comme celui qui s'amuse à lancer des matières dange-
reuses et des flèches mortelles, — 19. tel l'homme qui trompe
son prochain, et dit : Je ne fais que jouer.

20. De même que, faute de bois, le feu s'éteint, de même
quand personne n'excite, la querelle tombe. — 21. Et comme le
charbon est la matière de la braise, et le bois (celle) du feu, ainsi
est le querelleur pour allumer le feu de la dispute. — 22. Les

1) Comme l'ivrogne enfonce l'épine au lieu de l'ôter, de même le sot ne profite pas du peu de science qu'il a acquis et n'en devient que plus insupportable ; en outre, il est tellement fier de sa science qu'il la considère comme un trésor et refuse d'en faire part à personne.

2) Le sot se corrigera de son ignorance plus facilement que lui.

3) Commentaire : Le nombre *sept* du texte hébreu désigne une quantité indéterminée, ou bien il fait allusion aux sept conseillers des rois perses.

paroles (de celui qui excite) ressemblent à un badinage, tandis qu'elles ont déjà pénétré au fond de son cœur.

23. Comme de l'argent de mauvais aloi ou plaqué sur de l'argile, telles des lèvres aux paroles ardentes, alors que le cœur est mauvais. — 24. A l'aide de ses lèvres l'ennemi se déguise, alors que dans son cœur il a mis la ruse. — 25. Quand il adoucit sa voix, n'aie pas confiance en lui, car il y a beaucoup d'abominations dans son cœur. — 26. Sa haine te sera cachée dans l'intimité[1], et sa méchanceté se dévoilera à toi en public.

27. Qui creuse une fosse y tombera, et la pierre reviendra sur celui qui la roule.

28. Celui qui parle avec fausseté hait même les malheureux d'entre les siens, et la parole doucereuse prépare la chute (des gens)[2].

XXVII

1. Ne te vante pas du lendemain, car tu ne sais pas ce qui peut y arriver.

2. Qu'un autre te loue, et non ta propre bouche[3], l'étranger, et non tes lèvres.

3. Certes la pierre est lourde, et le sable est pesant, mais l'irritation du sot est plus lourde que tous deux, — 4. puisque le ressentiment (amène) la dureté, que la colère est un débordement[4]; et qui peut tenir devant la jalousie?

5. Une franche réprimande vaut mieux qu'une amitié cachée[5].

1) C'est-à-dire : Quand il sera seul avec toi.
2) Litt. : Produit le moyen de pousser.
3) D'après une seconde explication : et non ta bouche seule.
4) Litt. : Est une noyade. Dans le commentaire : La colère fait qu'on se jette sur quelqu'un et qu'on le noie.
5) Commentaire : L'amitié cachée, c'est celle qui n'ose parler avec franchise, ou qui ne s'exerce pas dans l'intérêt de la religion et n'ose s'avouer.

6. Les coups que portent les amis proviennent de sa sincérité; les baisers de l'ennemi sont excessifs[1].

7. On voit la personne rassasiée être dégoûtée du miel; et pour une personne affamée toute chose amère paraît douce.

8. Comme l'oiseau qui abandonne son nid, tel est l'homme qui abandonne sa demeure.

9. De même que l'huile et les parfums sont plus aptes à réjouir ensemble le cœur que chacun à part, de même le conseil du prochain est plus doux que celui que l'on se donne tout seul.

10. N'abandonne pas ton ami ni l'ami de ton père; n'entre pas dans la maison de ton frère au jour de ton malheur[2]; ton voisin proche est plus utile que ton frère éloigné[3].

11. Instruis-toi, ô mon fils, et réjouis mon cœur, en sorte que je puisse répondre à celui qui m'insulte[4].

12. On remarque que l'homme avisé, quand il voit le mal, s'en garantit; les étourdis passent outre et tombent dans le malheur,
— 13. au point qu'on porte un jugement ainsi conçu : Prends son vêtement, parce qu'il s'est porté garant pour un étranger, et qu'il l'a mis en gage pour autrui. — 14. Combien de personnes saluent leur prochain à haute voix à son lever de bon matin, et (ce salut) compte pour lui comme une insulte[5].

15. La gouttière, qui coule sans cesse en un jour de froid intense, et la femme querelleuse se valent. — 16. Celui qui voudrait la retenir retiendrait le vent, et sa droite éprouverait de la fatigue[6].

17. Le fer s'aiguise par le fer, de même (l'esprit de) l'homme s'aiguise en présence de son semblable.

1) D'après d'autres manuscrits : « font horreur ».

2) Commentaire : Il ne faut pas attrister son frère par le spectacle de sa misère, ou bien il ne faut pas attrister *même* son frère.

3) Commentaire : Les mots *proche* et *éloigné* signifient présent et absent, ou bienveillant et malveillant, ou proche de Dieu et éloigné de lui.

4) Commentaire : En me faisant des reproches à ton sujet.

5) Parce que ce salut, au lieu d'être agréable, lui rappelle les obligations qu'il a contractées.

6) Litt. : La fatigue atteindra sa droite.

18. De même que celui qui soigne le figuier en mange le fruit, de même celui qui soigne son maître sera traité généreusement.

19. Comme l'eau peut être dirigée en divers sens, ainsi le cœur des hommes pour les hommes[1].

20. De même que la tombe et l'anéantissement ne sont pour ainsi dire jamais rassasiés, de même les yeux des hommes n'obtiennent jamais assez.

21. Comme le creuset sert pour l'argent, et le fourneau pour l'or, de même il convient que l'homme soit à la hauteur de l'éloge qu'on fait de lui[2].

22. Quand même tu pilerais, pour ainsi dire, le sot dans un mortier, ou dans un sac avec un bâton, sa sottise ne le quitterait pas.

23. Il convient que tu connaisses l'état des (brebis) qui sont en
tête du troupeau[3] et que tu fasses attention au reste du bétail,
— 24. car ceux qui en font la force ne sont pas éternels, et ceux
qui en sont la couronne ne durent pas de génération en génération. — 25. C'est seulement quand l'herbe apparaît, quand le
fourrage se montre et quand on a recueilli les plantes des montagnes, — 26. que les moutons te fournissent ton vêtement, les
chèvres contribuent à l'achat d'un champ, — 27. et que leur lait
est suffisant pour ta nourriture, celle de ta maison, et pour l'en-
tretien de tes domestiques[4].

1) C'est-à-dire que l'homme peut diriger comme il veut son cœur, soit dans ses rapports avec le prochain, soit dans ses propres affaires morales ou matérielles.

2) De même que la valeur de l'or et de l'argent contenus dans un minerai se vérifie après qu'ils ont passé dans le creuset, de même l'homme doit tâcher de justifier la réputation qu'il possède, en sorte qu'il puisse sortir à son honneur d'une épreuve à laquelle on le soumettrait.

3) C'est-à-dire les meilleures.

4) Commentaire : Il faut faire attention à ceci, que les troupeaux sont sujets à toutes sortes d'accidents et que les avantages qu'on en retire dépendent de la végétation qui elle-même dépend de la pluie, et celle-ci de la volonté divine; c'est donc en Dieu qu'il faut avoir confiance.

XXVIII

1. Les méchants fuient sans qu'on les poursuive; les justes sont tranquilles comme les lions.

2. C'est une faute pour le pays que de se donner beaucoup de chefs; de même, par un seul chef intelligent et instruit son existence se prolonge.

3. Un homme pauvre, qui opprime les malheureux, sera jeté à terre par la pluie, et il ne lui restera pas de nourriture[1].

4. Si ceux qui abandonnent la loi louent le méchant, il convient à ceux qui l'observent de les harceler.

5. Les partisans du mal ne comprennent pas (l'exercice de) la justice, ceux qui recherchent Dieu comprennent tout.

6. Mieux vaut un pauvre qui marche dans l'intégrité qu'un homme à la conduite dure et qui est riche.

7. Le fils raisonnable observe la loi, et celui qui fréquente les débauchés couvre de honte son père.

8. Celui qui a augmenté sa fortune en prêtant à intérêt et à usure[2], doit l'appliquer entièrement au soulagement des malheureux[3].

9. Celui qui détourne l'oreille pour ne pas écouter la loi, sa prière même est abominable[4].

10. Celui qui égare les justes dans une mauvaise voie tombera dans la fosse (qu'il a creusée), et les hommes sincères obtiendront du bien.

11. On voit le riche se croire sage, et un pauvre intelligent le met à l'épreuve[5].

1) C'est-à-dire il sera atteint par un malheur qui lui enlèvera le peu qu'il possède.

2) Nous avons traduit ainsi deux mots arabes, répondant à deux mots hébreux que Saadia explique sommairement, en se référant sans doute à Baba Mesia, V, 1.

3) Il doit distribuer en bonnes œuvres le bien mal acquis, s'il ne peut pas le rendre à ses possesseurs.

4) Non seulement ses supplications personnelles, mais même la prière rituelle.

5) Commentaire : Celui qui a une supériorité, par exemple, celle de l'argent,

12. Lorsque les justes sont dans la joie, bien des gens osent se vanter (de leur fortune); lorsque les méchants ont le pouvoir, on cherche les hommes et on ne les trouve pas[1].

13. Celui qui cache ses péchés ne prospère pas, celui qui les avoue et les abandonne obtient miséricorde.

14. Heureux l'homme qui craint toujours; celui qui endurcit son cœur tombe dans le malheur.

15. Comme un lion rugissant et un ours brûlant de soif, tel est un prince méchant (qui règne) sur un peuple malheureux.

16. Un gouverneur qui commet beaucoup d'exactions manque de raison; celui qui hait le lucre verra ses jours se prolonger.

17. On voit quelqu'un, accusé faussement d'un crime capital, s'enfuir vers la prison[2] sans que personne le soutienne;

18. il faut secourir l'homme qui marche dans son intégrité. Celui qui a devant lui deux chemins difficiles tombe nécessairement dans l'un d'eux[3].

19. Celui qui cultive sa terre se rassasiera de nourriture; et celui qui recherche les gens de rien sera excédé de pauvreté.

20. L'homme qui a la foi est comblé de bénédictions, et celui qui s'acharne à s'enrichir ne reste pas impuni.

21. Il n'est pas bon que l'on soit partial envers les grands, ni que l'on renie (sa foi) pour un morceau de pain.

22. L'homme avare court après la fortune et ne sait pas qu'il subira une perte.

23. Celui qui avertit l'homme pour qu'il m'obéisse[4] trouvera

veut avoir toutes les supériorités. Le verset s'applique aussi à un homme instruit dans une branche de la science, et qui croit tout savoir. Il pourra être confondu par quelqu'un, qui, bien qu'étant inférieur en cette branche, lui sera supérieur dans les autres branches.

1) Dans le premier cas, on ne craint pas d'être dépouillé; dans le second, on cache sa fortune.

2) Sans doute pour ne pas être mis à mort par ceux qui l'accusent faussement.

3) D'après Saadia, les versets 16, 17 et le premier hémistiche de 18 se tiennent. Le dernier hémistiche ne paraît pas avoir, pour lui, de rapport avec ce qui précède et signifie, en général, que de deux maux il faut choisir le moindre.

4) Le verset est placé dans la bouche de Dieu.

plus de faveur auprès de lui que celui qui tient un langage flatteur.

24. Qui vole son père et sa mère, et dit : Je ne pèche pas, est le compagnon de l'homme pervers.

25. L'homme insatiable[1] engage la dispute (avec Dieu) et celui qui a confiance en Dieu sera comblé[2].

26. Celui qui se fie à son propre avis est un sot; celui qui marche avec sagesse sera sauvé.

27. Qui donne au pauvre n'y perd rien, et celui qui détourne (de lui) les yeux est couvert de malédictions.

28. Quand les méchants ont le dessus, le monde se cache, et quand ils périssent, les justes se multiplient.

XXIX

1. Celui qui s'opiniâtre contre la réprimande sera brisé soudain sans remède.

2. Quand les justes ont la prééminence, le peuple doit se réjouir, et quand les méchants dominent, il convient qu'il s'attriste.

3. Un homme qui aime la sagesse réjouit son père; celui qui fréquente les courtisanes gaspille sa fortune.

4. Par la justice le roi maintient son pays; en prélevant les impôts, il le ruine.

5. Celui qui présente à son prochain comme doux ce qui est dur étend un filet sous ses pieds[3].

6. Le péché de l'homme devient pour lui un malheur et un piège, et le juste est allègre et se réjouit.

7. Le juste sait juger les malheureux; le méchant ne connaît pas la science (juridique).

1) Litt. : Celui qui a le ventre large, c'est-à-dire qui n'est jamais satisfait.

2) Litt. : Sera engraissé.

3) D'après Saadia, sous les pieds de celui qu'il trompe, et sous ses propres pieds, parce qu'il sera puni de sa tromperie.

8. Les moqueurs trompent l'attente des gens du pays, et les sages en détournent la colère (divine).

9. On voit que l'homme sage, se disputant avec un sot, ne trouve jamais de repos, qu'il s'irrite ou qu'il rie.

10. On trouve que les scélérats haïssent l'homme intègre, et que les justes le recherchent.

11. On trouve que le sot sort toute sa colère, et que le sage apaise la sienne, à cause des conséquences[1].

12. Quand le souverain prête l'oreille au mensonge, tous ses serviteurs deviennent injustes.

13. Lorsque le pauvre et l'homme d'une fortune moyenne se rencontrent, ils doivent savoir que Dieu leur éclaire les yeux à tous deux[2].

14. Si le roi juge les malheureux selon la vérité, son trône[3] durera toujours.

15. La verge et l'avertissement donnent la sagesse; le garçon abandonné à lui-même se conduit mal envers ses parents.

16. Lorsque les méchants sont au pouvoir, les troubles se multiplient; mais les justes verront leur chute.

17. Corrige ton fils, il te donnera le repos[4], et il procurera à ton âme des jouissances.

18. Faute de révélation, le peuple reste sans frein. Heureux celui qui observe la Loi.

19. La parole (de la révélation) ne peut pas faire seule l'éducation de l'homme[5]; pourrait-il la comprendre sans le raisonnement[6]?

20. Quand on voit un homme s'opiniâtrer dans ses affaires[7], sache qu'on peut plus espérer d'un sot que de lui.

1) Saadia fait observer que le mot *beahôr*, qu'il traduit par « avenir », peut s'appliquer aussi au fait passé, qui a motivé la colère.

2) Comparez ci-dessus, XXII, 2.

3) C'est-à-dire sa dynastie.

4) Tu n'auras pas à redouter les suites de sa mauvaise conduite.

5) Litt : Du serviteur (de Dieu).

6) La révélation complète l'œuvre de la raison, mais ne saurait être comprise que par elle.

7) Sous-entendre : Alors que ces affaires sont blâmables.

21. Si quelqu'un gâte son serviteur quand il est jeune, celui-ci finira par le dominer.

22. L'homme colère excite la querelle et celui qui s'emporte commet bien des péchés.

23. L'orgueil de l'homme est une chose qui l'humilie, l'humble est de ceux qui soutiennent leur honneur.

24. Celui qui partage avec le voleur se déteste lui-même ; de même celui qui entend l'adjuration[1] et ne raconte rien.

25. Souvent la précipitation de l'homme est pour lui un piège, et celui qui se fie en Dieu est protégé.

26. Bien des gens recherchent la face du prince, mais c'est Dieu qui décide à l'égard de chacun d'eux.

27. De même que les justes détestent les gens iniques, de même les méchants détestent ceux qui suivent le chemin droit.

XXX[2]

1. Paroles d'Agour, fils de Yaqé, sous forme de proverbes.

1) Faite à un témoin ; cf. *Lévit.*, v, 1.

2) Saadia divise ce chapitre en sept paragraphes : I. L'homme est impuissant à pénétrer le mystère de la création *ex nihilo* et de la nature des quatre éléments (le ciel représentant le feu) ; il ne doit donc pas s'en occuper (1-4) ; mais il peut étudier les préceptes rationnels ou révélés. Il lui est interdit d'y rien ajouter, et à plus forte raison de les abandonner (5-6). — II. L'homme ne doit désirer ni richesse, qui le fasse renier Dieu, ni pauvreté, qui le pousse à tromper et à parjurer (7-9). — III. Les hommes ne doivent pas rejeter les traditions authentiques de leurs ancêtres, car ils arrivent d'abord à les maudire en les accusant d'avoir menti et à prétendre ensuite que leurs doctrines sont impures ; puis à s'enorgueillir d'avoir de nouvelles doctrines ; enfin à mépriser ceux qui ne pensent pas comme eux, et à rejeter même les lois rationnelles (10-14). Ils seront punis par quatre genres d'anéantissement : la stérilité de la femme, la mort, l'aridité de la terre et le feu de la géhenne, et en outre par deux supplices, l'un d'avoir les yeux crevés, l'autre d'être dévorés par les aigles (15-17). — IV. L'homme doit se garder de la débauche et de l'adultère, et ne pas croire que ce sont des choses sans importance, parce qu'elles n'ont pas de trace visible. En effet, l'aigle, le serpent et le vaisseau ne laissent pas de trace de leur marche, et ce mouvement a pourtant des conséquences considérables (18-20). — V. L'homme ne doit pas aspirer à une situation dont il n'est pas digne, et où on ne le supporterait pas (21-23). — VI.

Cet homme a dit au sujet d'Itiel[1] : Itiel m'a appris ce qui suit.— 2. Il me l'a enseigné, dit-il, après que j'avais été ignorant en comparaison d'hommes (distingués), et que je n'avais même pas eu l'intelligence des gens (ordinaires); — 3. et même une fois qu'il m'eut instruit, je ne possédais pas toute la sagesse, et je ne connaissais pas la science de Dieu : — 4. Qui est monté au ciel et en est descendu? ou a recueilli le vent dans ses poings? ou a serré l'eau dans un vêtement? ou a fixé toutes les bornes de la terre[2]? Quel est son nom et le nom de sa postérité[3], le sais-tu?

5. Toutes les paroles de Dieu sont pures, et il est un bouclier pour tous ceux qui s'abritent auprès de lui. — 6. Donc, n'ajoute rien à ses paroles, de peur qu'il ne te reprenne et que tu ne sois retranché.

7. Je te demande deux choses, ne me les refuse pas, jusqu'à ce que je meure. — 8. Éloigne de moi la parole fausse et le mensonge[4], en ne me donnant ni grande pauvreté ni richesse, mais accorde-moi ma part de nourriture, — 9. de peur que, étant enrichi, je ne devienne infidèle, et que je ne dise : Qui est Dieu? ou que, devenant pauvre, je ne vole et ne déshonore le nom de mon Dieu.

10. Ne calomnie pas le serviteur auprès de son maître[5], de peur qu'il ne te maudisse, et que tu ne sois coupable, — 11. ô

L'homme doit, pour son bonheur dans ce monde et dans l'autre, imiter à l'aide de sa raison ce que font certains animaux par instinct (24-28). — VII. Les hommes doivent obéir à leur prince comme les bêtes sauvages se soumettent au lion, les oiseaux à l'aigle, et le menu bétail au bouc (29-33).

1) D'après S., Agour, fils de Yaqé, est un disciple autrefois connu d'un certain Itiel. Il cite aussi l'opinion des docteurs d'après laquelle Agour, Itiel, Lemouel (xxxi, 1), seraient des surnoms de Salomon. et Yaqé celui de David.

2) C'est-à-dire : Comment se fait-il que chaque élément n'ait pas la nature qui est propre aux autres éléments, et que. par exemple, l'on ne puisse monter et descendre sur le feu comme sur la terre?

3) Commentaire : Si, dans les temps anciens, il y avait eu quelqu'un qui possédât cette science, il l'aurait transmise à ses descendants ou à ses disciples, et il en resterait une trace.

4) La parole fausse, c'est l'infidélité à Dieu, et le mensonge, c'est le parjure.

5) C'est-à-dire : Ne prétends pas que ceux qui ont transmis les traditions des prophètes les ont faussées.

génération, qui maudit son père, et ne bénit pas sa mère, — 12. génération pure à ses propres yeux, et qui ne s'est pas lavée de son ordure, — 13. génération qui porte si haut les yeux, et qui élève si fièrement les prunelles, — 14. génération dont les dents ressemblent à des épées et les canines à des couteaux, pour dévorer les pauvres dans le pays, et les malheureux au milieu des hommes; — 15. car dans le néant[1] il y a deux espèces qui disent en quelque sorte : Donne! donne! Il y a encore une troisième qui est insatiable, et une quatrième qui ne dit jamais : Assez! — 16. Ce sont la tombe et le sein stérile, le sol qui n'est jamais assez arrosé, et le feu qui ne dit jamais : Cela suffit. — 17. De même l'œil qui dédaigne père et mère et se rit de leur accord[2], les corbeaux de la vallée le crèveront et les aiglons le mangeront.

18. Il y a trois choses qui sont un mystère pour moi, et, avec une quatrième, elles me sont inconnues : — 19. Le chemin de l'aigle dans l'air, le chemin du serpent sur le rocher, le chemin du vaisseau en pleine mer, et le procédé de l'homme à l'égard de la femme. — 20. Tel est le procédé de la femme adultère; elle mange, s'essuie la bouche, et dit : Je n'ai pas fait de mal.

21. On voit la terre frémir sous trois choses, outre une quatrième qu'elle ne peut supporter : — 22. Sous un esclave, quand il devient roi; sous un homme vil, quand il est repu de nourriture; — 23. sous une femme haïssable qui devient souveraine, et sous une servante qui est l'héritière de sa maîtresse.

24. Il y a quatre êtres parmi les plus petits qui sont sur la terre, et qui sont savants, instruits (par leur instinct) : — 25. Les fourmis sont une communauté sans puissance, et cependant elles disposent pendant l'été leur nourriture. — 26. Les gerboises forment une communauté sans force et néanmoins elles placent dans les rochers leurs maisons. — 27. Les sauterelles n'ont pas

1) Saadia choisit cette signification comme cadrant le mieux avec le contexte.

2) C'est-à-dire celui qui rejette les traditions sur lesquelles les ancêtres sont unanimes.

de roi, et pourtant elles sortent toutes en rangs serrés. — 28. L'hirondelle attache à ses pattes de quoi s'établir dans les palais des rois.

29. Trois vont d'un bon pas, et il y a un quatrième avec eux qui a une bonne démarche : — 30. Le lion, le héros des animaux, qui ne recule devant rien; — 31. (l'aigle) aux flancs serrés, le bouc, et de même le roi, il ne faut pas lui résister, — 32. soit que tu te soumettes à lui, quand il mérite d'être honoré, soit que tu mettes la main sur la bouche[1]; — 34. car de même que, en pressant le lait, on produit de la crème, et, en pressant le nez, on fait sortir le sang, de même en pressant la colère, on fait naître la querelle.

XXXI

1. Paroles de Lemouel, le roi, sous forme de proverbe, morale que lui a donnée sa mère : — 2. Hé quoi! ô mon fils, ô fils de mes entrailles, ô fils de mes vœux, — 3. ne donne pas tes facultés aux femmes, et tes efforts aux diverses passions. — 4. Ce n'est pas aux rois, ô Lemouel, ce n'est pas à eux de boire le vin, ni aux ministres de s'adonner aux liqueurs enivrantes; — 5. de peur qu'un d'entre eux ne boive, n'oublie ce qui est prescrit et ne méconnaisse le droit de tout homme malheureux. — 6. Laissez la liqueur enivrante à celui qui se consume de tristesse, et le vin à ceux dont l'âme est pleine d'amertume. — 7. Quand l'un d'eux boira, il oubliera sa pauvreté et ne se rappellera plus sa peine. — 8. Ouvre ta bouche en faveur du muet[2], et pour le droit de tous ceux qui passent[3]. — 9. Ouvre ta bouche, décide selon l'équité, et le droit du faible et du pauvre.

1) C'est-à-dire que tu te taises et t'éloignes de lui, quand sa conduite ou ses manières te déplaisent.

2) C'est-à-dire celui qui ne sait pas plaider sa cause.

3) D'après le commentaire, ce mot signifie que le juge doit considérer les plai-

10. Une femme vertueuse[1], qui donc saura la trouver? on l'acquiert plus difficilement que des perles. — 11. Le cœur de son mari a mis sa confiance en elle, et pour lui le profit ne manque pas, — 12. car elle lui fait du bien et non du mal, durant le cours de sa vie. — 13. Elle lui demande la laine et le lin, et elle les travaille comme ses mains savent le faire. — 14. Elle est semblable au vaisseau du marchand, de loin elle fait venir sa subsistance.

15. Elle se lève quand il fait encore nuit, elle fournit des ressources aux gens de sa maison, et des tâches aux servantes. — 16. Songe-t-elle à un champ, elle l'achète, et du produit de ses mains elle a planté des vignes. — 17. Elle ceint ses reins de force, et donne de la vigueur à ses bras. — 18. Lorsqu'elle s'aperçoit que son commerce est bon, sa lumière ne s'éteint pas pendant la nuit. — 19. Elle dirige ses mains avec adresse, et ses doigts maintiennent le fuseau. — 20. Elle tend la main au malheureux, et dirige son bras vers le pauvre. — 21. Elle ne craint pas la neige pour les gens de sa maison, car tous sont revêtus d'écarlate. — 22. Elle se fait des tapis de byssus, et son vêtement est de pourpre. — 23. Son mari est considéré dans les conseils lorsqu'il siège avec les anciens du pays. — 24. Elle fait des *izâr*[2] qu'elle vendra, et des ceintures qu'elle donne aux négociants. — 25. Puisque la force et la splendeur sont son vêtement, elle se réjouit des jours à venir. — 26. Elle ouvre la bouche avec sagesse, et sa langue (donne) des préceptes de charité. — 27. Elle surveille les allures de sa maison et ne mange pas le pain de la paresse. — 28. Ses enfants se lèvent et font son éloge, et son mari

deurs comme des gens de *passage* qu'il ne connaît pas, ou bien qu'il doit savoir qu'on ne peut plus revenir sur l'arrêt, une fois *passé*, ou bien qu'il doit *passer* en revue les lois du code pour savoir dans quelle catégorie il peut faire rentrer le cas présent.

1) La femme vertueuse est, pour Saadia, l'image de celui qui est préoccupé de gagner sa vie, du savant qui veut étendre ses connaissances, et de l'homme pieux qui cherche à multiplier ses bonnes œuvres.

2) Ce mot désigne différents vêtements, couvrant une partie ou la totalité du corps. Voyez Dozy, *Vêtements*, s. v.

la loue. — 29. Ils disent : « Beaucoup de femmes ont acquis les vertus, mais toi, tu les surpasses toutes. — 30. La grâce est vaine, et la beauté est trompeuse. Une femme qui craint Dieu, c'est elle qui doit être louée. — 31. Accordez-lui maintenant le fruit (du travail) de ses mains, et ses œuvres feront son éloge dans les réunions »[1].

1) Litt. : Dans les places (où se tiennent les marchés et les tribunaux).

ANGERS, IMP. BURDIN ET Cie, RUE GARNIER, 4

www.ingramcontent.com/pod-product-compliance
Lightning Source LLC
LaVergne TN
LVHW010942180726
843502LV00004B/1052

* 9 7 8 2 3 2 9 6 0 5 4 1 8 *

אלג̇ז אלסאדס

מן אלתפאסיר ואלכתב ואלרסאיל

לרבינו סעדיא גאון בן יוסף אלפיומי

אכ̇רג̇הא וצחחהא צחבה̈ ג̇מאעה̈ מן עלמא

אלפקיר אלמפתקר אלי רחמה̈ רבה

יוסף דירינבורג

ספרי רבינו סעדיה גאון בן יוסף הפיומי

הוציאם לאור

בחברת אנשים חכמים וידועים

הקטן **נפתלי** המכונה **יוסף דירינבורג**

חלק ששי

תרגום ספר משלי וביאורו

בלשון ערבית

והוא ספר דרישת החכמה

לרבינו סעדיה גאון בן יוסף הפיומי

הוציאוהו לאור וביארוהו בהערות עבריות

הקטן נפתלי המכונה יוסף דירינבורג

ותלמידו מאיר בן אליהו למברט

בבית האדון ארנסט לרו

פארים שנת תרנ״ד לפ״ק

בדפוס צבי הירש בר׳ יצחק איטצקאווסקי בברלין

תפסיר ספר משלי ושרחה

באלערביה

והו כתאב טלב אלחכמה

תאליף

רבינו סעדיא גאון בן יוסף אלפיומי

אכרג'אה וצחחאה ובינאה בחואש באלעבראניה

אלפקיראן אלמפתקראן אלי רחמה רבהמא

נפתלי המכונה **יוסף דירינבורג**

ותלמידה מאיר בן אליהו למברט

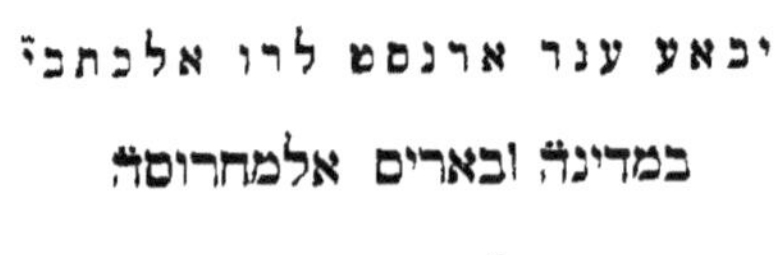

יבאע ענד ארנסט לרו אלכתבי

במדינה ובארים אלמחרוסה

סנה א' תתצ"ד.

הקדמת המוציאים לאור.

הגאון ר׳ סעדיה חיבר העתקת ספר משלי ופירושו אחר שכתב פירושיו על על איזה ספרים מספרי תנ״ך[1]) וזה ברור לנו לפי שהזכיר בו פירושו על התורה (דף 52, 56, 119, 148) ופירושו על ספר ישעיה (דף 94, 195)[2]) ועל ספרי תהלים (דף 198) ואיוב (דף 28, 96, 184) ואין ידוע לנו אם חיבר העתקת חמש מגלות קודם ספר משלי אם לא אבל אין ספק שהעתקותיו ופירושיו על ספרי קדש קדמו לפירושו על ספר יצירה ולספר אמונות ודעות.

והנה קרא הגאון ספר משלי כתאב טלב אלחכמה והוא ספר דרישת החכמה[3]) ואמר ששלמה המלך רצה ללמד בו את מבקשי החכמה וקראם הרבה פעמים בן או בנים כי התלמיד אצל רבו כבן אצל אביו. ואחר שכוונת לומד החכמה היא להבין הדברים המושכלים צריך להמשילם לדברים המוחשים הגלוים לכל ולכן קרא שלמה ספרו ס׳ משלים ולפיכך ראוי להבדיל בהרבה פסוקים בין הענין הנגלה והענין הנסתר שזה משל לזה כמו פרשת אשת חיל לפי דעתו היא משל לאיש המבקש מחיתו ולאיש החכם ולאיש הצדיק.

הגאון חלק ספר משלי בעצמו לשלשה חלקים החלק הראשון (והם הפרקים א׳ עד ט׳) כולל ענינים מחוברים והחלק השני (מפרק י׳ עד פרק כ״ד) כולל פסוקים נפרדים ושני החלקים האלו חיברם וכתבם שלמה כמו שהם לפנינו והחלק השלישי (מפרק כ״ה עד כ״ט) חיברו גם כן שלמה אבל לא נכתב על ספר עד שבאו אנשי חזקיהו כמו שהמשנה נתנה למשה על הר סיני ולא נכתבה עד זמן התנאים וזה דעתו גם כן בספר יצירה שחיבר אברהם אבינו ענינו מכח שכלו ונשאר על פה עד שבאו חכמי המשנה וכתבו אותו כפי לשון בני דורם. ולפי דעת הגאון פרשת אגור ופרשת למואל נתוספו על ספר משלי ואגור ולמואל היו שני חכמים מפורסמים בימי קדם ואמר שאף על פי שאמרו חז״ל ששני שמות הללו כינויים לשלמה המלך אין להוציא מקרא מידי פשוטו[4]).

---

[1]) והם חמשה חומשי תורה וחמש מגלות ישעיה תהלים משלי איוב ודניאל ואפשר שפירש גם כן תרי עשר. ועיין תולדות ר״ס גאון באחד מהחלקים הבאים.

[2]) אל יקשה לך איך הזכיר הגאון פירושו למשלי בביאורו לישעיהו ג ז ג׳ שאין ספק אצלנו כי המלות ועלי מא שרחנאה פי תפסיר ס׳ משלי נתוספו אחר זמן מאת הגאון עצמו על הגליון.

[3]) האומר שהגאון קרא בשם זה רק פירושו או העתקתו טועה, כי ס׳ משלי בעצמו קרא ס׳ דרישת החכמה וכן הוא בשמות שנתן לס׳ תהלים ולס׳ איוב ולס׳ יצירה.

[4]) הקראי יפת בן עלי חשב שתי פרשיות האלו לשני חלקים נפרדים ולכן הוא מחלק ס׳ משלי לחמשה כחמשה חומשי תורה ובחמשה ספרי תהלים וכן עשה המאירי עיין בתחלת פרק ל׳ ול״א מביאורו.

ולא נאריך לבאר דרכי פירוש הגאון ולהזכיר שמות האנשים אשר למדו ממנו כי כבר כתב הרב ד״ר יונה בונדי[1]) בענינים האלו מאמר מספיק למי שאינו רוצה לחקור ולדרוש בספר הגאון בעצמו. ולא נעיר רק על שגגות אחדות ששגג הגאון בהעתקתו והחליף פסוקים אלו עם אלו י״א י״ח עם י׳ ט״ז, י״ב ט״ז (מלת כעס) עם י״ב כ״ג, ט״ז י״ח עם י״ח י״ב, י״ט כ״ד עם כ״ו ט״ז וכ״ו א׳ עם כ״ו ח׳ ובאיזה כתבי יד הגיהו הטעיות ועיין הערותינו לאלו הפסוקים. ועוד העתיק פסוק תפארת בנים אבותם (י״ז ה׳) כפשוטו אבל בפירושו ביארו כאילו נכתב תפארת אבות בניהם וגם יש קצת סתירה בין פירושו לכ״א י״ח ובין פירושו לכ״ו כ״ב במעשה מלשיני חנניה מישאל ועזריה.

פירוש משלי הוצאנו לאור על פי כתב יד אחד יחיד שהוא באוקספורד (קאטולוג נייבויער 119 ועיין עליו בונדי דף 16) וקראנו אותו כ״י א׳ ולהעמיד העתקה על בוריה השתמשנו עוד בשני כ״י אחרים האחד מאוצר הספרים שבלונדון (or. 2375) והוא אצלנו כ״י ב׳ והשני הוא בעיר בערלין (or. fol. 1203) וקראנוהו כ״י ג׳. והנה הוא ידוע כי הגאון חיבר על התורה שתי העתקות, האחת עם פירוש ארוך והאחרת בלי פירוש אבל הוסיף בה לפעמים איזה מלות לרמוז בהן אל ביאורו הגדול (עיין סוף הקדמתו) ואפשר שעשה זה גם כן בספר משלי ואחר שכתב ביאורו העתיק את הספר בלי פירוש אבל הניח בזאת ההעתקה איזה פירורים מביאורו לבאר היטב ענין הפסוקים והיא הנוסחה המצויה בכ״י ב׳ וג׳ המסכימים זה עם זה על הרוב ובזאת נבין חילוקים רבים הנמצאים בין הכ״י א׳ וכ״י ב׳ וג׳ וגם פסוק אחד (ד׳ ט״ו) בכ״י ב׳ וג׳ משונה מהעתקת כ״י א׳ אבל הוא כפי הפירוש הנמצא בו.

ונראה לנו שהכ״י א׳ הועתק מכ״י אשר היה באותיות ערביות ואם אין ראיה לדבר רמז לדבר כי בגליון הכ״י (על פסוק כ״ב י׳) נמצא כתוב באותיות ערביות ימתחן במקום ימתחן הנמצא בפנים[2]) ועוד יש טעיות שאין מבוארות כי אם מתוך כתב ערבי כמו שנכתב אסראף במקום אשראף (דף 44 הערה 3), מגיר במקום מעיד (דף 89 הערה 3) בעת במקום נעת (דף 133 הערה 4) נראהא במקום יראהא (דף 135 הע׳ 1) ואלדין במקום אלדני (דף 149 הע׳ 3) וכל אלו הטעיות אין להם מובן כי אם בהילוף האותיות הערביות הדומות זו לזו בצורתם והמשונות בנקודותיהם והכל יודעים שראב״ע כתב בביאורו לבראשית ב׳ י״א שרבינו סעדיה תרגם התורה בלשון ישמעאל ובכתיבתם ואם עשה כן בהעתקתו לתורה כל שכן שעשה זה בפירושיו על נביאים וכתובים. וגם הכ״י א׳ הוא יותר קרוב למשפטי לשון ערבי מכ״י ב׳ וג׳ שבהם כמה אמות הקריאה שאינן נהוגות בערבית. ובכל זאת לא דקדק הסופר להבדיל בין האותיות הדומות כמו ב׳ וכ׳ נ׳ וג׳ ה׳ וח׳ והגהנו טעיות הכ״י שאין ספק בהן ולא העירונו כי אם על הדברים הקשים וכל מי שמוציא לאור ספר רק על פי כ״י אחד יבין בנקל עמלנו ויגיעתנו. וגם חסרונות רבים הי׳ נמצאים בכ״י והשלמנום כפי השערתנו בין שהרגיש בהן הסופר והשאיר המקום חלק בין שלא הרגיש בהן ומתוך הענין נתברר לנו שחסר שם דבר. ודף אחד נעתק מההקדמה ובא לתוך פרק שלשים[3]). ובפרק כ״ח לא ראה הסופר כי בכ״י שלפניו

[1]) Das Spruchbuch nach Saadia. Halle. 1888.

[2]) ובכל זאת יתכן שהסופר בעצמו בחר בהגהתו באותיות ערביות מפני שבערבי הה׳ איננו דומה לח׳ ואלו השתמש באותיות עבריות היה נקל להחליף אלו האותיות.

[3]) ועיין מה שכתב הרב ר׳ יונה בונדי בספרו הנזכר דף 16.

נתחלפו שני דפים זה עם זה וכתב חצי הראשון מפירוש פסוק י׳ עד מלות כמא יעור ואחר כך חצי האחרון מפירוש פסוק י״ד ממלות וכמא צעב ופסוק ט״ו ט״ז י״ז י״ח עד מלות אלאעטֹם פלדלך וחזר וכתב מה שהשמיט בין פסוק י׳ ופסוק י״ד.

הפסוקים העבריים שבכ״י א׳ נקודים בנקוד הטבריני וגם נקד הסופר פעם אחת מלות ערביות בנקוד הזה וכתב כל מן עֲמַר עֲמִר ומשתמש בצרי במקום המדה שבערבי או במקום האלף כמו לבֵס (= לבאס) אלאנל אלאמר ופעם אחת נכתב בסגול אלאנסאֶן (כן הוא בכ״י) ופעמים אחרות נמצא יוד אחר האלף במקום המדה כמו אלאיתיהא, אלאיגל, מאיכל. ובמה שנוגע אל הפעלים נחי ל״י הערביים דע שעל הרוב כתוב יוד במקום אלף ומדה כמו אבני אסתגני ואלף במקום פתח ויוד כמו יבקא תחצא ורק במלות הנהוגות יותר ישאר היוד כמו תרי מעני ובמלות המפילות את היוד מחמת התנוין ישאר היוד כמו מ״לי במקום מ״ל ובהפך זה נכתב אלואן במקום אלזאני. ודע עוד שאין הסופר מדקדק במשפטי לשון ערבית במלות הענינים כמו אן ול׳ בעתיד הפעלים וכותב אן יתנאזען במקום יתנאזעו ליטהראן במקום ליטהרא ועוד נמצא שיא במקום שי ואחרא במקום אחר בשטעמם לא כלום ולא שים אדם והנהגתי כל זה בדפוס ורק האלף במקום יוד השארנו איזה פעמים כדי שיתברר בזה ענין המלה.

בשני כ״י ב׳ וג׳ נמצאו הרבה פעמים נקודות בבליות למלות ערביות כדרך הכ״י הבאים מארץ תימן ולמשל נכתב השרק הבבלי על השמות הסמוכים עם כנוי הנסתר לפי שבלשון ההמון אומרים ״ו במקום ״ה או ״ה כמו נפסצאחבה.

לא נדבר על סגולות לשון הגאון לפי שאיש נכבד ומפורסם בין יודעי לשון ערב יתעסק בזה ויבחון כל חבורי הגאון והוא ימצא דברים נפלאים בספר משלי ונזכיר למשל בשמות פואה במקום אפואה אמסאל מליצן מתל ובפעלים אלב בענין פרע ואהב במקום אבה ובאלו דברים רבים שלא ראינו עדיין באוצרי לשון ערב.

ואתה הקורא היקר דע כי בכל כחנו עמלנו להוציא לאור ספר הגאון כפי הנאות לכבודו ובקשנו לברר את ביאורו בלשון עברית בדרך קצרה לכל מי שאינו מבין בלשון ערבית והוספנו הערות קטנות על המאמרים קשי ההבנה ובאשר השתדל רבנו סעדיה לפרש את כוונת משלי שלמה כן השתדלנו לפרש את דברי הגאון עצמו ואם שגגנו כה וכה יכפר לנו והשם יצליח מעשה ידינו.

פאריז, ר״ח טבת תרנ״ד לפ״ק.

הקטן **נפתלי** המכונה **יוסף דירינבורג**,

ותלמידי מאיר בן אליהו לאמבערט.

[הדא תפסיר משלי

לרבנ]ו סעיד אלפיומי זק״ל בן רבנו יוסף גאון זצ״ל

[והו] כתאב טלב אלחכמה

[צדר אלכתאב]

צדר [אל]עברה באנה קאל [תבארך] אללה אלה אסראיל אלפרד עלי חקיקה [אלואחדא]ניה אלקדים עלי מעני אלוחדה אלדי [עלמה] הו אנה עאלם באלכל ומעני קדרתה [הו] אנה קאדר עלי כל שי אלמריד בנא אלכיר [ואלפצל] וראסהמא ומפתתחהמא אלמערפה.

אמא בעד פאן אלנאטקין אנמא [פצ̇לו עלי ס]איר אלחיואן במעני אלנטק אלדי להם [דון גמיע חיואן אלעא]לם כמא אן גמיע אלחיואן אנמא [פצ̇ל עלי] סאיר אלנאמיין במעני אלחיואניה [אלתי להם וכמא] אן כל נאם אנמא פצ̇ל עלי סאיר מוגודאת אלעאלם באלנמו אלדי הו לה והדא . . . .

. . . .

טהר שרף אנסאניתה ואן הו גאר פקמע עקלה בטבעה צאר פעלה כאלבהאים. והדה אלקציה מע וצוח צחתהא פי אלשאהד פאן אללה עז וגל יקול פיהא פי כתאבה אשכילך ואורך בדרך וג׳ אל תהיו כסוס כפרד וג׳. ועבארה אלאיתין

[וזה פירוש משלי

לרבנ]ו סעדיה הפיתומי זק״ל בן רבנו יוסף גאון זצ״ל.

[והוא] ספר דרישת החכמה

[פתיחת הספר]

פתח ביאורו באמרו יתברך ה׳ אלהי ישראל תיחיד באמיתת [האחד]ות הקדמון בענין היחוד אשר [ידיעתו] היא שיודע הכל וענין יכלתו שהוא יוכל את הכל והוא רוצה בטובתנו [ויתרוננו] אשר ראשיתם ותחילתם המדע.

ואחרי זאת (אומר) שיתרון המדברים על כל בעלי חיים הוא הדבור הניתן להם [ולא לכל בעלי חיים שבעו]לם כמו שיתרון בעלי חיים כולם על שאר המינים הגדלים הוא החיות אשר להם וכמו שכל דבר הגדל יתרונו על כל הנמצאים שבעולם בגידולו. וזה . . . . .

. . . .

[האדם מורכב משני דברים השכל והטבע ואם ישליט האדם את שכלו על הטבע] נגלה יקר אנשותו ואם יעות דרכו ויכניע שכלו תחת טבעו יהיה מעשהו כמעשה הבהמות. ואמיתות המשפט הזה ברורה לעיני כל ועוד אמר עליו השם יתברך בספרו אשכילך ואורך בדרך וגו׳ אל תהיו כסוס כפרד וגו׳ (תהלים ל״ב ח׳—ט׳). ופירוש אלו שני הפסוקים אני אלמדך ואורך

אני אעלמך ואדלך עלי אי טריק תסלך פיה ואשיר עליך בענאיתי פלא תכן כאלבהאים אלתי לא פהם להא תחתאג אלי לגם וארסאן תלגם בהא לילא תקרב אליך באדי. ואלמשעור בה ענד גמיע אלנאס אולא מן אמורהם הו מא כאן מן פנון אלטבע אד הו אקדם באלכניה ואלתרתיב פאדא הם שערו בשי מן דלך פינבגי להם אלא יטאלעו בה פעלא ולא יבאשרו בה עמלא חתי יערצוה עלי אלעקל פאן קצי אלעקל בפעלה פעלוה ואן קצי בתרכה תרכוה. ופי הדא יקול אלכתאב בדרך חכמה הוריתיך הדרכתיך במעגלי ישר. תם אן אלעקל אדא חכם בפעל מא וכאן אלטבע יכרה דלך אלפעל ויאבאה פקד וגב אן יפעל ולא ילתפת אלי כרה אלטבע לה. וכדלך אדא נהי אלעקל ען פעל מא וכאן אלטבע ימיל אלי דלך אלפעל וינשט אליה פקד וגב אן יתרך ולא ילתפת אלי מחבה אלטבע לה עלי מא הו מעלום מן אלחאכם אלעדל אלדי אנמא יקצד אלי מא ואפק אלחק ואן סא אלכצום וידפע מא אבאה אלחק ולו סר אלכצום. וקד קאל פי מתל דלך אז תבין צדק ומשפט ומישרים כל מעגל טוב. וינבגי אן יסר אלאנסאן במא ארתצאה אלעקל ועלי אן אלטבע יכרהה ויבעד עמא אבאה אלעקל ואן כאן אלטבע יאנס בה. ופי דלך יקול שמחה לצדיק עשות משפט ומחתה לפעלי און. ואלאצל אלמוצוע כאלקטב להדה אלמעאני אלתי תדור עליה הו אן אלטבע ינשט אלי כל לדה עאגלה ולא יבאלי באן תכון עאקבתהא צארה ואלעקל ינפר מן סרור עאגל אדא עלם באנה יגלב אלמא אגלא. וכדלך אלטבע ינפר מן אלם עאגל ועלי אן ראחה וסרורא יתבעאנה ואלעקל ירי אסתעגאל תעב ואלם אדא צח לה אן כירא ומצלחה יתלואנה. ואנואע האתין אלמקדמתין לא תחצא גיר אנא נדכר מן כל צרב מנהמא בעצא.

ונקול אן גמיע מא ינפר ענה אלטבע פהו מא אתעבה ואלמה עאגלא לאן

איזה הדרך אשר תלך בה ואנהגך בהשגחתי ואל תהי כבהמות שאין להן בינה וצריכות למתג ורסן לבלום אותן לבלתי יקרבו אליך להרע. והמושג הראשון אשר לבני אדם מדבריהם הוא מה שנמצא אצלם מאופני הטבע מפני שהטבע הוא היותר קודם בבנינם ובתכונתם וכאשר ישיגו איזה דבר מן הטבע ראוי להם שלא יוציאוהו אל הפועל ולא ישגיחו עליו לעשותו עד שיעריכוהו לפני השכל ואם יגזור השכל בעשיתו יעשוהו ואם יגזור בהמנע ממנו יעזובוהו. ועל זה אמר הכתוב בדרך חכמה הוריתיך הדרכתיך במעגלי ישר (משלי ד׳ י״א). ועוד אם גזר השכל לעשות איזה דבר והטבע ימאסהו ואינו רוצה בו צריך שיעשהו האדם ושלא יחוש למיאוס הטבע. וכן אם הזהיר השכל מלעשות איזה דבר והטבע נוטה אליו וירוץ לקראתו צריך שימנע האדם ממנו ולא יחוש לאהבת הטבע וזה כמה שנודע מן השופט בצדק שאיננו מבקש כי אם מה שהוא כפי האמת אע״פ שירע לבעלי הריב וירחיק מה שהוא נגד האמת אף אם ישמחו בזה בעלי הריב. וכבר אמר החכם בכמו זה אז תבין צדק ומשפט ומישרים כל מעגל טוב (שם ב׳ ט׳). וראוי לאדם שישמח במה שהשכל חפץ בו אף על פי שימאסהו הטבע ושיתרחק ממה שלא יחפוץ בו השכל אע״פ שהוא רצוי לטבע. ועל זה נאמר שמחה לצדיק עשות משפט ומחתה לפועלי און (שם כ״א ט״ו). והשרש המוסד כקוטר אשר עליו סובבים אלה הענינים הוא שהטבע ירוץ אחר כל תענוג נוכחי ואינו דואג על הרע שיבוא באחריתו והשכל יברח מן השמחה הנוכחית כשידע שהיא מושכת כאב אחריה. וכן הטבע יברח מן כאב נוכחי אע״פ שיבאו אחריו המנוחה והשמחה והשכל יבחר ביגיעה וכאב הבאים מיד אם נתאמת לו שהטוב וההצלחה באחריתם. ואופני אלו שתי ההקדמות אי אפשר למנותם רק אזכיר קצת מכל אחד מהם.

ונאמר שכל מה שהטבע בורח ממנו זהו מה שייגעהו ויכאיבהו מיד מפני שאחת ממדותיו

פי אלדאקה צרבא יקאל לה אלכסל ונמיע מא ימיל אליה וינשט פהו מא סרה ולדדה בסרעה לאן פי אלדאקה צרבא יקאל לה אלשהוה. פלדלך אחתאג אלאנסאן אלי תדביר התי יכשף לה עאקבה מא סר אלטבע וסא אלעקל ואכרה מא צר באלטבע ונפע אלעקל פיצבר עלי אלתעב ואלענאיה במא עאקבתה צאלחה כמא קאל כי אם יש אחרית ותקותך לא תכרת ויגזגר עמא רעתה אליה אלשהוה לסו עאקבתה כמא קאל יש דרך ישר לפני איש ואחריתה דרכי מות. ולמא כאן הדא אלתדביר לו תרך אלנאס עלי האל אלאכתיאר ללוקוף עליה לאמכן אן יצרף בהם אלטבע ענה אונב אלחכים עז וגל אן ירסם פיה כתאבא עלי לסאן אלחכים סלימן בן דאוד עליה אלסלאם יכשף פיה עואקב אלאמור אלתי יצגר מנהא אלטבע וינשר חמדהא ועזהא ושרפהא חתי ינשט אלאנסאן אליהא אדא קאום דלך אלגז אלכסל אלדי פיה ויטהר אואכר אלאמור אלתי יאנס אליהא אלטבע ויבסט שרהא ומרהא ואפתהא חתי ינפר אלאנסאן ענהא אדא קאום דלך אלגז אלשהוה אלתי פיה. ומן שרוח אלאמרין גמיעא אמא אלדאעיה אלאולי פאן אלטבע יכסל ען אלענאיה באמור אלדניא אלתי תלזם אלצרורה אליהא והו אלקות אעני אלטעאם ואלסתר אעני אללבאס ואלכן אעני אלמנזל. פאדא קצד אלאנסאן נחו אלתעב פי אלתכסב ואלתעיש אנתצב אלטבע אמאמה לימאנעה ען דלך כופא ממא ילקאה בסרעה מן אלכד ואלגהאד חתי יקבל אלעקל עליה פידכרה עאקבה דלך אנהא תוצל אלי שבע מן גוע ואלי וקא מן ערי ואלי טלאל מן חרארה לאן אלעקל יעלם בדלך ואלטבע לא יעלם בה. פאדא נבהה אלעקל עלי דלך אנסאק מעה טאיעא וקהר טבעה אלדי מן שאנה אלכסל ופי דלך יקול אלכתאב לא יחרך רמיה צידו והון אדם יקר חרוץ ועבארתה אן אלמלול לא יצארף זאדה ומאל אלאנסאן אלעזיז הו אלנשאט. וכדלך יכסל ען אלענאיה באלאמור אלדיאניה אלתי הי מערפה אלפראיץ אלעקליה ואלסמעיה אעני באלעקליה אלאמר

היא הנקראת עצלות וכל מה שהטבע נוטה אליו וירוץ לקראתו זהו מה שישמחהו ויענגהו מיד מפני שאחת ממדותיו היא הנקראת תאוה. לפיכך יצטרך האדם להנהגה כדי שתגלה לו אחרית מה שישמח הטבע וירע לשכל ואחרית מה שיזיק הטבע ויועיל השכל ויסבול העמל והיגיעה אם ההצלחה בעקבותם כמו שאמר כי אם יש אחרית ותקותך לא תכרת (משלי כ״ג י״ח) ויחרד ממה שתעוררהו אליו התאוה מפני הרעה אשר בסופו כמו שאמר יש דרך ישר לפני איש ואחריתה דרכי מות (שם י״ד י״ב). ואם היה אדם נעזב לנפשו להבין זאת ההנהגה בבחירתו היה אפשר שהטבע ירחיקהו ממנה לפיכך הוצרך החכם יתברך ויתעלה לכתוב בזה הענין ספר ביד החכם שלמה בן דוד עליו השלום לגלות עקבות הדברים שיקוץ בהם הטבע ולפרסם תהלתם ויקרם ויתרונם כדי שירוץ האדם אליהם כאשר תקום העצלות אשר בו נגד (השכל ב)זה החלק וכן להראות אחרית הדברים אשר הטבע חפץ בהם ולספר רעתם ומרירותם וצרתם כדי שיברח האדם מהם כשתקום התאוה אשר בו נגד (השכל ב)זה החלק. ועתה נבאר את שני החלקים ביחד וזה שיש באדם יצר ראשון והוא שהטבע עצל מלעסוק בדברי העולם הזה שהוא צריך להם בהכרח כמו המזון רצוני לומר המאכל והכסות ר״ל הלבוש והמחסה ר״ל המושב. ואם יבקש האדם ליגע עצמו להרויח ולמצוא מחיתו יקום הטבע נגדו וימנעהו מזה מפני שהוא ירא מן הטורח והעמל שימצאוהו במהירות עד שיקרב אליו השכל ויזכירהו מה שיהיה בסופו שהיגיעה תביאהו מן הרעב לשובע ומן העריה לכסות ומן החורב לצל לפי שהשכל יודע זה ולא הטבע. ואחר שיעיר השכל את האדם על זה ימשך אחריו ברצון ויכניע הטבע אשר מדרכו העצלות ועל זה אמר הכתוב לא יחרך רמיה צידו והון אדם יקר חרוץ (שם י״ב כ״ז) ופירושו שהקין בדבר במהרה לא ישיג צידו והחריצות הוא הון יקר לאדם. וכן הטבע עצל מליגע בדברים התוריים וזהו לדעת המצות השכליות והשמעיות רצוני

בגמיע מא הו ענד אלעקל מסתחסן כאלצדק ואלעדל ואלאנצאף ואלאחסאן ומא אשבה ד׳לך ואלנהי ען גמיע מא הו ענד אלעקל מסתקבח כאלכד׳ב ואלסרק ואלפסק ומא שאכל ד׳לך ואעני באלסמעיה׳ אלשראיע אלתי גא בהא כ׳כר אלרסול עליה אלסלאם מן טהארה׳ וקרבאן וסבת ועיד ומא גרי מגרי ד׳לך. פאד׳א ראם אלאנסאן אלענאיה׳ באלוקוף עליהא וגד אלטבע יקעדה ענהא לאסתת׳קאלה מא יואקעה מן כת׳רה׳ אלתפכר ואלסהר באלליל ואלכד באלנהאר פי קראה׳ אלכתב ואלתחפט׳ לנכתהא ומסאילה׳ אלעלמא ואלתרדאד פימא עני בה לילא ינדרס פיהרב אלטבע מן הד׳א אשד׳ הרב לאנה לא יעלם מא פי ד׳לך מן אלנפע לכן אלעקל יעלם ד׳לך מן חאל ג׳לאלה׳ אהל אלחכמה׳ פי חאל כמאל אלמראד להם כמא קאל שמע עצה וקבל מוסר למען תחכם באחריתך ופי אלאכ׳רה׳ אעלי מרתבה׳ ואסעד חאל ענד אלכ׳אלק עז וגל כמא קאל כן דעה חכמה לנפשך אם מצאת ויש אחרית ותקותך לא תכרת ועבארתה כד׳לך אעלם אלחכמה׳ פאנהא לנפסך פאד׳א וגדתהא וגדת אלעאקבה׳ ורגאוך לא ינקטע. פענד תנביה אלעקל ללאנסאן עלי ד׳לך ידאפע אלטבע ויכט׳מה ויחת׳ה חתי יטלב אלחכמה׳.

ואלדאעיה׳ אלת׳אניה׳ פאן אלטבע ימיל אלי אלתעדי ואלנצב ואלסרק ואלכ׳יאנה׳ ומא נחי הד׳א אלנחו ואלסבב פי הד׳א הו אנה יחס׳ מן נפסה בחאגה׳ אלי גד׳א ומון ומע ד׳לך יכסל ען טלבהא מן גהתהא פיסבב לה ד׳לך אלגור ואלתעדי. פאד׳א כאד אלאנסאן ימיל מע אלטבע אלי שי מן ד׳לך יקט׳ה אלעקל עלי עאקבה׳ ד׳לך אנה אפה׳ ושקא והתך סתר פי אלדניא ואלעד׳אב אלאלים וסו אלמציר פי אלאכ׳רה׳. ופיה יקול ערב לאיש לחם שקר ואחר ימלא פיהו חצץ ושרחה יל׳ד׳ ללמר אלטעאם אלחראם ובעד ד׳לך ימתלי פוה חצמא. וימיל אלטבע איצ׳א אלי אלתלקיה באלנשיאן ואלנכאח ומא כאן מן הד׳ה אלאבואב ואלסבב פי הד׳א הי אלשהוה׳ אלמרכבה׳ פיה לאקאמה׳ אלצורה׳ ומעה מע ד׳לך קלה׳ צבר

לומר בשכליות הצווי בכל מה שהוא טוב בעיני השכל כמו האמת והצדק ותצדקה וגמילות חסדים והדומה להם והאזהרה ממה שהוא רע בעיני השכל כמו השקר והגזל והזנות והדומה להם ורצוני לומר בשמעיות המצוות שנתנו לנביא ע״ה כמו הטהרות והקרבנות והשבת והמועדים וכיוצא בהן. ואם ירצה האדם ליגע לדעת אותם ימצא שהטבע יעכבהו מזה מפני שכבד עליו מה שיקרהו מרוב העיון והקיצה בלילה ומהטורח ביום לקרות בספרים ולשמור דקדוקיהם ולשאול את החכמים ולחזור על מה שיגע בו כדי שלא ימחה מזכרונו והטבע יברח מזה בריחת עצומה מפני שאינו יודע התועלת שיש בו והשכל יודע מה יקרה מעלת אנשי החכמה כאשר הגיעו אל מטרתם בשלימות כמו שאמר שמע עצה וקבל מוסר למען תחכם באחריתך (משלי י״ט כ׳) ושבעולם הבא הם יושבים במדרגה היותר עליונה ובמצב היותר מאושר אצל הבורא יתעלה כמו שאמר כן דעה חכמה לנפשך אם מצאת ויש אחרית ותקותך לא תכרת (שם כ״ד י״ד) ופירושו כן דע החכמה כי היא לעצמך ואם מצאת אותה מצאת שכר ותקותך לא תכרת. וכשיעיר השכל את האדם על זה ידחף את הטבע ויכבשהו ויזריזהו לבקש את החכמה.

והיצר השני הוא שהטבע נוטה לעבור עבירות ולגזול ולגנוב ולרמות וכיוצא בו וזה מפני שהטבע ירגיש בצורך למזון ולמחיה ועם כל זה הוא עצל מלבקשם כדרכם וזה מביאו לידי חמס ועברה. ואם יקרב האדם לנטות אחר טבעו אל אחד מאלו הדברים יעירהו השכל על אחריתם שהיא רעה ויגון ובזיון בעולם הזה והעונש שיכאיבהו והרעה שתגיעהו בעולם הבא. ועל זה אמר ערב לאיש לחם שקר ואחר ימלא פיהו חצץ (שם כ׳ י״ז) ופירושו ינעם לאדם מאכל אסור ואחר זה ימלא פיו חצץ. והטבע נוטה ג״כ אל התשמיש והמשגל והבעילה וכיוצא בו וזה מפני התאוה הנטועה בו

פאד̇א לם ינלהא מן וג̇ההא טלבהא כיף מא כאן פיסבב לה ד̇לך אצראף שהותה כיף מא אמכנה. פאד̇א כ̇אף אלאנסאן גלבה̇ טבעה עליה פי שי מן ד̇לך פרג̇ע אלי אלעקל וג̇דה ינבהה עלי עאקבה̇ תלך אללד̇ה̇ אנהא ואן כאנת להא חלאוה̇ סריעה̇ פאן להא מרארה̇ אג̇לה̇. ופי ד̇לך יקול אלכתאב כי נפת תטפנה שפתי זרה וחלק כשמן חכה ואחריתה מרה כלענה חדה כחרב פיות ותפסירהמא אן שפתי אלאג̇נביה̇ תקטר שהדא וחנכהא אלין מן אלדהן ועאקבתהא מרה̇ כ̇אלעלקם וחאדה̇ כסיף ד̇י פמין. פענד הד̇א אלתיקט̇ יכ̇תאר אלאנסאן תרך אללד̇ה̇ אלעאג̇לה̇ למא פיה מן אלצ̇ר אלאג̇ל.

ת̇ם אן אלעאמה̇ למא כאן עלם אלחואס ענדהם אקרב ואסהל מן עלם אלעקל אד̇ אלתה מעהם באלבניה̇ אחתאג̇ו אלי אמת̇אל תצ̇רב להם חתי תתסאוי ענדהם ואנבאת אלעקל מת̇ל ואנבאת אלחס. ושרח ד̇לך אן אלחאסה̇ אד̇א שאהדת נארא הרב מנהא אלחיואן לכ̇ופה מן אלאחתראק וכד̇לך אד̇א סמעת צותא מרעבא נפרת ענה באלטבע לאן הד̇ה אשיא מלאקיה̇ להד̇א. פלהד̇ה אלעלה̇ אד̇א ראי אלעקל אמרא מהלכא או סמע בשי מצ̇ר וכשף ד̇לך אלי אלטבע פראה אנה לא ירכן אליה ולא יקבלה כ̇אטבה מן חית̇ ישער פקאל לה ויחך פאן הד̇א אלקול אלד̇י אקולה לך הו מת̇ל אלנאר אלד̇י קד ראיתך תהרב ענהא ומת̇ל אלמא אלעמיק אלד̇י מן שאנך אן תחד̇רה. פהד̇א מנפוע אלאמת̇אל תקרב מא יחכם בה אלעקל אלי אלטבע ותקול לה אן מת̇לה מת̇ל מא תחסה. ולד̇לך אלגאלב עלי לקב הד̇א אלכתאב באנה כתאב אלאמת̇אל למא פיה מן הד̇ה אלפנון אד̇ ימת̇ל אלג̇צב אלד̇י ט̇הרת אפתה ללעקל בד̇האב אלנפס אלד̇י ט̇הרת אפתה ללטבע בקולה כן ארחות כל בצע בצע את נפש בעליו יקח וימת̇ל אלפסק אלד̇י קד וקף אלעקל עלי תהלכתה באלוקוע פי אלביר אלד̇י הו הלאך ט̇אהר ללחס בקולה כי שוחה עמוקה זונה ובאר זרה נכריה וימת̇ל מן לא יטיק יחבס ראיה אלד̇י תבין

להקים הצורה ועם זה הוא נבהל ואם לא מצא להשלים את תאותו כראוי יבקשנה באיזה אופן שיהיה וזה יביאהו למלאותה כמו שיוכל. ואם יירא אדם שיגבור עליו טבעו באחד מאלו וישוב אל השכל ימצא שיעוררהו על מה שיבוא לו מזה התענוג שאם ימתק לו בראשיתו ימר לו בסופו. ועל זה אמר הכתוב כי נפת תטפנה שפתי זרה וחלק משמן חכה ואחריתה מרה כלענה חדה כחרב פיות (משלי ה׳ ג׳, ד׳). וכשיתעורר האדם כן יבחר לעזוב את התענוג הנוכחי מפני הרעה אשר באחריתו.

ועוד מה שיודע להמון העם בחושים הוא יותר קרוב וקל ממה שיודע להם בשכל מפני שכלי ההרגשה נמצאים בתכונתם לפיכך הוצרכו למשלים שימשלו להם כדי שישוה בעיניהם מה שיחייב השכל למה שיחייבו החושים. וביאורו שכאשר יראה החוש את האש יברח החי ממנה מפחדו פן ישרף וכן בשמעו קול מרעיד ינוס ממנו בטבעו מפני שהם דברים המושגים בטבע. ומזה הטעם כאשר יראה השכל דבר המאבד או ישמע דבר אשר ירע ויגלה זאת אל הטבע ואחר זה יראה כי הטבע לא יאבה לו ולא ישמע אליו אז ידבר אליו באופן שיבין ויאמר לו אוי לך כי הדבר אשר אני דובר אליך הוא כמו האש שראיתיך בורח ממנה וכמים עמוקים שדרכך להזהר מהם. וזהו תועלת המשלים שהם מקריבים אל הטבע מה שיגזור השכל ואומרים לטבע זה הדבר דומה למה שהרגשת בחושיך. ולפיכך השם הגובר בכינוי זה הספר הוא ספר המשלים לפי האופנים שנמצאו בו שהמשיל הגזל שרעתו נראית לשכל לאבוד הנפש שרעתו נראית גם אל הטבע באמרו כן ארחות כל בצע בצע את נפש בעליו יקח (שם א׳ י״ט) והמשיל הזנות שהשכל יודע הפסדה לנפילה בבור שהיא אבוד הנראה לחוש באמרו כי שוחה עמוקה זונה ובאר צרה נכריה (שם כ״ג כ״ז) והמשיל מי שלא יכול לעצור ברוחו והשכל מבין

ללעקל כטאוה בקריה לא סור להא אלתי התכהא טאהר ללחס בקולה עיר פרוצה אין חומה איש אשר אין מעצר לרוחו.

ואנמא אקדם האהנא טרפא מן כל פן ליכון אצלא מוצועא פי צדר אלכתאב וכאשרח מא שאכל כל ואחד מן הדה אלפנון ענד אלאסתיטאן פי שרחה. פאקול האהנא ועואם אלנאס איצא אלדין יסתתקלון אלענאיה באלחכמה לצעובתהא עלי אלטבע אד ליס יקף עלי נפעהא וינעכפון עלי גמע אלדהב ואלפצה לאן טבעהם קד וקף עלי (נפעהא) מנפועהמא אחתאגו אלי אן יסאוי להם אלחכים בינהמא ויקול אן הדא אלאמר אלדי אמרך בה לה נפע כפי ענך כנפע מא הו טאהר לך בקולה יש זהב ורב פנינים וכלי יקר שפתי דעת בל אלחכמה אנפע לך מן דלך אגמע לקולה יקרה היא מפנינים וכל חפציך לא ישוו בה. ואעלם אסעדך אללה אן גמיע אלאמור אלתי ובה אליהא אלטבע לם יכף שי מנהא עלי אלעקל ואמא גמיע מא עלם בה אלעקל פאנה ליס יטהר ללטבע. פענד דלך יכון אלעקל הו אלמצדק אד ענדה עלום לא ישער בהא אלטבע ולא יגוז ללטבע אן ירוע אלעקל בשי או יתהדדה בה יזעם אנה כפי ען אלעקל אד כאן מא מן שי אנכשף ללטבע אלא והו מכשוף ללעקל מתלה פאפהם הדא אלקול ואסתעמלה. פאדא אנת אקסת מא עלם בה אלעקל אלי מא הסה אלטבע וגדת ללאול פצילה עלי אלתאני כפצל אלנור עלי אלטלאם אד כאן הדא יעלם מא ענד הדא והדא לא יעלם מא ענד הדא ופי דלך יקול אלחכים וראיתי אני שיש יתרון להכמה מן הסכלות כיתרון האור מן החשך. פאד קד תבין צדק אלעקל פימא יזעם אנה תפרד בעלם מא דון אלטבע וכדב אלטבע אן הו זעם אנה תפרד בה מן אלעלום דון אלעקל כאן מא ינכרה אלטבע עלי אלעקל מן אמור יבתדיהא פיתעב פיהא ירגו עאקבתהא אנכארא כטאא. ואנמא מתל דלך כמן לם ישאהד ולדא רבי ינכר

שהוא שוגה לעיר שאין לה חומה שהחוש מרגיש שתלכד באמרו עיר פרוצה אין חומה איש אשר אין מעצר לרוחו (משלי כ״ה כ״ח).

ואקדים לך פה רק מעט מכל אופן ואופן כדי שיהיה יסוד מוצב בפתיחת הספר ואבאר דמיון כל אחד מאלו האופנים כשאמצא מקום לביאורו. ואומר כאן שהמון בני אדם תכבד עליהם ג״כ היגיעה בחכמה לפי שהיא קשה לטבע שאיננו מבין את תועלתה וישתדלו לאצור כסף וזהב לפי שטבעם מכיר תועלתם ולפיכך היה צריך שהחכם ישוה להם את החכמה והעושר ויאמר הדבר שאני מצוך יש לו תועלת נסתרת ממך כמו שיש תועלת לדבר הנראה לעיניך באמרו יש זהב ורב פנינים וכלי יקר שפתי דעת (שם כ׳ ט״ו) ויותר מזה שתועלת החכמה גדולה מתועלת כל אלה באמרו יקרה היא מפנינים וכל חפציך לא ישוו בה (שם ג׳ ט״ו). ודע יצליחך האל שכל הדברים אשר ירגיש בהם הטבע אין אחד מהם נעלם מן השכל אבל כל מה שיודע השכל איננו גלוי לפני הטבע. ולפיכך השכל הוא הנאמן מפני שיש לו ידיעות שאין הטבע ישיגם והטבע לא יוכל להפחיד את השכל ולהרעידו באיזה דבר בחשבו שזה נעלם מן השכל מפני שאין דבר גלוי לפני הטבע שאינו גלוי ג״כ לפני השכל והבן זה המאמר והשתמש בו. ואם תדמה במחשבתך מה שיודע השכל למה שירגיש הטבע תמצא יתרון השכל מן הטבע כיתרון האור מן החושך מפני שהשכל יודע מה שבטבע והטבע אינו יודע מה שבשכל ועל זה אמר החכם וראיתי אני שיש יתרון לחכמה מן הסכלות כיתרון האור מן החשך (קהלת ב׳ י״ג). ואחר שהתברר שאמת עם השכל בטענתו שיש ידיעות המיוחדות לו ולא לטבע ושהטבע כוזב בחשבו שיש ידיעות המיוחדות לו ולא לשכל יחטא הטבע אם ימאן להסכים עם השכל בדברים שתתחיל השכל ליגע בהם לפי שיקוה לאחריתם. וזה דומה לאדם שלא ראה

עלי מרבי ולדה ויקול מא רג̇אה פי ד̇לך ואלמרבי נפסה פהו עאלם במא יעמל או כמן לם יר זרעא ינכר עלי באד̇ר אלחנטה̈ ויקול צ̇יעהא ואלזארע נפסה לם יעמל מא עמל אלא בחכמה̈. ובעכ̇ס הד̇א יכון מא ידעו אלטבע אלעקל אלי אלאלתד̇אד̇ בפעל לה עאקבה̈ סו כאלדאעי אלי אכל עסל פיה סם פלה חלאוה̈ סריעה̈ ואמאתה̈ מעתקבה̈. ואלאצל פי הד̇ה אלאמור אג̇מע קול אללה פי אלתוראה̈ לו חכמו ישכילו זאת יבינו לאחריתם. וקד יעתבר עואם אלנאס איצ̇א בעצ̇הם במצאיב בעץ̇ ולד̇לך כתב לנא רבנא תברך ותעאלי פי כתאבה אלמנזל אכ̇באר קום מחמודין לנרגב מת̇להם פי אלצלאח ואכ̇באר קום מד̇מומין לנחד̇ר מא פעלוה מן טלאח. ת̇ם מא כאן ענדה אנה אסהל מן אן ירסם פי מת̇לה אפעאל קום אתי בה סלימן עליה אלסלאם ען אללה פי הד̇א אלכתאב בקול חכמה̈ תצ̇ע לה אפעאלא מוג̇וד מת̇להא. הו מא קאל פי אלכסלאן אני שאהדת אמורה תאו̇ל אלי אלנקץ מן האל אלי אכ̇רי חתי כ̇רב מאואה והלך פאעתברת בה אד̇ קאל על שדה איש עצל עברתי ועל כרם אדם חסר לב והנה עלה כלו קמשונים וג' ואחזה אנכי אשית לבי וג'. וכד̇לך פי אלזאני ד̇כר אנה קד שאהדה לאהיא מכ̇דועא חתי נשב אלסהם פי מקתל מן נסמה אד̇ קאל הטתו ברב לקחה וג' הולך אחריה פתאם וג' עד יפלח חץ כבדו וג'. וכמא וצף אלחכים באנה יכ̇ליץ בלדא מן יד מלך עט̇ים יריד אהלאכה בלטפה ופהמה כמא קאל עיר קטנה ואנשים בה מעט וג' ומצא בה איש מסכן וחכם וג'. פאן הד̇ה אלאחאדית̇ אלתי תצ̇רבהא אלחכמה̈ כאלאמת̇אל ממא תנעל אלאנסאן להא כאלמשאהד ותסתצלחה ללטאעה̈ אסתצלאחא תאמ̇א.

וכמאל אלעלם בפנון ארבעה̈ אלאול אלקבול ת̇ם אלחפט̇ ת̇ם אלכ̇אטר ת̇ם אלתמייז וקסמי אלמערפה̈ אלד̇ין המא אלתלקין ואלאסתנבאט. פאמא אלתלקין פהו אן יתעלם אלאנסאן מבאדי אלעלום ואצולהא ממן תקדמה פיהא וסבקה

מימיו ילד מגודל וישתומם על המגדל את בנו ויאמר מה יקוה בזה והמגדל עצמו יודע מה שהוא עושה או לאדם שלא ראה זריעה מימיו ישתומם על הזורע חטים ויאמר שאבד את הזרע והזורע עצמו לא עשה מה שעשה אלא בחכמה. ובהפך זה אם יעורר הטבע את השכל להתענג במעשה שסופו לרע יהיה זה כמי שיעורר את האדם לאכול דבש שבו סם המות והוא מתוק בתחילה וממית בסוף. והיסוד בכל זה הוא מה שנאמר בתורה לו חכמו ישכילו זאת יבינו לאחריתם (דברים ל״ב כ״ט). ולפעמים יקח המון העם למשל מה שקרה לאחרים ולפיכך ספר לנו אלהינו יתברך ויתעלה בספרו שנתן לנו מעשי אנשים משובחים כדי שנבקש להדמות להם בצדקתם ומעשי אנשים מגונים כדי שנזהר ממה שעשו ברשעתם. ואחר זה הרבר שהיה בעיני השם קל מאד להבין ושמפני זה לא כתב בספרו דמיונו ממעשי בני אדם הביאו שלמה עליו השלום בשם האל בזה הספר באמרי חכמה הנותנת לפניו מעשים המצויים. והוא מה שאמר על איש עצל ראיתי שעניניו הלכו וחסרו עד שנחרב ביתו ואבד ולקחתיו למשל באמרו על שדה איש עצל עברתי ועל כרם אדם חסר לב והנה עלה כלו קמשונים וגו' ואחזה אנכי אשית לבי וגו' (משלי כ״ד ל׳—ל״ב). וכן אמר בנואף שראהו משחק ומפותה עד שנתקע החץ בגופו והמית אותו באמרו הטתו ברב לקחה וגו' הולך אחריה פתאם וגו' עד יפלח חץ כבדו וגו' (שם ז' כ״א—כ״ג). וכן ספר על החכם אשר מלט עיר בערמתו ובבינתו מיד מלך עצום אשר חשב להשחיתה כמו שאמר עיר קטנה ואנשים בה מעט וגו' ומצא בה איש מסכן וחכם וגו' (קהלת ט' י״ד, ט״ו). וזה מפני שאלו הספורים אשר תציגם החכמה למשל לבני אדם הם כאלו ראו אותם בעיניהם ויכינום לעבודת ה' בהכנה שלמה.

ושלימות החכמה בארבעה פנים הקבלה ואחר זה השמירה ואחר זה העיון ואחר זה הבחינה ובשני חלקי הידיעה שהם השינון וההבנה. והשינון הוא שילמוד האדם התחלות הידיעות

אליהא ופיה יאמר פי הד̇א אלספר ויקול שמע בני מוסר אביך וג' הט אזנך ושמע דברי חכמים. ואמא אלאכתסאב פהו אן יפרע אלמתעלם מן מעלמה אבואבא אכ̇ר מא לם יפצח לה מעלמה בהא ופיה יקול קדמאונא מבין דבר מתוך דבר. וד̇לך אן אלעלמא לא יצ̇עון פי כתבהם אלמעאני אלשכ̇ציה̈ אלמג̇רדה̈ אלתי לא יבקא תחתהא מעאן אכ̇ר בל אנמא יצ̇עון פי כתבהם אלאצול אלתי אד̇א וקף עליהא אלמתעלם וג̇ד תחתהא ופי ט̇יהא פנונא אכ̇ר כת̇ירה̈ פלד̇לך אחתיג̇ אלי אלאסתנבאט ופיה יקול סלימן פי הד̇א אלספר אם תבקשנה ככסף וג' אז תבין וג'. והד̇אן אלקסמאן אעני אלעלם אלמתעלם ואלמסתנבט מחתאג̇אן אלי הד̇ה אלארבע קוי אלמקדם ד̇כרהא אעני קוה̈ אלקבול ואלחפט̇ ואלכ̇אטר ואלתמייז. ושרח הד̇ה אלארבע עלי מא אצף. אמא קוה̈ אלקבול פהי אלתי בהא יקבל אלאנסאן מא יתעלמה והי אלמסמאה̈ עבראניה̈ שמיעה ולמידה כמא יקול למען ישמעו ולמען ילמדו פהי פי כל ג̇ז מנהא ופי כל ג̇ז ת̇אן תסמי שמיעה פאד̇א תם אלתעלם סמית למידה. וקוה̈ אלחפט̇ הי אלתי בהא יחפט̇ אלאנסאן (מ)מא קד תעלמה מן וקת אלי אכ̇ר מן אלזמאן והי תסמי שמירה ופיהא יקול כת̇ירא פי אלתוראה̈ ושמרתם ופי הד̇א אלספר שמרם בתוך לבבך קשרם על אצבעותיך כתבם על לוח לבך. וקוה̈ אלכ̇אטר הי אלתי תג̇ול אד̇א אחתאג̇ת אלי אלוקוף עלי אמר פתקסם ד̇לך אלתדביר אן כאן להאד̇ה̈ אקסאמא ותפנן ד̇לך אלתפסיר אן כאן אלמראד עבארה̈ כלאם פנונא חתי לא יבקא פן ולא צ̇רב ממא יחתמלה ד̇לך אלאמר אלא ואחצ̇רתה והד̇ה תסמי באלעבראניה̈ מזמה אד̇ יקול פיהא מזמה תשמר עליך ותסמי איצ̇א מזמות חסב כת̇רה̈ מא יחצ̇רה אלכ̇אטר כמא יקול לשמר מזמות וג'. וקוה̈ אלתמייז הי אבדא עקיבה̈ אלכ̇אטר לאנהא אנמא תמיז תלך אלפנון ואלצ̇רוב אלתי אחצ̇רהא אלכ̇אטר פ[תצלח מא כאן מנהא ג̇איזא ו]תפסד

ויסוריתן ממי שקדמו בהן ועל זה יצוה בזה הספר באמרו שמע בני מוסר אביך וגו' (משלי א' ח') הט אזנך ושמע דברי חכמים (שם כ"ב י"ז). והקנין (ר"ל ההבנה) הוא שיוציא התלמיד מלמודו ענפים אחרים שלא פירשם לו רבו ובזה אמרו הראשונים מבין דבר מתוך דבר. וזה שהחכמים אינם נותנים בספריהם הענינים הפרטיים והנפרדים שלא ישארו תחתיהם ענינים אחרים רק הם נותנים היסודות ואחר שהתלמיד ידע אותם ימצא תחתיהם ובתוכם אופנים אחרים רבים ולפיכך הוא צריך להתבונן ועל זה אמר שלמה בזה הספר אם תבקשנה ככסף וגו' אז תבין וגו' (שם ב' ד', ה'). ואלו שני החלקים רצוני לומר הידיעה בשנון והידיעה בהבנה נצרכים לאלו הארבעה כוחות שקדם זכרם ר"ל כח הקבלה כח השמירה כח העיון וכח הבחינה. וביאור אלו הארבעה כמו שאומר לך. כח הקבלה הוא שיקבל האדם מה שילמוד והוא הנקרא בלשון עברית שמיעה ולמידה כמו שאמר למען ישמעו ולמען ילמדו (דברים ל"א י"ב) וזה הכח כל זמן שיקבל התלמיד חלק אחד ואחר כן חלק שני יקרא שמיעה וכשנגמרה ההוראה יקרא למידה. וכח השמירה הוא אשר ישמור בו האדם למודו מעת אחת עד עת אחרת ועליו נאמר פעמים רבות בתורה ושמרתם ובזה הספר שמרם בתוך לבבך (משלי ד' כ"א) קשרם על אצבעותך כתבם על לוח לבך (שם ג' ג'). וכח העיון הוא הפונה כה וכה כשיצטרך להבין איזה דבר ואם הדבר הוא איזה מעשה שקרה יחלק העיון את הנהגתו לחלקים ואם הדבר הוא ביאור איזה מאמר יחזור על אופני הפתרון עד שלא ישאר לא אופן ולא פנים שיסכול זה הדבר אשר לא העלה במחשבתו וזה יקרא בעברית מזמה כמו שאמר על זה הכח מזמה תשמר עליך (שם ב' י"א) ויקרא ג"כ מזמות לפי רוב המחשבות העולות בעיון כמו שאמר לשמור מזמות וגו' (שם ה' ב'). וכח הבחינה יבוא לעולם אחר העיון מפני שהוא מבחין בין אלו האופנים והפנים אשר הביאם כח העיון ואם התבונן על איזה מעשה

מא כאן מנהא מחאלא אן כאן תפכר פי כבר וכדלך תחקק מא כאן מנהא חקא ותבטל מא כאן מנהא באטלא אן כאן תפכר פי מעתקד כתר אלמחקקון ואלמצלחון אם קלו וכדלך אלמבטלון ואלמפסדון . . . .

. . . .

אלמסמועאת אט׳הרתהא פט׳הר פשהד אלאנסאן עלי דלך אלשי אנה הו אלמסמוע לא גירה ועלי הדא באקי אלחואס. כדלך פי אלעקל קוה׳ עאלמה׳ פאדא טאלעתהא אלאמור אלמעקולה׳ איקנת בהא וצח׳ ענד אלאנסאן אנהא הי לא מחאלה׳ אלמעקולה׳. פעלי הדא אלמת׳אל כל עלם פהו מכנון פי אלעקל ואנמא אלמראד באלתעלם ואלאכתסאב גמיעא ליט׳הרא דלך בעד אלאת׳ארה׳ פאדא הו אנתצב ללעקל שהד עליה אנה אלחק. פלדלך געל הדא אלכתאב ונט׳ראה לינבהו עמא פי אלעקל וייקט׳ו עלי מא כאן מנפולא ענה ופי דלך יקול הבינו פתאים ערמה וכסילים הבינו לב.

וונדנא ענד אלרצד ואלאעתבאר הדא אלכתאב יצ׳ם את׳ני עשר מעני גלילה׳ מן אבואב אלחכמה׳. אלבאב אלאול אמר כביר הו קולה שמע בני מוסר אביך ואל תטש תורת אמך כבד את ה׳ מהונך וג׳ ירא את ה׳ וג׳ ואשבאה דלך וילאימה אלנהי ען אלכ׳טא הו קולה הדל בני לשמע מוסר לשגות מאמרי דעת ועבארתה אנתה יא בני אן תקבל אדבא יסהיך ען אקואל אלמערפה׳ וקולה אל תצא לריב מהר וגו׳ אל תתהדר לפני מלך ומה אשבה [דלך]. ואלת׳אני אכ׳באר בעאקבה׳ צאלח אנה לכ׳יר הו קולה תוחלת צדיקים שמחה וגו׳ זכר צדיק לברכה וג׳ ומה שאכלהמא וינמאז אלי דלך אכ׳באר בעאקבה׳ אלטאלח אנהא ישר [הו] קולה לא יכון אדם ברשע וג׳ כי לא תהיה אחרית לרע וג׳. ואלת׳אלת׳ אקאמה׳ שי ט׳הר ללעקל מקאם שי ט׳הר ללטבע אמא מחמוד כקולה ען אלחכמה׳ כי מצאי מצא חיים וגו׳ ואמא מד׳מום בקולה ענהא וחטאי חמס נפשו וג׳. ואלראבע הכאיה׳ אמר

יבחר במה שהוא אפשר וימאס את הנמנע וכמו זה אם התבונן באיזו דעה יאמת מה שהוא אמת ויבטל מה שהוא בטל בין שיהיו רבים או מעטים האומרים שזה אמת וטוב או שקר ורע . . .

. . . .

[ואם היה הדבר מן] הדברים הגשמיים יגלה אותן [כח השמיעה] ויעיד האדם על זה הדבר כי זה הוא ששמע ולא זולתו וכן בשאר החושים. כמו זה יש בשכל כח יודע וכשיערכו לפניו הדברים המושכלים יאמיתם ויתברר לאדם שהם בלי ספק המושכלים. ועל זה הדמיון כל ידיעה מעונתה בשכל והכוונה בלימוד וההבנה היא רק שיגלו שניהם זאת הידיעה אחר שנתעוררה וכשהיא נצבה לפני השכל יעיד עליה שהיא אמת. ולפיכך חובר זה הספר והדומים לו להעיר האדם על מה שהוא בשכל ולעוררו על מה שלא שם לב עליו ועל זה אמר הבינו פתאים ערמה וכסילים הבינו לב (משלי ח׳ ה׳).

ומצאנו אחר הדרישה והחקירה שזה הספר כולל שנים עשר ענינים יקרים משערי החכמה. הענין הראשון הוא צווי גדול והוא אמרו שמע בני מוסר אביך ואל תטוש תורת אמך (שם א׳ ח׳) כבד את ה׳ מהונך (שם ג׳ ט׳) ירא את ה׳ וגו׳ (שם ז׳) וביוצא בהן וכנגדו האזהרה מן החטא והוא אמרו חדל בני לשמע מוסר לשגות מאמרי דעת (שם י״ט כ״ז) ואמרו אל תצא לריב מהר (שם כ״ה ח׳) אל תתהדר לפני מלך (שם ו׳) והדומה לזה. והשני הגדה באחרית הצדיק שהיא לטוב הוא אמרו תוחלת צדיקים שמחה (שם כ״ח) והדומה להן וכנגדן הגדה באחרית הרשע שהוא לרע באמרו לא יכון אדם ברשע וגו׳ (שם י״ב ג׳) כי לא תהיה אחרית לרע וגו׳ (שם כ״ד כ׳). והשלישי הקמת דבר הנראה לשכל במקום דבר הנראה לטבע בין דבר משובח באמרו על החכמה כי מוצאי מצא חיים וגו׳ (שם ח׳ ל״ה) או דבר מגונה כאמרו עליה וחטאי חמס נפשו וגו׳ (שם ל״ו). והרביעי סיפור דבר שמצא החכם והוא

וגדה אלהכים והו מוגוד כד̇אך בין אלנאס הו קולה עשיר ברשים ימשל וגו' וקולה חכם בעיניו איש עשיר פאן הד̇ה מן אלהכים לא אמר ולא נהי ואנמא הו הכאיה̈ אלוגדאן קאל תרי אלמיאסיר עלי הד̇ה אלצפה̈ וכד̇לך קולה לא יחפץ כסיל בתבונה וגו' צפה̈ אלמוגוד. ואלכ̇אמס קול מכ̇רגה מכ̇רג אלעאם ומענאה כ̇אץ הו קולה מברך רעהו בקול גדול בבקר השכם וגו' ושרחה כם מן דאע לצאחבה בצות עאל באלגדאה̈ פי דלגה והי לה ענדה פריה̈ מחסובה̈ יעני פי נפסה פיציר הד̇א ואמת̇אלה נט̇יר אלפואסיק אלמכתוב פי אולהא יש מת̇ל יש מפזר וגו' יש מתעשר וגו'. ואלסאדס קול הו חתם עלי כל חאל הו קולה מכסה פשע מבקש אהבה אד̇א אכ̇רג אלי אלתפסיר קיל לא יגט̇י אלג̇רם אלא טאלב מחבה̈ מת̇לה לחכם לב יקרא נבון לא יקאל פהם אלא לחכים. ואלסאבע קול יט̇ן באנה כ̇בר והו אמר או נהי הו קולה תועבת מלכים עשות רשע אנמא שרחה יג̇ב אן יכרה̈ אלמלוך עמל אלט̇לם אן אלכרסי ית̇בת בעדל וכד̇י רצון מלכים שפתי צדק ויג̇ב אן ירתצ̇י אלמלוך אקואל אלצדק. ואלת̇אמן תמת̇יל שי גליל במא הו אדני מנה ואנמא מענאה אן הד̇א אג̇ל מן הד̇א הו קולה מגדל עז שם ה' וגו' שרחה אן אסם אללה אג̇ל מן מגדל עז אליה יחאצ̇ר אלצאלח פינצר. ואלתאסע אצ̇אפה̈ שי יקצד אעלאמנא איאה אלי שי הו משהור ענדנא ואלתסויה̈ בינהמא הו קולה שמן וקטרת ישמח לב וגו' ועבארתה כמא אן אלדהן ואלבכ̇ור אוכד לפרחה̈ אלקלב מן אחדהמא כד̇אך משורה̈ אלצאחב אחלא מן משורה̈ אלנפס והדהא. ואלעאשר קול יט̇ן סאמעה אן ליס פיה אסתת̇נא ופיה אסתת̇נא מנטו הו קולה התרפית ביום צרה וגו' מענאה אן אסתרכית פי יום ציק צ̇אק קואך וכד̇לך קולה לך מנגד לאיש כסיל וגו' מענאה אד̇הב מן חד̇א אלג̇אהל ואלא פלן תערף שיא מן אקואל אלמערפה̈. ואלחאדי עשר איתאן יתוהם אלקארי

מצוי כן בין בני אדם הוא אמרו עשיר ברשים ימשול וגו' (משלי כ"ב ז') ואמרו חכם בעיניו איש עשיר (שם כ"ח י"א) והחכם לא נתן באלו לא צווי ולא אזהרה אלא סיפר מה שהוא במציאות ואמר הנך רואה העשירים שזה תוארם וכן אמרו לא יחפוץ כסיל בתבונה וכו' (שם י"ח ב') הוא סיפור מה שהוא בנמצא. והחמישי מאמר הנאמר בלשון כלל וענינו ענין פרטי הוא אמרו מברך רעהו בקול גדול בבקר השכם וגו' (שם כ"ז י"ד) וביאורו כמה יש אדם המברך את רעהו בקול גדול בבקר בהשכמתו והברכה נחשבת אצלו לקללה ירצה בו בלבו ויהיה זה הפסוק והדומים לו כמו הפסוקים המתחילים במלת יש כמו יש מפזר וגו' (שם י"א כ"ד) יש מתעשר וגו' (שם י"ג ז') ודומיהם. והששי מאמר גוזר בהחלט הוא אמרו מכסה פשע מבקש אהבה (שם י"ז ט') והוא כאלו אמר לא יכסה פשע כי אם המבקש אהבה וכן לחכם לב יקרא נבון (שם ט"ז כ"א) לא יקרא נבון כי אם לחכם. והשביעי מאמר הנחשב להגדה והוא צווי או אזהרה הוא אמרו תועבת מלכים עשות רשע (שם י"ב) ביאורו חובה על המלכים לתעב מעשה רשע כי בצדקה יכון כסאו וכמו זה רצון מלכים שפתי צדק (שם י"ג) חובה על המלכים שירצו בדברי אמת. והשמיני הדמות דבר יקר במה שהוא שפל ממנו והכוונה בו שזה יקר מזה והוא אמרו מגדל עז שם ה' וגו' (שם י"ח י') ביאורו שם ה' הוא יקר ממגדל עז בו ירוץ צדיק ונשגב. והתשיעי כמיכות דבר שרוצה החכם ללמדנו אל דבר המפורסם אצלנו והשואה ביניהם וזה אמרו שמן וקטרת ישמח לב וגו' (שם כ"ז ט') ופירושו כמו שהשמן והקטרת יחד יותר ראויים לשמח את הלב מאחד משניהם כן עצת רעהו יותר מתוקה מעצת נפשו לבדה. והעשירי מאמר שיחשוב השומע שאין דבר יוצא מכללו ויש תנאי בענינו הוא אמרו התרפית ביום צרה צר כחך (שם כ"ד י') וטעמו אם התרפית וגו' וכן אמר לך מנגד לאיש כסיל (שם י"ד ז') וטעמו לך מנגד לאיש כסיל ואם לא בל ידעת שפתי דעת. והאחד עשר שני פסוקים שהקורא אותם יחשוב שהם נפרדים

אנהמא מפתרקתאן והמא מתצלתאן קולה נחלה מבהלת בראשונה אחריתה לא תבורך הו מוצול במא קבלה מקלל אביו ואמו ידעך נרו באשון חשך ותכון נחלתה מדהשה פי אולהא ולא יברך לה פי עאקבתהא וכדלך אח נפשע מקרית עז וכדלך בכל עת אהב הרע מתצלה במא קבלהא כמא סאפסר ענד תוסטי אלכתאב. ואלתאני עשר תעריף טאלב אלחכמה כיף יטלבהא פרד להדא אלבאב מקאלה כבירה מן דברי אגור בן יקה אלי אכר אלקצה. ואלדי דעאה אלי הדא הו אנה עלם מן טאלב אלחכמה אנה יקצד נחוהא בצראה והדה פאדא הו כרג אליהא פגאה תחיר ולם ידר מא אלדי יצלח אן יבוין פיה ויסל ענה ומא אלדי לא יצלח כדאך מן אגל אנה ליס ידרך. פעמד אלחכים אלי מא לא סביל אלי אלוקוף עליה מן [אלעלום] פקטעה ועזלה נאחיה וקאל ללטאלב לא תסל ען הדא פאן כוצך פיה תעב ושגל ודלך הו עלם אלאבדאע ואלאכתראע וטבע אלאשיא מן אלאצל. פקאל פי דלך אגמע אנה ללה עז וגל מתפרד בה ואן אלנאס אגמעין יעגזון ענה הו קולה כי בער אנכי מאיש וג׳ ולא למדתי חכמה וג׳ מי עלה שמים וירד וג׳ כמא סאשרח הדה אלפואסיק פי מואצעהא שרחא שאפיא. פלמא עזל אלחכים הדה נאחיה אלתפת חיניד אלי טאלב אלחכמה פקאל לה ולכן סל עמא בעד הדה אלחכמה ממא אמרך רבך ונהאך הו קולה כל אמרת אלוה צרופה וג׳ אל תסף על דבריו וג׳ וממא נקל אליך אבאוך בקול אל תלשן עבד אל אדניו אלי אכר אלקצה כמא סאשרחהא אדא וצלת אליהא אן שא אללה.

ולדלך לקבת הדא אלכתאב בכתאב טלב אלחכמה לאנה ימחן טאלבהא אלנצח כיף יצל אליהא. ואקול יחתאג טאלב אלחכמה אלי כמסה אשיא בהא יחצל לה מראדה. אלאול אן יכון דכיא ודלך אן תכון קריחתה קאבלה ללעלום פיהא יקול שלמה בלב נבון תנוח חכמה ופי כלוהא יקול למה זה מחיר ביד כסיל לקנות

והם מחוברים הוא אמרו נחלה מבהלת בראשונה אחריתה לא תבורך (משלי כ׳ כ״א) והוא דבוק למה שקדם לו מקלל אביו ואמו ידעך נרו באישון חשך (שם כ׳) ותהיה נחלתו מבהלת וגו׳ וכן אמרו אח נפשע מקרית עז (שם י״ח י״ט) וכן בכל עת אהב הרע (שם י״ז י״ז) מחוברים למה שקדם להם כמו שאבאר בתוך הספר. והשנים עשר הודעה למבקש החכמה איך יבקשנה והפריד לזה השער מאמר גדול מדברי אגור בן יקה (שם ל׳ א׳) עד סוף הפרשה. ומה שעוררהו לזה הוא שידע שהמבקש החכמה ידרוש אותה בשקידות ובחשק לבו ובצאתו אליה פתאום הוא מבולבל ואינו יודע איזהו דבר הוא טוב שישתקע בו ויחקרנו ומה שאינו ראוי לזה לפי שאי אפשר להגיע אליו. ועמד החכם על הידיעות שאי אפשר להשיגן והפרידם והרחיקם ואמר למבקש אל תחקור בהן מפני שאם תשתקע בהן תיגע לריק והן ידיעת היצירה והבריאה ועל מה הטבעו הדברים בהתחלתם ובראשיתם. ואמר שכל אלו מיוחדות לאל יתברך לבדו ונמנעות מבני אדם והוא אמרו כי בער אנכי מאיש וגו׳ ולא למדתי חכמה וגו׳ מי עלה שמים וירד וגו׳ (שם ל׳ ב׳—ד׳) כמו שאבאר בביאור מספיק אלו הפסוקים במקומם. ואחר שהרחיק החכם אלו הידיעות פנה אל מבקש החכמה ואמר לו אבל תחקור על מה שאחר זאת החכמה וזהו על מה שציוה האל ועל מה שהזהיר ממנו והוא אמרו כי אמרת אלוה צרופה וגו׳ אל תסף על דבריו (שם ה׳—ו׳) ועל מה שמסרו לך אבותיך באמרו אל תלשן עבד אל אדוניו (שם י׳) עד סוף הפרשה כמו שאבאר אותה כשאגיע אליה אם ירצה האל.

לפיכך קראתי שם הספר הזה ספר דרישת החכמה לפי שהוא נותן למבקש החכמה העצות היותר טובות איך ישיגנה. ואומר שהמבקש החכמה צריך לחמשת דברים אשר בהם ימצא את חפצו. הראשון שיהיה לבו טהור וזה שיהיה טבעו ראוי לקבל הידיעות ובזה אמר שלמה בלב נבון תנוח חכמה (שם י״ד ל״ג) ואם אינו ראוי לזה אמר למה זה מחיר ביד כסיל לקנות חכמה

חכמה ולב אין. ואלת̇אני מחבה̈ אלחכמה̈ ואלאשתיאק אליהא פאן ד̇לך יעינה עלי תעלמה פיה יקול אהב מוסר אוהב דעת ופי צ̇ד̇ה יקול פורע מוסר מואס נפשו. ואלת̇אלת̇ לקא מוקף̇ יוקפה עליהא ומבצר יבצרה איאהא פי ד̇לך יקול הולך את חכמים יחכם וג׳ ופי תרכה יקול לא יאהב ליץ הוכח לו אל חכמים לא ילך. ואלראבע כפאיה̈ אלמכאסב ואלמעאיש חתי יכ̇לו אלקלב להא קאל פי ד̇לך הכן בחוץ מלאכתך וג׳. ואלכ̇אמס מדה̈ מן אלזמאן יהתאג̇ טאלב אלחכמה̈ אליהא ליצ̇ם פי כל ג̇ז מנהא כלמה̈ מן אלחכמה̈ אלי אכ̇רי קאל פיהא אשרי אדם שמע לי לשקד על דלתותי יום יום לשמור מזוזות פתחי. פמן סעד באג̇תמאע אלכ̇מסה̈ וכמאלהא פטובאה פאנה קד וקף̇ אלכ̇יר ואלרצ̇א והו לא מחאלה̈ יג̇ד אלחכמה̈ וינאלהא ופיהא יקול אשרי אדם מצא הכמה ואדם יפיק תבונה.

ולב אין (משלי י״ז ט״ז). והשני שיאהב החכמה ושתחשוק נפשו בה לפי שזה יהיה בעזרו ללמדה ובזה אמר אוהב מוסר אוהב דעת (שם י״ב א׳) ובהפך זה אמר פורע מוסר מואס נפשו (שם ט״ו ל״ב). והשלישי שימצא רב שילמדהו וחכם שיחכימהו בזה אמר הולך את חכמים יחכם (שם י״ג כ׳) ובמי שאינו רוצה במלמד אמר לא יאהב לץ הוכח לו אל חכמים לא ילך (שם ט״ו י״ב). והרביעי שיספיקו לו קניניו למחיתו כדי שיהיה לבו פנוי לחכמה בזה אמר הכן בחוץ מלאכתך וגו׳ (שם כ״ד כ״ז). והחמישי שיהיה לו הזמן הצריך למבקש חכמה כדי שיוסיף בכל עת חכמה על חכמתו בזה אמר אשרי אדם שומע לי לשקוד על דלתותי יום יום לשמור מזוזות פתחי (שם ח׳ ל״ד). ומי שזכה לאלו החמשה דברים יחד בשלימותם אשרהו מפני שהאל נתן לו הטוב והחסד והוא בלי ספק ימצא החכמה ויגיע אליה ועליו נאמר אשרי אדם מצא חכמה ואדם יפיק תבונה (שם ג׳ י״ג).

[אלגׄז אלאול מן כתאב טלב אלחכמה̈]

א

1 אמתׄאל סלימאן אבן דאוד מלך אל אסראיל: 2 לתעריף
אלחכמה̈ ואלאדב ותפהים אקואל אלדהן: 3 וקבול אלאדב אלעקלי
ואלעדל ואלחכם ואלמסתקים: 4 ואעטא אלגפאל אלנהצׄה̈ ואלחדתׄ
אלמערפה̈ ואלהמה̈: 5 יסמע דׄלך אלחכים פיזדאד בתׄא ואלפהם
יכתסב אלחיל: 6 לתפהים אלמתׄל ואלפטנה̈ כלאם אלחכמא
ואחאדיתׄהם: 7 תקוי אללה אול מא תאמר בה אלמערפה̈ אלחכמה̈
ואלאדב פאלגׄהאל אזרוהמא:

לקב הדׄא אלכתאב באנה אמתׄאל עלי מא קדמנא אן אלעקל אדׄא הו קצד תאדיב אלטבע מתׄל לה מא הו טׄאהר ללעקל כׄפיא ען אלטבע במא הו טׄאהר להמא גׄמיעא וקאל לה אן הדׄא מתׄל הדׄא ולדׄלך אתבעה בקולה לדעת חכמה ומוסר. פאמא חכמה פהו מא טׄהר ללעקל וצח ענדה ואמא מוסר פהו אלאדב אלדׄי יודב הו בה אלטבע ויכפה ויעפה. פוצף אלחכים אן הדׄא יכמל באגׄתמאע ארבעה̈ אשיא. אלאול להבין אמרי בינה והו אלתמייז אלדׄי בה יפהם אלצואב מן אלכׄטא. ואלתׄאני לקחת מוסר השכל והו אלקבול אעני אלתעלם וקד יסמי איצׄא בדׄלך אדׄ יקול את כל דברי אשר אדבר אליך קח בלבבך (יחזקאל ג׳ י׳) וקאל איצׄא קח נא מפיו תורה (איוב כ״ב כ״ב). וגׄמע פי הדׄא ארבעה̈ אשיא השכל צדק ומשפט ומישרים פאמא השכל פהו מא יתעלמה אלמתעלם מן אלחכים מן אלאמור אלמעקולה̈ אלתי תקום בנפסהא כקסמה̈ אלעדד ואלמקאבלה̈ ואלגׄדר פאנהא תעריף באנפסהא אן אלמאיה̈ תקאבל אלמאיה̈ ואן אלמאיה̈ נצף אלמאיתין. ומעני צדק הו מא יקבלה אלמתעלם בחגׄה̈ עאדלה̈ אעני במסתכׄרג מן מחמול ומוצׄוע כאלאשכאל אלהנדסיה̈ אלתי מנהא מא יעלם בחגׄה̈ ומנהא באתׄנתין ומנהא בתׄלאתׄ ומא פוק דׄלך. ומעני משפט מא יתלקנה אלמתעלם מן אלאמור אלדיאניה̈ אלתי יקצׄי בהא אלעקל פיאמרה בכל מא קד גרסה אלבארי פי עקלה מסתחסנא וינהאה ען כל מא רכבה אלפאטר פי תמייזה מסתקבחא ולדׄלך סמי משפט. ומעני מישרים הי אלשראיע אלתי לא יוגׄבהא אלעקל ולא ימנעהא בל הי ענדה מסתקימה̈ אן גׄא אלכׄבר בפעלהא או בתרכהא

לם יאב דלך. ואלתאלת לתת לפתאים ערמה והו אסתעמאל אלכאטר לאן גמיע מא תחצרה אלכואטר מן שאן אלאנסאן אן יכון גאפלא ענה קבל אנתצאבה פי אלאוהאם פלדלך קאל פיה פתאים ולקבהא[1]) בנהצה לאנהא תנהץ[1]) אלפכר ותחרכה חתי יגול. ופצח פי הדא אלבאב בקול לנער לאן אלאחדאת לם תמר עליהם אלתגאריב אלכתירה פהם יחתאגון אלי פצל אסתעמאל אלכאטר ליקום דלך להם כאלכטוב אלמגרבה. ואלראבע ישמע חכם ויוסף לקח דלך קוה אלחפט ואלדכר והי תחתאג אלי סיאסתין אלאולי אן יכון אלמתעלם מע אזדיאדה פי כל וקת מן אלעלם לא ידע מדאכרה מא תקדם מן דלך ופיהא יקול ויוסף לקח ואלתאניה יחתאג אלי חיל ולטף ותדביר כיף יחרסהא חתי לא תנסא ודלך אלגואמע אלתי תפעלהא אלעלמא פאמא אלספרא פוצעו אלמאסראת ואשבאההא ואלפלאספה קסמו כלאמהם אקסאמא. תם וצף עלם אלתקריב אלדי בה יקרב אלעקל ללטבע מא בעד ענה פקאל אנה יכון עלי ארבעה צרוב משל ומליצה דברי חכמים וחידותם. פאמא משל פהו כמא צרב יותם לאהל שכם הלוך הלכו העצים למשח עליהם מלך (שופטים ט׳ ח׳) וגמיע אלקצה וכמא צרב יואש מלך ישראל מתלא לאמציה מלך יהודה החוח אשר בלבנון (מלכים ב׳ י״ד ט׳) וגמיע אלקצה והדא אצעף אלאקסאם אד כאן טאהרה לים כונה ממכנא אלבתה. ואקוי מנה מליצה לתאויל אלאמתאל אלמצרובה אלתי תחתמל וגוהא כתירה פיקצר מנהא אלצחיח כמא תאול יוסף חלם שבע פרות ושבע שבלים (בראשית מ״א כ״ה כ״ו) ודאך באן חל אלתאליף וולפה תאליפא אכר פקאל שבע פרות טובות תאכל שבע שבלים טובות הדא ידל עלי כצב ושבע פרות רעות תאכל שבע שבלים רעות הדא ידל עלי גדב וכמא תאול אלמדיני חלם רפיקה אד יקול והנה צליל לחם שעורים (שופטים ז׳ י״ג) וכמא עבר דניאל חלם נבוכדנצר אלאול ואלתאני. ואקוי מנה דברי חכמים והי אלאמתאל אלתי יצרבהא אללה עז וגל עלי יד אנביאה כקולה לדוד על יד נתן שני אנשים היו בעיר אחת (שמואל ב׳ י״ב א׳) וסאיר אלקצה ואקתצאה אלחכם וכקולה על יד ישעיהו ען ישראל כרם היה לידידי (ישעיה ה׳ א׳) וסאיר אלקצה ואקתצא אלאמה אלחכם. ואקוי מן דלך וחידותם והי אלאמתאל אלתי יצרבהא אללה נסכתין אלמתל ותפסירה כמא יקול ליחזקאל בן אדם חור חידה ומשל משל ואמרת כה אמר ה׳ אלהים הנשר הגדול וגו׳ (יחזקאל י״ז ב׳, ג׳) תם פסר דלך אד קאל אמר נא לבית המרי הלא ידעתם מה אלה (שם י״א) וסאיר אלתפסיר פעלי הדה אלארבעה אשיא יכון אלתמתיל ואלתאויל. ואמא קולה יראת י״י [ראשית דעת] פאנהמא לם יעניא בדלך אן אלתקוי אסבק מן אלמערפה לאנה מן אלמחאל אן יכון תקוי בלא מערפה ולכן מענאהמא פי דלך עלי מא רסמנאה אן אלמערפה אול מא תוגבה ואגלתה ואשרפתה[2]) תקוי אללה גל גלאלה פכמא תקע ללאנסאן אלמערפה פקד וקע לה וגוב אלטאעה תלאותהא ועקיבתהא סוא. וקולה חכמה ומוסר אוילים בזו הו מן אקואלה אלחתם[3]) יעני בדלך לא יזרי

[1]) הגאון השתמש כאן בלשון נקבה ונראה שביון בדעתו למלת אלכואטר ואפשר שצריך להיות גם בתחלה אלכואטר במקום אלכאטר.

[2]) ר״ל מה שתחייב החכמה קודם כל דבר הוא יראת ה׳ והחכמה תרומם ותנשא אותו.

[3]) עיין בפתיחה דף 10.

באלחכמה ואלאדב אלא גאהל ודלך אן אלאדב מן אנכרה מן אלנאס פקד אבאח אלתעדי ואנמא יביח אלתעדי לאנה ענדה יסר אלמתעדי פאן כאן אלאמר עלי מא יקול אן כל שי יסר אלטבע פהו חכמה ומא יולמה פהו גהל פאן אלגור ואלתעדי יסראן אלטאלם ויולמאן אלמטלום פקד וגב אן יכונא חכמה וגהל מעא והדא אלקול פי גאיה אלגהל לא יטלקה אלא גאהל פקד תבין גהל מן אנכר אלאדב. וכדלך מן אנכר אלחכמה פקאל אני קד עלמת אן אלחכמה לא תנפע אד ליס להא חקיקה פקד אקר באן האהנא עלמא קד כשף לה הקיקה מא פיכון פציח קולה אן אלעלם יוגב חקיקה הי אן אלעלם לא יוגב הקיקה והדא מבאלגה פי אלגהל לא יקולהא אלא גאהל[1]). תם קאל

8 אסמע יא בני אדב אביך ולא תדר דלאלה אמך: 9 פאנהמא
לוא מן הואדה עלי ראסך ועקוד עלי גבבך:

מן עאדה אלעבראניין אן ינסבו שיין אלי שבצין במעני אנהמא גמיעא מנסובאן אלי כל ואחד. דלך כקול אללה עז וגל אור זרוע לצדיק ולישרי לב שמחה (תהלים צ״ז י״א) לם ינף מא אוגבה ללצדיק ען ישרי לב ולא מא אוגבה לישרי לב ען אלצדיק בל אלגמיע לכל ואחד מנהמא פיכון אלנטאם אור ושמחה זרועים לצדיק ולישרי לב כדלך האהנא לם יפרד אלאב במוסר ואלאם בתורה בל כלאהמא מנסובאן אלי אלאם ואלאב פיכון נטאם אלתפסיר שמע בני מוסר אביך

[1]) ביאור. קרא לזה הספר משלי לפי שהשכל ממשיל מה שנעלם מן הטבע למה שהוא גלוי לשניהם (ועיין פתיחה ד׳ 5) וחכמה היא מה שהוא ברור לשכל והמוסר מה שייסר בו השכל את הטבע ויזהירהו וזה יהיה בארבעה דברים. הראשון אמרי בינה וזהו הבחינה. השני לקחת מוסר וזהו שמיעה ולמידה והלמידה על ארבעה פנים והם הראשון השכל והוא מה שאמתתו ברורה מעצמו כמו חכמת החשבון והשני צדק והוא מה שילמד התלמיד בראיות נכוחות כמו חכמת ההנדסה והשלישי משפט וזהו עניני המצות וההזהרות השכליות והרביעי מישרים וזהו עניני המצות וההזהרות השמעיות. והדבר השלישי לתת לפתאים ערמה וג׳ שישתמשו בעיונים לקבוע אותם במחשבה לפי שהפתאים לא ישימו לבם עליהם (ועיין פתיחה ד׳ 8) והנער הוא היותר צריך לזה לפי שאין לו נסיון. הרביעי ישמע חכם וגו׳ וזה מוסב על כח השמירה וצריך שיחזור אדם תמיד על מה שכבר למד שישתמש בתחבולות שלא ישכח לימודו כמו כללי החכמים ומסורות הסופרים וחילוקי מאמרי הפילוסופים. והשכל יקריב אל הטבע מה שהוא רחוק ממנו בארבע דרכים וכל אחת מהם חזקה מן הקודמת לו והם הראשונה משל כמו משלי יותם ויואש מלך ישראל והם משלים המדברים במה שאינו בנמצא והשנית מליצה והוא פתרון המשלים שאפשר לבארם על פנים שונים וצריך לבחור מביניהם בפתרון האמת כמו שפתר יוסף לפרעה חלום שבע פרות וחלום שבע שבלים והחליף וסדרם ואמר שהפרות הטובות הן שאכלו השבלים הטובות וזה סימן לשני השבע והפרות הרעות הן שאכלו השבלים הרעות וזה סימן לשני הרעב וכן פתר המדיני חלום חברו ודניאל שני חלומות נבוכדנצר והשלישית דברי חכמים והם המשלים שימשול השם לבני אדם על יד נביאיו והם נותנים את פתרונם וכמו שסיפר נתן לדוד מעשה שני אנשים וכמו שסיפר השם על יד ישעיהו מעשה כרמו והרביעית חידות והם המשלים שימשול השם והוא בעצמו יבאר את ענינם כמו שמצאנו ביחזקאל הנשר אשר בלבנון. ואמרו יראת ה׳ ראשית דעת אין טעמו שיראת ה׳ קודמת לדעת אלא שהדבר הראשון שהדעת מחייבת את האדם בו והיותר הנכבד היא יראת השם. ואמרו ומוסר אוילים בזו ענינו שלא ימאס המוסר אלא האויל לפי שהוא אומר שהחכמה מה שישמח הטבע והכסילות מה שיכאיבהו ואיננו מבין שהחכם המשמח את העושק מכאיב את העשוק ויתחברו חכמה וכסילות בדבר אחד וזה נמנע והמכחיש בתועלת בחכמה אומר זה בחכמתו ומודה כן על מציאות חכמה אחת.

ואמך ותורתם ואל תטשם. וקולה כי לוית חן וג׳ אראד בה אן אלעלם ואלדין ג̇מיעא המא זין אלאנסאן פי אלדארין ג̇מיעא כמא יתזין באללוא ואלעקוד. פאמא פי דאר אלדניא פהו מא יפזע אלנאס אלי אלעלמא ענד כל נאיבה̈ ויקבלון ראיהם ומשורתהם ופתיאהם ויחקרון אלג̇האל ויכ̇סונהם. ואמא פי אלאכ̇רה̈ פאן אלמת̇יב עז וג̇ל יג̇אזיהם באחסן אלג̇זא עלי מא כדו ושקו חתי שחד̇ו אפכארהם ותחפט̇ו כתבה ועקלו ען[1]) אמרה ונהיה פכיף אנהם אצ̇אפו אלי ד̇לך אסתצלאח אלנאס לטאעתה ואסתרדאדהם מן אלכ̇טא[2]). ת̇ם קאל

10 יא בני אן כ̇דעוך אלכ̇טאון פלא תש[3]) ד̇לך: 11 באן יקולו
תעאל מענא נכמן לדם נטאלע בריא מג̇אנא: 12 נהלכהם כאלת̇רי
אחיא וצהאחא כואר̇די אלביר: 13 כל מאל עזיז נג̇דה ונמלא ביותנא
נהבא: 14 ואלק סהמך פי מא בינא וקסט ואחד יכון לג̇מיענא:
15 יא בני לא תמ̇ץ פי טריק מעהם אמנע רג̇לך מן סככהם: 16 לאן
ארג̇להם ללישר תהאצ̇ר והם יסרעון לספך אלדם: 17 וכמא אן אלשרך
מבסוט מג̇אנא ענד כל ד̇י ג̇נאח: 18 והם אנמא לדמאיהם יכמנון
ומטאלעון אנפסהם: 19 כד̇אך סביל כל טאמע טמע[4]) ד̇אך נפס
צאחבה יאכ̇ד̇:

חכי אלחכים פי הד̇ה אלקצה̈ אלדואעי אלתי תדעו אלט̇אלמין אלי אלט̇לם ואלסרק ואלקתל והי אלכלב עלי אמור אלדניא ואלשרה אליהא ואלחכרה̈ ואלסרף מן ערוצ̇הא כמא קאל כל הון יקר נמצא. ואד̇א וצ̇ע אלאנסאן הד̇א פי פכרה ראי̇ן נפסה ריאצ̇ה̈ אלאסתכ̇לא באלאקדאם עלי קתל אלנפוס ואכ̇ד̇ אלאמואל כמא קאל נארבה לדם חתי יצארע כ̇לק אלהנה̈ ואלרחמה̈ אללד̇ין פי טבעה ויקאומהמא ויציר כאלקבר אלד̇י לא תקאל עליה אלחנה̈ למית ולא אלארת̇א כמא קאל נבלעם וג׳ והד̇א משאהד מן אכ̇לאק אלט̇אלמין אנהם לא יחנון ולא ירת̇ון למן יט̇למוה כטבע אלבהאים אלמפתרסה̈ ואלטאיר אלג̇ארח כמא קאל פיהם הוי עיר דמים כלה כחש פרק מלאה לא ימיש טרף (נחום ג׳ א׳) וקאל אריה טורף בדי גורותיו ומחנק ללבאותיו וימלא טרף חוריו ומעונותיו טרפה הנני אליך נאם י״י צבאות והבערתי בעשן רכבה וכפירך תאכל חרב (שם ב׳ י״ג—י״ד). פאד̇א אלהם אלאנסאן נפסה אלט̇לם אסתג̇רק הנתה ורחמתה פי חנקה וקסותה וג̇לב טבע אלבהאים עלי אלנפס פמת̇ל באלבהאים ולד̇לך תג̇דה ימת̇ל פי אלכתאב מת̇ל אלמלוך אלט̇אלמין באפתראס

[1]) בכ״י ענה.

[2]) ביאור: אמרו שמע בני וכו׳ טעמו שמע בני מוסר אביך ואמך ותורתם ואל תטשם מפני שהמוסר אינו מיוחד לאב והתורה אינה מיוחדת לאם וכן מנהג העבריים בכל מקום לחלק שני ענינים בין שני אישים אעפ״י ששניהם מוסבים אל שניהם. ואמרו כי לוית חן וגו׳ ענינו שהמדע והאמונה מקשטים את האדם בשני עולמות בעולם הזה מפני שבמאורעות יבקשו עצה מהחכמים ובעולם הבא השם נותן להם שכר אחר שעמלו ויגעו ללמוד תורתו ולשמרה ולהבינה וכל שכן אם הוליכו את האחרים בדרך ישרה והשיבום מן החטא.

[3]) בכ״י ב׳ וגו׳ תשא.

[4]) בכ״י א׳ טמעה.

אלאסד אד יקול עלה אריה מסבכו ומשחית גוים נסע יצא ממקומו לשום ארצך לשמה ועריך תצינה מאין יושב (ירמיה ד׳ ז׳) לפלטת מואב אריה ולשארית אדמה (ישעיהו ט״ו ט׳) הנה כאריה יעלה מגאון הירדן אל נוה איתן כי ארגיעה אריצם (ירמיה נ׳ מ״ד) וישבההם איצא באלנסור אד יקול ישא י״י עליך גוי מרחוק וגו׳ (דברים כ״ח מ״ט) הנה כנשר יעלה וידאה וגו׳ (ירמיה מ״ט כ״ב) יעופו כנשר חש לאכול (חבקוק א׳ ח׳) ואשבאה דלך. ובעד מא וצף לה עאקבתה(א) ירסם פי דלך ארבעה פואסיק את̇נאן תנביה ואת̇נאן מת̇ל פאלאול ואלת̇אלת̇ תנביהאן קאל פיהמא כי רגליהם לרע וג׳ והם לדמם וג׳ מג̇מועהא אנהם יסארעון ליספכו אלדם יט̇נון אן דם נירהם הם יספכון ואנמא הי דמאוהם ואנפסהם במא קד אוקעו אנפסהם פי שדיד עקאב אללה אלדי לא יכ̇לצהם מנה אצעאף דלך אלת̇ואב אלדי בסבבה הם יקתלון כמא קאל כספם וזהבם לא יוכל להצילם ביום עברת י״י (יחזקאל ז׳ י״ט). ואלפסוק אלת̇אני ואלראבע המא אלאמת̇אל קאל פיהמא כי חנם וג׳ כן ארחות וג׳ מולפהמא אן אנתראר אלאנסאן באלט̇לם יראה אלעקל אנה מואז לאנתראר אלטאיר באלחב פיוקעה פי אלפך. ודלך אן אלטאיר אלדי הו בעל כנף יחסב אן אלחב אלדי פי אלשרך נצב מג̇אנא פינקץ̇ עליה וליס יעלם אנה אנמא געל ליאכ̇ד נפסה כדאך אלמאל אלחראם ואלטמע יתוהם אלאנסאן אנה יכתסבה מג̇אנא ואנמא בנפסה יכתסב דלך את נפש בעליו יקח וקד קאל פי אלזנא מת̇ל הדא כמהר צפור אל פח ולא ידע כי בנפשו הוא (משלי ז׳ כ״ג). וקד וג̇דנא פי מואצע מן אלמקרא פואסיק לא תנעטף עלי אלאקרב[1]) אליהא בל עלי אלדי קבלה כמא קאל עיני ה׳ אל צדיקים ואזניו אל שועתם פני י״י בעשי רע צעקו וה׳ שמע (תהלים ל״ד ט״ז—י״ח) הדא נסק אלמכתוב ואמא נט̇אם אלמקצוד פהו עיני י״י אל צדיקים צעקו וי״י שמע פני י״י בעשי רע. וכדלך האהנא אלתרתיב אלמראד כי רגליהם והם לדמם יארבו וג׳ כי חנם כן ארחות. ופסרת מזרה הרשת מבסוט לאן אלאצל תדריה ולמא לם תטלק אללגה אלמכ̇רג̇ אליהא דלך עלי אלשרך נקלתה אלי אלבסט[2]). ת̇ם קאל

20 אלחכמה תנאדי פי אלסוק ופי אלרחאב תעלן צותהא:
21 ופי רווס אלאזקה תדעו ופי פתוח אלאבואב פי אלקריה תקול
אקואלהא: 22 אלי מתי יא גפל תחבון אלגפלה ואלדהאה קד תמנו
אלדהא לאנפסהם ואלג̇האל ישנון אלמערפה: 23 ואן רג̇עתם אלי

[1]) בכ״י אלקרב.

[2]) ביאור: סיפר החכם בזאת הפרשה מה שיעורר את האדם להרע לגנוב ולרצוח והוא תאותו לתענוגי העולם הזה ובזה ירגיל את נפשו להרוג ולגזול עד שירחיק ממנה התנינה והרחמים שהם בטבעו ויהיה כקבר שאינו מתאבל על המת הנקבר בו וזה נראה לעין ממדות הרשע שהוא אכזרי כאריה טורף או כנשר אשר יטוש עלי אכל. ואחר זה מביא החכם ארבעה פסוקים חצים הערה וחצים משל והראשון והשלישי הערה שהרוצח חושב שהוא ממית אחרים והוא הורג ומאבד את נפשו לפי שהאל יענישהו והשני והרביעי משל שהרשע הוא כצפור הרואה גרגרים על הרשת ויחשוב שהם ניתנו לו חנם וימהר לאכלם ויפול בפח. וחילוף סדר הפסוקים נמצא הרבה במקרא. ותרגמתי כאן מזרה בלשון פרושה מפני שאי אפשר לומר בלשון ערבי על הרשת שהיא מזורה (ר״ל לשון זרייה נופלת על התבואה ולא על הרשת).

עט̇תי סארוי לכם ראי̈ ואערّפכם כלאמי: 24 לאג̇ל מא דעותכם
פאבית̇ם ומדדת ידי ולים מצג̇ מנכם: 25 ואג̇דבתם ג̇מיע משורתי ועט̇תי
לם תשאו: 26 אנא איצ̇א אצ̇חך בתעסכם ואהזו במג̇י מא פזעתמוה:
27 ואד̇א אקבל כאלדוّי פזעכם ותעסכם כאלזובעה̈ יאתי וחלّ בכם
אלצ̇רّ ואלצ̇יקה̈: 28 חינ̇יד̇ ידעונני ולא אג̇יבהם ויטלבוני ולא יג̇דונני:
29 בדל מא שנו אלמערפה̈ ותקוי אללה לם יכ̇תארו: 30 ולם ישאו
משורתי ורפצ̇ו ג̇מיע עט̇תי: 31 פליאכלו מן ת̇מרה̈ מד̇אהבהם ומן
משוראתהם ישבעון: 32 לאן עתיאן אלג̇פל יקתלהם וזלّה̈ אלג̇האל
תבידהם: 33 ומן קבל מני יסכן ואת̇קא ומודעא מן פזע אלשרّ:

פסרת תרנה תנאדי לאני צרפתה מן קולה ויעבר הרנה במחנה (מ״א כ״ב ל״ו) אלד̇י הו אלמנאדי. ואשתקקת וישלות מן קולה די יאמר שלו (דניאל ג׳ כ״ט) אלד̇י הו זלה̈ כלגה̈ אלתרגום. ופסרת מפרי דרכם מד̇אהבהם מת̇ל הישיבו דרכיכם ומעלליכם (ירמיה י״ח י״א) ואשבאהה. גרץ̇ הד̇ה אלקצ̇ה̈ אלתי פסרת נצהא פי אלתדביר ואלאסתעדאד מן אואיל אלאמור אלי אואכ̇רהא פאן אלענאיה̈ בד̇לך הי אלסעאדה̈ אלתאמה̈ ואהמאל ד̇לך ואנפאלה גאיה̈ אלשקא. ואלתדביר עלי ארבעה̈ צ̇רוב כל ואחד מקדם אג̇ל ואצלה מן אלמוכ̇ר בעדה פאלאול תרך אלדכ̇ול פימא יחתאג̇ אלי חילה̈ ליתכ̇לץ מנה. ואלת̇אני אלתמאס אלחילה̈ בעד אלדכ̇ול פיה קבל ורוד אלאפה̈. ואלת̇אלת̇ טלב אלחילה̈ מע חדות̇ אלאפה̈. ואלראבע טלב אלאצלאח בעד אלאפסאד והו אצ̇עפהא ואכ̇סّהא וכל ואחד מן הד̇ה ארבעה̈ צ̇רוב ינקסם קסמין תלקא אמור אלדין ואלדניא. וקד ינבגי אן נצ̇ע להא מת̇אלאת מן אלקסמין ג̇מיעא ונקול אן מת̇אלהא מן אמור אלדניא אמא אסתדפאע אלחאג̇ה̈ אלי אלחילה̈ פהו כאלאנסאן אלבציר בטבע אלאג̇ד̇יה̈ וקוי אלאדויה̈ וצלאח אלריאצ̇ה̈ פהו ידבר ג̇סמה במא יסתדפע בה אלעלל אן תחדת̇ פיה במא יעדל אלמזאג̇ חתי לא תעלו מנה כיפיה̈ עלי כיפיה̈. ומת̇לה מן אמור אלדין אלעבד אלעאלם במא אמרה אללה ונהאה אלד̇י ירוץ̇ נפסה ריאצ̇ה̈ אלטאעה̈ ויעודהא פעל אלכ̇יר חתי יציר להא ד̇לך כאלטביעה̈ אלת̇אניה̈ פקד אמן אן יגלב[1]) שרהה או גצ̇בה או איה̈ כאנת מן דואעיה עלי דינה וקד צאר כאנה מא יערף אלשר ופי מת̇לה יקול לבב עקש יסור ממני וגומר (תהלים ק״א ד׳). ואמא חילה̈ קבל פמת̇להא מן אמור אלדניא כמן לם יען בתעדיל כיפיאת מזאג̇ה חתי שער בגלבה̈ אלדם פלמא שער בד̇לך תכ̇וף אן תנצבّ אלי בעץ̇ אלאעדא פתחדת̇ אחמאמא[2]) או מא אשבה ד̇לך ממא שאנהא אן תפעלה פבאדר בתנקיצהא או בתטפיתהא. ומת̇לה מן אלאמור אלדיאניה̈ מת̇ל מן לם יטבע נפסהא באלעאדה̈ עלי אלאשמיזאז מן אלמעאצי לכנה למא חס באלמעציה̈ אנהא תחצ̇ר בין ידיה אעתצם וקטע אלמאדה̈ בבעד או בימין או במא אשבה ד̇לך ממא יחסמה ען פעלה כמא חסם דוד אלטמע בקתל שאול בקולה חי י״י כי אם י״י יגפנו (שמואל א׳ כ״ו י׳) וכמא דפע יוסף טמע סידתה באלהרב אד̇ קאל וינס ויצא החוצה (בראשית ל״ט י״ב) ומא שאכל ד̇לך. ואמא חילה̈ מע פהו למן תרך אלאמרין אלאולין והמא אלאחתראז וחילה̈ קבל

[1]) בכ״י יבלג.

[2]) בכ״י אחאמא.

פאחתאג̇ אלי חילה̈ מע ומת̇לה מן אמור אלדניא מן אהמל תדביר ג̇סמה חתי יט̇הר פיה בעץ̇ אלאלאם[1]) אלד̇י אן הו תרכה אל אמרה אלי עטב ופסאד̇ פאלוג̇ה פי ד̇לך אן יבאדר קבל אן יסתחכם אלוג̇ע פיעאלג̇ה ויסתנט̇ף בלתה או פצ̇לה. ומת̇לה מן אמור אלדין מן אהמל מג̇אנבה̈ אלמעאצי חתי אל בה אמרה אלי אן אבתדא פיהא פאלצואב אן ירג̇ע ען קריב קבל אן תבעד עליה אלמסאפה̈ ופי מת̇ל ד̇לך יאמר אללה ויקול המלו לה׳ והסירו ערלות לבבכם איש יהודה ואיש ירושלם פן תצא כאש חמתי (ירמיה ד׳ ד׳). ואלראבע הי חילה̈ בעד והי אלתלאפי אלד̇י יתלאפי אלאנסאן מא קד עמלה ומת̇אלה מן אמור אלדניא מן בדא בה מרץ̇ פתרכה חתי אסתחכם פלא חילה̈ לה אלא קטע אלעצ̇ו או אלכי̈ או אלבט פאלאצלה אן ימתת̇ל ד̇לך ולא יצ̇ר בג̇מיע ג̇סדה. ומת̇לה מן אלאמור אלדיאניה̈ מן אסרף פי אלמעאצי חתי ג̇מרתה פלא חילה̈ לה אלא אלתובה̈ כל הי אצלח מן אלתמאדי פי אלכ̇טא ופיה יקול רב לכם מכל תועבותיכם בית ישראל (יחזקאל מ״ד ו׳). והד̇ה אלארבעה̈ צ̇רוב אלתי וצפנא אסתעמאלהא פי אלטב כד̇לך אסתעמאלהא פי אלמלך ואלסלטאן פאמא אלאחתראז פהו שחנה̈ אלפ̇רץ̇ באלעסאכר ואלא יעקד לוא אלא ללאמנא מן אלנאס ומא נחי הד̇א אלנחו. וחילה̈ קבל פהו כמא ישער אלמלך בשאר יקצד אלכ̇רוג̇ עליה וחילה̈ מע פהי מע כ̇רוג̇ה באלחרוב ואלמלאחם וחילה̈ בעד פהי בעד אלהזימה̈ אן אהמלת אלאמור חתי תכון. ולכל ואחד מן הד̇ה שרוח נכ̇תצר דון שרחהא לילא נטול. וכד̇לך אסתעמאל הד̇ה אלארבעה̈ צ̇רוב פי אמור אלתג̇ארה̈ עלי מא יעמלה אלאסתאד̇ון פיהא לא אטול. ואסתעמאלהא פי אלג̇דל איצ̇א ואלנט̇ר בין ואצ̇ה ויעלמה אלנאט̇רון מן אלאחתראז באלמקדמאת אלתי תחפט̇ אלמד̇אהב ודון ד̇לך ענד אלשעור באלטען אנה ירד ודונהמא אד̇א הו ורד ודון אלג̇מיע בעד אלאנקטאע. פאי פן מן הד̇ה אלפנון אעני אלטב ואלמלך ואלתג̇ארה̈ ואלג̇דל וצ̇נאעה מת̇לא וישבהנא בה הוארת̇ אלדיאנה̈ כאן[2]) ג̇איזא גיר מסתנכר בל אוצ̇ע אלאבואב מן אמור אלדיאנה̈ אלד̇י הו אלתובה̈ לא[3]) יכון כ̇סיסא נט̇יר הד̇א אלבאב מן גירה בעד אן תכון אלתובה̈ (תובה̈) נצוחא והו אלצ̇מאן אלא יעאוד אלכ̇טא. פלמא כאן ללתדביר הד̇ה אלארבע מנאזל ג̇על שלמה לט̇הור אלחכמה̈ ומכ̇אטבתהא ארבע מנאזל אלאול פאלאול אקוי. קולה חכמות בחוץ תרנה תלקא אלאחתראז לאן אלמנאדי ינד̇ר באלשי קבל כונה לד̇לך קאל תרנה וקולה ברחובות תתן קולה באזא חילה̈ קבל אלד̇י אלאמר חיניד̇ ואסע כאלרחבה̈ אלואסעה̈ ואלצות לה בעד אלאעלאן. וקולה בראש המיות תקרא מקאבל תדביר מע אלד̇י קד צ̇אק אלאמר פיה כצ̇יק אלאזקה̈ וליס פיה תתן קולה. ואלראבע בפתחי שערים יחאד̇י תדביר בעד אלד̇י הו אצ̇יק אלג̇מיע כפתח באב אלמנזל אלד̇י הו אצ̇יק מן אלזקאק וליס פיה אלא קול פקט אמריה תאמר לא תקרא ולא תתן קולה פכיף תרנה פאעלמנא אן אלאול פאלאול אפצ̇ל. ת̇ם ד̇ם אלת̇לאת̇ה̈ תראכיר אלמתאכ̇רה̈ באן סמי אצחאבהם פתאים ולצים וכסילים. פמן תרך אלאחתראז סמי פתי לאנה ג̇פל ען שי כאן יג̇ב אן יתנבה לה ומן תרכה ותרך אלתדביר [אלקבלי] סמי לץ̇ אד̇ יתדאהא ויתק בראיה ומן

---

[1]) בכ״י אלאלם.

[2]) נראה שחסרו כאן איזה מלות שעניינם גם האחרונה שבמדרגותם.

[3]) בכ״י אלא.

תרכה[מ]א מע אלתדביר אלמעי סמי כסיל אד̇ גהל ת̇לת̇ טבקאת וכמא הד̇א אלכלאם פי אמור אלדניא משאהדא כד̇אך הו פי אמר אלדין מעקולא ולד̇לך ישבה עאקבה̈ תרך אלתדביר וסוה(א) בשיין איד ופחד פאמא איד פהי אלמציבה̈ אלדניאיה̈ כמא קאל קרוב איד מואב לבוא ורעתו מהרה מאד (ירמיה מ״ח ט״ז) וקאל אל תבא בשער עמי ביום אידם (עובדיה י״ג) ואל תרא גם אתה ברעתו ביום אידו (שם) ואל תשלחנה בחילו ביום אידו (שם) ואשבאה ד̇לך כת̇יר פמן תרך תדביר אלדניא חל בה ד̇לך כמא קאל גם אני באידכם אשחק. ואמא פחד פהו עקאב אללה לתארכי אלדין כמא קאל פחדו בציון חטאים (ישעיה ל״ג י״ד) ואיצ̇א שם פחדו פחד ונומר (תהלים נ״ג ו׳) ומא אשבה ד̇לך פמן תרך תדביר אלדין חל בה ד̇לך כמא קאל אלעג ביום פחדכם. ויויד תפסיר איד אנה פי אמור אלדניא אד̇ שבהה בסופה וקאל ואידכם כסופה יאתה כמא סבילה אן ימת̇ל מצאיב אלדניא ויקול בסער ביום סופה (עמוס א׳ י״ד) ואיצ̇א ונלגליו כסופה (ישעיה ה׳ כח) ומא אשבההמא ויקוי תפסיר פחד אנה פי אמר אלאכ̇רה̈ אד̇ שבהה בשואה וקאל בבא כשואה פחדכם כמא ישבה יום אלקיאמה̈ אד̇ יקול ומה תעשו ליום פקדה ולשואה ממרחק תבוא (שם י׳ ג׳) וקאל פי אלט̇אלם תבאהו שואה לא ידע (תהלים ל״ה ח׳) ואמת̇אל ד̇לך. פאן אנסאק אלאנסאן מע גהלה חתי יהמל הד̇ה אלארבעה̈ תדאביר כלהא טלב אלחכמה̈ בעד ד̇לך פלם יגדהא כמא תקול באלמת̇ל אז יקראנני ולא אענה וגו׳. פאן כאן אלתדביר פי טב פסד אלגסם ואן כאן פי מלך זאל ואן כאנת תגארה̈ כ̇סרת ואן כאן פי גדל גלב צאחבה. ואצעב מן ד̇לך אגמע אן כאן פי דין ופאתתה אלתובה̈ איצ̇א פיבשר בטול אלעקאב. וגעל פי הד̇א אלמוצע תרגיב ותרהיב פאמא אלתרגיב פבקולה תשובו לתוכחתי וגו׳ באצ̇מאר אם תשובו לתוכחתי ואלתרהיב פהו יען קראתי ותמאנו אלי אכ̇ר אלקצה̈ מא כ̇לא ושמע לי ישכן בטח פאנה מנצ̇ם אלי אלתרגיב. ופסרת הנה אביעה סארוי לאן הד̇ה מן אלאלפאט̇ אלעזיזה̈ אלתי ליסת מסתפיצ̇ה̈ אן אלסין אלמזאדה̈ פי אלועד מקאמהא פי אלעבראני הן והנה[1]) אן יקול הנה ישכיל עבדי (ישעיה נ״ב י״ג) הנה יום יי׳ בא (שם י״ג ט) הן גוי לא תדע תקרא (שם נ״ה ה׳) ואשכאל ד̇לך כת̇יר. וכמא רוע אלחכים וכ̇וף אלגאפל ען אלתדביר במא יחל בה מן סו תדבירה גפלה̈ כמא קאל כי משובת פתאים וגו׳ כד̇אך קדר אלמסתעמל אלתדביר פי אמר אלדין ואלדניא כמא קאל ושמע לי ישכן בטח וגו׳ פמן דבר אמר דניאה אמן אלעואקב פי מלכה או תגארתה או טבה או גדלה ומן כאן חד̇ר מן אמר דינה לם יהלה אלמות ולא אלקדום עלי אלאכ̇רה̈[2]).

[1]) לפי דעתנו הגאון רצה לומר שאין משתמשין הרבה באלו המלות בענין הסין הערבי שהורה על העתיד להיות כי על הרוב אלו המלות מורות על מה שנמצא עתה.

[2]) ביאור: אמרו תרנה נגזר מן הרנה והוא המכריז. ואמרו שלות מלשון שלו בארמית. ואמרו פרי דרכם ענינו פרי דעותיהם. הנה ענין זאת הפרשה בהנהגת הדברים מראשיתם עד סופם שהמשתדל בה תהיה הצלחתו שלמה והמתרשל בה יפול ברעה. וההנהגה היא על ארבעה אופנים הראשון שלא יעשה אדם דבר שיכריחהו לתחבולה להנצל ממנו והשני שיבקש תתחבולה אחר שעשה את הדבר וקודם שתבוא עליו הרעה והשלישי שיבקש התחבולה בעת שהרעה באה והרביעי שיבקש התקון אחר שנפסד ענינו וכל אחד מאלו האופנים יותר משובח מהאופן שלאחריו וכל אחד מהם יחלק לשני חלקים והם ההנהגה בדברי האמונה וההנהגה בדברי העולם. והמשל לדברי העולם כגון שיהיה האדם יודע בטבע המאכלים והרפואות וישמור בריאות גופו בשווי כחות מזגו ואם לא שת לבו על זה וגבר אחד מן המזגים ימהר לתקן גופו כדי שלא יחלה

ב

1 יא בני אן קבלת כלאמי וכנזת וצאיאי ענדך: 2 ואצגית
ללחכמה̈ אדׄנך ומילת קלבך ללפהם: 3 ואן דעות באלדׄהן ואעלנת
צותך ללפהם: 4 וטלבתהמא כטלב אלפצׄה̈ וכאלדפאין פתשת עליהמא:
5 חיניד̇ תפהם תקוי אללה ומערפה̈ אללה תגׄד: 6 לאן אללה מעטי
אלחכמה̈ ומן קולה אלמערפה̈ ואלפהם: 7 ויכנז ללמסתקימין אלפקה̈
והו מגׄן[1]) ללסאלכין פי צחה̈: 8 יחפטׄ סבל אלחכם וטרק אבראה̈
יחרסהא: 9 וחיניד̇ תפהם אלעדל ואלחכם ואלמסתקים וכל מסלך
גׄיד: 10 אדׄא דכׄלת[2]) אלחכמה̈ פי קלבך ולדׄת אלמערפה̈ לנפסך:
11 צארת אלהמה̈ תחרסך ואלפהם יחפטׄך:

נרׄץ הדׄא אלפצל הו אן אויל אלעלום אכתסאב ותמאמהא בכׄאטר ותמייז ולדׄלך צדר אולא בני אם תקח אמרי וגו׳. תׄם קאל אם תבקשנה ככסף וגו׳ תׄם קאל אדׄא פעלת יא טאלב אלחכמה̈ הדׄין אלאמרין אז תבין יראת י״י וגו׳

ואם לא תקנו ובא לידי חולי ימהר לרפא אותו קודם שיחזק כאבו וינקה את גופו מן תזוהמא ומנותריו ואם המתין עד שגבר החלי באחד מאיבריו יכרת האבר או יכווה קודם שיתפשט החלי בכל גופו. ובדברי אמונה ירגיל אדם עצמו בקיום המצוות עד שיהיה כאילו לא ידע מהות הרע ותהיה לו עשיית הטוב כטבע שני ואם ירגיש שיצרו תוקפו ימנע עצמו מן הרע בהתרחקו ממנו כמו יוסף עם אשת אדוניו או בשבועה כמו שנשבע דוד שלא יהרוג את שאול ואם התחיל לחטוא יסור מהרה מחטאיו ואם נשתקע בהם יעשה תשובה ולא יחטא עוד. והארבעה אופנים האלה נמצאים גם כן בממשלת המלך שבתחלה ישים במדינות צבא ושרים נאמנים ואחר זה יבקש תחבולה כשיכינו המורדים את חילם ואחר זה כשיעשו מלחמה עמו ובסוף כשגברו אויביו אם נתרשל ולא עשה כלום. וכן במשא ומתן של התגרים ואצל החכמים במחלקותן שיהיו זהירים בהקדמותיהם ושיבקשו תחבולות להשמר מן טענות המתנגדים ולהשיב על הטענות כשבאו וכן אחר שנפסק הדין. והנה בכל אלה הדברים שהמשלנו להם דברי האמונה אף המדרגה האחרונה מתקבלת אבל בדברי האמונה עצמם המדרגה האחרונה שהיא התשובה אינה פחותה ובתנאי שתהיה שלמה. וכנגד אלו הארבעה אופנים נתן שלמה ארבע מדרגות למאמר החכמה אם שתכריז בשוקים או שתתן קולה ברחובות או שתקרא במצרי החוצות או שתדבר בפתחי הבתים שכל אחד מאלו ארבעה מקומות יותר רחב מהנזכר אחריו והקול הולך ומתמעט ואחר זה גינה בעלי האופנים האחרונים וקרא פתי למי שלא שמר עצמו ממה שהיה צריך להזהר ממנו וקרא לץ למי שלא ישגיח עד שתתחיל עליו הרעה וקרא כסיל למי שלא נזהר עד שנגמרה עליו הרעה לפי שלא שם לבו על המדרגות הקודמות. והשווה אחרית עזיבת ההנהגה לשני דברים והם איד שהוא מורה על הצרות הבאות בעולם הזה ופחד שהוא מורה על העונש הבא מאת ה׳ על החטאים והעד שביאור שתי מלות אלו הוא נכון שהמשיל כאן איד בסופה ופחד בשואה ומדרך המקרא לדמות צרות העולם הזה בסופה ועונש העולם הבא בשואה. ואם יעזוב הכסיל כל ההנהגה יקרא אל החכמה ולא ימצאנה והחולה יאבד את גופו והמלך את ממלכתו והסוחר את ממונו והמתוכח חבירו יגבר עליו. והיותר קשה מכולם שיתמיד האדם על פשעיו ושלא יעשה תשובה. והזכיר כאן ההבטחה באמרו תשובו ר״ל אם תשובו וגו׳ וההפחדה באמרו יען קראתי וכו׳ וכיים בהבטחה ושמע לי וכו׳ וענין זה שהחכם הודיע לנהג עצמו בעולם הזה ישכן בטח מצרות העולם ובדברי האמונה לא יפחידהו המות ולא יגור מהכנס בעולם הבא.

[1]) כ״י ב׳ כאלתרס.

[2]) כ״י ב׳ וצלת.

אז תבין צדק ומשפט וגו' ואמא בלא תעלם מן עאלם פליס ינפע אלתפכר שיא וכדלך תעלם בלא פכר ותמייז לא ינפע שיא ובאגתמאעהמא יכמל אלמראד. וקולה כי יי' יתן חכמה הדא עטא בסבב והו אלטלב מתל קולה נותן לחם לכל בשר (תהלים קל"ו כ"ה) והו בסבב והו אלטלב ומתל קולה האני אשביר ולא אוליד (ישעיה ס"ו ט') ודלך בסבב. תם אכבר בעד הדא באן אלנפס תלתד באלחכמה כמא ילתד אלגסם במא יחסה אד קאל ודעת לנפשך ינעם ודלך אן אלנפס אנמא תדור עלי מלאדהא פאדא הי וגדת אלסרור ואללדה פי אלחכמה מע שרפהא ועזהא וטהארתהא ונטאפתהא פקד כמל להא גמיע מא תריד. ולכן בין לדה אלחכמה ולדה אלחאסה פרק והו אן אלחואס תלתד במא הו להא מן אלעארה במא יואקעהא ולדלך ינשט אליהא כל טבע ואלחכמה פליס ילתד בהא אלאנסאן אלא בעד תאמל ותצפח ולדלך ליס ינשט אליהא כל טבע. פלהדה אלעלה כתב אלחכים הדא אלפצל ליצבר טאלב אלחכמה ויקול לה לא תטן אנך מן אול מא תעני בהא תגד נפעהא ותלתד בהא בל אצבר פאן להא מקדמאת תעבה פאדא ענית בהא וצלת בעד דאך אלי ראחה ולדה וסרור דאים. ואנמא מתל אלחאסה ואלחכמה פי סרעה אלאלתדאד ובעדה כמלך קצר בנא קצר אלדי יאכד אלפעלה ואלרוזגאריון פי כל יום אגרתהם וינתפעון בהא עלי סרעה ואלמלך פהו לא ינתפע בקצרה אלי מדה מן אלזמאן חתי תתם צנעתה לכן אלמלך אדא תם קצרה דאם לה אלנפע ואלסרור וכאן חיניד גמיע מנאפע אלפעלה קד תקצי. וקאל פי אכר אלפצל אן אלחכמה אדא דכלת פי קלב אלאנסאן צארת לה כאלחאפט תחפטה מן אלכטא הו קולה מזמה תשמר וגו'[1]).

12 יחפטאנך[2]) מן טריק סו ורגל מתכלם בתקלב: 13 ואלתארכין
סבל אלמסתקים ואלדאהבין פי אלטרק אלמטלמה: 14 ואלסארין
בעמל אלשר והם יגדלון באלתקלב פיה: 15 ואלדין סבלהם עסרה
ראיגון פי מסאלכהם: 16 ויגניאנך מן אמראה אגנביה וגריבה ליגה[3])
אקואלהא: 17 אלתארכה אלוף צבאיהא ועהד רבהא קד נסית:
18 וקד כפצת אלי אלמות ביתהא ואלי אלהאלכין מסאלכהא: 19 פכל
דאכליהא לא ירגעון ולא ידרכון סבל אלחיוה: 20 לקבל אן תסלך
פי טריק אלגיאד וסבל אלצלחין תחפטהא:

נעלת פי אול אלקצה יכלצאנך לאני כנת אנתהית פי אלתפסיר אלי מזמה ותבונה פבדאת באלעטף עליהמא פקלת יכלצאנך וכדלך יגניאנך. פממא בסטה אלחכים

[1]) ביאור: כונת הפרשה להורות שראוי לאדם לקנות החכמה בלמידה ואח"כ ידרשנה בעיון ובבחינה ובהתאחדם יחד יגיע אל חפצו והשם יתן לו החכמה באמצעית החקירה ותשמח בה הנפש כמו שישכח הגוף בתענוגיו רק ההפרש בין שמחת הנפש ושמחת הגוף שהראשונה לא תבא אלא אחר יגיעה אבל היא קיימת והשנית תבא במהרה ותכלה במהרה וזה דומה למלך שבנה פלטין והוא לא יהנה בו א"א אחר שנגמרה המלאכה והפועלים יקבלו את שכרם בכל יום אבל אחר זה אין להם עוד תועלת במה שבנו. ואמר בסוף הפרשה שאחר שבאה החכמה בלב האדם תהיה לו כשומר להצילו מן החטא.

[2]) בפירושו תרגם המלה הזאת יכלצאנך.

[3]) כ"י ב' לינת.

אנה יכון מן תֿמר אלחכמה אן צאחבהא יציר באנגֿא לאהל אלשר[1]) רגֿאלא כאנו אם נסאא. פאמא אלרגֿאל קאל פיהם להצילך מדרך רע מאיש מדבר תהפוכות נסב דרך רע אלי אלרגֿאל לאנהם דוו אלמֿאהב ומצֿמנויהא והאמלוהא פאול מא יכֿרה מן אפעאלהם אן יסגֿו סנה סו או אן יצֿעו נאמוס סו תנכֿרה אלעקול פכיף אן כתֿר תעבה מע דֿלך פאנהם יתעבון תאבעיהם וינצבוהם בלא נפע וקד אלחק בה אלצֿרר ופי אלבאבין גֿמיעא יקול אללה ען אלאמם ויגעו עמים בדי ריק (ירמיה נ״א נ״ח) הדֿא אלנאמוס אלכתֿיר אלתעב גיר קביח תֿם קאל ולאמים בדי איש ויעפו (שם) הדֿא אלנאמוס אלכתֿיר תעבה אלמנכר פי אלעקל. ומן אכֿלאקהם אלמנכרה אלתקלב קאל פיה מאיש מדבר תהפוכות אדֿא יקול לך נעם ולא תחצל מנה עלי ישי ויקול לא ולא תתֿק בהא קאל אלחכים אנה יקע פי שדה ונהפך בלשונו יפול ברעה (משלי י״ז כ׳). וקד עלמת מא כאן מן פרעה ותקלבה עלי רסול אללה עשר מראת ומנאזלתה לה עשר מנאזלאת ומא חל בה עלי דֿלך. ומן כֿטאהם אנהם מא יכפיהם תרך אלחק אלא וחתי יתבעון אלבאטל פיה יקול העזבים ארחות ישר וגו׳ פצאר עליהם עקאבאן לאנהם לו תרכו אלחק ואלבאטל גֿמיעא פי שי מא ולם יערצֿו[2]) לה כאן עליהם אתֿם ואחד פלמא עכסוה[3]) באדכֿאלהם מכאנה אלבאטל צאר אלאתֿם אתֿמין ולדֿלך יקול עלמאונא הוי מחשב הפסד מצוה כנגד שכרה ושכר עבירה כנגד הפסידה (אבות ב׳ א׳) ושרחה אן אלעאקל יצארף נפסה מא בין אן יאתי חסנה פתכתב לה אלי אן יקצר ענהא פתכתב עליה סיה פיכֿסר כֿסארתין ומא בין אן ידע מעציה פתכתב לה חסנה אלי אן יאתיהא פתכתב עליה פירבח רבחין פלדֿלך אלחק פי אלקול ללכת בדרכי חשך. ומן אשכאלהם איצֿא השמחים לעשות רע וגו׳ קד תראהם יפעלון אלחסנאת זמאנא טוילא פהם כאלמכרהין וגֿוההם כֿטימה פאדֿא הם עצו פרחו בדֿלך ונצֿרת וגֿוההם וכדֿלך כלמא תקלבו פיה מן חאל אלי אלאכֿרי. ומן צניעהם איצֿא אשר ארחתיהם עקשים מעני אלעסרה ואלרואג הו אנהם אן נאטֿרך באהתוך ואן עאמלוך כֿאתלוך ואן תכלמו כלמה גֿעלוהא כאלמעלקה חתי לא יכֿרג קולהם אלי תחקיק בתה והדֿה אלאמור ממא יכרההא אללה ולא יחבהא אלא אלסלאמה ואלסאדגֿיה ואלאסתקאמה אדֿ קאל תועבת י״י עקשי לב ורצונו תמימי דרך (משלי י״א כ׳). ואמא אלנסא קאל פיהן להצילך מאשה זרה וגו׳ למא אגֿרי אלחכים עמראן אלעאלם ואקאמה אלצורה בתוסט דֿכור ואנאתֿ לם יגֿז אן יקול להצילך מאשה מרסלה בל אנמא אנכר אשה זרה אמראה הי גריבה מנך פאול כֿטאיהא אנהא מע גרבתהא מנך תכלמך באלכלאם אללין אלרפיק אלדֿי יאול אלי אלמות ואלקרב תֿם פי חאל מא תמאזחך קד תרכת בעלהא כמא קאל העזבת אלוף נעוריה ונסיתה. ולעלהא אסתסהלת לנפסהא ותקול אנמא נסית אנסאנא מתֿלי פקט פלתעלם אן אלאמר לים כדֿלך בל לם תנס עהד בעלהא אלא וקבלה קד נסית עהד רבהא אלשאהד בינהמא בקולה ואת ברית אלהיה שכחה. אלא תרי אנה כמא גֿעל אלרגֿל גיר אלמנצף זוגֿתה תארכא לעהד רבה אלדֿי שהד בינהמא פאוגֿב לדֿלך אלא יקבל קרבאנה ולא צלאתה אדֿ קאל מאין עוד פנות אל המנחה ולקחת רצון מידכם ואמרתם על מה על כי ה׳ העיד בינך ובין אשת נעוריך אשר אתה בגדת בה וגו׳ (מלאכי ב׳, י״ג י״ד) כדֿלך גֿעל אלמראה אלכֿאינה בעלהא פי הדֿה אלמנזלה. וקולה כי שחה וגו׳ יעני אן אלמגֿתמע

1) כ״י אלשרה.

2) כ״י יערצֿא.

3) כ״י עכסאה.

מעהא ירון עאגלא אנהם קד נאלו חיוה וקד עאשת נפוסהם באללהו ודלך פי אלעאקבה מות ממית. ופסרת רפאים הלכי לאנה כדאך פי מואצע שתי מנהא מתים בל יחיו רפאים בל יקומו (ישעיה כ״ו י״ד) וארץ רפאים תפיל (שם י״ט) בקהל רפאים ינוח (משלי כ״א ט״ז) ואל רפאים מעגלותיה (שם ב׳ י״ח) ולא ידע כי רפאים שם (שם ט׳ י״ח) ואלאצל פי דלך אלאסתרכא תם יאול אלי אלמות. וקולה כל באיה לא ישובון יעני בה תלך מסאלך אלמות אלתי מן דכלהא לם ימכנה אן ירגע הו מן נפסה חתי יאדן אללה לה פיחשרה וקת אלחשר ויחייה. הדא אלקול פי אלצאלחין ואמא אלכטאון אלדין לם יתובו פאנהם לא יסתטיעון אלרגוע מן אלמות בחילהם כקולה כל באיה לא ישובון ואללה איצא אדא אחיאהם לא ילחקהם בסבל אלחיוה בל יכלדהם פי עדאב אלים פלדלך זאד פי אלקול ולא ישיגו ארחות חיים. פמן חית נהי אלחכים מסתמעה ען[1]) מכאלטה רגאלהם בהדה אלצורה ונסאהם בהדה אלצפה מן תם נהי אולאיך אלרגאל ואלנסא ען אפתעאל הדה אלאעמאל אלתי שרחנאהא גמיעא. תם כתם אלקול באלאמר בעכס הדה אלרסום אד קאל למען תלך בדרך טובים וגו׳ פקולה טובים ישיר בה אלי אלצאלחאת מן אלנסא כמא יקול והאשה טובת שכל (שמואל כ״ה א׳ כ״ה ג׳) ויומי בקולה צדיקים אלי אלצאלחין מן אלרגאל כמא יקול איש צדיק תמים (בראשית ו׳ ט׳) [2]) תם קאל

21 אן אלמסתקימין יסכנון אלדאר ואלאצחא יבקון פיהא:

22 ואלטאלמון מנהא ינקטעון ואלגדארון מנהא ינדרסון:

קד ינבגי אן תעלם אן אלדאר פי לגה אלערב דאראן אלדניא ואלאכרה וכדלך

---

[1]) כ״י מען.

[2]) ביאור: תרגמתי להצילך בפסוק י״ב וט״ז בלשון שנים לפי שהוא מוסב על המזמה ותתבונה שיצילוך מאנשים רעים ומנשים רעות ואמר באנשים דרך רע לפי שהם בעלי הדעות ושומריהן. וחחלת מעשיהם הרעים שמקבלים קבלה נפסדת ועושים נמוסים שהשכל מואס בהם ושאי אפשר לעמוד בהם וכל זה בלא תועלת. וממדותיהם המגונות שהם נהפכים בלשונם תמיד וכבר ידעת שפרעה החליף את מאמרו עם משה עשר פעמים ואיך נענש על זה. ומחטאיהם שאין די להם שיעזבו האמת עד שידבקו בשקר ובזה נכפל עונם ועל זה אמרו הוי מחשב וכו׳ וביאור זה שבעל שכל מחשב בנפשו ההפרש שבין עשיית מצוה שהיא לזכותו ועזיבתה שהיא לחובתו שאז יהיה הפסדו כפול וההפרש שבין המניעה מן עבירה וזה לזכותו ובין עשייתה והיא לחובתו שאם ימנע ממנה יהיה שכרו כפול. ומהכרת פניהם שאם ייטיבו הם כמוכרחים ופניהם זועפים ואם ירעו פניהם צהובין וזה אמרו השמחים וכו׳. וממעלליהם עוד שהם בודאים טענות שקר בהתוכחם אתך ומרמים אותך במשאם ומתנם ומאמריהם תלוים עד שלא יצא מפיהם דבר נכון. ואמר בנשים מאשה זרה ולא אשה סתם לפי שישוב העולם והקמת הצורה אי אפשר בלי אמצעית האיש והאשה. ואשה זרה תחליק את לשונה ותצחק עם האנשים כדי לפתותן ובעת השחוק תשכח את בעלה וזה אמרו העזבת וכו׳ ואינה זוכרת את השם שהוא העד בברית נישואיה וזה כמו שהוכיח הנביא האיש הבוגד באשתו וקראו מפר ברית אלהיו ואמר שלא תרצה תפלתו ולא מנחתו. והבאים עליה לא ימצאו חיים כמו שחשבו כי אם יאבדו. וענין רפאים מתים כמו במקומות רבים מן המקרא ועיקר טעם המלה רפיון הגוף. ואמרו וכל באיה וכו׳ רוצה בו הבאים בדרכי המות אשר לא ישובו מהן כי אם ברצון ה׳ בעת תחית המתים וזה בצדיקים אבל הרשעים שלא עשו תשובה לא יוכלו להנצל מן המות ולא יחיה אותם ה׳ כי אם לפורענות עולם וזה אמרו לא ישיגו ארחות חיים. ובהזהיר החכם את שומעיו מלהתערב עם האנשים והנשים שהזכיר תוארם יש הזהרה לאנשים ולנשים האלה עצמם מלעשות את מעשיהם המגונים. וחתם את מאמרו בצוותו ללכת בדרך טובים ר״ל הצדקניות ובארחות צדיקים והם האנשים.

ארץ פי לג̇ה̈ אלעבראניין דאראן אלדניא ואלאכ̇רה̈. פאמא דאר אלדניא פרבמא נאלהא מן תגלב כמא יקול ואיש זרוע לו הארץ (איוב כ״ב ח׳) ואמא דאר אלאכ̇רה̈ פלא ינאלהא אלא אלמת̇קון כקולה וענוים ירשו ארץ (תהלים ל״ז י״א) פלד̇לך אפסר ארץ אלדאר. ואמא קולה פי הד̇א אלמוצ̇ע כי ישרים ישכנו ארץ ורשעים מארץ יכרתו פאנה יחתמל אלאמרין ג̇מיעא פאד̇א פסר עלי דאר אלדניא פקד וג̇ב אן יכ̇צץ ויקאל אן אלנבי אנמא אראד בהד̇א אלת̇באת אלעאקבה̈ לא אואיל אלאמור וד̇לך אן אלמלוך לא ית̇בת מלכהם אלא בעדל כי בצדקה יכון כסא (משלי ט״ז י״ב) וכד̇לך אלוג̇יהון וד̇וו אלאמואל לא תדום נעמתהם או יחסן ג̇ואר̇הם כמא יקול לא יכון אדם ברשע (שם י״ב ג׳) לאן אלזמאן מבני עלי ד̇לך כמא אן אנ̇סאם אלחיואן מבניה̈ עלי עדל מן אלארבעה̈ אלממתזג̇ין וכמא אן אלנבאת ינמו עלי אעתדאל מן ברד וחר וכמא אן אלארץ̇ תסתקר פי מרכזהא עלי עדל ואעתדאל מן חרכאת אלמחיט. פמן חג̇ה̈ אלעקל נעלם אן אלעאלם מאסס עלי עדל וקד קאל אלנבי כי אמרתי עולם חסד יבנה (תהלים פ״ט ג׳) וסאשרח ד̇לך שרחא שפיא פי קצה̈ ה׳ קנני ראשית דרכו (משלי ח׳ כ״ב). פקדם האהנא וקאל לא תגתר יא מג̇רור באול אלט̇לם ואלג̇ור פאנה לא ית̇בת אד̇ הו מנאפר לבניה̈ אלעאלם. ואד̇א פסר עלי דאר אלאכ̇רה̈ פליודע עאמא ולא יכ̇צץ אד̇ כאן אולהא ואכ̇רהא שיא ואחדא לא יצל אליה אלא אלפאיזון באלצלאח ופיהא ינקטע אלט̇אלמון אג̇מעין כקולה שמר תם וראה ישר כי אחרית לאיש שלום ופושעים נשמדו יחדו אחרית רשעים נכרתה (תהלים ל״ז ל״ז—ל״ח)[1]
ת̇ם קאל

ג

1 יא בני לא תנם תוראתי וליחפט̇ קלבך וצאיאי: 2 פאנה טול
עמר וסני חיוה̈ וסלאמה̈ תזידך: 3 ואלפצ̇ל ואלחק̈ לא יתרכאך בל
אעקדהמא[2] עלי ג̇בבך ואכתבהמא[2] עלי אלואח קלבך: 4 תג̇ד אלחט̇[3]
ואלעקל אלג̇יד ענד אללה ואלנאס:

עאד אלחכים אלי אלתרגיב פי אלחכמה̈ בצ̇רוב אכ̇ר פקאל כי אורך ימים ושנות חיים והד̇א ינצרף אלי אלדארין ג̇מיעא. פאמא פי דאר אלדניא פמעלום אן אלחכמה̈ אלדיאניה̈ קד תזיד פי חיותה אולא במא תדפע ען אלעבד אלמות אלפג̇אה̈ אעני אלמגפה כמא עלמת מן אלמרגלים וימתו וגו׳ (במדבר י״ד ל״ז) ובקיא יהושע בן

---

[1]) ביאור: מלת ארץ בעברי ומלת דאר בערבי נאמרות על העולם הזה ועל העולם הבא. ולפעמים העולם הזה נופל בידי בעלי זרוע אבל העולם הבא אינו אלא לצדיקים ואם תפרש שני הפסוקים על העולם הזה אינם מוסבים על תחילת הדברים כי אם על אחריתם וטעמם שלבסוף הצדיקים יצליחו והרשעים יאבדו לפי שהעולם מוסד על הצדק לכן המלכים והנכבדים והעשירים לא תכון הצלחתם כי אם בזאת המדה כמו שבעלי חיים קיימים בשווי ארבעה המזגים והצמחים בשווי הקור והחום והארץ עומדת על מרכזה בשווי תנועת הגלגל. ואם תפרש על העולם הבא אז המאמר כולל ואיננו פרטי שתחלת העולם הבא ואחריתו שוות כי לא יגיע אליו כי אם הצדיקים וכל הרשעים יכרתו

[2]) בכ״י א׳ וב׳ אעקדהא, ואכתבהא.

[3]) בכ״י ב׳ וג׳ אלחט̇וה̈.

נון וכלב בן יפנה וכד̇לך אד̇א הו לם יקתרף מעציה̈ לם יקתלה אלחאכם בשי מן צ̇רוב ד׳ מיתות בית דין ואיצ̇א קד יסל אלעבד רבה פיזיד פי חיותה כמא פעל בחזקיהו בל קד ימות אלאנסאן וישא אללה אחיאה לפעלה או פעל ואלדיה בשי מן מוג̇באת אלחכמה̈ כמא פעל ללצרפית עלי ידי אליהו וללשונמית עלי ידי אלישע. ואמא דאר אלאכ̇רה̈ פהי אלחיוה̈ אלטוילה̈ אלתי לא תנקטע אלמעד̇ה̈ ללצאלחין כמא קאל פי צלחא אלמלוך חיים שאל נתתה לו וגו׳ (תהלים כ״א ה׳). ואלחכמה̈ אלדניאיה̈ איצ̇א קד תכ̇לץ מן אלקתל ביד אלסלטאן כמא כ̇לצת אלאמראה̈ אלחכימה̈ אלתי כאנת פי אבל בית המעכה אהל מדינתהא מן יד יואב כמא קאל ותקרא אשה חכמה מן העיר שמעו שמעו אמרו נא אל יואב קרב עד הנה ואדברה אליך ויקרב אליה ותאמר אליו האתה יואב ויאמר אני ותאמר לו שמע דברי אמתך ויאמר שומע אנכי ותאמר לאמר דבר ידברו בראשונה [לאמר] שאול ישאלו באבל וכן התמו (שמואל ב׳ כ׳ ט״ז—י״ז) ושרח תלך אלקצה̈ באכ̇תצאר אנהא קאלת ליואב קד כאן יג̇ב עלי אצחאבך אן יכלמונא אולא באלסלאם ויסלונא מא ירידוה ת̇ם יחקקו עלינא אלטאעה̈ ואלמעציה̈ בעד ג̇ואבנא כמא קאלת אלתוראה̈ כי תקרב אל עיר להלחם עליה (דברים כ׳ י׳) וכמא כ̇לצת חכמה̈ אלד̇י קאל ללמלך אן אללה קד צנע מא ארדתה מן אלט̇פר פאצנע מא ירידה מן אלעפו ואלד̇י קאל יאיהא אלמלך האולי קד אסו פמא אלד̇י תחסן אנת[1]) ואמת̇אלהמא כת̇יר. בל קד תכ̇לץ אלחכמה̈ אלדניאייה̈ אלתי הי דון אלדיאניה̈ מן עקאב אללה איצ̇א כמא עלמת מן אלקאידין אללד̇ין אסיא אלאדב עלי אליהו וקאלא לה כה אמר המלך מהרה רדה (מלכים ב׳ א׳ י״א) כיף אחתרקא באלנאר ואן אלקאיד אלת̇אלת̇ אלאדיב בלטפה וג̇ת̇וה בין ידי אלנבי ותחננה אליה תכ̇לץ מן אלחריק. ואמא קולה ען חסד ואמת קשרם על גרגרתיך ת̇ם כתבם על לוח לבך פאנה ישיר בד̇לך אלי אלרג̇אל ואלנסא ג̇מיעא לאן אלנסא מן שאנהן אן יתזין בעקוד מן דר ולולו עלי ג̇בבהן פקאל להן אנכן תפעלן ד̇לך תרדן אלזינה̈ ולא יזינכן ד̇לך דון אלחכמה̈ בל הי אפצ̇ל מנהא לאנכן תחס̇ן בהא ענד אללה ואלנאס אג̇מעין כמא קאל בעיני אלהים ואדם והד̇ה אלעקוד פלא חס̇ו̇ה̈ להא ענד אללה[2]) אלבתה̈ וקד ישך פי הואדתהא ענד אלמלוך. ואמא אלרג̇אל אלד̇י ליס מן שאנהם עקוד ולא חלי קאל פיהם כתבם על לוח לבך יעני אחפט̇והא פי צדורכם[3]). ת̇ם קאל

---

[1]) הגאון הביא כאן שני משלים שמצא בספרי מוסר אשר לערביים והם שתחכמה הצילה איש אחד שאמר למלך האל עשה רצונך ונתן לך תשועה ועתה עשה רצונו וסלח לאויביך ואיש אחר אמר הם הרעו לך ואתה במה תטיב להם.

[2]) בכ״י אלנאס.

[3]) ביאור: אלו הפסוקים נאמרו תחלה על העולם הזה שתחכמה בדברי האמונה תציל ממגפה שהיא מיתה בידי שמים כמו שניצלו יהושע וכלב ממגפת המרגלים וכן אם לא יעבור אדם עבירה לא ימיתהו הדיין באחת מא־בע מיתות בית דין וכן תוסיף החכמה שנים על הימים הקצובים כמו שעשה ה׳ בחזקיה ותחיה מתים על ידי נביאים בעבור הטוב שעשו הם או הוריהם כמו שהחיה אליהו בן הצרפתית ואלישע בן השונמית. ונאמרו עוד על העולם הבא שהוא שמור לצדיקים והוא חיים נצחיים. והחכמה העולמית ג״כ תציל ממיתה בידי מושל כמו שעשתה אשה חכמה באבל בית המעכה עם יואב באמרה דבר ידברו וכו׳ וביאורו היה ראוי לאנשיך לקרא אלינו בראשונה לשלום ולשאול ממנו את חפצם ושלא להצדיקנו ולהרשיענו כי אם אחר תשובתנו. ולפעמים תציל החכמה העולמית גם ממיתה בידי שמים כמו שאירע לשר

5 תק באללה מכלצא ולא תתוכלן עלי פהמך: 6 ופי גמיע טרקך
אעתרף לה פאנה יסהל סבלך: 7 לא תכונן חכימא ענד נפסך אתק
אללה וזל ען אלשר: 8 יכן שפאא לאוצאלך ושרבא לעטאמך:

אמר פי הדה אלאיאת באכלאץ אלתקה באללה ומעני דלך אלא ימתחן אלעבד רבה באן יקול אגרבה הל יקדר עלי כלאצי אם לא וקד עלמת מא כאן מן אכבאר אלממתחנין דאימא. וקולה ואל בינתך אל תשען נהי בה אלקום אלחיולין אלדין יתוהמון אנהם מסתגניון ען תדביר מדבר ולטף לטיף בהם בל יקדרון אנהם בחילהם וקותהם יסתפידון אלפואיד והדא נטיר מא נהי אללה פי אלתוראה פקאל ואמרת בלבבך כחי ועצם ידי וגו׳ (דברים ח׳ י״ז) ואן[1]) בדלך יפתחון אלבלדאן ויטפרון באלמלך נטיר קולה כי אמר בכח ידי עשיתי ובחכמתי כי נבנותי וגו׳ (ישעיה י׳ י״ג) ואן[1]) בדלך יעאפון מן אלאמראץ ואלאוגאע כמא קאל וירא אפרים את חליו ויהודה את מזורו (הושע ה׳ י״ג). וקולה בכל דרכיך דעהו יעני אעתרף לה בחקה ליס יריד[2]) ערפה הו פי דאתה וכדלך ואתה שלמה בני דע את אלהי אביך וגו׳ (דה״א כ״ח ט׳) וכדלך ובני עלי בני בליעל לא ידעו את ה׳ (שמואל א׳ ב׳ י״ב) וכדלך פי פרעון אשר לא ידע את יוסף (שמות א׳ ח׳) ליס יריד אנה לם יערף כברה ואנמא יעני אנה לם יעתרף לה בחקה ואן אללה אחיא אלמצריין עלי ידיה לאנה לו ערף לה דלך לם יסתכבד אבותה. וקולה אל תהי חכם בעיניך וגו׳ תם אתבעה בקול רפאות וגו׳ יקול ללמוצא אן מתלי מעך כאלטביב אלחאדק אלדי יוצי אלעליל ליבריה או אלצחיח ליחפט צחתה פיקול לה כל הדא לא הדא ואשרב כדי לא כדי ואנת תעלם אנה תעד אעתראץ אלמעאלג עלי מעאלגה וטנה בנפסה אנה אבצר בדואיה מן טביבה כדלך אלמורב אלמעתרץ עלי מודבה ואלטאן אנה אבצר מנה גאיר טאלם פלדלך קאל אל תהי חכם וגו׳ רפאות וגו׳. ולם יען בקולה שרך אלסרה והדהא כל אראד גמיע אלאעצא ולדלך פסרתה אוצאלא ואנמא נסב אלגמיע אלי אלסרה אד כאן אלגנין בהא מעלק פי חאל מכתה פי בטן אמה ומנהא יגתדי כאלתמרה מן אלשגרה[3]). תם קאל

9 אכרם אללה מן מאלך ומן אואיל גמיע גלאתך: 10 תמתלי
אהראך כצבא ותפיץ תגארד[4]) עצירא:

החמשים השלישי שנכנע לפני אליהו ולא נשרף כשני השרים הראשונים. ואמרו קשרם וכו׳ רומז אל הנשים שמדרכן להתקשט ואומר להן אם יהיו התכשיטים מחוברים עם החכמה תמצאנה חן בעיני אלהים אבל בלי חכמה אין להן חן בעיני השם. ואמרו כתבם וכו׳ רומז אל האנשים ואומר להם שיצפנו החכמה בלבם.

[1]) כ״י אן.

[2]) בכ״י אריד.

[3]) ביאור: בכל לבך טעמו שיבטח אדם בשם בלב שלם ושלא ינסה אותו. ובאמרו בינתך וכו׳ הזהיר שלא יחשוב שדי לו בבינתו ובכחו ושאיננו צריך במנהיג שינחהו להגיע אל מבוקשו. ואמרו דעהו ר״ל שיכיר את חובתו נגד השם וכן נאמר בפרעה שלא ידע את יוסף אין ענינו שלא ידע את מעשיו אבל לא הכיר את טובו שהחיה את המצריים בשני הרעב והעביד את אחיו בפרך. וטעם תהי רפאות שמע אל עצתי כמו שצריך החולה לשמוע לדברי הרופא שהוא בקי בסגלות הסמים יותר ממנו ולכן אמר אל תהי חכם. ומלת שרך אינו רוצה בה הטבור בלבד אלא האברים כלם והפריד את הטבור לפי שהעובר במעי אמו נתלה בו וניזון ממנו.

[4]) כ״י א׳ תגארתך.

מראדה במראשית כל תבואתך לאצה לאנהא אעז אלאתמאר ענד אלאנסאן אד הי משתהאה מסתטרפה יקול פיהא כבכורה בטרם קיץ אשר יראה הרואה (ישעיה כ״ח ד׳) כדלך ינבגי אן תכון טאעאת אלאנסאן לרבה מן אעז מא ימלכה. מן דלך אלצלואת פי אול אלנהאר אד הו עזיז ענד אלאנסאן ליתצרף פיה פי חואיגה וכדלך אעטא אלבר ופא אלנדור מן אגוד אלנקוד כמא יקול וכל מבחר נדריכם (דברים י״ב י״א) וכדלך מא גא מן אלסמע באקדאס בכור אלנאס ואלבהאים גמיעא[1]). ואתבעה בקול וימלאו וגו׳ יעני אלמאמור ויקול לה לא תתוהמן אנך תציע מא תקדסה ללרב אמא באטעאמך איאה ללנאר או אלחיואן[2]) בל אנת בדלך מכתסב אצעאף מא תתוהם אנך ציעתה וימלאו אסמיך וגו׳ פלא תגארה ארבח מן הדה אד תעטי רבך חסב טאקתך יעטיך הו חסב קדרתה[3]):

11 לא תזהדן יא בני פי אדב אללה ולא תצגר מן עטתה: 12 לאן
אללה יעט מן יחבה יצנע בה׳) כמא ירצא אלאב לאבנה:

הדאן אלפסוקאן המא אללדאן שרחנא מענאהמא פי צדר כתאב איוב וקלנא אן אלאלאם אלתי יחדתהא אלחכים גל גלאלה פי עבאדה עלי גמיע פנונהא הי עדל לא גור פיהא לאנה אנמא יפעל לאחדי עלתין אמא לתמחיץ מא סלף מן אלסיאת ואדהאבהא או לתעויץ יתלו אלצבר אלעבד עלי אלמחן אלא [אן] אלאמר כיף מא כאן פהו לצלאח כמא אן אלאב אלמשפק יפעל בולדה אלאמא למצלחתה אמא לאדהאב אמראצה בסקי אלאדויה אלמרה אלכריהה ואמא לתעלימה אלכתאב ואלחסאב ואלצנאיע ואלמכאסב באלצרב ואלקסר פלדלך קאל וכאב את בן ירצה ונטיר קולה כי כאשר ייסר איש וגו׳ (דברים ח׳ ה׳)[5]):

13 טובא אנסאן וגד אלחכמה ופק לה אלפהם: 14 לאן
מתאגרתהא כיר מן מתאגרה אלורק וגלתהא כיר מן אלקראצה: 15 והי
אעז מן אלגואהר וכל מראדאתך לא תסאויהא: 16 טול אלעמר ען
ימינהא וען יסארהא אלגנא ואלכרם: 17 וטרקהא טרק נעמה וגמיע
מסאלכהא סלאמה: 18 והי שגרה אלחיוה ללמתמסכין[6]) בהא
ודאעמוהא ראשדון:

[1]) עיין קידושין י״א ע״ב ובכורות מ״ט ע״ב.

[2]) נראה שהגאון רומז אל תרומה טמאה שהיא בשרפה ואל כרשיני תרומה שמאכילין אותן לבהמה עיין תרומות (פי״א מ״ט).

[3]) ביאור: אמר כראשית לפי שראוי שיתן לשם היקר במה שיש לו כמו בכורי אדמתו ובכורות צאנו וכן מצות תפלה בתחלת היום לפי שהיא השעה היותר טובה לאדם לעסוק בעסקיו וכן יעשה צדקה וישלם נדריו ממיטב מעותיו. ואמרו ימלאו ר״ל לא יחשוב אדם שאיבד מה שהקדיש לשם ושרפו או נתנו לבהמה ולחיה לפי שהשם יחזיר לו כפלים.

[3]) כ״י א׳ חסר.

[5]) ביאור: כבר ביארנו שני הפסוקים האלו בפתיחתנו לספר איוב שהיסורים הבאים על האדם הם רק להצלחתו אם לכפרת חטאיו שכבר חטא או ליתן לו גמול על מה שיסבול מן היסורים שינסהו השם בהם וכן עושה האב בבנו שיכאיבהו להצלחתו בין לרפאתו מחליו בין ללמדו הכתיבה והחשבון והאומנות ומשא ומתן.

[6]) כ״י א׳ וב׳ ללמסתכנין.

למא כאנת אלפנון אלתי בהא תנאל אלחכמה מנהא מא הו פי אלבניה ואלענצר ומנהא מא הו אכתסאב קסם אלחכים אלקול פקאל פי אלאנואע אלאכתסאביה אשרי אדם מצא חכמה לאנה טלב פוגד וקאל פי אלפנון אלענצריה ואדם יפיק תבונה לאנהא תופיק מן אלמבתדע. ולם יזם בקולה כי טוב סחרה אלי אלתכסב באלעלם לכנה אראד בה מתאגרה אלחכמה והי אלעמל בהא אעני במא תאמר בה. ופצל אמתלאכהא עלי אלפצה ואלדהב ואלגואהר ועלי אלמלך אגמע לוגוה שתי מנהא אן אלמאל יחתאג צאחבה יחפטה ואלחכמה הי תחפט צאחבה כמא קאל מזמה תשמר עליך (משלי ב׳ י״א) ואלמאל לא יתהיא לך קצא חואיגך אלא באכראגה ען ידך ואלחכמה תקצי מא תרידה בהא והי תאבתה לך ואלמאל קד ירבח פיה וקד יכסר ואלחכמה רבחהא דאים ואלמאל לא יזידך חיוה ולא ידללך אלגנה ואלחכמה תפעלהמא גמיעא וקד יכון אלמאל מצרה וקד תכלפה לגירך וקד תגצב עליה ואלחכמה ליסת כדלך פמנהא קאל ארך ימים וגו׳ עץ חיים וגו׳[1]):

19 אללה אסס אלארץ בחכמה והיא אלסמאואת בפהם:
20 ובמערפתה אנשקת אלגמור ובהא אלשואהק תדר אלטל: 21 פיא
בני לא תרג ען עיניך אחפט אלפקה ואלמהמאת: 22 תכן חיוה לנפסך
וחטוה עלי גבבך:

הדא אלפצל הו מא קדמנא דכרה אן אלמבתדע עז וגל כלק עאלמה בחכמה אעני כלקה מחכמא לא נקץ פיה וכדלך געל אסאסה אלדי עליה יתבת אלעדל אלדי בה תאמר אלחכמה. פוצף אלחכים האהנא ארבעה אשיא רסוב אלארץ פי מרכזהא לקולה יסד ארץ ואחאטה אלפלך בהא לקולה כונן שמים ותפגר אלעיון אלתי תסקי אלארץ לקולה תהומות נבקעו ונזול אלגית ואלטל מן אלעלו לקולה ירעפו טל. וגעל קאעדה אלגמיע ומעתמדה אלחכמה אלאמרה באלעדל פקאל פיהא פאדא כאן אלאמר כדלך פיא בני אל ילזו וג׳ פהי חיים לנפשך פי אלאכרה וחן לגרגרתיך פי אלדניא[2]):

23 חיניד תסיר פי טריקך ואתקא ולא תצדם רגלך בשי: 24 ואן
אנצגעת לם תפזע ואן נמת הנאתך סנתך: 25 לא תכף[3]) מן פזע
אלגפלה ומן דוי אלטאלמין אדא אקבל: 26 לאן אללה יכון תבלאנך
יחפט קדמך מן אלתעלק:

---

[1]) ביאור: אמרו מצא חכמה יורה על החכמה שיקנה האדם בלימודו ואמרו יפיק תבונה יורה על החכמה הנטועה בטבעו בחסד הבורא. ויתרון החכמה על הממון הוא בענינים רבים שהממון צריך שמירת בעליו והחכמה תשמור את בעליה והממון אינו מועיל אלא אם תוציאנו מידך והחכמה תועיל והיא קיימת אצלך וכממון יש רוח והפסד ובחכמה תרוית לעולם והממון אינו מוסיף חיים ולא יביאך לגן עדן והחכמה תעשה זו וזו והממון לפעמים מזיק ולפעמים תניחהו לאחרים ולפעמים תחמוס בעבורו והחכמה אינה כן.

[2]) ביאור: כבר הקדמנו שהשם ברא את העולם בחכמה ויסדו על הצדק ועל השווי שהחכמה תצוה בהם וכאן הזכיר החכם ארבעת דברים והם שהארץ עומדת על מרכזה והגלגל סובב אותה והמעינות יוצאים להשקות את הארץ והטל והגשם יורדים מן השמים. ואחר שהחכמה היא מכונת כל הדברים אמר החכם אל ילוזו וגו׳ שהיא חיים בעולם הבא וחן לגרגרותיך בעולם הזה.

[3]) כ״י ב׳ ותכון לא תכאף.

למא כאן אלהיואן ענד ניאמה וענד אנתקאלה מן מתוי אלי אכר הו אשד כופא מנה אדא אעתמד עלי וטן בעינה אעטאה אלחכים אלאמאן פי אלחאלין גמיעא אעני חאל אליקטה ואלמנאם בקול אז תלך וגו׳ אם תשכב וגו׳ ודלך אדא אסתעמל אלחכמה פהו לא יכאף אפה[1]) סמאויה תחל בה גפלה אדא כאן צדיקא ופיה יקול פחד פתאם ולא ינדאה טלם אלטאלמין מן אלנאס איצא כמא קאל ומשאת רשעים[2]).

27 לא תמנע אלכיר מן אהלה אדא[3]) טאקת ידך עמלה:

יטן אלסאמע הדה אלאיה אן אלחכים אשתרט פי פעל אלכיר אלא יצטנע אלא אלי קום הם לה אהל ולו כאן אלאמר כדלך לבטל אלמערוף ואלבר בתה אד לא וקוף מנא עלי אהל אלאחסאן אלמסתחקיה ולכן אלמעני פי קולה בעליו אלדין הם אהלה באלטלב פליכן אלטאלב הו אלמכאטר בה לא אלמטלוב אליה[4]):

28 לא תקל לצאחבך אמץ ועד וגדא אעטיך ומוגוד מעך:

נהאנא פי הדא ען אלמדאפעה פי קצא חקוק אלנאס פכיף פי חקוק אללה[5]):

29 לא תתערצן אלשר לצאחבך סימא והו גאלם מעך ואתקא:

לם יטלק בקולה הדא תעריץ שר אלמסתפיק לפעלך בה לכנה געל עקאב אלמתעריץ שר אלמטמאן אליה אשד מן אלחדר מנה כמא אן טפרה בה אסרע[6]):

30 לא תכאצמן אנסאנא מגאנא סימא אדא לם יולך שרא:

ולם יבח בהדא איצא כצומה מן קד אולאך שרא לכנה געל עקאב מודי מן לם יס אליה אשד ואמר[7]):

31 לא תגר עלי רגל טאלם ולא תכתר שיא מן טרקה: 32 אן
אללה יכרה אלראיגין וסרה מע אלמסתקימין: 33 ומחקה אללה פי מנאזל
אלטאלמין ויבארך עלי מאוי אלצאלחין:

אחתגנא אלי תנביה אלחכים עלי דלך לאן פי טבענא כלקא יסמי אלגירה יהיג

---

[1]) בכ״י אנה.

[2]) ביאור: האדם יפחד יותר כשיסע ממקום למקום או כשישכב לנום מכשישב במולדתו או כשהוא ער ואם ישמר את החכמה יבטח באל ויצילהו מרעה בידי שמים והוא פחד פתאום ומרעה בידי אדם והוא שואת רשעים.

[3]) כ״י ב׳ סימא אדא.

[4]) ביאור: אמרו מבעליו ירצה בו השואלים שמוטל עליהם לדעת בעצמם אם הם ראויין לגמילות חסד ואינו רוצה בו שיחקרו הנשאלים לדעת אם השואלים ראויים לגמול להם חסד לפי שאין אנו יכולים לעמוד על מדותם ותבטל אז הצדקה.

[5]) ביאור: הזהיר שלא יאחר אדם מה שחייב לשלם לרעהו וכל שכן מה שחייב לשם.

[6]) ביאור: לא התיר בזה לחרוש רעה למי שהוא נשמר ממנו אבל העונש יותר גדול אם רעך הוא שקט אצלך.

[7]) ביאור: לא התיר בזה להרע למי שגמלך רע אבל העונש יותר גדול אם לא הרע לך רעך תחלה.

אדא נטר אלי שי הו ממנוע מנה קד פעלה גירה פקצד אלנבי תסכינה בכשף עואקב אלאמר לה פקאל אל תקנא וגו' כי תועבת ה' וגו' מארת וגו'[1]):

34 אנה לידהי אלדהאה ויעטי אלכאשעין אלחטא[2]): 35 ואלחכמא
נחלון אלכראמה ואלגהאל יעטם הואנהם:

ללעבראניין כלאם מסתעמל פי לגתהם יקאל לה אלתנזיל ואלתרתיב הו בקול אלערב אן אלקאצי טלם פלאנא וזור כתב פלאן וכדב קול פלאן וליס מענאהם פי דלך אן אלחאכם געל פלאנא יטלם ולא אן יזור ולא אן יכדב ואנמא ירידון בגמיע דלך אן אלחאכם נזל פלאנא מנזלה אלטאלמין או אלכאדבין או אלצאדקין כדלך פי לגה אבאינא קולון ען אלקצאה והצדיקו את הצדיק והרשיעו את הרשע (דברים כ"ה א') יענון אנהם ירתבון כל ואחד פי מרתבתה וכדלך יקול אללה אני ה' פתיתי את הנביא ההוא (יחזקאל י"ד ט') אנמא יעני אנא אנזלה מנזלה אלמכדועין ומסלה אלאבא למה תתענו ה' מדרכיך (ישעיה ס"ג י"ז) אנמא ירידון לא תחלנא מחל אלצאלין ועלי מתל דלך קאל האהנא אם ללצים הוא יליץ אנה ירתב אלדהאה פי מרתבתהם וכדלך אלענוים ואלחכמים ואלכסילים אגמעין וליס פי דלך שי מן אלגבר[4]).

ד

1 יאיהא אלבנין אסמעו אדב אלאבא ואצגו למערפה אלפהם:
2 פאני קד אעטיתכם בתא גידא הי תוראתי לא תתרכוהא: 3 ואני
איצא כנת מתלכם אבנא לאבי רכצא וחידא לאמי: 4 פדלני וקאל לי
ידעם כלאמי קלבך אחרס וצאיאי תחי: 5 אקתן אלחכמה ואלפהם[5])
לא תנס ולא תזל מן אקואל פאי: 6 לא תתרכהא פאנהא תחרסך
אחבבהא תחפטך: 7 אול[6]) אלחכמה הו אן תקתניהא פתציר תשתריהא
בכל מלכך[7]): 8 אכלצהא תרפעך ותכרמך אד תלאזמהא: 9 תצע[8]) עלי
ראסך לואא מן הואדה ובתאג מן פכר תגנך:

הדה אלאקואל יקצהא אלאב עלי ולדה ויקול לה תראני קד בלגת פי אלעלם

---

[1]) ביאור: יש בטבענו מדת הקנאה אשר תתעורר בנו על זולתנו עושה דבר הנמנע ממנו וכוון הנביא להשקיטה בגלותו אחרית הדבר.

[2]) כ"י א' אלחט.

[3]) עיין אמאנאת ד' קס"א–קס"ב והובא הפירוש במאירי.

[4]) ביאור: אמרו יליץ רוצה בו ישימם במדרגת לצים ויפרסמם במה שהם וכן המנהג בלשוננו כמו בלשון ערבי לומר והצדיקו את הצדיק כלומר ישימו אותו במדרגת צדיק וכן אמרו פתיתי ואמרו למה תתענו לא שהשם יפתה או יתעה אלא שהשם ישים האדם במדרגת מפותה או תועה.

[5]) כ"י ב' וג' ואשתרי אלפהם.

[6]) כ"י ג' אול מא תאמר בה.

[7]) כ"י ב' וג' מאלך.

[7]) כ"י א' תצנע.

הדה אלבלאגה אנמא כנת מתלך פי אויל אמרי ולקד כאן אבאי[1]) יישפקאן עלי לאני כנת ואחדהם ורקיק אלבדן ענדהם ומע דאך לם ישפקו עלי מן אדב בל כאן מן שחהם[2]) וירני ויאמר לי וגו׳. וקולה אל תשכח ואל תט לא תנס סהוא ולא תמל מתעמדא. ומעני ראשית חכמה קנה חכמה הו אן אלאנסאן קד יכון לא יערף קדר אלחכמה ואלעדל מהמא לם יען בשי מנהמא פאדא הו אבתדי בשי יסיר לדא לה חת יותרהמא עלי גמיע אמלאכה לאנה יציר חיניד כמן לה ראס מאל יחרץ פי אלזיאדה עליה ונשיר הדא ינאל אלעבד פי אלטאעאת אדא עלם אן חסנאת קד חצלת לה אשתאק אלי אלזיאדה עליהא וענהא[3]) יקול אלעלמא שכר מצוה מצוה (אבות פ״ד מ״ב) ואיצא מצוה גוררת מצוה (שם). וקולה תתן לראשך לוית חן וגו׳ דכר אללוא ואלתאג יעני אלסאמע מנה אנך לו כנת מלכא לם יכן לתאגך ולואיך בהא ונור אלא באלחכמה כמא צרב מתלה פי גיר הדא אלמוצע וקאל טוב ילד מסכן וחכם ממלך זקן (קהלת ד׳ י״ג)[4]). פלמא תלי אלאב דלך עלי ולדה עטף אליה וקאל

10 אסמע יא בני אנת איצא וכד אקואלי תכתר לך סנו אלחיוה:
11 פאני קד דללתך עלי טריק אלחכמה ואסלכתך מסאלך אלאסתקאמה:
12 אמא פי סירך לא תציק כטאוך ואן חאצרת לם תעתר: 13 פתשדד
באלאדב לא תמל ענה ואחפט אלחכמה אנהא חיותך:

קולה בלכתך ואם תרוץ אשאר בה אלי נועי אלתדביר אללדין יחתאג אלמר אליהמא אחדהמא עאגל ואלאכר אגל בטי פקאל אן אלחכמה תערפכהמא חתי אן ארדת אלסריע לם תעתר פיה פתהגם ותקתחם עלי אלאמור[5]). תם עאד אלי אלנהי ען סבל אלפאסקין פקאל

14 פי סביל אלפסאק לא תדכל ולא תסתרשדן בטריקהם:
15 אגדבה[6]) לא תמר פיה חד ענה[7]) וגז: 16 לאנהם לא ינאמון או
יסו וינפר נומהם אן לם יעתרו: 17 למא קד תגדו טעאם אלטלם וכמר
אלמטאלם ישרבון:

באלג פי אלנהי ען מכאלטה אלאשראר בסתה צרוב מן אלקול אלאול אל תבא

---

[1]) בכ״י אביי.

[2]) אפשר שצ״ל שאנהם.

[3]) בכ״י ומנהא.

[4]) ביאור: האב אומר לבנו כבר הגעתי אל תמדרגה הזאת מן החכמה לפי שלא נמנעו אבי מלהורותני וליסרני אף על פי שהייתי בן יחיד ורך. ואמרו אל תשכח בשוגג ואל תט במזיד. וראשית חכמה וכו׳ ירצה בו שאם יתחיל האדם לקנות חכמה וצדק ינעם לו ואז יתן להם היתרון על כל קניניו ויתאוה להוסיף עליהם. ואמרו לוית חן וכו׳ כלומר שאין בכתר המלך הוד והדר כי אם כשיתחבר עמו החכמה.

[5]) ביאור: אחר שסיפר לבנו מה שצוהו אביו יזהירהו שיעשה כמהו וישמע מצותיו. ואמר שהנהגת האדם היא על שתי דרכים אם שילך לאט או במהירות והחכמה תורהו שתי ההליכות עד שאם ירוץ לא יכשל.

[6]) כ״י ב׳ פאתרכה כ״י ג׳ פאתתכה.

[7]) כ״י ב׳ וג׳ לא תמר טריקה ותעמד מנה אלחיאד וגז מסרעא ועיין בביאורו.

לא תדכל דכולא תם אל תאשר לא תסתרשד ענה[1]) ולא תמל תם פרעהו אצרפה ען באלך ואעתקאדך תם אל תעבר בו מר אלטריק תם שטה מעליו תעמד אלחיאד ענה תם קאל ועבר וגז מסרעא לילא תתדרג מן שי אלי שי וכמא קאל דויד אשרי האיש אשר לא הלך תם לא עמד תם לא ישב (תהלים א׳ א׳) פאן הו משי פמצירה אן יקום ואן הו קאם מצירה אן יגלס. ואכבר ען שרהם אנהם ממא קד אעתאדוה קד צארת אלמעאצי להם כאלטבע חתי אן נומהם לא יגשאהם דון אן ירתכבונהא נטיר אלחיואן אלדאער אלדי קאל פיה לא ישכב עד יאכל טרף (במדבר כ״ג כ״ד) כדלך האולי כי לא ישנו אם לא ירעו. ובעכס דלך יפעל אלצאלחון לא ינאמון דון אן יחסנו ויטיעו כמא קאל דויד אם אתן שנת לעיני וגו׳ עד אמצא מקום לה׳ וגו׳ (תהלים קל״ב ד׳—ה׳) וכמא קד צאר אלטלם להאולי כאלטעאם ואלשראב דאימא כדלך אלכיר ללצאלחין מסתדאמא כמא נארתהם (אלחכמה) פקאלת לכו לחמו בלחמי ושתו ביין מסכתי (משלי ט׳ ה׳)[2]):

18 וסביל אלצאלחין כספר אלנור כלמא מר אצי אלי תבאת
אלנהאר: 19 וטריק אלפאסקין שביהה באלאפל לא יעלמון במאדא
יעתרון:

מתל אלטאעה ואלצלאח באלנור לוגוה. מנהא לאן אלצאלח יעמל עמלה לוגה אללה לים יריד אן ינסתר בל יטהר לה אמאמה כמא קאל פיהם מבקשי פניך יעקב (תהלים כ״ד ו׳) ואלפאסק בעכס דלך והיה במחשך מעשיהם (ישעיה כ״ט ט״ו) ואלצלחא מראדהם אלתבאהי באעמאלהם לימתתלהא אלנאס ואלפאסק בעכס דלך יכאף טהור אלנאס עליה כמא קאל ועם נעלמים לא אבוא (שם כ״ו ד׳). ואלאכר [לאן אלצאלחין] עמלהם עלי עדל ונטאם ותרתיב כמא יעמל אלעמל פי אלנור באתקאן ואלטאלמון עמלהם אלגזאף ואלגטרסה כאלסאיר פי אלליל פהו יעתר ויתכבט. ואסתנאר ללצדיקים אלמתל אד מתלהם באלנור אלמתזיד אלדי הו מן אול אלצבאח אלי אלזואל כמא קאל הולך ואור עד נכון היום תם קטע אלמתל מן הנאלך ותרך אן ימתלה באלנור אלדי בעד אלזואל לתנקצה פאשתרט עד נכון היום ולצצה[3]):

20 יא בני אצג לכלאמי ומיל סמעך לאקואלי: 21 לא ירוגו ען
עיניך אחפטהם דאכל קלבך: 22 פאנהם חיוה לואגדיהם ושפא לכל

---

[1]) נראה שצ״ל בה.

[2]) ביאור: הזהיר את בנו מלהתערב עם הרשעים בששה מאמרים שלא יכנס בדרכם ושלא ילך בה ושירחיקה ממחשבתו ושלא יסור אליה ושיכוון לשטות ממנה ושיעבור במהירות כדי שלא ירד ממדרגה אל מדרגה כמו שהזהיר דוד מלכת עם הרשעים ולעמוד במקומם ולשבת עמהם. ואמר שרעת הרשעים נעשה להם כטבע עד שלא ינומו אם לא ירעו וכן הצדיק לא יישן אם לא עשה הטוב.

[3]) ביאור: המשיל את הצדיק לאור לפי שכל מעשי הצדיקים הם לפני השם לא יסתירום ולפי שהם מתפארים בהם כדי שיעשו בני אדם כמוהם והרשעים הפך זה ועוד לפי שכל מעשי הצדיקים מתוקנים כמלאכה הנעשית ביום ומעשי רשעים הם בחפזון ויכשלו בהם כהולכים בחושך. ואמר עד נכון היום ירצה בו שהצדיקים דומים לאור היום ההולך וגובר עד הצהרים ולא לאור המתמעט אחר חצות היום.

אבדאנהם: 23 ומן כל מחתרם אחפט קלבך לאן מנה תכ׳רג אלחיוה:
24 אזל ענך עסרה אלקול ואבעד ענך רואג אלנטק: 25 עינאך תלתפת
חיאלך ומקלאתך תסתקים חדאך: 26 סקם מסלך קדמך וג׳מיע טרקך
תת׳בת: 27 לא תמילן ימנה ולא יסרה אזל קדמך מן אלשר:

ואד׳ כאן פעל אלחכמה הו אלאמר במא יצלח ואלנהי עמא יקבח ג׳מעהמא אלחכים וקאל עלי אלאמר כי חיים הם למוצאיהם וגו׳ וקאל ען אלנהי מכל משמר נצר לבך וגו׳. ולמא כאן פעל אלאשראר הו כ׳לאף ד׳לך אעני פעל מא יקבח ותרך מא יצלח נהי ען ד׳לך בנהיין אחדהמא עקשות פה והי אלעסרה אעני אמתנאע אלמר ממא יסאם פעלה ואלאכ׳ר לזות והו אלרואג אעני בה מיל אלמר אלי מא קד צד ענה. וכד׳לך אלת׳לת׳ה פואסיק אלאכ׳רי אעני עיניך וגו׳ פלס וגו׳ אל תט וגו׳ יומי אלי הד׳ין אלג׳נסין[1]):

ה

1 יא בני אצג׳ לחכמתי ומיל סמעך לפהמי: 2 ואחרם אלמהמאת
ונטקך יחפט אלפהם: 3 לאן שפתי אלאג׳נביה תקטר שהדא וחנכהא
אלין מן אלדהן: 4 ועאקבתהא מרה כאלעלקם והי חאדה כסיף ד׳י
פמין: 5 ורג׳לאהא ינזלאן אלמות[2]) וכ׳טאהא תדעם אלת׳רי: 6 סביל
אלחיוה לא תסקם ואד׳ אצ׳טרבת מסאלכהא לא תעלם:

קאל פי אלפצל אלאול בני לדברי הקשיבה (משלי ד׳ כ׳) לאנה וצף פיה אמרא ונהיא חאצ׳ר נפעהמא וקאל פי הד׳א לחכמתי לתבונתי לאנה וצף פיה אמרא חאצ׳ר אללד׳ה גאיב אלתהלכה והו קולה כי נפת תטפנה וגו׳ ואחריתה וגו׳ פלד׳לך צדר בחכמה ותבונה יעני אלד׳י יוצ׳יה אן הד׳א אלקול אלד׳י אצפה לך ליס הו שי יקע עליה חסך אנמא הו שי תפהמה בפהמך ותעקלה בעקלך ואמא חסך פאנמא יקע עלי להו וסרור ולכן עאקבתה[3]) תשבה ארבעה אשיא אחדהא יולם אלחאסה והו אלעלקם אד׳ ימר אלד׳וק ואלת׳אני והו אצעב מן אלאול והוא מא יולם אלג׳סם כקטע בעץ׳ אלאעצ׳א (מא יולם אלג׳סם)[4]) כצ׳רבה סיף ואלת׳אלת׳ אצעב מנהמא והו אלמות אד׳ יפרק בין אלנפס ואלג׳סד ואלראבע אצעב מן אלג׳מיע והו אלת׳רי אד׳ יבלי אלג׳סד ויפניה. וכאן קצדה בהד׳א אלמת׳ל ג׳מיע דואעי אלדניא אלתי תכ׳דע אלאנסאן בלד׳תהא אלחאצ׳רה אלא אנה ראי הד׳א אלמת׳ל אחדהא פכ׳אטבנא בה ת׳ם קאל ארח חיים וגו׳ יעני ומא דעתך אליה דאר אלדניא מן אלקביח פלא תט׳נן אן פיה צ׳רבא יוד׳ל אלי

---

[1]) ביאור: אמרו כי חיים הם וגו׳ מוסב על מה שראוי לאדם לעשות ואמרו מכל משמר על מה שיזהר ממנו ונתן שתי הזהרות האחת באמרו עקשות פה והיא מדת מי שימנע מלצאת ידי חובתו והשנית לזות פה והיא מדת העושה מה שנאסר עליו ובשלשה הפסוקים האחרונים רמז אל שני מינים האלו.

[2]) בכ״י ב׳ אלי אלמות.

[3]) בכ״י עאקבתהא.

[4]) שלש מלות אלו יתרות ונראה ג״כ שצ״ל בצ׳רבה.

ג̇יר או חיוה̈ ומא אוהמתך אנהא תעלם עאקבתה לא תצדקנהא פאנהא גיר עארפה̈ בה כמא קאל נעו מעגלתיה לא תדע[1]):

7 ואלאן יא מעאשר אלבנין אסמעו מני ולא תזולו מן אקואל
פאי: 8 אבעד ענהא טריקך ולא תקרב מן באב ביתהא: 9 כילא תעטי
אכ̇רין בהאך[2]) וסניך ללצ̇ראה̈: 10 כילא ישבעו אלאג̇נביון מן קואך
ותציר אכסאבך פי בית גריב: 11 ותנדם[3]) פי אכ̇רתך אדא פני לחמך
וג̇סמך: 12 ותקול יא להפאה[4]) כיף שנית אלאדב ורפ̇ץ̇ קלבי אלעט̇ה̈:
13 ולם אסמע קול דאלי ולם אמ̇ל סמעי למעלמי: 14 ען קליל כנת
פי כל שר פי וסט אלג̇וק ואלג̇מאעה̈:

לקבה למן יוציה בקול בני ובנים למען. מנהא אן אלמקדם פי אלתעלם הו זמאן אלשבאב ליסתעמל ד̇לך פי ט̇ול אלעמר ואיצ̇א לאנהם מלתג̇יון אלי וציתה כמא אן אלולד מלתג̇י למונה̈ אבויה לה ואיצ̇א לאנה ימחצ̇הם אלנצח כאלאב לולדה. ולם יען בקולה פן תתן וקולה פן ישבעו וגו׳ אן חיוה̈ אנסאן תציר אלי אכ̇ר ולא בהאוה לכן יכ̇ופה ויקול כילא תעטי בהאך לאכ̇ר פיטפיה וסניך לצ̇אר יקטעהא ויבתרהא ולא ישבע אלאג̇נביון מן קואך כאלג̇נימה̈ ואכסאבך פי בית גריב כאלנהב. וקד תג̇רי הד̇ה אלאפעאל עלי ט̇אהרהא במא יסתחל אלסלאטין ואלעאמה̈ קתל אלפסאק ונהבהם ועלי כ̇פיהא במא יסלט אללה עליהם מן ד̇לך. ת̇ם וצף נדאמה̈ אלעאצי אלמארד ענד ד̇האב אלל̇ד̇את ובקא אלאוזאר כמא קאל בכלות בשרך ושארך פהו ינדם עלי מא עדם אלחכמה̈ ואמרת איך וגו׳ ועלי מא קאום אלואעט̇ין לה ולא שמעתי ועלי מא אחתמל אלעאר ואלפצ̇יחה̈ וט̇ן אנה פי שי לה מעני דאים כמעט הייתי וגו׳. וקולה כמעט הו אן אלעאצי ירי כל מא[5]) ימר בה מן אלהתכה̈ ואלשהרה̈ קלילא פי הואה[6]):

---

[1]) ביאור: אמר במה שקדם לדברי בלשון רבים לפי שסיפר בו צווי ואזהרה אשר תועלתם גלויה ונעלם הפסדם וכאן בלשון יחיד מפני שסיפר בו צווי שנעימותו גלויה והפסדו נסתר ואינו ניכר לחושים כי אם לחכמה ולתבונה ואת אחריתו דימה לארבעה דברים שכל אחד מהם קשה מן תקודם לו האחד הלענה מפני שטעמו מר והשני החרב המכאבת את הגוף והשלישי המות המפריד בין הגוף והנשמה והרביעי השאול המבלה את הגוף. והביא הזנות למשל על כל תענוגי העולם הזה לפי שהיא רעה מכולם. ואל יסיתך העולם הזה באמרו לך כי אחרית תענוגיו לחיים ולטובה כי לא ידע הוא בעצמו מה אחריתם.

[2]) בכ״י א׳ יסארך.

[3]) תרגם ונהמת כמו ונחמת ובכ״י ב׳ וג׳ תנהם.

[4]) כ״י א׳ אלספאהה̈.

[5]) בכ״י כלאמא.

[6]) ביאור: כינה את שומעיו בבני ובנים לפי שימי הנעורים הם ימי עת הלימוד ועוד שהשומעים צריכים לצווי החכם כבנים לפרנסת האב ועוד לפי שהחכם נותן להם עצות טובות כמו האב לבנו. ואמרו פן תתן וגו׳ אין ענינו כמשמעו אלא שהיא הפחדה פן יאבדו זרים את כבודך ויכרתו שנותיך ויקחו קניניך כבזה ושלל. ולפעמים אנחנו רואים בגלוי שהמלכים והמון העם ממיתים את הנואפים ותופשים את ממונם ולפעמים יארע זה בנסתר בגזרת השם. ואמרו כמעט וכו׳ ירצה בו הכלימוני בתוך קהל ועדה על רוע מעללי ולא בושתי כי כל זה היה דבר מועט בעיני מן רוב תאותי.

15 אשרב אלמא מן בירך ואלהואטל מן צהריגך: 16 תפיץ עיונך
כארגא ויכון פי אלרחאב אקסאם מא: 17 תכון לך וחדך וליס ללאגנביין
מעך: 18 ויכון נביעך מבארכא ואפרח בזוגה צבאיך: 19 ואלאילה
דאת אלמחבה ואלועלה דאת אלהואדה תדיאהא ירויאנך פי כל וקת
ובחבהא תמהג[1] דאימא: 20 ולא[2] תמהג יא בני באגנביה ותלזם
חגר גריבה:

הדה אלפואסיק תעבר אולא עלי טאהרהא פי אלזוגה אלמטהרה אלמקדסה לבעלהא אלתי הי לה כאצה ואדא הו אקבל עליהא סרה אללה בהא וגעל ולדה מבארכא כמא קאל יהי מקורך ברוך. ומתלה[א] באלאילה ואלועלה לאן האתין בהימתאן מן אלחלאל ואיצא להסנהמא ואיצא לאסתטראפהמא ואיצא לסרעתהמא פי אלחצאר. וקד יפסר איצא עלי באטן לה והו אן יקבל אלמתעלם עלי מעלמיה אלדין הם מן אלאמה אלמכתארה לאנהם מתלו בנביע אלמא ומגראה אד יקול מקור חיים פי צדיק וגו׳ (משלי י׳ י״א) תורת חכם מקור חיים וגו׳ (שם י״ג י״ד) וקאל נחל נובע מקור חכמה (שם י״ח ד׳). פקאל אנך אדא שרבת אלעלם אולא מן מעלמיך קוית בה חתי תנבסט ותסתנבט כמא קאל יפוצו מעינתיך וגו׳ ותנשי עלומא תנסב אליך כאצה יהיו לך וגו׳ ויתבירך בך ולדך ותסר פי שיכוכתך במא ענית ותכון אלחכמה אלממתלה באלאילה ואלועלה לכלאל וצפנאהא תמדך[3]) דאימא[4]):

21 אן חיאל עיני אללה טרק אלמר וגמיע מסאלכה יסקמהא:
22 ודנוב אלפאסק תעלקה ובחבאל כטיתה ידעם צבאטה: 23 פהו
ימות בגיר אדב ובכתרה גהלה יגלט:

הדא אשד אלתכויף אדא חקק אלמר פי קלבה אן עליה רקיבא יחפט עליה גמיע אעמאלה כמא קאל כי נכח וגו׳ חתי אנהא מקאם אלמכתוב פי דיואן וכמא יקול קדמאונא דע מה למעלה ממך עין רואה ואזן שומעת וכל מעשיך בספר נכתבים (אבות פ״ב מ״א). וקולה עונותיו נטיר מא נאל שמשון מן חית אחב ומא נאל אבימלך מן בעלי שכם ומא נאל ישראל מן אשור ובבל כמא קאל לכן נתתיה ביד מאהביה (יחזקאל כ״ג ט׳) וקאל פי דלך אגמע ויאמר אליו מה המכות האלה בין ידיך ואמר אשר הכיתי בית מאהבי (זכריה י״ג ו׳) ובדלך אלצאלחון ינאלון כירא מן אלצלאח אלדי אחבוה כמא קאל אהבו את ה׳ (תהלים ל״א כ״ד)[5]).

---

[1]) בכ״י ב׳ וג׳ תסהו (מלשון שגגה). -- [2]) בכ״י ב׳ לם.

[3]) בכ״י ותמדך ואפשר שחסרה קודם המלה הזאת תסרך.

[4]) ביאור: אלו הפסוקים על פשוטם מוסבים על האשה הנקיה והצנועה שמשמח בה השם את בעלה והיא נמשלת לאילת וליעלה שהן חיות טהורות ויפות ויקרות וקלות לרוץ ואמרו מקורך ר״ל בנך. ועל דרך העברה אמר החכם אל התלמיד קנה לך רב מן האומה הנבחרת ותהגה בלימודך עד שתתפשט חכמתך ותבין דבר מתוך דבר ותמצא חכמות מיוחסות לך ויתברך בך בנך ותשמח בזקנותך במה שיגעת בו ואז תקיימך החכמה הנמשלת לאילת ויעלה לתואריהם שהקדמנו.

[5]) ביאור: אמרו ונוכח ר״ל שאדם ירא וחרד מאד כשידע שיש צופה השוקד על כל מעשיו כאילו הם נכתבים בספר ואמרו עונותיו וגו׳ ענינו שהרשע יאבד ביד מאהביו כמו שקרה לשמשון עם דלילה ולאבימלך עם אנשי שכם ולישראל עם אשור ובבל.

ו

1 יא בני אן אנת צמנת שיא לצאחבך או צאפחת אלגריב בכפך
פי דלך: 2 פקד והקת באקואל פיך וקד עלקת בהא: 3 פאצנע כלה
יא בני ואנג[1]) אד קד חצלת פי כף צאחבך אדהב תמהל[2]) וארגבה:
4 לא תעט עיניך אלסנה ולא מקלתיך אלנום: 5 תכלץ באלטבי מן
אליד וכאלעצפור מן אלוהק:

צרף אלחכים כלאמה האהנא אלי אלאפעאל אלאכתיאריה אלתי יבתדיהא אלאנסאן פילזמהא נפסה תם יצגר מנהא פיחאול פסכהא פאהב עליה האהנא וקאל לה אנהא קד צארת עליך כאלפרץ אללאזם לא בד לך מן אלופא בהא ודלך[3]) כאלצמאן אלדי תצמנה לאביך אלמומן באלקול או לם תצמנה בקול ושהוד אלא במא אצטלח עליה אלתגאר מן אלמצאפחה או דפע כאתם או מא אשבה דלך לקולה תקעת כפיך פכיף דפע אלנעל אלדי כאן אלאבא עליה מצטלחין לתצחיח מעאמלתהם כמא קאל לקים כל דבר שלף איש נעלו ונתן לרעהו (רות ד׳ ז׳) פכיף אלקנין[4]) אלדי אתפק עליה אלמתקדמון מן בעד דלך והו אגל מן כל לבאס אד הו תדכרה אלוצאיא. תם באלג פי אלקול ולו לם יכן אלמצמון לה מומנא אלא גריבא לם יגז לך אלרגוע עמא צמנת לה לקולה לזר פכיף מן אנדר נדרא ללה עז וגל ואוכד מנה מן חלף ליקים פרצא ואוכד מנהמא מן חלף אלא יאתי מעציה. ואמא תאהיבה בקולה נוקשת נלכדת יעני אלמוצא אנה פימא בין האלין צעבתין אדא סאלתה אלחכאם הל צמנת אם לא אן הו קאל לא כדב וגחד ופיה יקול נוקשת ואן הו קאל נעם אכד באלתמאם ענה ופיה יקול נלכדת פאלאצלח לה אן יצלח אמרה בינה ובין צאחבה כמא קאל עשה זאת אפוא וגו׳ ולא ינאטרה פאנה אן כאצמה חצל פי יד כצמה כמא קאל כי באת וגו׳. פסרת התרפס תמהלא[5]) לאנהמא לפטתאן מפרדתאן הדה וצאחבתהא מתרפס ברצי כסף (תהלים ס״ח ל״א). ואשתקקת ורהב [מן] ולא פנה אל רהבים (שם מ׳ ה׳) וכדלך ורהבם עמל ואון (שם צ׳ י׳)[6]). ופי קולה אל תתן שנה אעתבאר אן אלדי יכון עליה דין לא יגוז לה אן ינאם מטמאנא או יקציה ואצעב מנה מן ללה עליה דין כמא קאל אשר נשבע לה׳ אם אבוא באהל ביתי (שם קל״ב ב׳ ג׳) ואצעב מנהמא מן לרבה עליה מטאלבה במעאין אקתרפהא קאל פיהא יגעתי באנחתי וגו׳ (שם ו׳ ז). תם נבה אלנאטקין עלי אלתכלץ מן מראודהם[7]) ואלתלאפי מא קד לזמהם

---

[1]) בכ״י ב׳ וג׳ אנג בהא.

[2]) כ״י ב׳ תמאהל כ״י ג׳ תמהל.

[3]) בכ״י כדלך.

[4]) נראה שחסרה כאן מלת סודר והוא היותר נכבד מן הלבושים מפני שהוא חייב בציצית שהיא לזכר המצוות.

[5]) ענינו תפצר בו או תעשה עמו תחבולות ובתהלים ס״ח ל״א פירשו הגאון מלשון תרגום (דניאל ז׳ ז׳).

[6]) בשני מקומות אלו של תהלים תרגם הגאון גם כן בלשון ערבי רגב אבל ענינו שם מלשון תאוה וכאן נראה שענינו התחנן לו.

[7]) בכ״י מוארדהם.

באלאעתבאר מן אלחיואן אלמראר צידה וחשא כאן אם טאירא אנה יחדׄר אבדא אצטיאדה ווהוקה כמא קאל הנצל פמן אלנאס מן לא יחדׄר אן יפלג עליה לצׄמה פהו אסי חאל מן אלבהאים ולסנא נריד אן יפלג עליה בחילהׄ או בגרבזהׄ בל ינצפה ויעמל באלקסט חתי לא תבקא עליה חגהׄ. ווצל אלחכים בהדׄא אעתבארא אכׄר מן הואם אלארץׄ אלתי הי אדני מן אלטאיר ואלוחש פקאל[1])

6 אמץׄ אלי אלנמלהׄ יא כסלאן אנטׄר אלי טרקהא ותחכׄם:
7 אלתי ליס להא מדבר ולא עריף ולא סלטאן: 8 והי תהיי פי אלקיטׄ
טעאמהא וקד אועת פי אלחצאד מאכלהא: 9 אלי מתי יא כסלאן
תנצׄגע מתי תסתיקטׄ מן סנתך: 10 ען קליל מן אלסנהׄ ואלנום ולזום
אלידין ללאצׄטגׄאע: 11 יאתי פקרך כאלסיאר ועוזך כרגׄל די תרס:

צׄרב הדׄא אלמתׄל ללכסלאן אלדׄי יעגׄז ען אלתכסב וקאל לה הודׄא אלנמל וכדׄלך אלנחל בטבעהם בגיר תמייז יוען טעאמהם מן וקת אלי וקת פכיף אנת יא מן לה אלנטק ואלחכמהׄ. ואעתבאר אכׄר אנהם יגׄתמעון בגיר ראיס פאנתם יא נאס לא תתפרקו ולכם אלרוסא לדׄלך קאל אשר אין לה וגו׳. וקולה לה עד מתי ינבהה קאילא אעלם אן אלנום תתלוה יקטׄהׄ פמא עסאך צאנעא ענדהא פי גׄראיך ולעלך תתכל עלי מאל לך מגׄמועא אעלם אנך ליס תדמן עלי דׄלך אלא אפתקרת עלי סרעהׄ ולדׄלך שבה אלפקר באלרגׄל אלסיאר ובמן מעה תרס פהו ליס יכׄאף אחדא פיתלבתׄ פי ספרה בל יסרע. ואסתנהאץׄ אלחכים ללכסלאן יעני בה אלכסלאנין גׄמיעא מן אמר אלדניא ואמר אלאכׄרהׄ פיכון קולה מעט שנות ובא כמהלך פי עבארהׄ אלאכׄרהׄ יעני אלמקצר ען אלטאעהׄ אלמנהמך פי אלמעאצי אנך תגפל מא כנת חתי קד דני אגׄלך כרגׄל סאיר ומעה סלאח פליס יבטי פי טרקה פמא עסאך אן תצנע חיניד וכמא יקול ומה אעשה כי יקום אל וגו׳ (איוב ל״א י״ד) ומה תעשו ליום פקדה (ישעיה י׳ ג׳) ומא שאכל דׄלך מן תחדׄיר אלמות[2]):

12 אלאנסאן אלפאגׄר דו גל יסיר פי עסרהׄ אלקול: 13 גאמז
בעיניה ראכל ברגׄליה משיר באצאבעה: 14 ואלתקלב פי נפסה מתעריׄ

[1]) ביאור: החכם מדבר בדברים שעושה אדם בבחירתו ויהיו עליו בסוף לחובה ואומר: אם ערב לישראל באמרי פיו או בתקיעת כף כמנהג התגרים ואין צריך לומר אם קיים דבריו בשליפת נעל כהלכת הראשונים או בקנין סודר שהסכימו עליו אחר זה ואפילו אם ערב לנכרי וכל שכן אם נדר גדר לשם או אם נשבע לעשות מצוה או שלא לעבור עבירה. ואמרו נוקשת ירצה בו שאם ישאל הדיין את הערב האם ערבת ומשיב לא אז יהיה מכחש ואמרו נלכדת שאם יאמר הן תובעין ממנו. ואמרו התרפס אין לו אלא רע אחד במקרא וטעמו הכנע וטעם ורהב התחנן לו. והעיר החכם את בני אדם לחנצל מיד בעל דין כבעלי חיים השומרים את נפשם כדי שלא יפלו ביד הציידים ושלא יעשה במרמה כי אם בצדק ואמת. ואחר שלקח התחכם משלו מן החיות והעופות נתן עוד בפסוקים הבאים משל לקוח מן הרמשים ואמר

[2]) ביאור: חעיר החכם את העצל שיש לו דעת ובינת לעשות כנמלים ודבורים אשר יכינו בטבעם את מאכלם בקיץ. ואמרו אשר אין לה וכו׳ ר״ל שהם יעשו את צרכם יחדיו אף על פי שאין להם מנהיג ומהם ילמדו בני אדם שיש להם שרים שלא להפרד איש מאחיו ואמרו עד מתי ר״ל אם תישן הרבה מה תעשה למזונך כאשר תיקץ ואל תבטח בממון שאספת כבר לפי שבמהרה יבוא רישך. ואמרו איש מגן ר״ל ההילך מהר ואיננו ירא משום דבר וזה המשל נופל גם כן על עניני העולם הבא שאם יתמיד הרשע ברשעתו יבוא מהרה מותו ולא ידע.

אלשר פי כל וקת וינשי אלצ̇גאיב: 15 לד̇לך יאתיה תעסה גפלה̈
וינכסר בגתה̈ ולא שפא לה:

הד̇ה אלסבע[1]) כ̇לאל אלתי וצפהא אלנבי אנמא חכאהא לינהי ענהא ויחד̇ר מנהא והי אבואב ודרג ומפאתיח ללסבע אלת̇ואני אלתי תליהא אולהא אלגל והי אלסכרה̈ אלסו כמא קאל און יהשב על משכבו. (תהלים ל״ו ה׳) ת̇ם עקשות פה והי עסרה̈ אלאג̇אבה̈ ליס סריעא יקול נעם ועלי אן אלמוצ̇ע מסתחקהא וכד̇לך לא. ת̇ם קרץ בעיניו הד̇ה אשכאל אלאמור אלסריה̈ כאנת עלי ריבה̈ או מט̇למה̈ יתגאמז פיה[א] באלעינין אן אמכן ד̇לך ואלא רכל באלרג̇לין ואלא אשאר באלאצאבע עלי קדר אלאמכאן וקד נהי אללה ען גמיע ד̇לך וקרנה באלג̇ור אד̇ קאל אם תסיר מתוכך מוטה שלח אצבע ודבר און (ישעיה נ״ח ט׳) לאנה לו כאן לכ̇יר לאעלן. ת̇ם תהפכות בלבו פי וקת ישרט אלשרט ליס ינוי אתמאמהא בל אלתקלב. ת̇ם חרש רע בכל עת יקצד מן ליס לה מעה עמל פיטלב שרה. ת̇ם מדינים ישלח ינשי אלצ̇גאיב אמא בכד̇ב או בצדק וקד עלמת מן דואג וגירה אנה מע צדקהם נזל עליהם אלעקאב אד̇ קצדו בד̇לך איקאע אלצ̇גאיב ואלכ̇צאים. ווצף מן נזא מן פעל ד̇לך אן תעסה יאתיה בגתה̈ כמא גמז ואשאר וצ̇רב בין אלנאס והם גאפלון אד̇ קאל האהנא פתע ישבר ושרח ד̇לך ישעיהו וקאל כפרץ נפל נבעה בחומה נשגבה אשר פתאם לפתע יבא שברה ושברה כשבר נבל יוצרים (שם ל׳ י״ד) וביאן הד̇א אלמת̇ל כת̇למה̈ מן סור מדינה̈ תקע עלי אני פכ̇אר פכיף יכון חאלה והל תבקי לה באקיה̈[2]). ואתבע הד̇ה אלסבע אלתי מן דקאיק אלכ̇טא בסבע כבאיר פקאל אן תלך תפתח לך הד̇ה ותעטיך אלמאדה̈ עליהא והו קולה

16 **סתה̈ ממא ישנאהא אללה ואלסאבע ממא יכרהה: 17 עינאן**
רפיעתאן ולסאן מבטלה̈ וידאן תספך דם ברי: 18 וקלב מתערץ̇ אפכאר
אלגל ורג̇לאן מסרעתאן אלחצ̇אר ללשר: 19 ואלתפוה באלכד̇ב הו
שהאדה̈ זור ואנשא אלצ̇גב בין אלאצדקא:

אקול פי קסמתה אלסבעה̈ קסמין לאן אלואחד מנהא מקאבל אלסתה̈ כלהא והו לשון שקר וד̇לך אן עינים רמות הו אלעג̇ב ואלצלף ולא יתהיא ד̇לך [אלא] באלכד̇ב אן יקול אלאנסאן עלי נפסה מן אלחסב ואלאדב ואלמאל ואלעלם ואלצלאח ממא ליס להא כמא עלמת מן אבשלום יקול ועלי יבא כל איש אשר יהיה לו ריב ומשפט והצדקתיו (שמואל ב׳ ט״ו ד׳) והו כאד̇ב פי ד̇לך וספך אלדם איצ̇א באלכד̇ב

---

[1]) אם תחשוב שלש הרמיזות לאחת נמצאו שש עבירות ואם תחשוב כל אחת לבדה נמצאו שמונה ואפשר שחשב לשביעית איש בליעל שהוא נגד שש העברות האחרות כמו שמנה אחר כך לשון שקר נגד שש העבירות החמורות.

[2]) ביאור: הגאון חשב כאן שבע עבירות קלות שהן מבוא ופתח לשבע עבירות חמורות שיזכיר אחר כך. ואמרו איש און החושב מחשבות רע ואמרו עקשות פה הוא שאינו אומר לא הן ולא לאו במקום הראוי לזה ואמרו קורץ וכו׳ שהוא רומז בעיניו או מולל ברגליו או מורה באצבעותיו וזה להרוש רע שאם היה לטוב היה עושה בגלוי. ואמרו תהפוכות שהוא עושה תנאים וברצונו שלא לקיימם. ואמרו חורש רע שמבקש רעת מי שאין לו עסק עמו ואמרו מדינים ישלח שיעורר ריב בין בדברי כזב בין בדברי אמת כדואג האדומי. ואמר שהעונש יבוא על איש בליעל הזה מבלי שידע כמו שהרע הוא לבני אדם מבלי שידעו.

כמא בעת יואב ורא אבנר עלי לסאן דויד פרדה כמא קאל וישבו אתו מבור הסרה ודוד לא ידע (שמואל ב׳ ג׳ כ״ו) ואלכדב איצא מארה ללגל ואלליאנה כמא קאל כי ראיתי חמס וריב בעיר (תהלים נ״ה י׳) תם קאל און ועמל בקרבה (שם י״א) וכמא כדב גחזי. והו מאדה ללמסארעה אלמעאצי וכמא כדב אמנון וקאל אנה מריץ ולם יכן עלילא אד קאל וישב אמנון ויתחל (שמואל ב׳ י״ג ב׳). והו ינבוע שהארה אלזור וכמא פעלת איזבל בנבות היזרעאלי והוא אצל ללתצריב ואנשא אלצלב כמא פעל אמציה כהן בית אל ותקול עלי עמוס מא לם יקל ליצרב בינה ובין ירבעם בן יאש (עמוס ז׳ י׳). פקד תבין אן לשון הרע יפעל אלסתה גמיעא בל לא תלתאם אלא בה[1]:

20 אחפט יא בני וציה אביך ואמך ודלאלתהמא ולא תדרהמא[2]:
21 ואעקדהא עלי קלבך דאימא ותזין בהא עלי גבבך: 22 פאנהא
תסירך פי אנטלאקך ותחרסך פי נומך ותחאדתך פי יקטתך: 23 לאן
אלוציה סראג ואלתוראה נור וטריק אלחיוה הי עטאת אלאדב:

נטאם כלאם נצר בני כנטאם כלאם שמע בני (משלי א׳ ח׳). ואשתקקת ענדם מן קולה אענדנו עטרות לי (איוב ל״א ל״ו) פגעלתה זינא[3]. וקולה בהתהלכך יפסר עלי אלדניא פקט אולא לאן אלאנסאן פיהא עלי תלאת אחואל אמא נום או מקאם או טעון ואלחכמה פי גמיעהא תחפטה יעלם בהא כיף יסיר ואין ינאם וחית יקים. ויפסר עלי אלדניא ואלאכרה גמיעא פיכון אימאוה בהתהלכך אלי דאר אלדניא אלתי יתצרף אלמר פיהא פי אסבאבה ואשגאלה ובקול שכבך אלי חאל אלמות אלדי יקאל פיהא אברא וישכב עם אבותיו (מלכים א׳ י״ד כ׳) ובקול והקיצות אלי אלאכרה יום אלבעת אלדי יקול פיה הקיצו ורננו שוכני עפר (ישעיה כ״ו י״ט) פקד נפעת אלחכמה פי אלדניא ודברת מסתעמלהא ואראחתה פי קברה מן אלים אלעדאב ופי אלאכרה אחיתה מע אלצאלחין. תם שבה וציה אלאב לולדה בצו אלסראג ותוראה אללה אלתי נצבהא לעבאדה באלנור אלאעטם דלך לוגוה מנהא אן אלסראג יטפא עלי סרעה ונור אלשמס לא יפנא אלא מע אלעאלם כדלך אלאב יפנא ואלתוראה לא תפנא ואיצא פאן אלסראג למן הו פי מנזלה כאצה כדלך אלאב לולדה כאצה ואלנור לגמיע אלכלק כדלך אלתוראה להם אגמעין ואיצא לאן אלסראג יחתאג [אלי] מדראה ולטף כדלך אלאב יחתאג [אלי] בר וכראמה ורפק ואלנור עאם דאים ואלתוראה מתלה והדא אלקול פי אלאב אלפראד ואמא גמלה אלאבא פלולאהם לם תערף אלתוראה וכמא אמר אללה פקאל שאל אביך ויגדך וגו׳ (דברים ל״ב ז׳[4]):

---

[1]) ביאור: החכם מונה שש עבירות ועוד שביעית שהיא לשון שקר והיא סיבת כולן לפי שהמתגאה מתגאה במה שאין לו כמו שעשה אבשלום וכן שופך דם דובר שקר והורג כמו שעשה יואב עם אבנר וכן איש און משקר וחומס כמו שרימה גיחזי את נעמן והממהר לעשות הרע מערים כמו אמנון באמרו שהוא חולה ולשון שקר הוא מעין לעדות שוא כמו שראינו באיזבל ונבות ומעורר ריב כמו שעשה אמציה כהן בית אל אצל ירבעם נגד עמוס.

[2]) בכ״י ב׳ וג׳ אחפט. . . אביך ולא תדר דלאלה אמך (ועיין למעלה א׳ ח׳).

[3]) בכ״י זיא.

[4]) אמרו נצור וכו׳ סדר הפסוק הזה כסדר הפסוק שמע בני. אמרו ענדם מלשון עדי וגו׳ ואמרו בהתהלכך יבואר תחלה על העולם הזה בלבד שהחכמה תנהג את האדם בשכבו ובקומו ובלכתו בדרך ויבואר גם כן על שני עולמות ביחד שהחכמה תנהג את האדם בעסקי

24 יחפטוך מן אמראה סו ומן לין לסאן אלגריבה: 25 לא תתמן
חסנהא פי קלבך ולא תאכדך במקלתיהא: 26 פאנה יטן אלזאני אנה
קד נאל אלאמראה[1]) אלזאניה פי זאד[2]) רגיף כבז והי פאנמא תצטאד
אלנפס אלעזיזה:

צדרת פקלת יחפטוך לאן אלמקדמין גמאעה מצוה ותורה ותוכחת מוסר ואלאקרב פי תצדירה מאשת רע קבל נכריה אן יכון יומי בה אלי זוגה אלרגל אלסיה אלתי לא תחפט נפסהא[3]) ולא חיצהא ולא דינהא פקד יגב אלתחפט מנהא באלתסריח להא. תם דכר אלגריבה בעד דלך מחצנה כאנת אם עאזבה לקולה זונה ואשת איש. ופי נהיה אל תחמד יפיה תקע לפטה יפי למסה מעאן אסתחסאן אלצורה ואלקאמה כמא קאל יפה תאר ויפה מראה (בראשית ל״ט ט׳) ואלאלחאט כמא קאל יפה עינים (שמואל א׳ ט״ז י״ב) ואלצות כמא קאל בשיר עגבים יפה קול (יחזקאל ל״ג ל״ב) ואלשער כמא קאל וכאבשלום לא היה איש יפה בכל ישראל וגו׳ ובגלחו את ראשו (שמואל ב׳ י״ד כ״ה). ולקולה כי בעד אשה זונה תלאתה מעאן אלאול אן אלגאהל יטן אנה נאל אלזאניה באכלה מן טעאם ולא יעלם אנה אנמא נאלהא באעז מא עליה והו נפסה ואלתאני אנה יתוהם אן מקאמהא רגיף כבז ינתדיה ליסד גועה וליס עליה פיה אתם ולא יעלם אן פעלהא בצד פעל אלרגיף אן אלרגיף ימסך אלנפס והי תהלכהא ואלתאלת לעלה יחסב אן כפארה פעלה דאך ואצלאחה ברגיף מן כבז והו גאפל אד ליס קצאוה אלא נפסה אלעסרה[5]):

27 הל יחתו[6]) אלמר נארא פי חגרה ולא תחתרק אתואבה:
28 או ימשי עלי אלגמר ולא תנכוי רגלאה: 29 כדאך מן יאתי זוגה
צאחבה לא יברו כל מן דני בהא:

העולם הזה והוא אמרו בהתהלכך ותצילהו במותו מחיבוט הקבר וזה אמרו בשכבך ותביאהו לתחיית המתים והוא אמרו בהקיצותך. והמשיל מצות האב לנר ותורת השם לאור השמש מפני שהנר יכבה במהרה ואור השמש לא ידעך אלא עם העולם וכן האב ימות והתורה עומדת לעד ונר לא יאיר אלא בבית ואור השמש לעולם כולו וכן האב הוא לבנו לבדו והתורה לכל הבריות והנר צריך הכנה והטבה וכן האב צריך אהבה וכבוד מאת בנו ואור השמש עומד תמיד בכללו וכן התורה. וזה המאמר באב נפרד אבל כלל האבות אלמלא הם לא תורע התורה.

1) בכ״י א׳ יטן אן זאד אלאמראה.

2) בכ״י ב׳ וג׳ זוארה.

3) אולי צ״ל נפאסהא.

4) דרך הגאון לתרגם בזאת המלה מלת עקש ולא ידענו מה מובן המלה כאן.

5) ביאור: אמרו אשת רע ר״ל האשה שאינה שומרת המצוות שהנשים חייבות בהן. ואמרו נכריה בין שהיא נשואה בין שהיא פנויה כמו שאמר אחר כך זונה ואשת איש. ומלת יופי תאמר על התואר ועל הקומה ועל העינים ועל הקול ועל השער. ובאמרו כי בעד וגו׳ שלשה ענינים האחד שיחשוב הכסיל כי יקנה את האשה בפרוסת לחם והוא נותן לה את נפשו היקרה והשני שהוא סובר שהזונות היא כאילו יאכל לחם המכלכל את הגוף ובהפך זה היא תמיתנו והשלישי שיחשוב שיהיה לו כפרה על זה בדבר מועט ככבר לחם ואינו יודע שישלם בנפשו.

6) בשלושת כ״י הוא בלא נקודה וכן למטה כ״ה כ״ב ובתרגומו לישעיה ל׳ י״ד אבל בגליון השרשים ליונה אבן גנאח הוא נקוד.

וצ̇ע מת̇לין ורכב עליהמא פעלין. אלמת̇ל אלאול ספו אלנאר פי אלת̇וב ולא תצל אלי אלג̇סם פאן אלת̇וב יחתרק לא אלג̇סם כד̇לך כל הנוגע בה ד̇לך אלדאני מן אמראה̈ צאחבה בולע לא בנשיאן לא יברו מן עקאב מא. ואלת̇אני אלמשי עלי אלג̇מר אלד̇י יצל בה אלאלם אלי אלג̇סם ישבה בה כן הבא אל אשת רעהו לא ינקה והו אלאת̇יהא אלד̇י לא כ̇לאץ לה מן נאר גהנם[1]) :

30 לא יזר באלסארק אד̇א הו סרק פאנה̈ רבמא[2]) כאן ד̇לך לישבע
נפסה מן ג̇וע: 31 ואד̇א וג̇ד קד יג̇רם כת̇ירא או ג̇מיע מאלה יעטיה
פיתכ̇ליץ[3]): 32 מת̇ל נאכח[4]) אמראה̈ אלנאקץ̇ אלעקל מהלך נפסה הו
יפעל ד̇לך: 33 אלבלא ואלהואן יג̇דהמא ועארה לא ימחי:

קד יתחיר כת̇יר מן אלנאס פי האתין אלאיתין יקולון וכיף לא יזרא באלסארק ת̇ם כיף לזמה אן יג̇רם שבעתים. פאקול כמא נצצת אן אלחכים לם יקל לא יזר באלסארק וימסך בל קאל לא יבוזו לגנב מת̇ל נאף אשה יעני אן הד̇ה מציבתאן אלזנא ואלסרק ובליה̈ אלזאני אצעב מן אלסארק והד̇א כקול אלסלטאן לא תעאקבן אלסכראן מת̇ל אלזאני. ותפסיר שבעתים כת̇יר וליס הו סבעה̈ ואחדה̈ ולא סבעתין וכד̇לך כת̇יר מן אלאעדאד אלג̇בריה̈ פי אלמקרא מת̇ל עשרה ומאה ואלף וכמא סאבין פי וסט הד̇א אלכתאב וצ̇ם אלסבעה̈ אליהא אד̇ הי משהורה̈ פי אכת̇ר אלשראיע. וקול אלנבי ען אלסארק ישלם שבעתים ליס הו חכם בה עליה ואנמא וצף חאלין אפה̈ אלסארק פיהמא אכ̇ף מן אלזאני אלאולי אן אלטעאם ואלשראב ראעיתהמא לא ימכן מדאפעתהא כמראפעה̈ שהוה̈ אלתלקיח ואלאכ̇רי אן אלסארק קד ישא אן יג̇רם כת̇ירא או ג̇מיע מאלה באכ̇תיארה הו פיתכ̇ליץ ענד אללה וענד אלנאס ואמא אלזאני פליס יקדר עלי רד מא קד עמל ולא אצלאח מא אפסדה כמא קאל וחרפתו לא תמחה[5]). ובעד וצפה מא יחל באלזאני פי דאר אלדניא מן אלבלא ואלעאר ואלכ̇סה̈ ואלרד̇אלה̈ וצף מא ינאלה פי אלאכ̇רה̈ פקאל

34 אן אלעקאב כחמיה̈ אלרג̇ל ולא ישפק פי יום אלנקמה̈: 35 לא
ישפע פיה כל דיה̈ ולא ישא אן כת̇ר אלרשא:

פוצ̇ע אלחכים עקאב אלפאסק מת̇אלא לג̇מיע מרתכבי אלכבאיר אנה לא מכ̇ליץ

---

[1]) ביאור: הביא שני משלים לשני פעלים והמשיל החומד אשת איש מבלי שיבוא עליה בנוטל אש בחיקו ואינו שורף כי אם בגדיו והבא אל אשת איש להולך על גחלים ויכוה גופו ולא ימלט מאש של גיהנם. — [2]) בכ״י א׳ לאנה אנמא.

[3]) הגאון הוסיף המלה הזאת על דרך ביאור כלומר שיכפר הגנב בזה את עונו בעיני אלהים ואדם.

[4]) בכ״י ב׳ וג׳ סאפח.

[5]) ביאור: רבים נבוכו בשני הפסוקים האלה ואמרו איך לא יבוזו לגנב ואיך ישלם שבעתים ואומר שענין הפסוקים כן לא יבוזו לגנב כנואף שהם שתי רעות אך שרעת הנואף קשה מרעת הגנב וכן אמר מלך אחד אל תעניש את השכור כנואף. ואמרו שבעתים אין ענינו שבעה או כפל שבעה כי אם הרבה כענין עשרה ומאה ואלף שהם מספרים תמימים ומשתמשין גם כן בשבעה לפי שהמספר הזה מצוי אצל מצות רבות עיין למטה כ״ד ט״ז. ובשני דברים יש יתרון לגנב על הנואף שהגנב לא יוכל לכבוש את רעבונו וצמאונו אבל הנואף יוכל לכבוש את תאותו והגנב יכפר את עונו בתשלום כסף הרבה או בתתו כל הונו והנואף אי אפשר לו להיטיב את אשר הרע.

להם מן נאר גהנם ולא דיה ולא שפאעה וכמא יקול כי חמה פן יסיתך בשפק ורב כפר אל יטך (איוב ל״ו י״ח):

ז

1 יא בני אחרם אקואלי ווצאיאי תדכרהא ענדך: 2 אחפטהא
תחיא בהא ותוראתי כגנין עיניך: 3 ואעקדהא עלי אצאבעך ואכתבהא
עלי לוח קלבך: 4 קל ללחכמה אנת אכתי ואדע אלפהם מערפה:

פי קולה תצפן יוצח אן אלעלם הו אלכנז אלשריף ואלדכאיר אלפאצלה אלארב. ולקד גיד אלמתל פי חפט אלארב ואלעלם אד קאל כאישון עיניך אד לא שי ענד אלאנסאן אעז מן חדקתה בל[2]) מוצע מכרג אלרוח אלבאצר וכדלך יעז אללה מן יעזהמא אד קאל יסובבנהו יבוננהו יצרנהו כאישון עינו (דברים ל״ב י׳) ויבדל מגדביהמא כמא קאל כל הנגע בכם נגע בבת עינו (זכריה ב׳ י״ב). ומתל מראעאתהא בארבעה אשיא באלשי אלמעקוד עלי אלאצאבע פהו לא ינסא וכמא יצנע אלנאס אלתדכרה לאסבאב להם פי אצאבעהם תם באלשי אלמכתוב עלי אלצדר אלדי יטהר לכל מן אסתקבל צאחבה ובאלאכת ואלקראבאת אלדי לא יקדר אלמר עלי אלאנתפי מנהם אד מע כונה לזמתה אנסאבהם תם באלמערפה ואלצדיק אלדי הו סאכן דאכל אלקלב ולא יזול שפעה פטובא מן געל הדה אלארבעה אשיא ללחכמה פאנה לא ימיל אלי כטא ודאך מן בעץ[3]):

5 יחפטוך[5]) מן אמרה אגנביה ומן גריבה קד לינת אקואלהא:
6 פאני בינמא אטלע פי כוה מן מנזלי ואתשרף מן אלמשכאה[6]) 7 ראית
מן אלגפל ותפהמת מן אלבנין בחדת נאקץ אלעקל: 8 מאר פי
אלסוק ענד זאויתהא ופי טריק מנזלהא יכטו[7]): 9 פי גלס מן עשיה
וענד תגנן אלליל ואלאפל: 10 פאדא באמראה תלקאה פי היה זאניה
כאלבה[8]) אלקלוב: 11 האימה הי וזאילה ופי מנזלהא מא יסכן

[1]) ביאור: אחר שדבר בחרפה וקלון הבאים על הנואף בעולם הזה הוסיף כאן עונשו בעולם הבא והוא משל לכל עוברי עבירות חמורות שאין להן כופר והצלה מאש של גיהנום.

[2]) אפשר שצ״ל בל הו.

[3]) אלו שלש מלות קשות להבין ואפשר שענינו ואחד מן החטאים הוא הזנות הנזכרת בפסוקים הבאים

[4]) ביאור: באמרו תצפון יורה שיהיו החכמה והמוסר כאוצר נחמד. וצוה החכם לשמור את החכמה כדבר הקשור על האצבעות ולא ישכח כמו הסימנים שעושים להם בני אדם לזכר או כדבר הכתוב על החזה שהוא גלוי למי שיפגש בבעליו או כקרובים שאין יכול לכחש ביחוסם מיום היותו או כאוהב השמור בלבו ואשרי האיש השומר את החכמה כאלו הארבעה דברים לפי שבזה יסור מן החטא.

[5]) בכ״י ב׳ וג׳ ינג׳יאנך כלומר החכמה והבינה יצילוך.

[6]) אלו שלש מלות חסרות בכ״י א׳ ובמקומן נמצא עלי ען.

[7]) בכ״י א׳ יכטר.

[8]) בכ״י ב׳ סאלבה.

קדמאהא: 12 פמרה פי אלסוק ומרה פי אלרחאב וענד כל זאויה
תכמן: 13 פאמסכתה וקבלתה ווקחת וגההא פקאלת לה: 14 ללה
עלי דבאיח סלאמה ואליום אפי בנדורי: 15 עלי מא כרגת תלקאך
וטלבת וגהך פוגדתך: 16 וקד נגדת סרירי נגודא ואראיכא מן חשו
מצר: 17 ובכרת מצגעי במסך וענבר ועוד טיב: 18 תעאל נרוי מן
אלודוד לילנא אלי אלצבח ונתמתע באלמחאב: 19 אן אלרגל ליס
פי ביתה וקד סאר פי טריק מן בעיד: 20 וקד אכד מעה כיסה פלים
יגי אלי יום אלאצחי[1]: 21 פמילתה מן כתרה בתהא ודחת בה בליאנה
נטקהא: 22 ראיתה מנטלקא וראהא והו גאפל כתור ידכל אלי מקצב
וכעאכם[2] אלי אדב אלגהאל: 23 אלי אן יפלע אלסהם כבדה
כסרעה טיר אלי פך ולא יעלם אנה בנפסה:

קד כנא קדמנא פי צדר אלכתאב אן אלחכים וצע אמתאלא ילפט בהא עלי מכרג חאדתה חרתת ואנמא דלך שי ראה באלחכמה פעלי הדא קאל כי בחלון ביתי. טוי פי דרג הדא אלמתל מעאניא כתירה מן קבח אלפגור ואלמעאצי ושניעהא וכלמא אמען פי אלקצה אתי בקול אחד מן אלאכר פמן הדה אלקבאיח מא אנכרהא עלי אלנסא ומנהא מא אנכרה עלי אלרגאל ומנהא עלי אלגמיע. קולה כי בחלון ביתי וגו' הדא אול הואנהם [ה]ו אשראף[3]) אלנאס עליהם מן אלמטאלע. וקולה וארא בפתאים אבינה וגו' טוי פיה מא יתפרסהם אלנאס ויקולון אתרי הדא פלאן והל הדה פלאנה. וקולה עבר בשוק וגו' דרג פיה אלכטר ואלתמשי ואלתערץ. ופי בנשף בערב וגו' קבח הדה אלשוון[4]) אד לא תלתאם אלא פי אלוחשאת ואלטלמאת. ופי דרג והנה אשה וגו' סמאגה אשכאל אלפאסקה אלדאעיה אליהא. ותחת המיה היא וגו' תדכיר[5]) סמאגתהא באנה לא ירויהא שי. ופי טאהר פעם בחוץ וגו' אלתנביה עליהא אנה לא יסתקר קרארהא. ואלואצח פי והחזיקה בו וגו' קביח מא תתכלם באלמנכר עלאניה בגיר אכני כמא תקול מרה פוטיפר שכבה עמי (בראשית ל״ט ז׳) מתל אלבהאים וינבה קולה זבחי שלמים וגו' עלי מא יחלף אלמגאן באסמא אללה גל גלאלה ותקדס ויתעאהדון בהא עלי מעאציהם ומע דלך לא ידכרונה סירגעון. ופי קולהא על כן וגו' תקול אנמא אנא כמלה[6]) לך בל תוהמה אן אלדניא כלהא לה מעהא ולמא כאנת מלאד אלנאס הי מא וקעת עליהא אלכמסה חואס אעני אלבצר אלסמע ואלמשם ואלדוק ואללמס גמעת כמסתהא פי תרגיבהא הדא פאמא אלמטעם פאומת אליה באלזבחים ואלנטר אשארת אליה ברויא וגההא אד קאלת יצאתי

[1]) הוא יום שמקריבין בו קרבן וכן תרגם הגאון בתהלים פ״א ד׳ ואפשר שלפי דעתו כסה נגזר מלשון נכס בארמית.

[2]) הגאון העתיק עכס במלה ערבית חדומת לו וענין עכס בערבית קשירת רגל הגמל בחבל ולפי הביאור נראה שענין עאכס מי שכופין לילך בעל כרחו.

[3]) בכ״י ואסראף.

[4]) בכ״י אלשיין.

[5]) כ״י תדביר.

[6]) בכ״י כמלא.

לקראתך וחאסה̈ אללמס מן לון אלמהאד ונעימתה מן קולהא מרבדים וגו׳ וטיב אלאריאח מן קולהא נפתי משכבי וצותהא מע ד̇אך הו̇א יקרע סמעה בלין ותרקיק כמא קדם וקאל החליקה פתקול לה אג̇תמע לך[1]) הד̇ה אלכ̇מסה̈ תמ̇ם ד̇לך בלד̇ה̈ סאדסה̈ לכה נרוה וג׳ ת̇ם תבסט לה̇ אלאמל אד̇ תקול לה עד הבקר ותומן כ̇ופה בקולהא כי אין האיש בביתו וגו׳ ותקול לעלך תט̇ן אנה סרור מנקטע קד מצ̇י אלצאחב אלי ספר טויל פהי לא מחאלה̈ תמילה בד̇לך פאלמגפל ענד סמאעה הד̇א אלכלאם או אכת̇ר מנה ינסאק מעהא והו לא יעלם אן אנסיאקה כאלת̇ור לידבח ולעלה אן ידארא בשי מן קת או במסח וג̇הה ובין עיניה או כמן יסאק אלי תעלים אלג̇האל ואדי בהם אלי חרב או מלעב פיג̇תר באללעב ויגתשב פיה אלסהם או כטאיר יג̇תר באלחנטה̈ פיקע פי אלפך̇ או במא שאכ̇ל ד̇לך ואנמא כ̇ציץ אלכבד לאנהא מקתל מן אלמקאתל ומנהא תנתשר [אלמר̈ה̈][2]) פי ג̇מיע אלבדן. פג̇מע אלחכים הד̇ה אלפואחש אלמנכרה̈ פחד̇ר מנהא ואנמא תקדם בהא אלינא לאן אלמר אד̇א לקי מן אלכלאם במא קד עלמה כאן אסהל עליה מן אן ילקא במא לם יעלמה. וסראיר הד̇ה אלקצה̈ פי ג̇רוראת אלדניא אלממת̇לה̈ באשה זונה ומעני נער חסר לב לאנה לא יג̇תר בהא אלא כל מן לא יסלם אלי אלמג̇רבין אלד̇ין מצ̇ו מן קבלה חתי אחתאג̇ אן יג̇רבהא הו בנפסה ויומי בקולה בנשף אלי הד̇ה אלדאר אלתי אלג̇האל פיהא פי חירה̈ וט̇לאם וקולה ען אלדניא המיה היא וגו׳ פעם בחוין וגו׳ יעני בה תקלבהא ואנהא לא תת̇בת עלי חאל מרה̈ פרח ומרה̈ חזן מרה̈ לראובן ומרה̈ לשמעון ועלי מעני עת ללדת אלי אלת̇מאניה̈ ועשרין קולא (קהלת ג׳ ב׳) וכמא תגוי אלפאסקה̈ ללרג̇ל באלכ̇מסה̈ חואס כד̇לך תלהיה אלדניא (הם) בהא וכמא תויסה אלזאניה̈ מן זוג̇הא כד̇לך יויסה אלכ̇אטר אלסו מן עקאב אללה כמן קאלו אכל ושתו כי מחר נמות (ישעיה כ״ב י״ג) ובאלד̇ין קאלו לא ייטיב ה׳ ולא ירע (צפניה א׳ י״ב) פלא יזאל אלג̇איר לאהיא באלדניא חתי יאתיה סהמה אעני יום אלמות פיקבץ̇ כאלטאיר פי אלפך̇ או ג̇ירה מן סאיר אלחיואן כמא קאל כי לא ידע האדם את עתו (קהלת ט׳ י״ב) פאנמא אלחד̇ר קבל אלוקוע פכאן כלאם אלנבי מצלחה̈ לנא עלי ט̇אהרה ועלי באטנה[3]):

---

[1]) בכ״י לה.

[2]) יש כאן מקום חלק ומלאנו החסרון כפי השערתנו.

[3]) ביאור: כבר הקדמנו בפתיחה (דף 7) שלפעמים החכם נותן משלים בחכמתו כאילו הם מעשים שראה בעיניו וזה אמרו כי בחלון ביתי נשקפתי וזה משל לענינים רבים מן הזונות ומשאר הפשעים ומגנה בו פעם את האשה ופעם את האיש ופעם שניהם. ואמרו כי בחלון וכו׳ יורה על תחלת חרפת הנער והאשה והוא שמביטים אליהם מן החלונים. ואמרו וארא וגו׳ ירצה בו שהם נראים וניכרים ואמרו עובר וכו׳ ר״ל שהנער הולך הלוך וטפוף. ואמרו בנשף וכו׳ ר״ל שהמעשים הרעים האלה אינם מצויים כי אם בחשך. ואמרו והנה אשה ירצה בו שמנהגי זאת האשה נתעבים. ואמרו הומיה וגו׳ ר״ל שלא תרוה לעולם את צמאה. ואמרו פעם בחוץ וגו׳ ר״ל שאין לה מנוחה. ואמרו והחזיקה בו וגו׳ ר״ל שמדברת בפירוש בלא רמיזה כמו שאמרת אשת פוטיפר שכבה עמי ואמרו זבחי שלמים רוצה בו שחזדים נושאים בשם האל על עבירותיהם ובכל זאת אינם זוכרים אותו לשוב אליו ואמרו על כן יצאתי וכו׳ היא אומרת לו שהיא לו לבדו ושכל תענוגי העולם מצויים בביתה וזה שמקור התענוגים הוא חמשה החושים לכן תדיחהו באמרה זבחי וכו׳ והוא חוש הטעם על כן יצאתי זה חוש הראייה ומרבדים וכו׳ זה חוש המשוש ונפתי וכו׳ זה חוש הריח ואמריה החליקה זה חוש השמע ואומרת לו עוד לחשלים את התענוגים בעונג ששי וזה באמרה לכה נרוה דודים. ומארכת לו הזמן באמרה עד הבקר ומשקטת את יראתו באמרה כי אין האיש בבית ושלא ישוב במהרה באמרה ביום הכסה. ובדברים כאלה וביותר מהן

24 ואלאן פיא מעאשר אלבנין פאסמעו לי ואטיעו ואצגו[1] לאקואל
פאי: 25 לא יחד קלבך אלי טרקהא ולא תצל פי סככהא: 26 לאנהא
אוקעת צרעי כתירין וקתלאהא עטימון: 27 אנמא ביתהא טרק ללתרי
מורדה אלי כדור אלמות:

אמא עלי אלטאהר פקד אהלכת מעאצי אלזנא ואלפסא כתירא גיל אלטופאן ויקחו להם נשים מכל אשר בחרו (בראשית ו׳ ב׳) ואהל סדום לחאל משכב זכר אד קאל הוציאם אלינו ונדעה אותם (שם י״ט ה׳) ולוט[2]) וזמרי ואבשלום ושמשון ואמנון ואלאלוף אלהאלכין אלמקתולין פי גבעת בנימן ואהל קריה שכם אגמעין הדא ממא דון לנא ללאעתבאר ומא לם ידון פאכתר ואכתר. ועלי אלבאטן פאן אלדניא קד אהלכת אלקרון אלאולי סימא אלמתמסכין בהא ואלקאילין בדהרהא כמא קאל (יקול) האורח עולם תשמור אשר דרכו מתי און אשר קמטו ולא עת נהר יוצק יסודם (איוב כ״ב ט״ו ט״ז[3]) וכמא עלמת מן פרעה וסנחריב ונבוכדנצר וחירם חין שקו אלעצא[4]) וארעו אלרבוביה כיף אורד אללה עליהם עדאבא אלימא וגעלהם עברה ללסאילין פקד קתל אלטמע פי אלחריה אלאחזאב מן אלאולין ומא לם נדכרה ולם נערפה פאכתר עדדא[5]):

ח

1. אלא אן אלחכמה תנאדי ודאת אלפהם תעלם צותהא: 2 פי
רווס אלארפאע[6]) עלי טרקהא ופי סככהא מנתצבה: 3 ומכאן אלאבואב
וענד אלסקוף ופי מדאכל אלפתוח תרן: 4 תקול אנאדיכם יא מעאשר

תטהו בלי ספק והוא ישמע לדבריה והולך אחריה ולא ידע כי הוא כשור המובל לטבח שמראים לו בליל חמיץ וממשמשין אותו בראשו או בין עיניו כדי שילך אל המטבח או כמבקש ללמד את האוילים ולהביאם אל המלחמה או לקמפון ונתעה והחץ יבוא בבשרו או כצפור הממהרת לאכול החטים אשר בפח ויפול בו ואמר כבדו מפני שהוא אחד מן המקומות שהחץ ממית שם והמרה מתפשטת מן הכבד אל כל הגוף. והאריך החכם בענינים המגונים האלה לפי שקל יותר לאדם להזהר ממה שידע כבר. ובדרך נסתר הוא רומז אל הבלי העולם ואמרו חסר לב הוא מי שאינו מתחכם בנסיון האחרים הקודמים לו. ובאמרו נשף רמז אל העולם הזה המלא מבוכה ותשך לכסילים. ואמרו הומיה היא וכו׳ פעם וכו׳ ירצה בו שהעולם הזה משתנה תמיד ואין בו קיום וכמו שמנה קהלת כ״ח עתים שונים. וכמו שמפתה הזונה את הנער בחמשה התושים כן מכשיל העולם הזה את האדם בהם וכמו שהיא משכחת את הנואף את בעלה כן משכיח יצר הרע את האדם פורענות השם והמפותה ישכח בתענוגי העולם עד שיבוא יום מותו ויתפש כצפור בפח ויש תועלת בדברי הנביא על דרך נגלה ועל דרך נסתר.

[1]) בכ״י ג׳ חסר.

[2]) לא ידענו למה הזכיר לוט שלא אבד על מה שעשת עם בנותיו.

[3]) עיין בתרגומו לאיוב ובפירושו לספר יצירה דף 15.

[4]) תרגומו שברו את המטה וטעמו המרו את פי השם.

[5]) ביאור: על דרך הפשט שאבדו רבים בעון זנות כמו דור המבול ואנשי סדום וכיוצא בהם ממי שהוזכרו במקרא ויותר מהם אשר לא הוזכרו ועל דרך הנסתר שעניני העולם הזה האבידו הדורות הראשונים ובפרט המאמינים בקדמות העולם וכמו שידעת שפרעה וסנחריב ונבוכדנצר התרמו לשם ונענשו בעונש גדול וכבר ידענו שהעמים הראשונים נהרגו מפני תאותם להיות חפשים ואשר לא נודעו יותר מאד.

[6]) בכ״י ב׳ אליפאע.

אלרגאל וארפע צותי אלי סאיר בני אדם: 5 אפהמו יא גפל אלנהצה ויא
גהאל אפהמו קלובכם: 6 אסמעו פאני בתדביר אתכלם ואפתתאח נטקי
אלמסתקים: 7 ולסאני ידרס אלחק ושפתי תכרה אלטלם: 8 וגמיע
אקואל פאי בצדק ליס פיהא מנפתל ולא עסר: 9 כלהא צואב ללפהם
וסהלה לואגדי אלמערפה: 10 כדו אדבי לא אלורק ואלמערפה כיר מן
אלקראצה: 11 ואלחכמה כיר אלגואהר וכל אלמראדאת לא תסאויהא:

קולה אולא בראש מרמים תם קאל ליד שערים יעני[1]) בדלך אן אלחכמה יראהא טאלבהא אולא בעידה ענה כאנהא פי מנאטר רפיעה פאדא הו עני בהא סהלת ענדה חתי תציר כאלשי אלמוצוע עלי אלארץ בין ידיה וקד קאל אללה תברך ותעאלי לא נפלאת היא ממך ולא רחוקה היא (דברים ל׳ י״א) וקאל שלמה אנהא בעידה אמרתי אחכמה והיא רחוקה ממני (קהלת ז׳ כ״ג). וליס תתנאקץ אלקולאן לאנהא מן גיר ענאיה כאנהא בעידה פאדא עני בהא תבינת אנהא קריבה כמא קאל כי קרוב אליך הדבר מאד וגו׳ (דברים ל׳ י״ד). אתבע אלחכים תלך אלקצה וכלאמהא[2]) אלמדמום אלדי לא יריד קאילה אן ינתקד עליה ולא ימתחן בכלאם אלחכמה אלתי אנמא גרצהא וגאיתהא אן ימתחן קולהא לעלמה אן אלממתחן כלמא בלאה יזדאד פיה רגבה אד יטהר נוהרה פלדלך תנאדי שמעו כי נגידים וגו׳ כי אמת יהגה וגו׳ בצדק וגו׳. וקד צדקת אלחכמה [אן] כל מעאניהא טאהרה וכיר ורשד וצלאח ופלאח ונגאח וסכינה וחט וברר וחק ועדל ואנצאף ומא לא יחצא מן אבואב אלפצל ואלגלאל ועארת אלי שרח כי טוב סחרה אלמתקדם אן ליס מענאהא פיה אן יתכסב אלמאל בהא ואנמא מראדהא אן תבדל ענאיה תכסב אלמאל באלענאיה בתעלמהא הי ואלוקוף עליהא ועלי מא תאמר בה. פעמדת אלי שיין אלגואהר והי אעז אלמאל תם אלאמר אלגאמע והו כל חפצים[3]):

12 אנא אלחכמה אסכן אלנהצה ואלמערפה אגד אלמהמאת:
13 ואד תקוי אללה שנאה אלשר פאלהזו ואלאקתדאר וטרק אלסו
וקול אלתקלב שנית דלך: 14 לי אלמשורה ואלפקה אנא אלפהם לי
אלגברוה: 15 בי תמלך אלמלוך ואלוזרא תרסם אלעדל: 16 ובי תרום
אלרוסא ואלנבל וגמיע קצאה אלארץ[4]): 17 אנא מחב אחאב וטאלבי

---

1) בכ״י אעני.

2) בכ״י כלאמהא.

3) ביאור: אחר שהזכיר במה שקדם דברי כזב היוצאים מפי הזונה והיא אינה רוצה שיחקרו ויבחנו אמריה דבר כאן במאמרי החכמה שהיא רוצה בבחינתם לפי שהמעיין בהם יכיר את מהותה שכל עניניה טובים וישרים ומועילים להצלחת אדם וחזרה החכמה לבאר כי טוב סחרה האמור למעלה (ג׳ ט״ו) שאין טעמה שהנושא ונותן בחכמה ירבה הונו אלא שהיגיעה לקנות חכמה טובה מהיגיעה לקנות ממון ותזכיר שני דברים הפנינים שהם יקרים מאד וכל חפציה על דרך כלל ואמרו בראש מרומים וכו׳ ביד שערים וכו׳ ר״ל שבתחלה החכמה נראית רחוקה מן האדם וכאשר יתיגע בה מתקרבת אצלה ובזה אין סתירה בין מה שאמר השם כי לא רחוקה היא ומה שאמר שלמה והיא רחוקה ממני.

4) בא׳ וג׳ אלעדל = אלצדק.

יג׳דוני: 18 אלגנא ואלכרם מעי ואלמאל אלג׳סים בנצפה׳: 19 ות׳מרי
כ׳יר מן אלקראצ׳ה׳ ואלפאיז וגלתי מכ׳תארה׳ מן אלורק: 20 ופי סבל מן
צלאח אסלך ופי וסט סכך אלחכם: 21 לאנחל מחבי׳ אלוג׳וד וכ׳זאינהם
אמלאהא:

אמא קולה אני חכמה שכנתי ערמה פליס ד׳לך כ׳בת׳ מן ג׳הה׳ אלמנכר לכנה פטנה׳ ונהצ׳ה׳ פי אלטאעה׳ וכמא יקול אלחכים לעולם יהיה אדם ערום ביראה (ברכות י״ז א׳) וכמא פעל חושי הארכי פי אלמשורה׳ חתי כ׳לץ דוד (שמואל ב׳ ט״ז, ט״ז) וכמא פעל רבי אליעזר אלד׳י קאל לקאצ׳יה אלרומי אן אלחאכם עדל (עבודה זרה ט״ז ב׳) יעני רב אלעאלמין[1]) וכמא פעל ר׳ מאיר חין כאן מטלובא ליקת׳ל פוקע פי אידיהם פקדמו לה בשר חזיר פכאן יגמס אחדי אצאבעה פי מרקה׳ וימץ׳ גירהא (שם י״ח ב׳) וכמא פעל בעץ׳ תלאמיד׳ ר׳ מאיר אד׳ תחרם בה רגל פאג׳פאה[2]) ת׳ם וקף וקאל לטאלבה מנד׳ וקפת לם ארה[3]) ונט׳יר האולי כת׳יר פהד׳ה אלאמור ערמה מחמודה׳ ואלערמה אלתי פי גיר ד׳לך מן אלכ׳טא קאל פיהא לכד חכמים בערמם (איוב ה׳ י״ג). ומן כאן[4]) פיה ואחדה׳ מן הד׳ה אלארבע כ׳לאל פיג׳ב אן יבג׳צה אלנאס כמא קאל שנאת רע כל בג׳צ׳ה עבאדה׳ והי גאה וגאון ודרך רע ופי תהפכות. פתפסיר גאה אעג׳אב אלמר בנפסה[5]) וגאון אקתדארה עלי קומה ודרך רע אתבאע אלריב ופי תהפוכות כלאם גיר מחצל ולא ת׳אבת. ת׳ם נעתת אלחכמה׳ נפסהא בת׳מאניה׳ אוצאף מתואליה׳ אלאולי אלמשורה׳ אלתי יצ׳טר׳ אליהא ג׳מיע אלנאס אנמא תתפרע מן פרועהא כמא קאלת לי עצה וגו׳ ולא תנפע קוה׳ אלג׳באברה׳ אלא מע גודה׳ אלראי ת׳ם אלמלוך ואשיתהם מן וזרא וכת׳אב לא בד להם מן אסתעמאלהא אד׳ בהא יסוסון אמורהם וידברונהא. ת׳ם אלקצ׳אה׳ ואלחכאם מן אלפקהא ואלעדול פהי עצמתהם אד׳ מנהא יסתמד׳ון אלפתיא פי אלנאס ואלמאל ואלפרוג ואלשראיע[6]). ת׳ם אן אלמתכסבין וטאלבי אלאמואל מצ׳טרון אליהא לאנהם לא יעלמון כיף יתג׳רון בעדל ואנצאף אלא מן ג׳הה׳ אלחכמה׳. אללהם אלא אן יכסבו מן אין מא אתפק ולו בתגלב פליס יסמי ד׳לך תג׳ארה׳ בל לצוציה׳. ת׳ם אן אלאשיא אלתי יפאז בהא אלפוז באלחכמה׳ כ׳יר מנהא ללוג׳וה אלתי וצפנאהא פי כי טוב סחרה. וקולהא בארח וגו׳ תעני אנהא תסוק אלי צלאח ותדעו אלי כ׳יר לאן אלמסתעאן עלי אלכ׳יר ואלמסתעאן עלי אלשר אלשר אד׳ כל שי יויד שכלה ויקויה. וכ׳תמת עלי להנחיל אהבי יש וגו׳ ומעני יש אלוג׳וד לאנה צ׳ד׳ אין ג׳מעת פי הד׳א אלקול כל מוג׳וד וד׳לך אן אלאשיא תתפרק פימא בין ג׳נס ושכ׳ץ ונוע ויג׳מע ג׳מיעהא אלוג׳וד. פמן כאן קאדרא עלי ד׳את אלוג׳וד פהו יפי במא תעד מן מלו אלכ׳זאין כ׳ירא כמא קאל ואוצרותיהם אמלא ולהא וקת תפתח קאל פיה יפתח ה׳ לך את אוצרו הטוב וגו׳ (דברים כ״ח י״ב) וכד׳לך תתם במא תואעדת במלו

---

[1]) לפי דעת הגאון חשיב ר׳ אליעזר בערמה נאמן עלי הדיין שהוא כוון באמרו דיין אל חשם יתעלה והדיין הרומי חשב שהוא משבחו.

[2]) התלמיד רצה לומר משאני עומד לפניך והרודף חשב שאמר מיום היותי על האדמה.

[3]) לא מצאנו מקום הספור הזה.

[4]) נראה שחסרה כאן: וקולה יראת ה׳ יריד בה אן מן וכו׳.

[5]) בתרגומו פירש אלהזו והוא הלעג.

[6]) נראה שר״ל פסקים בדיני נפשות ובדיני ממונות ועריות ואיסור והיתר.

ג֗זאין שר̈א ללעצא֗ה כמא קאל אללה הלא הוא כמס עמדי וגו׳ (שם ל״ב ל״ד) ולהא וקת תפתח קאל פיה פתח ה׳ את אוצרו ויוצא את כל כלי זעמו (ירמיה נ׳ כ״ה)[1]. ובאלנת פי שרפהא אלי אנהא כ֗לקת אול אלכ֗לאיק ומענאהא פי ד֗לך אד֗ לם יכ֗לק שי אלא מחכמא ומן תדביר חכים פהי אד֗ן אול אלמכ֗לוקין:

22 אללה אכ֗תרעני אול כ֗לקה וקדים פעלה אול חין: 23 ומן אול
אלדהר אנתכ֗בת וקדם אלארץ֗ מן אלאן: 24 בדי בי ולים גמור ולא עיון
מע גזר אלמא: 25 קבל אן תרסב אלג֗באל וקבל אלג֗באע אבתדית:
26 ואד֗ לם יצנע אלארץ֗ באסואקהא ולא אול תרבאת אלדניא: 27 ומע
אצלאחה אלסמאואת אנא הנאלך ואד֗ רסם חג֗אבא עלי וג֗ה אלגמר:
28 ומע תאידה אלשואהק מן עלו ואעזאזה עיון אלגמר: 29 ותציירה
ללבחר רסמה ואלמיאה לא תתג֗אוז אמרה ורסמה אסאסאת אלארץ֗:
30 כנת[2]) ענדה ג֗מהורא[3]) וכנת קרה֗ עין יום יום סאר̈ה֗ בין ידיה פי
כל וקת: 31 סרור לאהל אלדניא ארצ֗ה וקרתי לבני אדם:

אד֗ שהדת אלעקול ונצת אלכתב באן אלפאטר ג֗ל ועז כ֗לק מא כ֗לק בחכמה֗ אעני מחכמא תאמא צח בד֗לך מא קאל אלנבי ען אלחכמה֗ אנהא סבקת ג֗מיע אלכ֗לאיק באלוג֗וב אד֗ אלכל אנמא כ֗לק מן אג֗להא ואנהא כאנת מע אלזמאן באלחדות֗ פי אול אן מנה אד֗ אלזמאן נפסה בהא כ֗לק אעני מחכמא פעין אלחכמה֗ ועלי אנהא ליסת קאימה֗ בד֗אתהא פאנהא לא תכ֗לו מן וג֗ודהא פי כל כ֗לק ממא כ֗לקה אללה. ווצף האהנא ג֗מיע מעשה בראשית קאל עמ̃א צנע פי אליום אלאול בהכינו שמים מקדמי ארץ וען יהי רקיע (בראשית א׳ ו׳) בחקו חוג על פני תהום וען יקוו המים (שם ט׳)

---

[1]) ביאור: אמרו ערמה אינו רוצה בה הערמה לעשות הרע אלא הערמה הטובה שהאדם יבין וישכיל לעשות בה הטוב ועל זה אמרו לעולם יהא אדם ערום ביראה וכמו שעשה חושי הארכי להציל את דוד וכמו שהערים ר׳ אליעזר באמרו נאמן עלי הדיין ור׳ מאיר כשהביאו לפניו מרק של בשר חזיר ותלמיד ר׳ מאיר כשנס אליו איש אחד מפני רודף והחביאו ועמד לפני הרודף ואמר לו משעמדתי לא ראיתיו. ואמרו יראת השם ר״ל שיש ארבעה דברים ששנאתם היא עבודת השם והם גאה וטעמו ההתפארות בנפשו והגאון והוא ההתגאות על האחרים ודרך רע והיא התליכה בדרך שנחשדים בה ופי תהפוכות וזה דבור שאינו קיים ומוחלט. ואחר זה מתארת החכמה את עצמת בשמונה תארים רצופים והם: א) שהעצה אשר כל אדם צריך לה היא ענף מענפי החכמה. ב) שהגבורה אינה מועלת לגבור כי אם בבינה. ג) שהמלכים וכל שריהם אינם מושלים בצדק כי אם על ידה. ד) שבדרישתה השופטים דנין ופוסקין. ה) שהסוחרים צריכים לחכמה לישא וליתן באמונה שאם לא כן אינם סוחרים כי אם גזלנים. ו) שקנין החכמה היא טוב מכל הקנינים. ז) שהחכמה מנהגת את האדם בדרך הצדק והטוב לפי שהטוב עזר לטוב ורע לרע. ח) והחתימה שהחכמה תתן לאוהביה כל מה שבנמצא וזה ענין יש שהוא הפך אין לפי שהדברים נחלקים לסוגיהם ולמיניהם ולאישיתם והנמצא כולל כולם והשם שהוא יכול על כל יתן לאוהבי החכמה את כל אשר הבטיחה בו וימלא את אוצרותיהם ויביא על שונאיה את כל אשר הפחידה בו שהוא יוציא עליהם את כלי זעמו.

[2]) בכ״י ב׳ וג׳ וכנת.

[3]) אמון כמו המון בחילוף ה״א באלף.

בשומו לים חקו וען יהי מארות (שם י״ד) באמצו שחקים ממעל וגו׳ וען ישרצו המים (שם כ׳) וען תוצא (שם כ״ד) עד לא עשה. פגאת אלחכמה פי אלשרף בקולהא ואהיה אצלו אמון וגו׳ אד בהא יחדת גמיע מא יחדתה ועליהא יכתרעה ויכרגה ויוגדה. והי לא שך עלי טריק אלמתל תסר ביום יום לאן אי שי כלק פי אי יום פהי מעה תחדת ותפרח בכל וקת וקטעה מן אלזמאן יתגדדון לאנהא[1]) פי דאת כל ברהה וגזו מן אלזמאן תם פסרת אלמתל וקאלת ואנמא אעני בסרורי לים אנא לנפסי אד לים אנא גסם בל אנמא ירגע דלך אלי אהלי ואצחאבי כמא קאלת משחקת וגו׳ וקולי אני קרה עין לים דאתי אד לא שכץ הי לכן מנתחלי ומכתסבי פיהם אקול ושעשעי את בני ארם והדה אלאקואל מן אלתגאיי ואלמבאלגה פי שרף אלחכמא אד צנאעתהם צנאעה אלהיה אנשר במא דא עכס אלחכים תלך אלצפאת אלוחשה אלרדלה פי אשה זונה[2]).

32 פאלאן יא מעאשר אלבנין אסמעו לי וטובא אלדין יחפטון טרקי:
33 אסמעו אלאדב ותחכמו ולא תגדבוה: 34 וטובא אנסאן יסמע לי
או יראבט עלי מצאריעי יום יום ויחפט עצאדאת פתוחי: 35 לאן מן
וגדני פקד וגד אלחיוה ווּפק אלרצא מן ענד אללה: 36 ומן אלכטאני
פקד טלם נפסה וכל שאניי פקד אחבו אלמות:

תקול אלאן קול דאל פמן הו בהדה אלאחואל ינבגי אן יקבל קולה ולא יגדב תם אעלמת אן אלסרור בהא פי אלדניא ואלחיוה פי אלאכרה לא ינאל אלא במואטבה ולזום אד קאלת לשקד לשמר ואלדי דעאהא אלי הדא לאן אלבאני ואלצאיג ואלנגאר וכל מן יעמל צנאעתה תתם פי עשרה איאם מתלא פהו פי כל יום ירתפע לה מנהא אלעשר במקדאר מתסאו ואלחכמה ליסת כדאך לאנא לו נזלנא אלאמר עלי אנהא תכמל פי עשר סנין לם יכן אלעשר מתבאמלא פי אלסנה אלאולי בל יכון פי אלאול אלוקוף עלי גז מנהא יסיר ואלתאניה עלי אצעאפה ופי אלתאלתה עלי אצעאף אלמצאעף ופי אלראבעה עלי אצעאף [אצעאף] אלמצאעף חתי יפוק אלאמר אלוצף. פלדלך אחתאג טאלבהא אלי אן יצבר ויטמאן לילא יקלק פיקל צברה וכדלך אלצלוה[3]) ואלחסאנת תחתאג [אלי] לזום וצבר כמא קאל חזקו ויאמץ לבבכם כל המיחלים לה׳ (תהלים ל״א כ״ה) וכדלך סאיר אלטאעאת ורגא אלתואב כמא קאל חסד ומשפט שמר וקוה אל אלהיך תמיד (הושע י״ב ז׳)[4]). ובעד הדה אלכטוב וצף אלחכים קולין פי אלמחקין

[1]) בכ״י אלא אנהא.

[2]) ביאור: לפי שהשם ברא את הכל בחכמה ובשבילה אמר החכם שבהכרח קדמה לכל והיא היתה בתחלת הזמן שהזמן עצמו נברא על ידה והחכמה אינה עומדת בעצמה אלא נמצאת עם בריאת כל דבר במעשה בראשית ואמרו בהכינו שמים רומז אל יום ראשון ואמרו בחוקו חוג נגד יהי רקיע ואמרו בשומו וכו׳ נגד יקוו המים ואמרו באמצו וכו׳ נגד יהי מאורות ואמרו עד לא עשה נגד ישרצו המים ותוצא הארץ. ואמרו ואהיה אמון רוצה בו שהמון הדברים נבראו בחכמה. ואמרה ואהיה שעשועים וכו׳ על דרך משל שהחכמה שמחה בכל יום ובכל עת לפי שהיא מחודשת עם כל מה שנברא בכל יום ובכל זמן ואחר כן ביארה את משלה באמרה אינני שמחה לעצמי שאינני גוף כי אם אוהבי וקוני הם השמחים בי ואלו התארים המשובחים הם הפך התארים המגונים הנאמרים באשה זונה.

[3]) כן הוא בתוך הספר ובגליון כתוב אלצלאח.

[4]) ביאור: אמרו ועתה ירצה בו שאחר שאלו הם תארי החכמה ראוי לאדם שישמע

ואלמבטלין מן אצחאב אלמדאהב כיף כל פריק מנהם ידעון אלנאס אלי אתבאעה ואלקול במדהבה פקאל פי אהל אלחק והם דוו אלחכמה

ט

1 אלחכמה קד בנת ביתהא ונחתת עמדהא כתירא[1]: 2 ודבחת
דבחהא ומזגת כמרהא ונצדת מאידתהא איצא: 3 תם בעתת בגואריהא
תנאדי עלי טהור אעלי אלסקוף: 4 תקול מן כאן גאפלא יעדל אלי
האהנא ומן כאן נאקץ אלעקל אקול לה: 5 הלמו[2] אגתדו מן טעאמי
ואשרבו מן כמר מזגתה: 6 ואתרכו אלגפלאת ואחיו ואסתרשדו פי
טריק אלפהם: 7 פכם מן מודב דאה יתכד לנפסה אלהואן וואעט
טאלם דאך עיבה: 8 פלא תעטן אלדאהי במא ישנאך בה כל עט
אלחכים פאנה יחבך: 9 ואעט אלחכים מא יתחכם בה איצא וערף
אלצאלח מא יזדאד בה בתא[3]:

וקאל פי אלמבטלין והם אהל אלגהל

13 ואלגהל כאמראה האימה גאפלה לא תערף מאדא: 14 וקד
גלסת עלי באב ביתהא עלי כרסי פי אעלי אלסקף: 15 תדעו במארה
אלטריק אלמסתקימה טרקהם: 16 תקול מן כאן גאפלא יעדל אלי ומן
כאן נאקץ אלעקל אקול לה: 17 אלמא אלמסרוק מא אחלאה ואלטעאם
אלמסתור מא אלדה: 18 ולא יעלם אן אלהלכי הנאך ופי אעמאק
אלגחים מדעוהא:

וינבגי אן נשרח אלקצתין באשתראך עלי אלמקאבלה ואלמואזאה. אמא אהל אלחק פאנהם לא ידעון אחדא אלי אלקול במדאהבהם אלא וקד ענו הם בהא אולא פחררו מא כאן פיהא ממא תוגבה אלעקול וחפטו מא חמלתה אלאכבאר מנהא ודבו ענהא פדפעו אלמטאען אלתי ינשבהא מכאלפוהם פיהא וסדו אלגדר אלתי יתסלק עליהם מנהא פחיניד אסתוי אלאמר להם ולמן יסתעטפונה והם ישבהון מן לם ידע נרמאה ואצדקה חתי אבתני אלבית ואצלח אלאלה פיה ודבח וכבז וטבך חתי אלכואן

לדבריה. ולימוד החכמה צריך להתמדה ולעיון הרבה לפי שזאת המלאכה איננה כמלאכת אומן שאם קבל עליו לעשות את מעשהו בזמן קצוב יגמור בכל יום חלק שוה ממנו אבל התלמיד לא ילמד בשנה הראשונה אלא דבר מועט ובשנה השנית כפלים ובשלישית כפלי כפלים וכן לעולם עד שישלים חפצו וכן בתפלה ובמעשים טובים ובקיום מצות ובתקות הגמול צריך האדם למתינות ולהתמדה.

[1] כ״י א׳ וג׳ סבעה.

[2] כ״י ב׳ הא לכם ובכ״י ג׳ תעאל.

[4] הגאון השמיט כאן שלשה פסוקים י׳ י״א וי״ב והעתיקם בסוף הפרשה כדי לחבר תארי אנשי דוברי כזב (י״ג עד י״ט) עם תארי אנשי אמת הנרשמים בתחלת הפרשה.

אצלחה והיאה תם דעי אלואנה כמא קאל האהנא בנתה חצבה טבחה מסכה ערכה תם שלחה נערתיה וגו׳ ודלך כמא פעל אלמוחדון אד אוצחו דלאיל חדת אלאשיא בעד ביאנהם אן ללאשיא חקיקא לאן אלנטר יכשפהא ויוצחהא תם רדו עלי אלדהריין תם עלי אצחאב אלאתנין תם עלי אצחאב אלתלאתה תם עלי סאיר צנוף אלמלחדין וכאן דלך בעד אלרד עלי אלמתגאהלה באזאלה שבההם חיניד דעו [1]) אלנאס אלי קולהם. וכמא פעלו אלרבוניון חררו אלכתאב כם סורה הו וכם איה וכלמה וקסמוה אקסאמא וגזוה אגזאא באלקסט ואחצו כלאמא כתירא כם יקע פיה מנהא תם חפטו אלאתאר אלמחמולה מעהם מן אנביא אללה פי אלפקה ואלמוארית ואלאחכאם ואלחלאל ואלחראם וסאיר אלשראיע חתי צאר אלאמר כאלכבז אלמכבוז אלמוצוע בין ידי אלגאיע אלדי לם יבק אלא אכלה חיניד דעו אלאמה אלי אלאסתמאע מנהם. ואמא אהל אלבאטל פאנהם לא ישבהון אלא למן לם יבן ביתא ולם יצלח אלתה ולם יהיי טעאמא ולא שראבא ואנמא הו מסתטל עלי באב מנזל והו מע דלך ידעו קומא אלי מא לא יעלם כיף יכון מן אמרה כמא לם יקל אלחכים פי אשת כסילות לא בנתה ולא טבחה ולא מסכה ואנמא קאל וישבה לפתח ביתה פקט כדלך אמר גמיע אלמלחדין מן עברה אלאצנאם וגירהם וכמא יקול בעץ אלעלמא אעני ר׳ יהושע בן חנניה למלך אלרום אלהתכם הדה אן כנתם עאבדיהא פאעבדוהא כארגא מן אלעאלם אלדי כלקה רבנא תעאלי פי עואלם תצטנעהא הי להא ולכם ואמא אן תסתטלו פי מנזל גירכם פלא יסתקים דלך[2]). וכדלך גמיע אלמתגאהלין ואלדהריין לא יענון בטלב אלחכמה בתה ואנמא קצדהם יורדון שבהה צעיפה עלי גריר גבי. וכדלך אלמחדתון מן אמתנא מן גמיע אלמכאלפין לם יען ואחד מנהם בחוטה אלכתאב ותחרירה וזואידה ונואקצה ואעראבה ואשכאלה ולא בשי מן אלפקה ולא אלאחכאם ולא סאיר מא תצמנתה אלאתאר מן אלטאעאת ואנמא קד ואפו הדה אלאשיא אגמעין מחכמה מצלחה פחצלו בעצהא ען גיר תעב ואבדו פי אן יתעקבו אלתעבין פיהא אלחאמליהא פי פרוע יסירה בשבה צעיפה עלי מתאל מא גוד אלחכים אלתמתיל להם תם הם מע דלך יתעטמון כמא קאל על כסא ולא ירצון במא רצי בה אלאולון על נפי ואנמא יקצדון אלאגרא ואלאנביא ליזילוהם ען טרקהם אלסהלה כמא קאל לקרא לעוברי דרך וגו׳ מי פתי וגו׳ כמא קצד אלחכמא מן כאן גאפלא ליסתתיבוה וירדוה. וכמא יריד אלמוחדון ואלרבוניון תרך אלגהול כמא קאל עזבו פתאים וחיו וגו׳ כדלך ירידון אלמלחדון ואלמכאלפון אבאחתהא כמא קאל מים גנובים וגו׳ פמתל באלמא אלמסרוק אלמאל אלחראם ושבה באלטעאם אלמסתור אלנשיאן אלחראם פאלמלחדון ואלמכאלפון יטלקון כליהמא ואלמכאלפון אבעאצא מנהמא כמא [הו] משרוח פי תפסיר אלתוריה. ואמא קולה יסר לץ וגו׳ פהדא קול כאץ לא עאם אד כאן אלשאהד יוגדנא מודבא לגאהל לא ינאלה עאר ולא באם ולדלך זדת פי אלאכראג כם מן ואנמא הדא כאצה פי מן לא יחסן אן יעט פתאול עטתה בה ובאלמועט לה אלי אלמנאועה ואלמשאגרה נעם חתי אלפריה ואלמקאדפה ודלך יכון אמא מן תחאמלה עליה או מן אצעאפה חנג אלעטה או מן ועטה לה פי מלא מן גמאעה פמנהא קאל לוקח לו קלון וגו׳ ואמא מן יחסן אן יעט פליובך לץ ורשע וגירהמא מן אנגאם אלמכטיין וקד עלמת אן אביה[3]) ובך אלקום פי אלגמאעה פאנקלב דלך עליה כטאא ואן חנני

---

[1]) בכ״י תדעו.

[2]) לא מצאנו מקום מאמר ר׳ יהושע.

[3]) לא ידענו מי הוא זה אביה ואולי צ״ל נביא = נביא והוא איש האלהים הנזכר במ״א י״ג.

הראה ועט אסא פי גמאעה פגצב עליה כמא קאל ויכעס אסא על הראה וגו׳ (דברי הימים ב׳ ט״ז י׳) וקד קאל אללה הוכח תוכיח את עמיתך וגו׳ מן חית ולא תשא עליו חטא (ויקרא י״ט י״ז) ואמא אלצאלח פכיף מא עדלתה פגאיז בל יחבך עלי דלך כמתל יחזקיהו חין וכבה ישעיהו קאל לה טוב דבר ה׳ אשר דברת וגו׳ (מלכים ב׳ כ׳ י״ט). וקאל תן לחכם ויחכם עוד הו מא קדמנא דכרה אן אלדי יסמע אלשי אליסיר פיסתנבט מנה אשיא אכר באלתפריע ואלתנתיג והו אלדי נסמיה מבין דבר מתוך דבר [1]). ופי מא בין אלקצתין אעני חכמות ואשת כסילות קאל תלאתה פואסיק

10 אול מא תאמר בה אלחכמה תקוי אללה ופור[2]) מא יוגבה
אלפהם מערפה אלקדוס: 11 תקול אן בי תכתר איאמך ויזדאד לך סנו
חיוה: 12 פאן תחכמת פלנפסך ואן תדאהית חמלת וזרך:

קדשים פי הדא אלמוצע הו פראד לא גמע והו קדוס מתל אלהים אללה פראד וכדלך ארנים סיד פראד ופי לגתנא כתיר מתל הדא ליל שמורים (שמות כ״ב מ״ב) חפט יום כפורים (ויקרא כ״ג כ״ז) נפראן איל מלאים (שמות כ״ט כ״ב) כמאל ואשבאה דלך. וקולה לבדך תשא פיה כלמה מצמרה והי עון כאנה יקול לבדך תשא עוניך נטיר מא יקול פי עדה מואצע מן אלתוראה ונשא עונו (ויקרא י״ז ט״ז) ואלחגה פיה כגמיע אלמצמראת. ויכון גרץ קולה אם חכמת וגו׳ ימנע אלמתעלם מן אלסטוה עלי מעלמה ואלאמתנאן עליה ולא עלי סאיר אלנאס אד כאן אלמתעלם אנמא יעמל פי נפע נפסה

---

[1]) ביאור: אחר שהגיד החכם שבח החכמה במה שקדם דבר בשני מאמרים על אנשי שקר ואנשי אמת. ואנשי אמת יגעים בתחלה בדעותיהם וחוקרים במה שיחייב השכל ושומרים את הקבלות ומסירים טענות המתנגדים ואחר כך מודיעים את דעותיהם לרבים ונמשלו לבעל הבית העורך היטב שלחנו קודם שיקרא לאחיו ולאוהביו וכן עשו המיחדים שהביאו ראיות על חידוש העולם אחר שהראו בבירור בבחינתם אמיתת מציאות הדברים ואחר זה השיבו על אנשי הקדמות ועל בעלי שנים ושלשה וכל מיני הכופרים אחר שהסירו הספקות שהטילו הסכלים באמונה הזאת והרבניים הם אשר מנו מספר הפרשיות והפסוקים והתיבות שבמקרא וחלקום לפי האמת ומנו כמה פעמים נמצאת כל מלה ומלה ושמרו מה שנמסר בקבלה בהלכות ירושה ונזקין ואיסור והיתר. אבל אנשי שקר דומין למי שלא בנה בית ולא ערך שלחנו ועם כל זה קורא לאחרים לאכול עמו והם הכופרים ועובדי עבודה זרה ודומיהם וזה שאמר ר׳ יהושע בן חנניה למלך רומי: אל תעבדו אלהיכם בעולם שברא אלהינו עבדו אותם בעולמות שיבראו להם ולכם. וכן האוילים ואנשי הקדמות אינם יגעים בחכמה כי אם להטיל ספקות קלים לפני הפתי וכן המתנגדים מצאו ערוך לפניהם כל מה שעשו בעלי המסורת והקבלה והבינו מקצתו בלי יגיעה וטענו על איזה חלק מועט מזה בספקות קלים ועם כל זה הם מתגאים ויושבים על כסא בהסך האחרים שיושבים על גפי מרומי קרת והם מבקשים את עוברי דרך להטותם אבל החכמים מבקשים את הפתי להשיבו אל דרך טובה. וכמו שהמיחדים והרבניים רוצים בעזיבת הכסילות כן הכופרים והמתנגדים רוצים בהתמדתה. ואמרו מים גנובים הוא הממון האסור ולחם סתרים בעילה אסורה והכופרים מתירים כל זה והמתנגדים קצתו. ואמרו יוסר לץ וגו׳ אינו על דרך כלל אבל ענינו שיש מוסרים שאינן יודעים להטיב תוכחתם על הלץ ויבואו עמו לידי ריב וגם לידי חירוף וזה שיתעברו עליו או שראיותיהם חלושות או שיוכיחו אותם בפני רבים כמו שעשה נביא אחד והוכיח את העם בפרהסיא ונהפך לו לעון וחנני הראה שהכעיס את אסא עליו אבל הצדיק מקבל את כל התוכחות בסבר פנים יפות כמו שעשה יחזקיה עם ישעיהו. ואמרו תן לחכם וכו׳ שהחכם ישמע דבר מועט ויוציא ממנו תולדות הרבה ומבין דבר מתוך דבר.

[2]) כ״י א׳ ופיר וכ״י ב׳ ופוד וכ״י ג׳ ואלאול ונראה שענין זאת המלה כמו ראשית.

וכמא קאל אלחכמים ז״ל אם עשית תורה הרבה אל תחזיק טובה לעצמך כי לכך נוצרת (אבות פ״ב מ״ט) ו׳לך ען רבן יוחנן בן זכאי[1].

תם אלגז אלאול מן כתאב טלב אלחכמה

[1]) אמרו קדושים ירצה בו הקדוש ולשון רבים הוא במקום היחיד כמו אלהים ואדונים ושמורים וכפורים. ובאמרו אם הכמת וכו׳ הזהיר התלמיד שלא יתקומם על רבו ויהיה כפוי טובה שמה שילמד אינו לומד אלא לעצמו. ואמרו תשא ר״ל תשא את עוונך כמו שנמצא בהרבה מקומות מן התורה ויש כמו זה הרבה מלות נסתרות אשר ענין המאמר יורה עליהם.

נשלם החלק הראשון מספר דרישת החכמה.

אלג̇ז אלת̇אני

אמת̇אל ואדאב מפרדה̈ כלאמהא מנת̇ור נת̇רא וד̇לך איה̈ איה̈ מפרדא אלא אליסיר מנה יתצל.

י

1 ומן אמת̇אל סלימאן אלאבן אלחכים יפרח אבאה ואלאבן אלג̇אהל חסרה̈ אמה:

תוגת מת̇ל יגון. וקצ̇יה̈ אלאב תג̇ב ללאם וכד̇לך באלעכס עלי מא קדמנא. ופי קולה בן חכם וגו' אמראן מג̇מועאן אחדהמא חת̇ ללאבוין עלי תעלים ולדהמא ללעלם במא אכ̇ברהמא אנה זינהמא ופכ̇רהמא. ואלאכ̇ר חת̇ ללאבן עלי טלב אלחכמה̈ אד̇ כאן יג̇ב עליה בר אבויה ת̇ם אן עלמה ממא יפרחאן בה פקד לזמה אן יתעלם איצ̇א ליפרחהמא ולא יתג̇אהל לילא יג̇יט̇המא[1]).

2 לא תנפע כ̇זאין אלט̇לם ואלנצפה̈ תנג̇י מן אלמות:

הד̇א עלי אלדניא כמא תשאהד ד̇וי אלריב ואלמעאצי רעבין[2]) כ̇איפין ואהל אלצלאח ואלעפה̈ מטמאנין האדיין. ועלי אלאכ̇רה̈ כמא ועד אללה מן הלאך האולי ונג̇א האולי פקאל משוך חסדך וגו' אל תבואני וגו' שם נפלו פעלי און (תהלים ל"ו י"א, י"ב, י"ג)[3]).

3 לא יג̇יע אללה נפס אלצאלח ואפה̈ אלט̇אלמין ידפע ענה:

וקד יחסן אן נקול ושהוה̈ אלט̇אלמין ידפעהא ענהם בחג̇ה̈ מסתעמל אלאבדאל אד̇ יקום הֵיְ מקאם אלף̇ חתי יציר מא פי נצף̇ אלפסוק אלת̇אני צ̇ד מא פי נצפה

החלק השני

משלים ומוסרים נפרדים ומפוזרים בפסוקים נבדלים ורק מעטים הם מחוברים.

[1]) ביאור: תוגת כמו יגון. והשמחה והיגון לאב ולאם כמו שהקדמנו (דף 15). ויש בזה הפסוק שני צוויים האחד הערה להורים ללמד את בנם שהוא תפארתם והשני הערה לבן ללמוד שהוא חייב לכבד את אביו ואת אמו וחכמתו היא שמחת להם וכסילותו יגונם והוא חייב לשמחם ולא להכעיסם.

[2]) בכ"י דעבין.

[3]) ביאור: בעולם הזה אנו רואים הרשעים מפחדים והצדיקים שקטים ולעולם הבא הבטיח השם שיציל את הצדיקים ויאביד את הרשעים.

אלאול. ודלך פי אלדניא כמא ועד אללה אלצאלחין גיר אלממתחנין באנה לא יכדלהם וכמא פי ואם בחקתי תלכו ואם בחקתי תמאסו (ויקרא כ״ו ג׳ י״ג) אנמע. ותואעד אלטאלחין גיר אלממהלין לאחד אלסבעה אסבאב אלתי שרחנאהא פי תפסיר ה׳ ארך אפים ורב חסד וגו׳ (במדבר י״ד י״ח). והו פי אלאכרה איצא ממתלא הנה עבדי יאכלו ואתם תרעבו וגו׳ (ישעיה ס״ה י״ג) וסאיר אלקצה[1]).

4 אלפקר מן עמל אלכף אלמלולה ויד אלנשיטין תסתגני[2]:

דלך פי אלדניא במא ירזק אלמתכסבון ופי אלאכרה במא יתאב אלעאמלון באלטאעה וקד יכון פקר לים מן אלמלאל ולא[3]) מן כסל אלרגאל אלא אן הדה בניתה אלאולי[4]).

5 אלאבן אלעאקל יועי פי אלקיט ואלאבן אלמסי יסבת וקת אלחצאד:

ינצרף איצא אלי אעמאל אלדניא ואלאכרה ואן לם ינם אלא אנה תרך פאלאמר ואחר[5]).

6 תחל אלברכאת בראס אלצאלח ווגוה[6]) אלטאלמין יגטיהא טלמהם:

רגב אלנאס פי אלכיר איצא למא פיה מן אלתנא אלחסן ענד אללה וענד אלנאס וחדרהם מן אלשר ואידא למא פיהא מן דכר אלסו ענד אללה וענד אלנאס[7]).

7 כדאך דכר אלצאלח ברכה ואסם אלטאלחין יבלא:

ומעני דלך אן אלאכיאר מחבובון חתי אסמאהם ודלך אן אלנאס יסמון אברהם יצחק ויעקב ומשה ואהרן ומאיר ועקיבה ואמתאל דלך ולא יסמון פרעה ולא סנחריב ולא המן ולא טיטוס ולא ביתוס ולא זונין[8]) ולא מא אשבההם[9]).

---

[1]) ביאור: אפשר שהות כמו אות בחילוף אלף בה״א וטעמו שאינו נותן לרשעים מה שיתאוו ולפי זה סוף הפסוק הפך תחלתו. וענין הפסוק בעולם הזה שלא יעזוב השם את הצדיק כי אם לנסותו ולא יאחר לרשע כי אם לאחת מן השבע סבות המבוארות בפירוש ה׳ ארך אפים ולעולם הבא הוא על דרך משל כמו שאמר הנביא הנה עבדי יאכלו וכו׳.

[2]) עיין למטה ביאורו לי״ב כ״ד.

[3]) בכ״י מן אלמאל אלא.

[4]) ביאור: בעולם הזה הזריזות מביאה לידי עושר ובעולם הבא הוא גמול מעשים טובים ועניות לא תבוא מהרמיה ומהעצלות לבדן אבל הן סבתה הראשונה.

[5]) ביאור: הפסוק מוסב גם כן על עסקי העולם הזה והעולם הבא ואין חילוק אם הבן הוא ישן או עצל.

[6]) תרגם כאן פי כמו פני.

[7]) ביאור: העיר את בני אדם לעשות הטוב מפני שיהללוהו אלהים ואדם והזהירו מן הרע בעבור שם רע הבא עליו מאת אלהים ואדם.

[8]) עיין בע״ז ב״ה א׳ ונראה שלדעת הגאון זונין היה גוי.

[9]) ביאור: הצדיקים חביבין עד שבני אדם יקראו בניהם על שמותם כאברהם יצחק ויעקב וכיוצא בהם ולא על שם הרשעים כפרעה וסנחריב ודומיהם.

8 אלחכים אלקלב יקבל אלוצאיא וגאהל אלמנטק יתלבט:

אומי בהדא אלי אלשראיע אלסמעיה אלתי אנמא סבילהא אן תקבל ואלגאהל ימארי ענהא ולא יחצל מן מראדהא[1]) עלי שי כמא קאל ועם לא יבין ילבט (הושע ד׳ י״ד)[2]).

9 אלסאלך פי צחה יסיר ואתקא ואלמעסר טרקה יערף בדלך:

וממא זהד פי אלשר אן אלשריר לא יקבל אלנאס צדקה ממא קד ערפוה באלכדב. וגה אכר פי דלך אלדי יטלב אלצחה ואלחק לא יחתאג אלי חיל[3]) לאנה יעלם אנה יפלג באלמסתקים ומן טלב גיר אלחק פהו יעסר טרקה ויעונהא תם יערף ולא ינפעה דלך שיא והדא ענד אללה וענד אלנאס כמא עוגת מרה ירבעם עלי אחיה השילוני ולם ינפעהא דלך שיא בל קאל להא למה זה את מתנכרה ואנכי שלוח אליך קשה (מלכים א׳ י״ד ו׳) וכמא עוג אלסלפתאן[4]) אלמכתצמתאן פי צבי חי וצבי מ[י]ת עלי שלמה ולם ינפעהן שיא. וגה תאלת אן מן לזם אלעפה ואלורע אמן שר אלסלטאן ועקאב אללה כמן עיר מואזינה וצנגאתה פלים יכאף מחתסבא ומן כאן דא ריבה יערף בוגלה ותפזעה[5]):

10 אלגאמז בעינה יצנע משקה ואלגאהל בנטקה יתלבט איצא:

מענאה אן אלתסארר צעב עלי אלעלמא וכדלך גמיע אנואע אלריב ואלגהאל פהם מתלותון בדלך. פקולה עצבת יעני עלי אלחכמא[6]).

11 קול אלצאלח ינבוע אלחיוה וקול אלטאלמין יגטיה טלמהם:

פיה מעאן אן אלצאלחין כלאמהם מתתאבע כאלמעין ואלטאלמון ליס כדלך בל יקצרון ואן תערצוה מדה מא ואיצא אן אלאכיאר יאמרון באלמערוף דאימא ואלאשראר יכאפון אן יאמרו בה ממא גמרהם רטאהם ואיצא אן אלנאס יקבלון קול אלצאלח לאנה יאמרהם במא יפעל ויכאלפון אלטאלח לאנה יאמר במא לא יפעל[7]).

---

[1]) בכ״י מראדה.

[2]) ביאור: רומז בזה הפסוק אל המצות השמעיות המסורות בקבלה והכסיל יטיל ספק עליו ואינו מבין כוונתן.

[3]) בכ״י קיל.

[4]) „שתי יבמות" ועיין ילקוט מלכים א׳ ג׳ ט״ז.

[5]) ביאור: מה שיעורר האדם למאוס ברע הוא שאין מאמינים לרשעים אפילו אם יאמרו אמת. ופירוש אחר שתמים דרך אינו צריך לבקש תחבולות לפי שהוא יודע שהוא ינצח בישרו ודברי המכזב נפתלים אבל שקרו ניכר מהרה ולא יועילו לו כמו אשת ירבעם עם אחיה השילוני ושתי יבמות שבאו לפני שלמה. ופירוש שלישי שירא האלהים אינו מתירא מעונש המלך ומפורענות השם כמו שמי שיש לו הין צדק ואיפת צדק אינו ירא מפני אגרנמים והרמאי ניכר בפחדו ובחרדתו.

[6]) ביאור: אמרו קורץ וכו׳ ר״ל שהסתר הדברים וכל מיני הרמיזות נותנים עצבת לחכמים והכסילים מזוהמים בזה.

[7]) ביאור: יש בזה הפסוק ענינים רבים דבור החכמים כמעין נובע תמיד ואין כן הרשעים שישתתקו אף על פי שנתוכחו איזה זמן ועוד הצדיקים יצוו בטוב והרשעים אינם עושין כן לפי שהם

12 אלשנאה̈ ת̇ת̇יר אלצ̇ג̇ב ואלמחבה̈ תגטי ג̇מיע אלג̇רום:

ד̇לך אולא פי אלנאס כמא עלמת מן אמר ג̇ור פרעון [עלי ישראל] וישראל עלי [ירמיה פי] עהד צדקיה[1]) פי באב שנאה ומן אמר שמשון ודלילה פי באב אהבה ובעד ד̇לך פי אלדין כמא עלמת מן קול משה לבני גד ולבני ראובן כה עשו אבותיכם וגו׳ (במדבר ל״ד ח׳) וקול שלמה לשמעי אתה ידעת את כל הרעה אשר ידע לבבך וגו׳ (מלכים א׳ ב׳ מ״ד) פי באב שנאה ואלאחתמאל אלכת̇יר לבני דוד בל לג̇מיע אלאמה̈ פי באב אהבה כמא יקול כי למען דוד נתן ה׳ אלהיו לו ניר וגו׳ (מלכים א׳ ט״ו ד׳) וישלח ה׳ אלהי אבותיהם אליהם (ד״ה ב׳ ל״ו ט׳)[2]).

13 פי נטק אלפהם תוג̇ד אלחכמה̈ ואלקצ̇יב לט̇הר אלנאקץ̇ אלעקל:

הד̇א אלקול פי מן רזק קריחה̈ ד̇כיה̈ או חרמהא[3]):

14 אלחכמא ידכ̇רון אלמערפה̈ וקול אלג̇אהל ינדק̇ ען קריב:
15 כמא אן מאל אלג̇ני קריה̈ עזה ואנדקאק אלפקרא רת̇את̇הם:

להת̇ין אלאיתין מעניאן אלאול אן אלחכים ינבגי לה אן יחפט̇ עלמה ויצונה כמא יחפט̇ אלג̇ני מאלה לאנה אן לם יחפט̇ה כאן כאלפקיר בלא מאל ואלת̇אני אן אלעלם מן שאנה אן יחצן צאחבה ויסתרה כמא יסתר אלמאל ואלחצן אצחאבהמא בל אפצ̇ל מן ד̇לך[4]).

16 אג̇ר אלצאלח חיוה̈ וגלה̈ אלפאסק ג̇זא כ̇טיה̈:

מת̇ל ת̇ואב אלצאלחין באלגלה̈ ואלאת̇מאר כמא קאל אמרו צדיק כי טוב (ישעיה ג׳ י׳) ועקאב אלטאלחין איצ̇א בהמא כמא קאל הנה אנכי מביא רעה אל העם הזה פרי וגו׳ (ירמיה ו׳ י״ט)[5]).

17 סביל ללחיוה̈ חפט̇ אלאדב ותארך אלעט̇ה̈ מצ̇ל:

יחתמל אן יכון מצ̇ל נפסה ומצ̇ל גירה[6]).

18 מגטי אלשנאה̈ ד̇ו נטק באטל ומכ̇רג̇ שנאעה̈ הו ג̇אהל:

משוקעים בכסילותם ועוד דברי צדיקים נשמעים שהוא מצוה האחרים במה שהוא עושה ולא כן דברי הרשע לפי שיצוה את האחרים במה שאינו עושה.

[1]) יש כאן הסרונים ומלאנום לפי השערתנו.

[2]) ביאור: אמרו שנאה ואהבה תן בבני אדם כמו שנאת פרעה לישראל ושנאת ישראל לירמיה בימי צדקיה וכמו אהבת שמשון ודלילה והן בדברי האמונה כתוכחת משה על בני גד ובני ראובן ותוכחת שלמה על שמעי וזה בשער השנאה וכחמלת השם על זרע דוד ועל כל ישראל וזה בשער האהבה.

[3]) ביאור: זה במי שניתן לו לב טהור ובמי שנמנע ממנו.

[1]) ביאור: יש לשני הפסוקים אלו שני ענינים האחד ראוי שישמור החכם חכמתו כמו שהעשיר שומר את עשרו ועוד שהחכמה תגן על בעליו כקרית עוז כמו שהעושר מגין על העשיר ויותר מזה.

[5]) ביאור: גמול הצדיק ועונש הרשע נמשלים לפרי ולתבואה.

[6]) ביאור: אפשר שענינו שיתעה עצמו ואחרים.

דלך לאן אלמבגץ אלמראיי הו אשר מן אלמכאשף אלמטאהר וקד עלמת אן אלאסבאט ועלי אנהם קד דמו בבגצה יוסף פקד כאנת חאלתהם אד טאהרוה בדלך כמא קאל ולא יכלו דברו לשלום (בראשית ל"ז ד') אצלח מן חאל אבשלום אלדי כתם אמנון בגצתה לה כמא קאל ולא דבר אבשלום עם אמנון למרע ועד טוב וגו' (שמואל ב' י"ג כ"ב) וקאל איצא בפיו שלום את רעהו ידבר וגו' (ירמיה ט' י'). ואמא תנהילה ללמשנע פהו עלי אלחאלין גמיעא חקא כאן אם באטלא פאמא אלבאטל כמא פעל אלמרגלים ואמא אלחק פכמא פעל יוסף חתי אנה לו שהד עליה בשהאדה והו ואחד לכאן מכטיא וללזמה הו אלחד (פסחים קי"ג ע"ב) והדא אלקול פי מן ישהד עלי אליה בגנאיה מן אלגנאיאת והו ואחד ואמא אן ישהד עליה במאל או מא כאן מן אלמעאמלאת פלים ילזמה חד בל יכון לשהאדתה אתר אמא וגוב ימין או גירהא ממא הו משרוח פי אלפקה (שבועות מ' ע"א) [1]).

19 בכתרה אלכלאם לא יעדם גרם פאלצאד שפתיה ען דלך עאקל:

כמא עלמת מן יוסף חין זאד פי כלאמה כי אם זכרתני אתך וגו' (בראשית מ' י"ד) אכר [2]) בעד דלך סנתין (בראשית רבה ריש מקץ) וכמא עלמת מן משה ואהרן חין זאדא שמעו נא המורים (במדבר כ' י') לם ידכלא אלבלד לא אן [3]) אלקום לם יכונו מורים בל קד קאל אללה קבל [דלך] למשמרת לאות לבני מרי (שם י"ז כ"ה) לכן לאיהאמהמא אלקום אנה[ם י]רחמון והם מורים [4]).

20 לסאן אלצאלח כאלפצה אלמכתארה וקלב אלטאלחין צגיר:

מעני דלך אן אלצאלח קלבה ואתק בכלאמה אנה מחרר כאלפצה אלמסבוכה וכמא קאל אמרות ה' אמרות טהורות וגו' (תהלים י"ב ז') בל אלמסבוך עלי אלגאיה לקול צרופה אמרתך מאד וגו' (שם קי"ט ק"מ) ואמא אלטאלם פקלבה צגיר ממא הו יעלם אן אמרה מטלם מדלס [5]).

21 נטק אלצאלח ידבר אלכתירין ואלגהאל בקלה עקולהם ימיתונהם:

נטיר מא עלמת מן תדביר משה ושמואל ודוד ויוחנן כהן גדול ושמעון בן שטח ונטראיהם ללאמה באלצלאח ובעכס דלך יהלכונהא אלגהאל מתל ירבעם ובעשא ואחז וצדוק וביתוס וגירהם [6]).

---

[1]) ביאור: המראה את שנאתו כאחי יוסף טוב ממי שהוא חנף כאבשלום עם אמנון. ואמרו מוציא דבה הוא כסיל בין שמספר דבר שקר כמו המרגלים או דבר אמת כמו יוסף לכן עד אחד המעיד בחבירו בדבר עבירה לוקה אבל בדיני ממונות אינו כן לפי שלפעמים הדיינים מחייבין שבועה על פיו או זולת זה כמו שמבואר בתלמוד.

[2]) בכ"י וכר.

[3]) בכ"י לאן.

[4]) ביאור: לפי שהרבה יוסף בדברים עם שר המשקים לא יצא מבית האסורים אלא אחר שתי שנים ומשה ואהרון נענשו באמרם שמעו נא המורים לא שלא היה ישראל מורים כי השם עצמו קראם כבר בני מרי אבל הטעו אותם לחשוב שהשם ירחם עליהם אפילו הם מורים.

[5]) ביאור: הצדיק בטוח שמאמריו צרופים ומזוקקים בכסף נבחר והרשע יודע בעצמו שדבריו אינם נאמנים ואין לסמוך עליהם.

[6]) ביאור: הצדיק ינהל את הרבים בדרך ישר כמו משה ושמואל וכיוצא בהם והכסיל יאבידם כמו ירבעם ובעשא ודומיהם.

22 **ברכה אללה תגני וחדהא[1]) ולא תזיד אלמשקה מעהא:**

כמא בארך אללה לצרפית פי כד הקמח וצפחת השמן וללארמלה אלאכרי פי אסוך שמן בגיר תעב ולא ענא[2]).

23 **פעל אלפאחשה ענד אלגאהל כאלצחך ואלחכמה לדי אלפהם:**

הדא מא ישאהד מן אלגהאל אלדין יאתון אלמעאצי ויקולון אנמא הדא לעב ומזאח כמא סמת מרה פוטיפר אלזנא לעבא אד קאלת בא אלי העבד העברי [לצחק בי] וגו׳ (בראשית ל״ט י״ד) חתי לו ספכו אלדמא כאן ענדהם הזוא כמא קאל אבנר יקומו נא הנערים וישחקו לפנינו (שמואל ב׳ ב׳ י״ד) וחתי לו עבדו אלאצנאם כאן ענדהם לעבא כמא קאל פי קצה [אלעגל] ויקמו לצחק (שמות ל״ב ו׳) לכן וחכמה לאיש תבונה אלחכים ינטר פי אלעאקבה וינזל אלמעאצי מנזלתהא[3]).

24 **חדר אלטאלם יחל בה ושהוה אלצאלחין יעטיהם אללה:**

אנטר כיף וצף אלצאלחין בתמרה פעלהם אד קד אתו חסנה פאנמא באלהם מצרוף אלי אלתמני ובדלך יעטיהם כמא קאל לדוד יען אשר היה עם לבבך וגו׳ (מלכים א׳ ח׳ י״ח) ווצף אלרשעים בתמרה פעלהם למא אתו אלכטיה קלובהם משגולה באלחדר והו יחל בהם כמא קאל ללעצאה והיתה החרב אשר אתם יראים ממנה וגו׳ (ירמיה מ״ב ט״ז) ולדלך לם יקל מגורת צדיק לא תבואנו ותאות רשעים לא יתן ועלי אן הדא איצא צחיח[4]).

25 **כמרור זובעה יעדם אלפאסק ואלצאלח אסאס אלעאלם:**

הדא אולא פי אלדניא כמא הלך ניל אלטופאן ובקי נח ושתת לגה אהל אלצרח ובקי בנו עבר והלך קרח ונגא בנוה ואמתאל האולי ופי אלאכרה איצא יהלכון אלרשעים ויבקון אלצאלחין כמא קאל ועסותם רשעים כי יהיו אפר תחת כפות וגו׳ (מלאכי ג׳ כ״א) ומעני אלהלאך אלעדאב[5]).

26 **כאלכל ללאסנאן וכאלדכאן ללעינין כדלך אלכסלאן לראסליה:**

ואנמא מתלה במא יודי הדין אלעצוין כאצה לאנהמא אלמסתעמלאן פי אלרסאלה אעני אן ינטר בעיניה ויחכי בפיה. ואלכסלאן יעם תארך אלעגאיה באלדניא ותארך אלעגאיה באלטאעה וכמא עלמת מן אלמרגלים ומא אשבההם[6]).

---

[1]) בכ״י ב׳ הי תגני.

[2]) ביאור: כמו שבירך השם את הצרפית ואת האלמנה האחרת ונתן להם מזון בלי עמל ויגיעה.

[3]) ביאור: אנחנו רואים שהפשעים בעיני הכסילים כשחוק וכן קראה אשת פוטיפר לניאוף ואבנר לשפיכות דמים ובני ישראל למעשה העגל. והחכם יראה אחרית כל דבר וישים את העבירות במדרגתם.

[4]) ביאור: החכם אומר שפרי צדקת הצדיקים שבעשותם הטוב מתאוים ומיחלים והשם יתן משאלותם ופרי רשעת הרשעים שאחר שחטאו לבם טרוד בחרדה ומה שייראו יבא עליהם ולכן לא אמר מגורת צדיק לא תבואנו ותאות רשעים לא יתן אף על פי שגם זה אמת.

[5]) ביאור: בעולם הזה כמו שנשאר נח ובניו בדור המבול ובני עבר בדור ההפלגה ובני קרח במות אביהם ובעולם הבא ישארו הצדיקים והרשעים יאבדו ר״ל יענשו.

[6]) ביאור: המשיל השליח העצל למה שיזיק שני אברים אלו מפני שהוא שלוח לראות

27 **תקוי אללה יזיד[1]) פי אלעמר וסנו אלפאסקין תקצר:**

ליס הדׄא אלקול חתם אן יכון כל צאלח מזאדא פי חיותה וכל טאלח מקצרא מנהא לכנה עלי אלמשיה̈ פקד ישא אללה אן יזיד צאלחא פי עמרה כמא זאד יחזקיהו וקד ישא אן יבתר עמר אלרשע כמא פעל פי מנפת זמרי וקרח וגירהמא אלא אנה אן לם יזד צאלחא פי אלדניא ולם ינקץ טאלחא לקיא אגׄריהמא כמלא פי אלאכׄרה̈ וקד עלמת אן בית ראשון לצלאח אלכהנים אנמא כׄדם פיה י״ח כהן ואלתׄאני לפסאדהם כׄדם פיה ש׳ כהן ופצׄל (יומא ט׳ א׳)[2]).

28 **צבר אלצאלחין אלי פרח ורגׄא אלטאלחין יביד:**

הדׄא פי אלאכׄרה̈ באלחכם ופי אלדניא עלי סביל אלאיה̈[3]):

29 **טריק אללה עז לדוי אלצחה̈ ואנדקאק לפעלה̈ אלגׄל:**

דׄלך אן אלצאלח מן חיתׄ תקול לה אפעל יטיע[4]) ומן חיתׄ תקול לה אנתה ימתנע ואלרשע אנמא ירצדך[5]) מא אמרתה עכסה וכמא קאל הושע כי ישרים דרכי ה׳ וצדיקים ילכו בם ופושעים יכשלו בם (הושע י״ד י׳)[6]).

30 **ואלצאלח אלי אלדהר לא ימיל ואלטאלמון לא יסכנון אלדאר:**

הדׄא איצׄא פי דאר אלדניא עלי סביל אלאיה̈ אלמעגׄזה̈ כמא אהלך מנהא טׄלמה̈ בכתׄרה̈ ופי אלאכרה̈ בחכם ואגׄב[7]).

31 **פם אלצאלח ינמו אלחכמה̈ ואללסאן אלמתקלב ינקטע:**

ינוב יתצרף מן תנובה ותנובות שדי (דברים ל״ב י״ג) אלדׄי הו נמו פאלצאלח אדׄ כלאמה באצל ועלי קאנון פהו ינמו ויתפרע ודׄו אלבאטל אדׄ כלאמה לא אצל לה ינקטע ולא יתׄבת בחצׄרה̈ אלחק[8]).

32 **שפתא אלצאלח קד תעודת אלרצׄא ופם אלטאלחין תעוד אלתקלב:**

בעיניו ולדבר בפיו. וזה השליח הוא בין עצל בדברי העולם בין עוזב מצות השם כמו שידעת מהמרגלים ודומיהם.

1) בכ״י ב׳ תזיד.

2) ביאור: אין זה דבר מוחלט לפי שהכל ברצון האל ולפעמים יוסיף על ימי צדיק כמו שעשה לחזקיה ויקצר ימי הרשע כמו שאירע לזמרי וקרח רק שאם אינו עושה כן ישלים גמול הצדיק ועונש הרשע בעולם הבא וידוע שבבית הראשון לא שמשו אלא י״ח כהנים לפי שהיו צדיקים ובבית שני שמשו יותר משלש מאות כהנים לפי שהיו רשעים.

3) ביאור: בעולם הבא בגזר דין ובעולם הזה על פי נס.

4) בכ״י יטיק.

5) „יסתכל בך כאלו הוא במארב״.

6) ביאור: אם תאמר לצדיק עשה הוא עושה ואם תאמר אל תעשה ימנע ממנו והרשע עושה הפך מה שתצווה אותו.

7) ביאור: בעולם הזה על דרך אות ומופת כמו שאבדו רשעים רבים ובעולם הבא בגזר דין.

8) ביאור: ינוב מלשון תנובה ודברי צדיק שיש להם שורש עושים פרי ודברי הרשע שאין שרש להם לא יקומו לפני האמת.

ידיעה עאדה מתׄל קול אליהוא כי לא ידעתי אכנה (איוב ל״ב כ״ב) הו יחסן אן יכני ולכנה מא אעתאד דׄלך[1]) פממא תעוד אלגׄמיע דׄלך קד צאר להם כאלטביעה אלתׄאניה יצעב עליהם אלאנתקאל ענהא[2]) כמא קאל אללה היהפוך כושי עורו ונמר חברברותיו וגו׳ (ירמיה י״ג כ״ג)[3]).

יא

1 מואזין אלמכר ממא יכרה אללה ואלצנגׄאת אלתאמׄה רצׄאה:

הדׄא אולא עלי טׄאהרה ופי באטנה אן מקאבלה אלאחסאן באחסאן מקאם אלוזן אלעאדל ומקאבלתה באלסיה כאלוזן אלבאכׄס סוא פי דׄלך אחסאן אללה או אלנאס[4]).

2 אדׄא אתת אלקחה אתי אלהואן ומע אלמתואצׄעין אלחכמה:

הדׄא איצׄא פי אלדניא כמא תגד אלנאס יתתׄקלון[5]) אלוקאח ויסתלׄפון בהם ופי אלאכׄרה קאל והיו כל זדים וכל עושי רשעה קש וגו׳ (מלאכי ג׳ י״ט) וקאל הנני אליך זדון וגו׳ (ירמיה נ׳ ל״א) וכשל זדון ונפל ואין לו מקום (שם ל״ב)[6]).

3 צחה אלמסתקימין תסׄרהם וזיף אלגדארין ינהבהם:

נטׄיר קולה פי אלצדיקים והלך לפניך צדקך כבוד ה׳ יאספך (ישעיה נ״ח ח׳) וקאל פי אלרשעים והיה החסן לנעורת וגו׳ (שם א׳ ל״א).

4 לא ינפע אלמאל פי יום אלקיאמה[7]) ואלצדקה[8]) תנגׄי מן אלמות:

סמי יום אלקיאמה כדׄלך כמא קאל קרוב יום ה׳ הגדול וגו׳ יום עברה היום ההוא וגו׳ (צפניה א׳ י״ד ט״ו) וקד תכׄלץ אלצדקה מן אלמות אלדניאי כמא עאשת אלצרפית פי סני אלגׄוע מע אליהו ומן עקאב אלאכׄרה אלמסמי מות כמא כׄלצת יתרו פי מא קאל קראן לו ויאכל להם[9]) (שמות ב׳ כ׳) ומן הו נטׄירה[10]).

---

[1]) כן תרגם סעדיה באיוב לם אעתד = לא הורגלתי בזה.

[2]) בכ״י לאנהא.

[3]) ביאור: אמרו ידעון ר״ל הורגלו בזה כמו שאמר אליהוא לא ידעתי אכנה והוא ידע היטב לכנות אבל לא הורגל בזה וההרגל כטבע שני שקשה לסור ממנו.

[4]) ביאור: זה הפסוק בתחלה כפשוטו ועל דרך נסתר ענינו שגמילת טובה תחת טובה כאבן שלמה וגמילת רעה תחת טובה כאבן פחותה בין שהטובה מאת השם או מאת בני אדם.

[5]) אפשר שצ״ל יסתקלון = מבזים אותם.

[6]) ביאור: זה נמצא בעולם הזה שהזדון קשה לבני אדם ובזוי בעיניהם וזה גם כן בעולם הבא שהזדים יאבדו בו.

[7]) כן הוא בכ״י ב׳ וג׳ ובביאור וכן תרגם הגאון מלת עברות איוב כ״א ל״א ובכ״י א׳ אלנקמה.

[8]) בכ״י א׳ אלצדקאת.

[9]) עיין סנהדרין ק״ד ע״א.

[10]) ביאור: יום עברה הוא יום תחיית המתים והצדקה תציל ממות בין בעולם הזה כמו שניצלה הצרפית בשני הרעב בין מעונש העולם הבא הנקרא מות כמו שניצל יתרו לפי שקרא למשה לאכול עמו.

5 צלאח אלצחיח יסהל טריקה ואלטאלם יקע בטלמה: 6 וצלאח
אלמסתקימין ינגיהם ואלטאלמון[1] יעלקון באפאתהם:

יעני אלתי כאנו יסתעמלונהא פי אלמואזאה כמא קאל אדני בזק שבעים מלכים בהנות ידיהם ורגליהם מקוצצים וגו' (שופטים א' ז')[2].

7 אדא מאת אלאנסאן אלפאסק פקד אנקטע אלרגא כמא אן רגא
אלמגלין[3] יביד:

פי הדא אלפסוק מעניאן פי אולה אן אלרשע ירגא לה אן יתוב מהמא הו חי פאדא מאת אוים מנה אד לא תובה פי אלאכרה[4]) ופי אכר אלפסוק אן אלרשע אנמא רגאה וגנתה ענד נפסה דניאה פמהמא הו חי פהו ענד נפסה פי אלנעים פאדא מאת פקד הלך ואנקטע רגאה ענד נפסה פכל מא תקדם אלצאלח יומא פי אלזמאן אלי מא ירגוה תאכר אלרשע ובעד עמא עינה אליה[5]).

8 יכלץ אלצאלח מן אלשדה וידכל אלפאסק מכאנה:
9 אלדנס יהלך צאחבה בקולה ובאלמערפה אלצאלחון יתכלצון:

הדא באב אלגרור פי אלדי לא דין לה יפתי במא לא יעלמה ויגיב במא לא יקף עליה פינר אלנאס ואלצאלח במערפתה יקול אלחק[6]):

10 בכיר אלצאלחין יגב אן יפרח אהל אלבלד ובהלאך אלפאסקין
ינבגי אן ירננו: 11 בברכה אלמסתקימין ירתפע אלסקף ובקול
אלטאלמין ינהדם:

יעני אן אלרשע אדא ברך אנסאנא ודעי לה פהו שו[ה][7]) עליה כמא עלמת מן אלכפאר אלדין דעו לרבקה וקאלו להא את היי לאלפי רבבה (בראשית כ"ב ס') פאקאמת עשרין סנה עאקרא חתי דעי להא יצחק ויעתר יצחק לה' וגו' (שם כ"ה א')[8]).

12 אלמזרי בצאחבה נאקץ אלעקל ודו אלפהם ימסך ענה:

הדא אלאמסאך אדא כאן יסמעה פי נפסה הו כמא פעל דוד מע שמעי בן גרא

---

[1]) „הרשעים" מדרך הגאון בשאר מקומות לתרגם בוגדים גדארין ולא ידענו למה שינה כאן תרגומו ואפשר שעלה בזכרונו הפסוק י' ג'.

[2]) ביאור: אמרו בהות וכ' ר"ל שיעשה להם מה שהיו עושים לאחרים וזה כמו שאירע לאדוני בזק.

[3]) הגאון תרגם אונים כמו פועלי און.

[4]) עיין אמאנאת דף קצ"ח.

[5]) ביאור: בזה הפסוק שני ענינים אמרו במות רשע וכו' ר"ל שאחרי מותו אין תקוה שישוב מדרכו הרעה לפי שאין תשובה בעולם הבא ואמרו תוחלת אונים וכו' טעמו שפועלי און אין תוחלתם אלא בתענוגי העולם הזה והם כלים במיתתם.

[6]) ביאור: זה הפסוק במתעה את בני אדם בהשיבו לשואליו במה שלא ידע ובמה שלא יבין והצדיק בידיעתו יאמר האמת.

[7]) בכ"י א': שו.

[8]) ביאור: ברכת רשע ותפלתו סימן רע לאדם כמו שהתפללו קרובי רבקה שתהיה לאלפי רבבה ונשארה עשרים שנה עקרה ולא ילדה אלא אחר תפילתו של יצחק.

אד׳ קאל הניחו לו ויקלל וגו׳ אולי יראה ה׳ וגו׳ (שמואל ב׳ ט״ז י״א—י״ב) ואמא אד׳א אזרא בה פי אמר אלדין פליג׳בה כמא קאל פי גלית ויבט הפלשתי ויראה את דוד ויבזהו וגו׳ (שמואל א׳ י״ז מ״ב) ת׳ם קאל לה דוד אתה בא אלי בחרב ובחנית וגו׳ (שם מ״ה)[1]).

13 כאשה אלסר כאלמנטלק מאחלא וכאתמה אמין אלרוח:

הד׳א אלקול פי אלאסראר אלתי הי מבאחה פי אלדיאנה[2]).

14 בגיר חיל יקע אלקום ואלמגות׳ה בכת׳רה אלמשורה:

אלחיל צ׳רבאן ואלמשורה נועאן בג׳מיעהמא תתם אלאמור והמא אלדיאניה ואלדניאייה כמא תתם אלחיוה ואלרזק ומא מאת׳להמא בהמא[3]).

15 שר ישר למן[4]) צ׳מן אג׳נביא ושאני אלמצאפחין הו ואת׳ק:

כמא וצפנא אולא[5]). וימכן אן נקול רע ירע מת׳ל וכפרזלא די מרעע (דניאל ב׳ מ׳) פאלשר מן אלצ׳מן ואלרץ׳ מן אלחאכם[6]).

16 תג׳ד דאעמה אליסאר[7]) דאת חט׳ ודאעמי אלג׳נא רהבין.

לם יג׳ב אלחכים הד׳ין ואנמא חכי ממא וג׳ד אלנאס עליה מן אן אלאג׳ניא ינאלון חט׳א וירהבון[8]).

17 אלמחסן לאהלה ד׳ו אלפצ׳ל ופאצ׳ח אקרבאה הו קאס[9]).

ויתג׳ה אן תקול פאטם נפסה ד׳ו אלפצ׳ל ופאצ׳ח אקרבאה הו קאס אלאול יתצרף מן קולה לאל גמל עלי (תהלים נ״ז ג׳) ואלת׳אני מן ויגדל הילד ויגמל (בראשית כ״א ח׳) יעני יפטמהא מן אלמעאצי[10]).

18 אלט׳אלם יפעל מא אג׳רתה אלבאטל וזארע אלנצפה אג׳רתה אלחק[11]):

מעני ד׳לך אן אלרשע אנמא יסתעין שרה בשר כמא יסתעין באלסרק עלי אלזנא

---

1) ביאור: אמרו יחריש ר״ל שלא ישיב למבזה את נפשו כמו שעשה דוד עם שמעי בן גרא אבל אם יבזהו בדבר אמונה צריך שישיב לחורפו דבר כמו שעשה דוד עם גלית.

2) ביאור: הפסוק הזה נאמר בסודות שאין נוגעים בדברי אמונה (ועי׳ למטה ט״ו כ״ב).

3) ביאור: תחבולות ועצות על שני פנים בדברי האמונה ובדברי העולם ובשניהם אנחנו חיים ומספיקים את צרכינו.

4) בכ״י א׳ למא.

5) למעלה ו׳ א׳ -ה׳ (ושם דיבר על ריב שיארע לערב עם בעל החוב).

6) ביאור: כמו שאמרנו למעלה ואפשר לפרש רע ירוע מענין רצץ ר״ל שהדיין ירוצצהו.

7) בכ״י ב׳ וג׳ וקאר.

8) ביאור: אין החכם מצוה בזה כי אם מדבר על ההוה שהעשירים נכבדים ובני אדם יראים מהם.

9) בכ״י ב׳ וג׳ אלקאסי.

10) ביאור: אמרו גומל וכו׳ ר״ל המטיב למשפחתו והוא מענין לאל גומל עלי ואפשר גם כן שהיה מענין ויגמל ר״ל המעתיק עצמו מן החטאים.

11) בכ״י א׳ אלחיוה והגאון או הסופר החליף זה הפסוק עם הפסוק שלמעלה י׳ ט״ז.

ובאלקתל עלי אלסרק ואלצאלח יסתעין באלכ̇יר עלי אלכ̇יר באלצום עלי תרך אלכ̇טא ובאלצלוה̇ ואלקראה̇ עלי קטע אלצום ולד̇לך קאלו אלחכמים שכר מצוה מצוה שכר עבירה עבירה (אבות ד׳ ב׳)[1].

19 כד̇אך אלצלאח לחיוה̇ וכאלב אלשר למותה:
20 יכרה אללה עסרי אלקלב ורצ̇אוה אצחא אלטריק:
21 כתקלב יד ליד לא יברו[2]) אלרדי ונסל אלצאלחין ינג̇ו:

יעני לא תסל ען אלצאלח נפסה פי אנה ינג̇ו אלא נסלה איצ̇א כמא קאל נצר חסד לאלפים וגו׳ (שמות ל״ד ז׳)[3]).

22 כשנף ד̇הב פי אנף כ̇נזיר כד̇אך אמראה̇ חסנה̇ זאילה̇ אלראי:

אולא הד̇א עלי ט̇אהרה ולמוצ̇ע אנה מת̇ל יג̇רי עלי עבד לה מאל לא יחסן ידברה ולא כיף ינפקה ועלי עבד לה עלם לא יעמל בה ועלי עבד לה חסב ונסב יצ̇יעה ויכ̇סה ומא נחי הד̇א אלנחו פהד̇א לה מת̇ל[4]).

23 שהוה̇ אלצאלחין אלי כ̇יר ורג̇א אלט̇אלמין עברה̇:

הד̇א פי אלדארין ג̇מיעא[5]).

24 כם מן מבד̇ר[6]) יזדאד איצ̇א ואלצ̇אד מן אלסמאחה̇ פהו אלי נקץ:

הד̇א יג̇רי מג̇רי אלצדקאת אלתי קיל פיהא כי בגלל הדבר הזה יברכך (דברים ט״ו י׳) קאל ואד̇א צדקת בשי ווזנת אלדראהם פוג̇דתהא קד נקצת לא תתוהמן אנה קד תלף מנך שי בל אנמא הו שי קד נקלתה מן דניאך אלי אכ̇רתך מן חית̇ לא יבקי אלי חית̇ יבקי מן חית̇ תחתאג̇ תחפט̇ה אלי חית̇ יחפט̇ך[7]).

25 אלנפס אלמברכה̇ תדסם ואלמרויה̇ הי איצ̇א תרוי:

יעני כמא תטעם ותסקי פי אלדניא ינעם אללה עליך פי אלאכ̇רה̇ במא מת̇לה באלדסם ואלרוא כמא קאל ירויון מדשן ביתך ונחל עדניך תשקם (תהלים ל״ו ט׳)[8]).

26 מאנע אלבר תד̇מה אלמלה̇ ואלברכה̇ תחל בראס אלממיר:

---

1) ביאור: העושה עבירה מסתייע בעבירה אחרת כמו שהזנות מביאה לידי גזל וגזל לידי שפיכת דמים והצדיק יסתייע למצוה במצוה אחרת כמו בצום לעזוב את החטא ובקריאת התורה ותפלה לסיים את הצום ולכן אמרו שכר מצוה וכו׳.

2) עיין למטה ט״ז ה׳.

3) ביאור: אמרו זרע צדיקים ענינו שלא הצדיק בלבד נמלט כי אם גם זרעו.

4) ביאור: הפסוק יפורש תחלה כפי פשוטו והוא גם כן משל לעשיר שאינו יודע לשמור את ממונו ולנהג הוצאותיו ולחכם שאינו עושה כחכמתו ולמי שיש לו שם ויחוס ויקלקלם וכיוצא בהן.

5) ביאור: בשני עולמות.

6) בכ״י ב׳ וג׳ מבדד.

7) עיין ירושלמי פאה א׳ ט״ו ע״ב. — ביאור: הפסוק הזה מוסב על הצדקה שאם תתן מהונך לעניים אל תחשוב שאבד ממך אלא שהעתקת אותו מעולם הזה לעולם הבא ממקום שאיננו קיים בו וצריך שמירה למקום שהוא קיים בו והוא שומרך.

8) ביאור: הנותן לחם לרעב ומים לצמא בעולם הזה ייטיב לו השם בעולם הבא במה שהמשיל לדשן ורויה באמרו ירויון וגו׳.

אלט̇אהר אלצחיח פי אלטעאם ובאטנה פי אלעלם. פאחרהמא יבכ̇ל בעלמה ואלאכ̇ר יפיג̇ בה וקד עלמת אן רבי עקיבא כאן יביח עלמה עלי סעתה והוגרס בן לוי בכ̇ל בה עלי קלתה[1]).

27 טאלב אלכ̇יר יטלב אלרצ̇א ומלתמס אלבלא יחל בה:
28 אלואת̇ק ביסארה הו יקע ואלצאלחון יפרעון כאלורק:

מא ישבה אלתמת̇יל באלורק חתי יג̇על עכס בוטח בעשרו אלא לאן אלצאלחין לא ית̇קון באנפסהם ולא ירונהא אצלא בל פרעא בל כאלורק אלצ̇עיף וכמא קאל איוב העלה נדף תעריץ (איוב י״ג כ״ה) וקד עלמת מן קרח וסנחריב והמן כיף אקתדרו באמואלהם פהלכו[2]).

29 אלמנתחל אלג̇הל פאצ̇ח אלה[3]) פיג̇ב אן יכון אלג̇אהל עבדא ללחכים:

אלג̇הל יסמי רוח כמא יקול החכם יענה דעת רוח (איוב ט״ו ב׳) ולרוח אמרי נואש (שם ו׳ כ״ו)[4]).

30 ת̇מרה̈ אלצאלח שג̇רה̈ אלחיוה̈ ומקתני אלנפוס חכים:

יקע אקתנא אלנפוס עלי וג̇וה כלהא מחמודה̈ מנהא אלענאיה̈ באלולד לאקאמה̈ אלצורה̈ כמא קאל ואתם פרו ורבו (בראשית ט׳ ז׳) ואקאמה̈ אלתלאמיד̇ כמא קאל ואם תוציא יקר מזולל כפי תהיה (ירמיה ט״ו י״ט) ואצטנאע אלמערוף ואלאחסאן כמא קאל איוב ברכת אובד עלי תבא (איוב כ״ט י״ג) ואלקצ̇א באלחק ואלאנצאף כמא קאל מתוך ומחמס יגאל נפשם (תהלים ע״ב י״ד) ומא שאכל ד̇לך[5]).

31 לית אלצאלח פי אלדאר יסלם פכיף אלפאסק ואלכ̇אטי:

יעני אן אלצאלח לא בד ממא ינאלה פי דאר אלדניא גם אמא פי אלטבע או פי אלקראבה̈ או פי אהל אלבלד או מחנה̈ מא כמא עלמת מן אלצאלחין בל כלהם אברהם יצחק ויעקב משה ושמואל ודוד פכיף ילזם אלפאסק תרביד אלחכים אד̇ אציב בשי והו אהל לה[6]).

יב

1 אלמחב אלאדב מחב אלמערפה̈ ושאני אלעט̇ה̈ הו ג̇אהל:
2 אלכ̇יר יופק[7]) אלרצ̇א מן ענד אללה וד̇ו אלהמם יפלג̇:

---

[1]) עיין יומא ג׳ י״א. — ביאור: הפסוק ברור לפי פשוטו והוא גם כן משל למי שהוא נדיב בחכמתו הגדולה כר׳ עקיבא ולמי שהוא כילי בידיעתו הקטנה כמו הוגרס בן לוי.

[2]) ביאור: אין סוף הפסוק הפך תחלתו כי אם לפי שבטחון הצדיקים בנפשותם הוא קל עד שהם עצמם בעיניהם כענף וכעלה ולא כשורש וידוע איך התגאו קרח וסנחריב והמן בעשרם ואבדו.

[3]) בכ״י ב׳ וג׳ אהלה.

[4]) ביאור: אמרו רוח טעמו כסילות (ועיין תרגום הגאון וביאורו באיוב ט״ו ב׳).

[5]) ביאור: אמרו לוקח נפשות כולל כמה ענינים משובחים והם שיוליד האדם בנים או שיעמיד תלמידים ויעשה צדקה וידין דין אמת.

[6]) ביאור: אמרו הן וכו׳ ר״ל שהצדיק יקרוהו בהכרח יסורין ונסיונות בעולם הזה מכל שכן שהשם יביא רעה על הרשע שהוא ראוי לה.

[7]) בכ״י ב׳ וג׳ יואפק.

יעני מן כאנת לה המה גידה והו אלכאטר אלדי קדמנאה פי אלצדר[1]) וכה אמר אלחכים לשמר מזמות (משלי ה׳ ב׳) פהו יפלג פי חגתה וינלב כצמה[2]).

3 לא יתבת אנסאן בפסק ואצל אלצלחא לא ימיל:

עלי מא קדמנא[3]):

4 מרה דאת חיל תאג בעלהא וכאלעפן פי עטאמה אלמסיה:

וכדלך כל עשירין יתעאשראן מן אשראך וגיראן וגיר דלך ואנמא מתל באלזוגה אד הי אול עשיר אעני חוה[4]).

5 אפכאר אלצאלחין פי אלחכם וחיל אלטאלחין פי אלמכר:

מעני הדא אן אלצאלח יחרר שרטה פאדא ראה אנה יכרג עלי אלחכם אקנעה ואלרשע לא ינפע מעה דלך שיא הו יתקלב ויחתאל כמא עלמת מן יעקב[5]) אד אותק אלשרוט מע לבן פקאל אעבדך שבע שנים ברחל בתך הקטנה (בראשית כ״ט י״ח) פקולה ברחל כצהא וזיאדתה הקטנה לילא יקלב אסמהא ולם ינפעה שי כמא קאל ולמה רמיתני (שם כ״ה)[6]).

6 כלאם אלטאלמין אלכמון ללדם וקול אלמסתקימין ינגיהם:

לאנך תעלם [אן] אחיתפל אשאר אבחרה נא שנים עשר אלף וגו׳ (שמואל ב׳ י״ז א׳) פאתי חושי וחל אלמשורה[7]).

7 יקלב אלטאלחון פיעדמון וביות אלצאלחין תקף:

8 עלי קדר עקלה ימדח אלמר ואלמעוג אלקלב יציר מזרא:

9 להין ולה עבד כיר מן מתנבל עוז אלטעאם:

הדא פי אלטאהר מעלום ובאטנה צאלח לא יונב לה אלנאס חקא אצלח מן רשע יכרמונה וקד עלמת[8]) מא אכרם צדקיה בן כנענה ואדל מיכה[9]).

10 יתעאהד אלצאלח חתי נפס בהימתה ורחמה אלפאסקין אלקסאוה:

לם ירד אן אלצאלח יפתקד בהימתה וחדהא בל גמיע עיאלה חתי גמיע

---

[1]) בכ״י אלצדקה.

[2]) ביאור: אמרו איש מזמות ירצה בו איש מזמות טובות והוא העיון אשר הזכרנו בפתיחה ובו ינצח האדם את בעל דינו.

[3]) ביאור: כמו שהקדמנו (עיין לעיל י׳ כ״ה).

[4]) ביאור: כן הוא לכל החברים כמו השותפים והשכנים ונתן משל באשה לפי שחוה היתה החברת הראשונה.

[5]) עיין בראשית רבה פ׳ ע׳ ס׳ י״ז.

[6]) ביאור: הצדיק יברר תנאיו על פי הדין ודי לו והרשע יבקש תחבולות לרמות את חברו כמו שעשה לבן עם יעקב שהתנה ברחל בתך הקטנה ולא הועיל לו.

[7]) ביאור: כמו שיעץ אחיתופל אבחרה וגו׳ והפר חושי את עצתו.

[8]) עיין מלכים ב׳ כ״ב.

[9]) ביאור: פשוטו של פסוק ידוע ועל דרך נסתר יורה שצדיק שאין נוהגין בו כפי מעלתו טוב מרשע שחולקין לו כבוד כמו שכיבדו צדקיה בן כנענה וביזו מיכה.

אלבהאים והדֿא נטֿיר קול אברהם אם מחוט ועד שרוך נעל וגו' (בראשית י"ד כ"ג) ונטֿיר קולה ולכל בני ישראל לא יחרץ כלב (שמות י"א ז')[1].

11 **פאלח ארצֿה ישבע טעאמא וכאלב אלפראג נאקץ אלעקל:**

טֿאהרה צחיח ובֿאצתה אלמקבל עלי אלעבאדה ואלעלום אלמטהרה ואלכתב אלמקדסה הו ינאל אלתֿואב ואלמתשאגל באלכתב אלמחאל וכלאם אלמתקחין ואלמבטלין הו אלגֿאהל כמא קאל פיהם לעשות חנף ולדבר אל ה' תועה (ישעיה ל"ב ו')[2].

12 **יתמני אלפאסק מחגֿז אלאשראר ואלצאלחון יעטון עלי אצולהם:**

מצור האהנא מתֿל מצודתי (שמואל ב' כ"ב ב') ואלאצל פיה מצודת ציון (שם ה' ז') פהדֿא יטלב מגֿמע אצחאבה ואלצאלחון אשבאההם[3].

13 **דֿנב אלמנטק והק סו ואלצאלח יכֿרגֿ מן שדתה:**

לאן אשד מא ירד עלי אלמר אן יקאל לה אנת קלת כדֿא פהו והק סו מן גֿהאת שתי ובֿרוגֿ אלצאלח מנה אנֿוד בֿרוגֿ הו אלא יקולה[4].

14 **ומן תֿמרה קול אלמר ישבע כֿירא ואילא ידי אלאנסאן יגֿאזיה אללה:**

15 **טריק אלגֿאהל מסתקים ענדה וקאבל אלמשורה חכים:**

ליס כל משורה לכן משורה מן ינצח והו דין עאלם פאמא נצחה לך פתתבינה מן חסן אסתמאעה ומסאילתה עמא תרכתה[5]) לם תשרחה ואלעלם ואלדין מן אלמשהור[6].

16 **אלגֿאהל פי יום יערף גֿהלה[7]) וסאתר אלהואן הו נהיץ:**

הדֿא קול אלממתֿלין אלאחמק עלי עתֿארתה דליל[8].

17 **אלמתפוה באלאמאנה יכֿבר באלצדק ואלשאהד אלזור באלמכר:**

הדֿה דרגֿאת קאל אלאמאנה תודי אלי צדק ואלמכר יזול אלי שהאדה זור[9].

---

[1]) ביאור: אמרו נפש בהמתו ר"ל אפילו נפש בהמתו ואין צריך לומר אנשי ביתו.

[2]) ביאור: הפסוק ברור לפי פשוטו ובענין פרטי הוא מוסב על העוסק בעבודת השם ובידיעות טהורות ובכתבי הקודש שהוא יטול שכרו והעוסק בספרי הבל ובדברי זדים ומכזבים הוא כסיל.

[3]) ביאור: מצוד כמו מצודה והרשע מתאוה לחברת הרשעים והצדיקים לחברת הדומים להם.

[4]) ביאור: הטענה היותר קשה היא שיאמר לאדם אתה אמרת כן וזה מוקש רע מכמה פנים והצדיק ניצול ממנו לפי שהוא זהיר בדבריו.

[5]) בכ"י עמן.

[6]) ביאור: אמרו עצה לא ירצה בו כל עצה אלא עצת איש נאמן וחסיד וחכם ותכיר את נאמנוהו במה שיקשיב לדבריך וישאלך על מה שלא בוררת לו אבל החסידות והחכמה דברים מפורסמים.

[7]) כן הוא בכל הנוסחאות אבל קשה להבין למה העתיק כאן כעס בלשון אולת ואפשר שהיה בזכרונו הפסוק כ"ג.

[8]) ביאור: כמו שיאמרו המושלים הכסיל מכירים את כשלונו.

[9]) ביאור: יש בזה מדרגות שהאמונה מביאה את האדם לדבר אמת והמרמה תביאהו להיות עד שקר.

18 כם מן לאפט כבעגאת אלסיף ולסאן אלחכמא שפא:

הדא פי אמר אלדין כאלמפתרי ואלכאפר ואלמשיר באלסו ואלמאחל ואלנאמ וכמא פי כל פן מן דלך פואסיק מגרדה. ופי אמר אלדניא אלדי יזיד פי גיר מוצעה פי אלביע[1]) ויקר במא לא ילזם פי אלחכם ויצמן וידכל בין אלכצים בגיר מערפה ומא אשבה דלך[2]).

19 מנטק אלחק יתבת אלי אלאבד ואלי טרפה אללסאן אלמבטל:

יתצרף ארגיעה מן רגע[3]).

20 אלמכר פי קלב מתערצי אלשר וללמשירין באלסלאם אלפרח:

21 לא יצל אלי אלצאלח שי מן אלגל ואלטאלחון יעמהם אלשר:

פי אלדניא באלאיה ופי אלאכרה באלחכם[4]).

22 יכרה אללה נטק אלבאטל ועאמלו אלאמאנה רצאה:

23 אלאנסאן אלנהץ הו אלמחטוט באלמערפה וקלב אלגאהל ידעו אלגהל[5]):

יתצרף כוסה מן קולה ולקח הוא ושכנו הקרוב אל ביתו במכסת נפשות (שמות י״ב ד׳)[6]).

24 יד אלנשיטין תתסלט ואלמלולה תציר דמה:

כל מא כאן פי משלי מן חרוץ וחרוצים פהו נשאט ובעכסה כל רמיה מלל והדא פי אלדארין גמיעא[7]).

25 אלהם פי קלב אלמר יכפצה ואלאמר אלגיד יפרחה:

כמא קאל ארתחשסתא לנחמיה מדוע פניך רעים ואתה אין חולה אין זה כי אם רע לב (נחמיה ב׳ ב׳) פאלפאידה תרך אלאהתמאם אלמסרף[8]).

26 אלצאלח אפצל מן צאחבה וטרק אלטאלמין תצלהם:

יעני אנה יבקי עליה אן לאצמה כמא אבקי יעקב עלי לבן ויחסן אלטפר בה אדא אמכנה כמא אחסן דוד ויוסע עליה אדא עאמלה כמא אשאר ר׳ יוחנן עלי תלמידה[9]).

---

[1]) העתקנו בביאורנו מלה במלה ואפשר שרצה לומר תאומר שיתן מחיר יותר גדול מחברו ויכריחנו להרבות הוצאתו או המוכר הכונה את הלוקח בדברי שקר.

[2]) ביאור: הפסוק מדבר בדברי תורה על המקלל את ריעהו והכופר ויועץ רע והולך רכיל והמדבר ברמיזות ובדברי העולם על המוסיף שלא כראוי במכירה ומגיד מה שאין צריך לו לפני בית דין והערב ומכניס עצמו בין בעלי ריב מבלי שידע דבר הריב.

[3]) ביאור: ארגיעה נגזר מן רגע.

[4]) ביאור: בעולם הזה על פי נס ובעולם הבא על פי גזר דין.

[5]) בכ״י ב׳ וג׳ אלגאהל ובכ״י א׳ חסר סוף הפסוק.

[6]) ביאור: כוסה נגזר מן במכסת (שמות י״ב ד׳).

[7]) ביאור: כל לשון חרוץ במשלי הוא זריזות וכל לשון רמיה היא קיצה וזה בשני עולמות.

[8]) ביאור: הועלת הפסוק שלא ידאג אדם יותר מדאי.

[9]) ביאור: הצדיק יחמול על רעהו בריבו כמה שעשה יעקב עם לבן ויעשה טוב לאויבו

27 לא יצאדף אלמלול זאדה ומאל אלמר אלעזיז הו אלנשאט:
פי אלדארין גמיעא[1]).

28 פי טריק אלעדל אלחיוה והי סבה לא מות פיהא:
יריד אן אלשר ואן קארנתה אלחיוה פתלך בעדה[א] אלמות ותואב אלצאלחין לא מות בעדה[2]).

יג

1 אלאבן אלחכים קאבל אדב אלאב ואלדאהי מן לא יקבל זגרתה:
2 מן תמר קול אלרגל ינבגי אן יאכל אלכיר ותגד פי נפס
אלגדארין אלטלם:

נצף הדא אלפסוק אלאול אמר ואלתאני וצף ולדלך וצלת בה תגר[3]).

3 אלחאפט פאה הו חארס נפסה וכם מן שאק שפתיה במא הו
אנדקאק לה:

הדאן אלקולאן מכצצאן פי אלכלאם אלחראם אלמנהי ענה[4]).

4 אלכסלאן נפסה משתהיה ולים שי ונפוס אלנשיטין תדסם:

פי אלדארין גמיעא אד קאל שמעו שמוע אלי ואכלו טוב ותתענג בדשן נפשכם (ישעיה נ״ה ב׳) וקאל הנה עבדי יאכלו (שם ס״ה י״ג)[5]).

5 אלקול אלבאטל ישנאה אלצאלח ואלטאלח יסי ויכגל:

כדי ישאהד מן יסי אלי צאחבה ויבהתה כמא קאל אחאב לאליהו האתה זה עוכר ישראל (מלכים א׳ י״ח י״ז) והו עלי אלחקיקה אלדי כאן עוכר כמא רד עלית אליהו פקאל לא עכרתי (שם שם י״ח)[6]).

6 אלזכוה תחפט צחיח אלטריק ואלטלאח ואלכטיה יזיפאן:
7 כם מן מסתגן בגיר שי ומתפאקר במאל כתיר:

הדא עלי וגוה מנהא עלי טריק אלוגדאן אנך תרי מן ידעי אנה פקיר ולה מאל או אנה גני ולים לה שי ומנהא כם ממן לה אליסיר יצלחה פיבקי עליה ומן יפסד אלכתיר פיתלפה ומנהא כם מן מסכין יסתגני וגני יפתקר פי אמר אלדניא וכדלך פי

אחר שניצחו כמו שעשה דוד עם שאול ויהיה נדיב במשאו ומתנו כמו שיעץ ר׳ יוחנן לתלמידו (עיין בבא מציעא פ״ג א׳ אבל שם לא נזכר ר׳ יוחנן).

1) ביאור: זה בשני עולמות (ועיין אמאנאת דף כ״ח).

2) ביאור: רוצה לומר שהרשע אף על פי שהוא חי סופו למות ואין מות אחר גמול הצדיק.

3) ביאור: החלק הראשון מן הפסוק הוא צווי והשני הוא מה שבנמצא וכן תרגמתי.

4) ביאור: שני חלקי הפסוק מיוחדים במה שאסור לבטא בשפתיו.

5) ביאור: זה בשני עולמות.

6) ביאור: אמרו יבאיש ויחפיר רוצה לומר עושה רע לחבירו ומביישו בדברי שקר כמו שקרא אחאב לאליהו עוכר ישראל והוא בעצמו היה העוכר.

אלטאעאת ובשוב צדיק מצדקתו וגו׳ (יחזקאל י״ח כ״ד) ובשוב רשע מרשעתו (שם שם י״ח)[1].

8 פדא נפס אלמר מאלה ואלפקיר מן לם יסמע זגרה אללה:

הדא פי אלנדור ואלצדקאת ואלקראבין ומעני זגרה אללה האהנא אן אלמצאיב הי זגראת אללה פמן ובה להא פנדר וקרב וצדק תכליץ כמא קאל זבח לאלהים תודה ושלם לעליון נדריך וקראני ביום צרה וגו׳ (תהלים נ׳ י״ד—ט״ו)[2].

9 נור אלצאלחין יתזיד וסראג אלטאלחין יכמד:

לקב אלתזיד האהנא באלפרח[3].

10 עדא אן באלקחה תצנע אלמנאצאה ומע אלמתשאורין אלחכמה:

יריד בהדא בחת אלמשגבין פי אלנטר ומכאברתהם ומנע מן דלך[4].

11 אלמאל מן קבל אלגרור יקל ואלגאמע אלי ידה יכתר מאלה:

פי מאל אלדניא וחסנאת אלאכרה[5].

12 אלצבר אלמתמאדי ימרץ אלקלב ושגרה אלחיוה אלשהוה אלחאצרה:

כמא תשאהד אלצאבר ואלמנתטר פי עדאב ולדלך צמן אללה עז וגל ללצאברין כירא כמא קאל אשרי כל חוכי לו (ישעיה ל׳ י״ח) וקאל לכן חכו לי (צפניה ג׳ ח׳) וקאל אשר לא יבשו קוי (ישעיה ל״ט כ״ג)[6].

13 אלמזרי באמר ירתהן לה ומתקי אלוציה הו יסלם:

הדא כמא אזרא פלשתים ביצחק ואכוה יוסף בה ואהל גלעד ביפתח ואכוה דוד בה אד קאל לה אליאב אנכי ידעתי את זדונך (שמואל א׳ י״ז כ״ח) ואלגי אלגמיע אלי אלגמיע וכמא אזרא סנבלט וטוביה בנחמיה ואצחאבה לקולהם וילעגו לנו ויבזו עלינו (נחמיה ב׳ י״ט) ואלתגו אליהם לעשות לו נשכה בחצרי בית האלהים (שם י״ג ג׳)[7].

---

[1]) ביאור: בפסוק הזה עניגים רבים האחד יש שמראה עצמו כעשיר ואין לו כלום ויש שמראה את נפשו כעני והוא עשיר. והשני יש עשיר המפסיד את ממונו ויש עני שמצליח ושומר הדבר המועט שיש לו. וענין שלישי יש מי שהיה עשיר ויעני ויש שהיה רש ויעשיר וזה גם כן בצדיק שנעשה רשע ורשע שנעשה צדיק.

[2]) ביאור: הפסוק מוסב על הנדרים וקרבנות וגמילות חסדים ובהן ינצל האדם מהצרות והן גערת השם.

[3]) ביאור: טעם ישמח הולך וגדל.

[4]) ביאור: הפסוק מדבר על בני אדם שמבקשים ריב בדברי עיון ומתגאים על חבריהם והזהיר מזה.

[5]) ביאור: הכתוב מדבר על הממון בעולם הזה ועל מעשים הטובים לעולם הבא.

[6]) ביאור: אתה רואה שהמיחלים והמהכים הם כואבים ולפיכך הבטיח השם שכר למיחלים לו.

[7]) ביאור: כמו שבזו פלשתים את יצחק ואחר כך נצטרכו לו וכן אחי יוסף עם יוסף ואנשי גלעד עם יפתח ואחי דוד עם דוד וסנבלט וטוביה עם נחמיה וחבריו.

14 שריעה̈ אלחכים ינבוע אלחיוה̈ ללזואל מן אוהאק אלמות:
15 אלעקל אלג̇יד יעטי אלחטוה̈ וטריק אלגדארין צעב:

יעני יג̇ב אן יסתצעב פלא יסלך פיהא. הד̇ה אלצעובה̈ מת̇ל אלצעובה̈ אלמצ̇אפה̈ אלי אלאודיה̈ חתי לא תפלח כמא קאל אל נחל איתן אשר לא יעבד בו ולא יזרע (דברים כ״א ד׳)[1].

16 כל נהי̇ץ̇ יעמל אמרה במערפה̈ ואלג̇אהל יבסט ג̇הלה:

כמא עלמת מן דוד אנה נאדא מן לה אבנה̈ וחצ̇רהא אלי אלמלך ויבקשו נערה יפה (מלכים א׳ א׳ ג׳) ואחשורוש אמר בטלבהן ושנע אלאמר כמא קאל ויפקד המלך פקידים וגו׳ (אסתר ב׳ ג׳)[2].

17 אלרסול אלטאלם יקע פי שר ואלספיר אלאמין שפא:

הד̇א פי תאדיה̈ רסאלה̈ אללה ואלנאס איצ̇א[3].

18 אלפקר ואלהואן למג̇דב אלאדב וחאפט̇ אלעט̇ה̈ יכרם:

ד̇לך פי אלדארין[4].

19 תרי אלשהוה̈ אלכאינה̈ תלד̇ ללנפס ולד̇לך יכרה אלג̇האל אלזואל ען אלשר:

קד כנא קדמנא אן אלג̇האל אנמא אסתכ̇פו אללהו ואלהזו ואללעב לאן לד̇תה חאצ̇רה̈ ואסתת̇קלו אלחכמה̈ ומא תאמר בה לבעד לד̇תהא ונעימהא ען באלהם[5].

20 מסאיר אלחכמא יתחכם ומראעי אלג̇האל ירדו:

ללנפס כ̇לק יקאל לה אלאלף לא בד מן אן יתעלם ממן יג̇אורה ויעאשרה שיא קלילא כאן אם כת̇ירא[6].

21 אלכ̇טאון יכלבהם שר̇הם ואללה יכאפי אלצאלחין בכ̇יר:
22 אלכ̇יר ינחל בני בניה איצ̇א וקד ידכ̇ר ללצאלח את̇את̇ אלכ̇אטי:

כמא ד̇כ̇ר לבני אסראיל מאל שבעה גוים אד̇ קאל ובתים מלאים כל טוב וגו׳ (דברים ו׳ י״א) ולים הד̇א שרט בל קד ישא אלחכים אן יפעל ד̇לך[7].

23 וכם מן טעאם יכון סימא אלפקר וכם מן מנסאק בג̇יר חכם:

---

[1] ביאור: אמרו ודרך בוגדים איתן ירצה בו שראוי לאדם שיחשוב דרך בוגדים כדרך קשה ושלא ילך בה כמו שנחל איתן הוא נחל קשה עד שלא יעבד.

[2] ביאור: כמו שצוה דוד לבקש נערה אחת והביאוה אליו ואחשורוש צוה לבקש נערות רבות בדרך מגוגה (עיין מגילה י״ב ע״ב).

[3] ביאור: זה בשליחות השם ובשליחות בני אדם.

[4] ביאור: זה בשני עולמות.

[5] ביאור: כבר הקדמנו שהשחוק וההוללות קלים בעיני הכסילים מפני שתענוגם נמצא כיד והחכמה כבדה בעיניהם מפנו שתענוגו רחוק מאד.

[6] ביאור: יש מדה באדם הנקראת התחברות שבהכרח ילמד מחבריו מעט או הרבה.

[7] ביאור: כמו שהיה צפון לבני ישראל חיל שבעה גוים וזה יארע לפעמים ברצון השם.

מענאה רבמא יאכ̇ל אלמר אכלה̈ פיכון פיהא[1]) פקרה כאלרג̇יב בחצ̇רה̈ אלמלוך פי אלדניא או כאלפאעל מעציה̈ פתהלכה פי אלאכ̇רה̈. ואלד̇י יביד בג̇יר חכם ליס בחכם מן ענד אללה בל לא יערף חכם אללה נט̇יר קולה הוא ימות באין מוסר (משלי ה׳ כ״ג) ואיצ̇א ויגועו בבלי דעת (איוב ל״ו י״ב). ויתג̇ה אן נקול אנה ימות בג̇יר חכם אלעאדה̈ אעני בגרק או חרק או [מא] מאת̇להמא[2]).

24 אלצאד̇ קצ̇יבה שאני ולדה ואלמחבה̇ יבאכרה באלאדב:

לעלה יט̇ן אן ד̇לך שפקה̈ ואנמא הו קסוה̈ אד̇ יג̇ריה עלי אלפסק ואלסרק ואלהתך[3]).

25 אלצאלח יאכ̇ל שבע נפסה̇ ובטון אלט̇אלמין תנקץ̇[4]):

כמא עלמת מן נחמיה ואלולאה̈[5]) אלד̇ין מן קבלה אד̇ קאל והפחות הראשונים אשר לפני הכבידו על העם ויקחו מהם בלחם ויין (נחמיה ה׳ ט״ו) ואמא הו פקאל הפחה לא אכלתי (שם י״ד)[6]).

יד

1 אלחכימה̈[7]) מן אלנסא תבני ביתהא ואלג̇אהלה̈ בידהא תהדמה:

לאנך תעלם מן אביגיל אנהא כ̇לצת זוג̇הא ונעמתה מן אלתלף כמא קאל ותפל על רגליו וגו׳ (שמואל א׳ כ״ח כ״ד) אל נא ישים אדני את לבו וגו׳ (שם כ״ה) שא נא לפשע אחיך (שם כ״ח) ואן איזבל אשארת בקתל נבות פאהלכת אחאב ונפסהא כמא קאל ותכתב ספרים בשם אחאב (מ״א כ״א ח׳) וסאיר אלקצה̈[8]).

2 אלסאלך באסתקאמתה תקי̇ אללה ואלראיג̇ פי טרקה מזרי בה:

3 פי קול אלג̇אהל עצא אלאקתדאר ונטק אלחכמא יחפט̇הם:

לאנך[9]) תראה יתכלם בפט̇אט̇ה̈ ובשאעה̈ ואלעלמא ברפק ודעה̈[10]).

4 כמא אן מן עדם אלבקר יג̇דה̇ץ̇ אלבר ובכת̇רה̈ אלג̇לאת בקותהא:

יקול פי הד̇א אלמת̇ל אן אלג̇אהל יתוהם אן אלאמור אנמא באבהא וסבילהא ואלתטרק אליהא מן אלענף ואלכד ואלצעובה̈ מת̇ל פלאחה̈ אלארץ̇ אלתי לא תכון

---

[1]) אפשר שצ״ל סימא.

[2]) ביאור: כמה פעמים יאכל אדם ומראה באכלו את עניותו הן בעולם הזה כשאוכל בפני מלך כרעבתן הן בעולם הבא כשעובר עבירה שתאבדהו. ואמרו בלא משפט אין רוצה בו מבלי משפט השם כי אם מבלי שידע משפט השם או במיתה משונה כגון שיטבע בים או שישרף.

[3]) ביאור: אמרו חושך וכו׳ ר״ל אולי יחשוב האב שהוא יחמול על בנו ואינו כן שירגילהו לעשות הרע.

[4]) עיין אמאנאת 292. — [5]) בכ״י ואלולא.

[6]) ביאור: כמו שהפחות שלפני נחמיה הכבידו על העם והוא נשמר מזה.

[7]) עיין אמאנאת 224.

[8]) ביאור: כמו אביגיל שהצילה נבל מיד דוד בחכמתה ואיזבל שאיבדה אחאב באולתה.

[9]) בכ״י לכנך.

[10]) ביאור: הכסיל ידבר קשות והחכם ידבר בנחת.

אלא בתעב ואגתהאד ולא יעלם אן אלרפק אבלג. וקד וכד̇ אללה במת̇ל ד̇לך וקאל אפרים עגלה מלמדה אהבתי לדוש זרעו לכם לצדקה וגו׳ חרשתם רשע וגו׳ (הושע י״א—י״ג) טאל מא תוהמתם ד̇לך פאבדלוה באלבר ואלרפק[1]).

4 אלשאהד אלאמין מן לא יכד̇ב ואלמתפוה באלכד̇ב שאהד זור:

מענאה לעל אלמחרּת̇ באבאטיל[2]) יט̇ן אנהא לא תכתב עליה שהאדה̇ זור והי עליה כד̇אך אד̇ אלסאמעון יחקקונהא[3]).

6 יטלב אלדאהי אלחכמה̇ ולא יג̇דהא ואלמערפה̇ עלי אלפהם סהלה̇:

יריד מן אג̇תמע לה אלכ̇מס[ה̇] אלאמור[4]).

7 מר[5]) מן קבאלה̇[6]) אלרג̇ל אלג̇אהל ואלא פלם[7]) תערף שיא מן אקואל אלמערפה̇:

ד̇לך כמא קאל דוד אשמרה לפי מחסום בעוד רשע לנגדי (תהלים ל״ט ב׳) ופי הד̇א אלפסוק כלמה̇ מצ̇מרה̇ הי ואלא[8]).

8 חכמה̇ אלנהי̇ך תפה̇ם אחואלה וג̇הל אלג̇האל מכרהם:

יעני אן מכרהם הו ג̇הלהם[9]).

9 יתרג̇ם ען אלג̇האל את̇מהם ובין אלמסתקימין אלרצ̇א:

ד̇את[10]) קולה תהדיד יקול אן את̇מך ישהד עליך ויתרג̇ם ענך[11])

10 אלקלב יעלם מרארה̇ נפסה ופי פרחה לא יכ̇אלטה אג̇נבי:

יעני הו ינפרד בג̇מה̄ וסרורה לו שכי או שכר אצ̇עאפא לם יקף̇ אלמשכא אליה ולא אלמשכור ענדה עלי אלחקיקה̇ כהו פאד̇א כאן אלאמר כד̇אך פלא תשך פאנהם מע מא לם ינפעוך רבמא לם יצדקוך[12]).

---

1) ביאור: הכסיל יחשוב שצריך לעשות הכל בקושי כמו שעובדים את האדמה בעצבון ואינו יודע שיש לנחת יתרון על הקושי כמו שתוכיח הנביא ואמר אפרים וגו׳ זרעו לכם וגו׳ חרשתם וגו׳ ופירושו זמן רב חשבתם זה (שאתם צריכים לחרוש ולשדד ולדוש) עשו במקום זה צדקה וחסד.

2) בכ״י באלבאטל.

3) ביאור: אולי ידמה בנפשו המספר דברי כזב שאין זה נחשב לו לעדות שקר ובאמת הן כעדות לפי שהשומעים דבריו חושבים אותם לאמת.

4) ביאור: הנבון מי שיש לו חמשה הדברים (עיין בפתיחה 15).

5) ובכ״י ב׳ סר.

6) בכ״י ב׳ וג׳ מקאבלה̇.

7) בכ״י א׳ פלו.

8) ביאור: יש בזה הפסוק מלה נסתרת והיא אם לא ושעורו ואם לא בל ידעת.

9) ביאור: רצה לומר שמרמת אוילים היא כסילותם.

10) בכ״י דאד.

11) ביאור: מפחיד את הכסיל ואומר שאשם הכסיל יעיד על אולתו.

12) ביאור: האדם לבדו יודע שמחת לבו ויגונו ועל כן הוא טוב לו להעלימם מהזרים לפי שלא יועילו לו ואולי לא יאמינו לו.

11 בית אלטאלמין ינפד וכבא אלמסתקימין יפרע:

פי אלדניא עלי סביל אלאיה ופי אלאכרה באלחכם[1]).

12 כם מן טריקה מסתקימה בין ידי אלמר עאקבתהא טרק אלמות:

דלך מא סר אלטבע וסא אלעקל[2]).

13 ואלצחך איצא יוגע אלקלב ועאקבה אלפרחה תרחה:

הדא כאין פימא נהי ענה מן אלצחך ואלפרח[3]).

14 סיסתכתר מן טרקה אלגאש אלקלב ומן פוקה אלרגל אלגיד:

דלך כמא יצגר אלגאש מן נשה באלואגב וליס ינבני ללצאלח אן יצגר מן חסנאתה[4]).

15 אלגאפל יצדק בכל אמר ואלנהיץ יפהם רשדה:

כמא צדק חנון קול אצחאבה פי דוד חין קאלו לה הלא בעבור לחקר ולהפך ולרגל וגו׳ (מ״א י״ט ג׳) פותב אלי רסלה פחלק לחאהם וקטע אקביתהם ואלצאלח לא יקבל כמא קאל גדליהו ליוחנן בן קרח כי שקר אתה דובר אל ישמעאל (ירמיה מ׳ טז) בל יפעל כמא אמר אללה ודרשת וחקרת ושאלת היטב וגו׳ (דברים י״ג ט״ו)[5]).

16 אלחכים יתקי ויזול ען אלשר ואלגאהל יתגאוז ויתק:

פאול אלגהאל מן יתכל עלי אלתסהיל ואגהל מנה מן יתכל עלי בעץ חסנאתה ואגהל מנהמא מן יתכל עלי אלרחמה ואגהל מנהם מן יתכל עלי אלתעטיל פי אלאול יקול אלכתאב דברו לנו חלקות וגו׳ (ישעיה ל׳ נ׳) ופי אלתאני הגנוב רצוח ונאוף וגו׳ ובאתם ועמדתם לפני וגו׳ (ירמיה ז׳ ט׳—י׳) ופי אלתאלת ויזכרו כי אלהים צורם וגו׳ ויפתוהו בפיהם וגו׳ (תהלים ע״ח ל״ה—ל״ו) ופי אלראבע ויאמרו לא יראה יה וגו׳ (שם צ״ד ז׳) ואלחכים יתקי דלך אגמע[6]).

17 קצר אלמהל מן עמל אלגהל וכם מן די המם מבגוץ:

יעני כם ממן מעה אנאה ותאיד יבגצה אלנאס ויקולון מא אשד תואניה ויאמר פלא ילתפת אלי קולה. פאצבר ותרפק אד צח לך אן אלעגלה מן אוצאף אלגהל[7]).

18 תרי אלגפל קד אנתחלו אלגהל ואלנהצון יתתוגון באלמערפה:

---

[1]) ביאור: בעולם הזה על פי נס ובעולם הבא על פי הגזרה.

[2]) ביאור: אמרו דרך וכו׳ ר״ל מה שישמח הטבע וירע לשכל.

[3]) ביאור: הכתוב מדבר בפרט על מה שאינו ראוי לצחק בו ולשמח עליו.

[4]) ביאור: צריך שיקוץ הרשע ברשעתו והצדיק אין ראוי שישבע מלעשות טוב.

[5]) ביאור: כמו שהאמין חנון במה שאמרו חבריו על דוד אבל הצדיק אינו שומע לכל דבר כמו שגדליה לא האמין לדברי יוחנן בן קרח על ישמעאל אבל הוא דורש וחוקר.

[6]) ביאור: הכסיל מאמין אם ידברו אליו המוכיחים חלקות או יבטח על איזה מעשים טובים שעשה או על רחמי האל או יחשוב שהשם לא ישגיח על מעשי בני אדם ויש פסוקים באלו ארבעה מיני הכסילות והחכם ישמר מכולן.

[7]) ביאור: הרבה פעמים ישנאו בני אדם האיש העושה את מעשיו בנחת ומעצר רוח ומלינים עליו אבל ראוי להיות מתון לפי שהחפזון הוא מתארי הכסילות.

19 ינבגי אן ינכׄפׄץ אלאשראר בין ידי אלגׄיאד ואלטלחא עלי אבואב אלצאלחין:

יעני ליתעלמו מן גודהם וצלאחהם[1]).

20 חתי לצאחבה יבגׄץ אלפקיר ומחבׄו אלגני כתׄירון:

הדׄה איצׄא חכאיהׄ אלונדאן והו ענדהם[2]) מדׄמום[3]).

21 פאלמזרי בצאחבה כדׄאך מכׄטי ואלראוף באלמסכין טובאה:

זדת פי אלאכׄראג כדׄאך לאני עטפת בה עלי אלפסוק אלאול אלדׄי קאל פיה אן אצחאב אלמסכין ישנונה ויזרון בה פסמאהם אלנבי מכׄטיין[4]).

22 אלא יצׄל מתערצׄו אלשר וינאל אלבר ואלחק מתערצׄו אלכׄיר:

האהנא כלמהׄ מצׄמרהׄ הי וימצאו[5]).

23 כתׄיר מן אלגהד יכון לפצׄל וכם מן כלאם הו לנקצאן:

כמא הו מעלום אן אלמר עלי מא לם יתכלם בה אקדר מנה עלי מא תכלם בה ואנה אן תכלם בכלמהׄ מלכתה וקבל אן יתכלם בהא הו מאלכהא[6]).

24 תאג אלחכמא דׄלך גנאהם וגהל אלגהאל גהלהם:

מראדה פי הדׄא אן אלעלמא סארון בעלמהם ומן אלגהאל מן יגהל אנה גאהל בל יתוהם אנה עאקל ודׄלך אנהם עלי תׄלאתׄהׄ צׄרוב גאהל (אן) יעלם באנה גאהל איאה נאדת אלחכמהׄ וקאלת וכסילים הבינו לב (משלי ח׳ ו׳) וגאהל יתוהם אנה עאלם פיה קאלת ראית איש חכם בעיניו (שם כ״ו י״ב) וגאהל יקדׄר עלי סאיר אלנאס אלגהל פיה קאלת וגם בדרך כשהסכל הולך (קהלת י׳ ג׳) והדׄאן אלקריבאן יגהלאן גהלהמא[7]).

25 אלשאהד אלחק יכׄלץ אלנפוס ואלמתפוה באלכדׄב דׄו מכר:

26 אלסאלך בתקוי אללה לה מיתׄאק עז ולבניה יכון מבנׄא:

פי הדׄא הולך מצׄמר[8])

27 תקוי אללה ינבוע אלחיוהׄ ללזואל מן אוהאק אלמות:

28 בכתׄרהׄ אלקום בהא אלמלך ובקׄלו אלחזב אנדקאק אלוזיר:

---

[1]) ביאור: רוצה לומר למען ילמדו מהם לעשות הטוב.

[2]) אפשר שצ״ל ענדה ר״ל בעיני החכם.

[3]) ביאור: החכם יספר מה שבמציאות וזה דבר מגונה.

[4]) ביאור: הוספתי בהעתקתי מלת כדׄאך (= כן) לסמוך זה הפסוק לפסוק הקודם לומר שהשונא את רעהו מפני עניותו נקרא חוטא.

[5]) ביאור: שיעורו וימצאו חסד ואמת.

[6]) ביאור: ידוע שאדם קודם שידבר הוא מושל בדברו ואחר שדיבר דברו מושל בו.

[7]) ביאור: החכם שמח בחכמתו ויש כסיל שיחשוב עצמו לחכם לפי שהכסילים על שלשה מינים מי שיודע שהוא כסיל ומי שהוא חכם בעיניו ומי שחושב האחרים לכסילים ועל שני מינים האחרונים הכתוב מדבר.

[8]) ביאור: שיעורו ההולך ביראת י״י.

29 אלטויל אלמהל כת̇יר אלפהם ואלקציר אלרוח כת̇יר אלג̇הל:

לקב אלכת̇רה̈ האהנא באלארתפאע אד̇ קאל מרים[1]).

30 אלקלב אלמעאפי חיוה̈ אלבדן ואלגירה̈ סוס אלעט̇אם:

הד̇א משאהד פי אמור אלדניא אן אלחאסדין פי גהד ובלא ופי אמר אלאכ̇רה̈ מן יחסד אהל אלג̇צב ואלמעאצי פהו פי בלא ועד̇אב ומנהא קאל אל תקנא באיש חמס וגו׳ (משלי ג׳ ל״א) אל יקנא לבך בחטאים וגו׳ (שם כ״ג י״ז)[2]).

31 גאשם אלפקיר קד עי̇ר צאנעה ואלמכרמה הו אלראוף באלמסכין:

הד̇א אלגשם ליס הו פי אלמאל ואנמא הו פי אללקא ואלסלאם ואלמנאט̇רה̈ לאנה צ̇ד ומכבדו[3]) ואלאשארה̈ באלואו אלד̇י פי ומכבדו תומי אלי אללה ג̇ל ג̇לאלה[4]).

32 פי שרתה[5]) ינדחי אלפאסק ואמא אלצאלח פהו יסתכן פי נכבתה:

מענאה אן אלרשע אד̇א חלת בה אפה̈ אודאד פי טגיאנה כמא קאל פי אחז ובעת הצר לו ויוסף למעל בה׳ (ד״ה ב׳ כ״ח כ״ב) ואמא דוד ותצר לדוד מאד וגו׳ ויתחזק דוד בה׳ אלהיו (ש״א ל׳ ו׳) וכד̇לך יחזקיהו וגירהם[6]).

33 פי קלב אלפהם תחל אלחכמה̈ וענד אלג̇האל תעלם[7]) גרבתהא[8]):

אלא תרי אן אלעאמי אד̇א סמע כלמה̈ מן אלעלם פהו יטלב אלתבאהי בהא פיקולהא פי גיר מוצ̇עהא מן אלמג̇אלס וגיר וקתהא מן אלזמאן ולא יודיהא עלי מא ינבגי ואן עורץ̇ פיהא באדני שי וקף[9]).

34 אלזכוה̈ תרפע אמתהא ועאר אלאחזאב אלכ̇טיה̈:

חסד האהנא מת̇ל ואיש אשר יקח את אחותו (ויקרא כ׳ י״ט) ומשתק מן קולה פן יחסדך שמע (משלי כ״ה י׳) וקד עלמת אן זכוה̈ אלקיני כ̇לצתהם ויעירון אהל סדום וכנען ומצר וגירהם במא אכ̇טאו[10]).

---

[1]) ביאור: מרים אולת טעמו כאן רב אולת.

[2]) ביאור: הן בדברי העולם הזה שרעי עין הם בעצב וצרה תמיד הן בדברי העולם הבא שתמקנא באנשי חמס הוא נענש.

[3]) לשון הגאון אינו ברור שמ׳לת עושק אינה הפך מכבדו.

[4]) ביאור: אמרו עושק אין טעמו כאן שיעשוק אותו בממונו א׳לא שלא ישאל בשלומו ואינו מקבלו בסבר פנים יפות לפי שהוא הפך מכבדו. והואו של׳ מכבדו מוסבה אל השם.

[5]) כ״י ב׳ וג׳ שרה.

[6]) ביאור: כשהרשע ברע הוא מחזיק ברשעתו כמו אחז והצדיק בעת צרה מתחזק בשם אלהיו כדוד וחזקיהו.

[7]) בכ״י ב׳ וג׳ תפהם.

[8]) „תודע זרותה" ר״ל שהכל מכירין שאין אצלם מקום החכמה.

[9]) ביאור: כשהכסיל למד דבר חכמה מבקש להתפאר בו ואומרו שלא במקומו ושלא בזמנו ומביאו שלא כראוי ואם יטענו עליו אין יכול להשיב.

[10]) ביאור: חסד טעמו כאן חרפה ונגזר מן יחסדך ובידוע שהקיני נצלו בצדקתם (שמואל א׳ ט״ו ו׳) וחטאת אנשי סדום וכנען ומצרים גרמה להם קלון.

35 רצׄא אלמלך לעבד עאקל[1] ועברתה תכון עלי אלמסי:

הדׄא פי מלך אלמלוך גל תׄנאה ופי מלוך אלנאס איצׄא[2].

טו

1 אלמרד אללין ירד אלחמיה ואלכלאם אלשאק יצעד אלגצׄב:

כמא עלמת מן רחבעם אנה חין קאל לקומה קטני עבה (מ״א י״ב י״א) קאלו לה מה לנו חלק בדוד (שם ט״ז) ומן קאיד אחזיה אלתׄאלתׄ ומא רד עלי אליהו תיקר נא נפשי ונו׳ (מ״ב א׳ י״ג) כיף נאלה כׄלאף אלקאידין אלאולין. ופי אמור אלדין אן שמעיה ועטׄ רחבעם וקומה פרדו עליה מרדא חסנא ויכנעו שרי ישראל והמלך ויאמרו צדיק ה׳ (דה״י ב׳ י״ב ו׳) כיף נאלהם כׄלאף מא נאל יוחנן ושריה ובני עיפי[3] אלדׄין רדו עלי ירמיהו מרדא שאקא וקאלו הדבר אשר דברת בשם ה׳ איננו שומעים אליך (ירמיה מ״ד ט״ז)[4].

2 לסאן אלחכמא יגוד אלמערפה ופם אלגׄאהל ירוי אלגׄהל:

מענאה אן אלעאלם יגוד אלעבארה ויקרב אלאמור אלמסתגלקה אלי אלאפהאם ואלגׄאהל ירוי אלשי עלי אסמג עבארה ואקבח תאויל[5].

3 פי כל מוצׄע עינא אללה תטלע אלאשראר ואלאכׄיאר:

מעני דׄלך עלמה[6].

4 צדק אללסאן שגרה אלחיוה ואלזיג פיה כסר אלרוח:

לקב אלצדק האהנא באלשפא. דׄלך כאלמפתי אלדׄי יסלה אחד אלכׄצמין פאן הו צדקה אלפתיא קלל תעבה ואן הו קצד אלתקרב אליה וקאל לה אלחק מעך אתעבה ועדׄבה ואלחק בה אלאתׄם ואלאסם אלסו ולים ינפעה דׄלך מע אלחאכם שיא[7].

5 אלגׄאהל ירפץׄ באדב אביה וחאפטׄ אלעטׄה ינהץׄ:

6 פי בית אלצאלח אלותׄאק אלכתׄיר ופי גלה אלפאסק אלפציחה[8]:

פי אלעאגׄל איה מעגׄזה ופי אלאגׄל חכם קאטע[9].

---

1) כ״י א׳ אלעבד אלעאקל.

2) ביאור: הפסוק מוסב על מלך המלכים וגם על מלכי ארץ.

3) אלו השמות נזכרו בירמיהו מ׳ ח׳.

4) ביאור: בידוע שרחבעם דבר קשות עם העם ונפרדו עשרת השבטים ממנו והשר השלישי של אחאב דבר בנחת עם אליהו והציל את נפשו. ובעניני האמונה ידוע מה בין רחבעם ועמו שהשיבו בנחת לשמעיה ובין יוחנן ושריה וחבריו שדברו קשות עם ירמיה.

5) ביאור: החכם יטיב לפרש ולברר דברים הסתומים ופירושי הכסיל הם מגונים ומכוערים

6) ביאור: ר״ל שהשם יודע.

7) ביאור: מרפא לשון טעמו כאן אמתת הלשון. וזה כשישאל אחד מבעלי דינים עצת חכם על ריבו צריך שישיבהו כפי אמת ואז ימעט את יגיעת השואל ואם לא יעשה כן כדי להיות רצוי לו ירבה את עמל השואל ויתן עליו שם רע ולא יועיל לו אצל הדיין.

8) עיין אצול ע׳ 521 ש׳ 21.

9) ביאור: על דרך מופת בעולם הזה ועל פי גזר דין בעולם הבא:

7 שפתא אלעלמא תד̇רי אלמערפה̈ וקלב אלג̇האל ליס כד̇לך:

יעני אן אלעלמא יביחון כת̇יר מא ענדהם ואלג̇האל ישח̇ון עלי אלנכתה̈ אלתי תקע להם[1].

8 ד̇בח אלפאסקין ממא יכרה אללה וצלוה̈ אלמסתקימין רצ̇אה:

מעני ד̇לך אן אלצלוה̈ הי אכ̇ף מונה̈ מן אלד̇באיח והי מן אלצאלח אפצ̇ל מן אלד̇בח מן אלטאלח לאן אלצאלח יצלי לא עלי ד̇נב ואלרשע אנמא יקרב עלי כ̇טיה̈ וכמא קאל הנה שמוע מזבח טוב (ש״א ט״ו כ״ב)[2].

9 ויכרה אללה טריק אלפאסק ויחב̇ כאלב אלזכוה̈:

יעני באלכלב שדיד אלטלב[3].

10 אדב סו לתארך אלסביל ושאני אלעט̇ה̈ יהלך:

פי אלדניא במעג̇זה̈ ופי אלאכ̇רה̈ בפצל אלחכם. ואלאדב אלסו הו אלאפאת אלעט̇ימה̈[4].

11 אלת̇רי ואלאבאדה̈ מכשופאן ענד אללה פכיף קלוב בני אדם:

אלת̇רי הו אלתראב ודאר אלאבאדה̈ הו אלקבר ואנמא צ̇רב אלמת̇ל בהד̇ין לאנהמא אעמק שי נעלמה יקול ללנאס לא תתוהמו אן מא תסר̇וה פי אנפסכם יכ̇פי עלי אללה פהל יכון אעמק מן הד̇ין נט̇יר קולה ערום שאול נגדו ואין כסות לאבדון (איוב כ״ו ו׳)[5].

12 תג̇ד אלדאהי לא ישא אן תעט̇ה ולא ימצ̇י אלי אלעלמא:

אלאול לא יריד אן תעט̇ה כ̇אצה̈ ואלת̇אני ולא יחצ̇ר מג̇לס עאלם פישתרך פי עט̇תה מע עואם̇ אלנאס[6].

13 אלקלב אלפרח יחסן אלוג̇ה ובמשקה̈ אלקלב תכתאב אלרוח:

כמא ט̇הר יוסף עלי מא פי קלב סריסי פרעה למא ראי וג̇והם כלחה̈ והנם זעפים (בראשית מ׳ ו׳) וכד̇לך שר הסריסים קאל לדניאל חנניה מישאל ועזריה אשר למה יראה את פניכם זעפים וגו׳ (דניאל א׳ י׳)[7].

---

1) ביאור: ר״ל שהחכם מפזר את ידיעותיו הרבות והכסיל כילי בדבר הקטון שיודע.

2) ביאור: ואף על פי שהתפלה יותר קלה מן הקרבן תפלת הצדיק רצויה מקרבן הרשע לפי שהצדיק מתפלל מבלי שיחטא והרשע יקריב אחר שחטא.

3) ביאור: אמרו מרדף ר״ל המבקש בכל כוחו.

4) ביאור: ירצה במוסר רע המכות הגדולות הבאות על דרך מופת בעולם הזה ובעולם הבא בגזר דין.

5) ביאור: שאול הוא העפר ואבדון הקבר עצמו ואמר שאין דבר עמוק משניהם והם גלויים לפני השם וכל שכן מה שבלב האדם.

6) ביאור: לא ירצה הלץ שתוכיחהו בינך לבין עצמו ולא ילך לבית המדרש לשמוע דברי מוסר עם הקהל.

7) ביאור: כמו שידע יוסף מה שבלב שני סריסי פרעה בראותו את פניהם זועפים וכמו שהיה ירא שר הסריסים שיהיו פני דניאל וחביריו זועפים.

14 קלב אלפהם יטלב אלחכמה̈ וקצד אלג̇האל יראעי אלג̇הל:

הד̇ה איצ̇א חכאיה̈ מא וג̇ד[1]).

15 כל איאם אלצ̇עיף אלראי רדיה̈ וג̇ודה̈ אלקלב הו שרב דאים:

הד̇א אלעני ליס הו פקיר בל צ̇עיף אלעקל ואלג̇יד אלעקל סרורה דאים אפצ̇ל מן אלשרב כמא קאל כי טובים דדיך מיין (שה״ש א׳ ב׳)[2]).

16 לקליל בתקוי אללה כ̇יר מן כנז כת̇יר פיה אלאהאמה̈:

אי אלמחק. הד̇אן פי אלמאל אלחלאל אלקליל ואלחראם אלכת̇יר וקולה הד̇א פי אכ̇ראג̇ אלעשור וחקוק אללה[3]).

17 ולבאקה̈ מן בקל ומחב̇ה̈ הנאך כ̇יר מן ת̇ור מעלוף מעה שנאה̈:

הד̇א עלי צ̇רבין אמא פי מחבה̈ אלנאס פכמא אכ̇ד̇ דוד למסה̈ רגפאן מן אחימלך אחב̇ אליה מן אלאכל ענד שאול טעאם אלמלך ופי מחבה̈ אללה כאן ג̇וע עדו החוזה אצלח מן אלאכל ענד ירבעם אד̇ אערץ̇ עליה פאג̇אבה אם תתן לי את חצי ביתך וגו׳ (מ״א י״ג ח׳)[4]).

18 ד̇ו אלחמיה̈ יהריש̇ אלצ̇כב ואלטויל אלמהל יקרר אלכ̇צומה̈:

19 טריק אלכסלאן כאלמסיג̈ה̈[5]) באלחדק וטרק אלמסתקימין כ̇אלצה̈:

אלחדק נוע מן אלשוך ואלמוג̇וד מן אסמאיה פי אלמקרא את̇נאן[6]). והד̇א אלקול יעם̇ כסלאן אלטאעה̈ ואלתכסב הו כאנה ימשי פי שוך ליס ינבעת̇[7]).

20 אלאבן אלחכים יפרח אבאה ואלאנסאן אלג̇אהל יזרי באמה:

מא קיל פי אלאב מפרד[א] או פי אלאם מפרדה̈ פהו לג̇מיעהמא כמא צדרנא[8]).

21 אלג̇הל פרחה̈ ללנאקץ̇ אלעקל וד̇ו אלפהם יסהל מסירה:

22 פסך̇ אלאפכאר מן עדם סתר[9]) אלסר̈ ובכת̇רה̈ אלמשירין תת̇בת:

---

[1]) ביאור: החכם יגיד מה שמצא.

[2]) ביאור: באמרו עני ירצה חסר לב וחכם ישמח בשכלו יותר מבמשתה יין.

[3]) ביאור: אמרו מהומה ר״ל קללת השם. ואמר שטוב מעט מדבר המותר מהון רב מדבר האסור וזה במעשרות ומה שחייב אדם ליתן לה׳.

[4]) ביאור: הכתוב מדבר הן באהבה שבין אדם לחבירו כמו שהיה לחם אחימלך יותר חביב לדוד משולחן שאול המלך הן באהבת השם כמו שלא רצה עדו החוזה לאכול אצל ירבעם.

[5]) בכ״י ג׳ כאלמבסוטה̈.

[6]) ר״ל כאן ומיכה ז׳ ד׳.

[7]) ביאור: מלת חדק ענינו מין קוץ והוא שם הנמצא שתי פעמים במקרא והעצל בדבר מצוה או במשא ומתן הוא כהולך על קוצים לאט לאט.

[8]) ביאור: שני המאמרים כוללים האב והאם כמו שהקדמנו.

[9]) בכ״י ב׳ וג׳ כתם.

כתמאן אלאמור אלתי לא כ֗טא פיהא ליס במנכר אד֗ הו אחד וגוה אלתדביר סי֗מא אן כאנת הנאך תקיה֗ אעני כ֗וף כמא כאן אברהם יצחק ודוד וירמיה בכתמאן[1]) אמורהם אעני קצה֗ אחתי היא (בראשית י״א י״ט) וקצה֗ המלך המלך צוני דבר (ש״א כ״א ג׳) וקצה֗ מפיל אני תחנתי לפני המלך (ירמיה ל״ח כ״ו)[2]).

23 ללמר סרור בג֗ואב פיה ואלכלאם פי וקתה מא אחסנה:
יריד בה חצ֗ור אלג֗ואב וסרעתה ליס[3]) מן גיר גהתה לאנה לו כאן כד֗אך לכאן אלנאס באג֗מעהם נאט֗רין מחג֗אג֗ין לכן מן גהתה[4]):

24 סביל אלחיוה֗ פי עלו ללעאקל לכי יזול מן אלג֗חים אלספלי:
פי אלדארין ג֗מיעא[5]).

25 אללה יקלע בית אלמקתדרין וינצב תכ֗ום אלצ֗עפא:
ד֗כר מן גמלה֗ אלצ֗עפא אלמנה כמא ד֗כר מן גמלה֗ אלחדיד חרב אד֗ קאל כי חרבך הנפת ותחללה (שמות כ׳ כ״ה) ומן ג֗מיע אלאצנאם מולך ושביה הד֗א מן אלמסתעמל[6]).

26 יכרה אללה אפכאר אלסו[7]) ואקואל אלחכמה֗ טאהרה֗:
לקב אלחכמה֗ האהנא באלנעמה֗ עלי מא קדם דרכיה דרכי נעם (משלי ג׳ י״ז)[8]):

27 אלטאמע טמע הו פאצ֗ח אהלה ושאני אלמואהב יחיא:
אראד בה אלמואהב אלחראם מת֗ל מא אכ֗ד֗ אמרפל ואצחאבה מן ברע וברשע ואצחאבהמא ועלי אנהא כאנת חלאלא לאברהם אבאהא וקאל אם מחוט ועד שרוך נעל (בראשית י״ד כ״ג) וכמא עלמת אן אלישע רד עלי נעמן אלבדור אלד֗הב ואלפצ֗ה֗ ונחוי אסף עליהא ומא כאן מן כסבה[9]).

28 קלב אלצאלח ידרס מא בה יג֗יב ופם אלטאלחין ירוי אלשרור:
מעני הד֗א הו מא יתעב אלמוחדון ואלרבוניון פי מא ירדון בה עלי אלמלחדין ואלמכ֗אלפין והולא תרי כ֗צומהם אנמא הם אברא פי טלב ענתה֗[10]):

[1]) אפשר שצ״ל יכתמון.

[2]) ביאור: מותר לאדם לכסות הדברים שאין בהם חטא ובפרט במקום סכנה כמו שעשו אברהם ויצחק ודוד וירמיה.

[3]) נראה שצ״ל ליס יריד בה חצ֗ור אלג֗ואב וסרעתה מן גיר ג֗התה.

[4]) ביאור: לא רצה בזה שישמח אדם במהירות תשובתו אם איננה כראוי שאם היה כן יהיו כל בני אדם בעלי שכל וחריפים אבל צריך שתהא התשובה נכוחה.

[5]) ביאור: בשני עולמות.

[6]) ביאור: הזכיר האלמנה במקום העניים כמו שהזכיר חרב במקום כל כלי ברזל ומולך במקום כל האלילים.

[7]) בכ״י ב׳ וג׳ אלשר.

[8]) ביאור: אמרי נעם הם כאן אמרי חכמה כמו שאמר למעלה דרכיה דרכי נעם.

[9]) ביאור: ירצה בו המתנות האסורות כמו השלל שלקחו אמרפל וחביריו מאויביהם ואברהם מאס בו אף על פי שהיה מותר לו וכן אלישע לא קיבל מתנות נעמן ועבדו גיחזי נעצב על זה ולקחן ונענש.

[10]) ביאור: כמו המיחדים והרבנים המתיגעים בתשובותיהם על הכופרים והמתנגדים ואלו האנשים אינם מבקשים כי אם הרע.

29 לדלך[1]) אללה בעיד מן אלטאלחין וצלוה̈ אלצאלחין יסמע:

30 כמא אן נור אלעינין יפרח אלקלב כדאך אלכבר אלצאלח ידסם אלעט̇ם:

אלקיאס פי דלך קריב אד̇ המא חאסתאן יוידאן אלעצוין[2]).

31 אד̇ן סאמעה̈ עט̇ה̈ אלחיוה̈ ענד אלעלמא תוגד:

יעני אלעט̇ה̈ לא יסתמעהא אלא חכים[3]).

32 אן מגד̇ב אלאדב לזאהד פי נפסה וקאבל אלעט̇ה̈ למקתן קלבא:

לקב אלחכמה̈ באלקלב אד̇ הי תחל פי אלקלב כמא תסמי אלערב אלמטר סמאא לנזולה מן אלסמא[4]).

33 תקוי אללה אדב אלחכמה̈ ועקובה̈ אלכ̇שוע אלכראמה̈:

קולה יראת ה׳ מוסר חכמה ערפנא בה אנה לא תקוי אלא בחכמה̈ ומא תודב הי בה ותסוס אלמ̇ר ואומי מן קולה ולפני כבוד ענוה אלי עכסה אלד̇י הו ואחר ענוה כבוד ואלקולאן ואחד[5]).

טז

1 ללאנסאן מצאף̇ קלבה ומן ענד אללה נטק לסאנה[6]):

אמא לאדם מערכי לב פהו יויד אלקול באלאכ̇תיאר אד̇ נסב פעל קלב אלאנסאן לה ולכן ומה׳ מענה לשון הו יוסם[7]) אלקול באלגבר וליס חקיקתה כד̇לך לאנה אנמא אשאר אלי אלבניה̈ אלאצליה̈ אן אללה אעטא אלאנסאן קוה̈ אלנטק נט̇יר קולה אזן שמעת ועין ראה ה׳ עשה גם שניהם (משלי כ׳ י״ב) פאהב[8]) עלי אלאנסאן וקאל אד̇ הו מכ̇יר פינבגי לה אן יפכר פי אן אללה כ̇לקה נאטקא[9]).

2 כל טריק אלאנסאן יראהא ד̇כיה̈ ענדה ולכן אללה מהיי אלארואח:

חכי פי הד̇א מא וג̇ד אלנאס עליה מן קלה̈ אלאעתראף̇ בכ̇טאיהם בל ירון ד̇לך צואבא ולכן אללה הו אלבציר באעמאלהם וצ̇מאירהם[10]).

---

[1]) „לכן רחוק וכו׳״.

[2]) בכ״י אלי עצוין. — ביאור: ההיקש בין שני חלקי הפסוק קל להבין שחוש הראות וחוש השמע מחזקים את הלב והעצם.

[3]) ביאור: רוצה לומר שהתוכחה אינה נשמעת כי אם מחכם.

[4]) ביאור: הלב הוא כינוי לחכמה לפי שהחכמה יושבת בו כמו שבני ערב יכנו המטר בשמים לפי שיורד מן השמים.

[5]) ביאור: אמרו יראת ה׳ ילמדנו שאין יראת ה׳ כי אם בחכמה. ואמרו ולפני כבוד ענוה יורה על הפכו והוא אחר ענוה כבוד והענין אחד.

[6]) עיין אמאנאת 163. — [7]) אפשר שצ״ל יוהם.

[8]) ענין אהב כענין אבה וזאת התמירה נמצאת גם כן למטה בפסוק י״ז.

[9]) ביאור: אמרו לאדם וכו׳ הוא ראיה שיש לאדם בחירה ואמרו ומה׳ וכו׳ אין טעמו שאדם מוכרח במעשיו אלא רמז אל היסוד שנברא עליו והוא שהשם נתן לו כח הדבור והעיר אותו ואמר שלפי שיש לו הבחירה ראוי לו שיזכור שהשם בראו חי מדבר.

[10]) ביאור: האדם אינו מודה על חטאיו והשם רואה מעשיו ומה שבלבו.

3 גֿל אלי אללה אעמאלך תתֿבת אפכארך:

אלתגֿליה לה עלי צֿרבין אן כאן אלעמל אלדֿי קצדתה מן אלמבאח פאסתכֿרה פיה וסלה אלנגֿאה כמא כאנו אלאולון יפעלון אן חצֿרת אורים ותמים סאלו בהא כמא עלמת מן יהושע ושמואל ושאול ודוד ואן לא יסלון אלאנביא כמא קאל יהושפט דרש נא כיום את דבר ה׳ (דה״ב י״ח ד׳) ואלא צאמו ודעו כמא קאל עזרא קבל אן ינבא ונצומה ונבקשה מאלהינו (עזרא ח׳ כ״ג). ואן כאן ממא פיה אמר ונהי פאערצֿה עלי סמעה ואתֿאר רסולה פמא וגֿב אפעלה ומא לם יגֿב פאתרכה[1]).

4 כל פעל אללה לסבבה ואלטֿאלם איצֿא ליום סו:

יעני אן מא מן שי אלא ולה מעני אוגֿבתה חכמה אלבארי חתי אליום אלסו ואלעקובאת פהי ללטֿאלם ופי דֿלך צלאח לה לימחֿץ ענה אלכֿטאיא וללעבאד ליעתברו בה והדֿא קול מעכום ויום רעה לרשע[2]).

5 יכרה אללה כל שאמֿך אלקלב בתקלב יד ליד לא יברו:

יעני אנה יביד בסרעה[3]).

6 באלבר ואלאחסאן יגפר אלגֿרם ובתקוי אללה אלזואל ען אלשר:

אראד אן אלצאלחין מא יבין[4]) אתֿנין תאיב קד נפר דֿנבה בנדמה וצומה וצלותה וצדקתה ותקֿי לם יזל זאילא ען אלשר[5]).

7 אדֿא רצֿי אללה אחואל אלמר סלם[6]) לה אעדאה:

כאבימלך לאברהם ויצחק ועבדי הדרעזר ותעו וגירהם לדוד וכמא קאל רבינו הקדוש לר׳ חייא[7]).

8 לקליל בנצפה כֿיר מן גלאת כתֿירה בגיר הכם:

הדֿא פי אלוארתֿ אלאכֿר ישיה ושי קסימה ואלשריך אלמתעדי אלי מאל שריכה וסאיר אלכֿלטא ואלמעאמלין[8]) לדֿלך קרן בה משפט וצדקה[9]).

[1]) ביאור: גילוי המעשים לפני השם הוא על שני אופנים אם בדברי רשות ראוי שידרוש אדם את השם וכן עשו אבותינו על ידי אורים ותומים כמו יהושע ושמואל ושאול ודוד או על ידי נביאים כמו יהושפט או על ידי צום ותפלה כמו שעשה עזרא קודם שנסע. ואם בדברי צווי ואזהרה ידרוש אדם מה ששמע מפי השם ומה שקבל מנביאו.

[2]) ביאור: לכל דבר נברא יש סבה שהצריכה אותה חכמת השם ואפילו יום רעה כדי שישוב הרשע מרשעתו ושיראו וילמדו הצדיקים והפסוק הפוך כאלו אמר ויום רעה לרשע.

[3]) ביאור: אמרו יד ליד ר״ל יאבד מהרה. — [4]) אפשר שצ״ל מא בין.

[5]) ביאור: הצדיקים הם על שני פנים בעלי תשובה שכופר עונם או יראי השם שלא עשו רע מימיהם.

[6]) בכ״י א׳ סאלם לה אעדאוה.

[7]) עיין מועד קטן ט״ז ב. — ביאור: כמו אבימלך עם אברהם ויצחק והדרעזר ותעו עם דוד וזולתם וכמו שאמר רבי לר׳ חייא.

[8]) נראה שחסר כאן ולא די שיעשה במשפט כלומר כפי הדין אלא גם בצדקה כלומר לפנים משורת הדין ולפיכך הזכיר צדקה עם משפט.

[9]) ביאור: הכתוב מדבר ביורשים ושותפים וכיוצא בהם שנוטלים חלקם ותלק חבריהם בלא משפט.

9 קלב אלמר יפכר פי אמורה ואללה יהיי כ̇טאה:

הד̇א קול כ̇איץ̇ פי אמור אלרזק ואלפאידה̈ ואלשפא ואלולד ואלנעמה̈ אלדניאייה̈ אלתי לא ינפע אלאנסאן אלתקלב פיהא או ישא רבה פיהא יקול ירמיהו (ה׳) ידעתי ה׳ כי [לא] לאדם דרכו וגו׳ (ירמיה י׳ כ״ג)[1].

10 ינבגי אן יכון אלחתם עלי נטק אלמלך ובאלחכם לא ינכת בקולה:

הד̇א איצ̇א כ̇איץ̇ אד̇א אמרך אלמלך בשי מבאח מן ענד אללה פחט̇רה אלמלך או אוגבה פלא תכ̇אלפנה פאחרי ואוכד מלך אלמלוך ורב אלארבאב אלא תכ̇אלפה וכמא געלה אלחכים אעתבארא אני פי מלך שמור ועל דברת שבועת אלהים (קהלת ח׳ ב׳)[2].

11 לאן אלתסקים ומואזין אלעדל ללה ועמלה כמא יוזן באלצנג̇את:

הד̇א זיארה̈ פי אלאעתבאר אד̇א וג̇ב אן תטיע מן יקע פי אעמאלה אלהג̇ם ואלנזאף פכיף מן עמלה כאלמיזאן ואלקסט[3].

12 יג̇ב אן יכרה אלמלוך עמל אלט̇לם לאן אלכרסי אנמא יתבת בעדל: 13 ויג̇ב אן יכון רצ̇אהם נטק אלצדק ואלכלאם אלמסתקים יחבון:

הד̇אן אלפסוקאן עלי מא קדמנא אן אלטאבע טבע בניה̈ אלעאלם עלי אלחק ואלג̇אתם כ̇תמה בעדל לא יתבת בגירה[4].

14 חמיה̈ אלמלך כרסל אלמות ואלרג̇ל אלחכים יזילהא:

ד̇לך פי אלאנסאן כמא לטף יהודה ביוסף אד̇ קאל ויגש אליו יהודה וגו׳ (בראשית מ״ד י״ח) וקואד מלך ארם באחאב אד̇ קאל ויחגרו שקים במתניהם וחבלים בראשיהם (מ״א כ׳ ל״ב) ופי מלך אלמלוך ג̇ל ת̇נאה כמא פעל משה פי הר סיני ומדבר פארן וכמא פעל פינחס בשטים ומן פעל מת̇להם[5].

15 בנור וג̇ה אלמלך אלחיוה̈ ורצ̇אוה כאלגים אללקים:

ד̇לך איצ̇א פי מלוך אלנאס מחסוס כיף ירפעון מן אחבוה[6] ופי רב אלעאלמין מעלום ונצף מנה ת̇לאת̇ה̈ מן אלאעתבאר קאל פרעה ליוסף אני פרעה (בראשית מ״א מ״ד) וקד ראית אלי מא ד̇א צאר פכיף מן קאל אללה לה אני ה׳ אלהיך מלמדך להועיל (ישעיה מ״ח י״ח) וקאל דויד לבני ברזלי כי כן קרבו אלי וגו׳

---

[1]) ביאור: זה מאמר פרטי בכל צרכי האדם ותענוגיו בעולם הזה לא ימצאם כי אם ברצון השם.

[2]) ביאור: זה גם כן מאמר פרטי בדברי רשות שישמור האדם מצות המלך ולא ימרה את פיו וכל שכן מצות מלך מלכי המלכים.

[3]) ביאור: הוסיף לומר שאם הדבר כן במי שעושה לפעמים בחפזה ובקלות כל שכן במי שכל מעשיו הם שקולים במאזנים.

[4]) ביאור: ענין שני הפסוקים שהבורא חקק צורת העולם על האמת וחתמו בצדקה.

[5]) ביאור: זה בחמת מלך בשר ודם כמו שעשה יהודה עם יוסף ושרי מלך ארם עם אחאב וכן בחרון אף מלך המלכים כמו שעשה משה בהר סיני ומדבר פארן ופינחס בשטים.

[6]) בכ״י אחטה.

(מ״א ב׳ ז׳) וקד עלמת ב̇יף רפעהם חתי צאר אלכ̇הנים ינסבון אליהם כ̇מא קאל אשר לקח מבנות ברזלי ונו׳ (עזרא ב׳ ס״ד) פב̇יף מן קאל אלעזיז לה והקרבתיו ונגש אלי ונו׳ (ירמיה ל׳ כ״א) וקאל אחשורוש ען מרדכי אשר המלך חפץ ביקרו (אסתר ו׳ ו׳) וקד רי[1]) ב̇יף בלג בה פב̇יף מן קאל אלב̇רים לה מאשר יקרת ונו׳ (ישעיה מ״ג ד׳)[2]).

16 אקתנא אלחכמה̈ מא אג̇ודה מן אלקראצ̇ה̈ ואקתנא אלפהם ב̇יר מן אלורק:

ללונוה אלתי וצ̇פנאהא בל לאכת̇ר מנהא[3]).

17 מחג̇ה̈ אלמסתקימין אלזואל ען אלשר פיג̇ב אן יכ̇ון אלמר[4])
חארם נפסה חאפט̇ טרקה:

אלתאהיב פי ד̇לך לא יר אנה אנמא יחפט̇ טריקא או חאלא לים אלאמר כד̇לך בל נפסה אלעזיזה̈ יחפט̇[5]).

18 עקיב אלאקתדאר אלב̇שוע ועקיב אלב̇שוע אלכראמה̈[6]):

כמא עלמת מן אברהם יקול אנכי עפר ואפר (בראשית י״ח כ״ז) ומשה ואהרן ונחנו מה (שמות ט״ז ז׳) ודוד ואנכי תולעת (תהלים כ״ב ז׳) וגדעון הנה אלפי הדל במנשה (שופטים ו׳ ט״ו) ושאול הלא בן ימיני אנכי (ש״א ט׳ כ״א) ומא אשבההם ואעקבהם אלעז ואלשרף. ופרעה יקול מי ה׳ (שמות ה׳ ב׳) וגלית אני חרפתי את מערכות ישראל (ש״א י״ז י׳) וסנחריב מי בכל אלהי הארצות (מ״ב י״ח ל״ה) ונבוכדנצר ומן הוא אלה די ישיזבינכון מידי (דניאל ג׳ ט״ו) ומן מאת̇להם ואתבע אקואלהם אלד̇לה̈[7]) ואלחטיטה̈[8]).

19 לתואצ̇ע אלרוח מע אלב̇אשעין ב̇יר מן תקסם אלסלב מע
אלמקתדרין:

לצלאח עאקבה̈ אלאול ופסאד עאקבה̈ אלת̇אני[9]).

---

[1]) אולי צ״ל רוי.

[2]) ביאור: זה נראה במלכי בשר ודם המנשאים את אהוביהם וידוע במלך העולמים כמו שמצאנו שפרעה הרים את יוסף ודוד הקריב אליו את בני ברזלי ואחשורוש נתן יקר למרדכי וכל שכן שהאל ירום את עמו ויקריבנו אליו ויתן לו יקר וכבוד.

[3]) ביאור: לענינים אשר הקדמנום וליותר מהם.

[4]) „ולפיכך צריך שיהא האדם וכו׳״ ובכ״י א׳ חסרה מלת פיג̇ב.

[5]) ביאור: זה הערה לאדם שבשמרו את דרכו ישמור גם כן את נפשו היקרה.

[6]) בכ״י ב׳ וג׳ עאקבה̈ אלאקתדאר אלכסר ועאקבה̈ אלכבר אלחטיטה̈ וזאת היא העתקה המסכמת עם הפסוק ונראה שבחלק הראשון צ״ל אלכסר גם בכ״י א׳ אבל החלק השני בכ״י ב׳ וג׳ הוא הגהת איזה סופר לפי שמתוך ביאור הגאון ג״כ נראה שטעה והחליף זה הפסוק עם פסוק שלמטה י״ח י״ב.

[7]) בכ״י אלדלי.

[8]) ביאור: כמו שידעת מאברהם ומשה ואהרן ודומיהם שהיו נכבדים מפני ענותם ופרעה גלית ודומיהם נכנעו מפני גאותם.

[9]) ביאור: לפי שאחרית הענוה היא לטובה וסוף הגאות לרעה.

20 **מן עקל לאמרה אצאב כירא ואלואתק באללה טובאה:**

21 **אלחכים אלקלב ידעא דהנא[1] ואלחלו אלנטק יזדאד בתא:**

יעני אן אלנאס יתמנון אלמזאד מן כלאמה[2]).

22 **אלעקל לצאחבה מעדן אלחיוה ואדב אלג׳האל ג׳הלהם:**

יריד בה מא ראי אלג׳האל עליה אנהם אדא ראו אחדהם יטלב אלחכמה ראצוה וסאסוה אלי תרכהא ואלבקא בחאל ג׳הלה[3]).

23 **קלב אלחכים יחכם קולה ופי נטקה יזדאד בתא:**

אחתג׳נא אלי הדא אלקול לאן אלארא ואלמעתקדאת אלמכנונה פי קלוב אלנאס מכפיה בעצ׳הם ען בעץ׳ ואנמא אלמטהרהא ואלמעבר ענהא הו אלנטק ואלכלאם אללדאן נעלא דלילין עלי מטאוי אלאצ׳מאר טאעה או מעציה חכמה או ג׳הל[4]).

24 **כפאיך אלשהד אקואל אלחכמה חלו ללנפס שפא ללג׳סם[5]):**

כל אפצ׳ל מנה לקולה ומתוקים מדבש ונפת צופים (תהלים י״ט י״א) ודלך אן אלאכתאר מן אלעסל יצ׳ר ואלאזדיאד מן אלחכמה ינפע ואלעסל יצ׳ר שיא וינפע שיא ואלחכמה תנפע אלכל ואלעסל בתמן ולא ידום ואלחכמה בכלאף דלך[6]).

25 **כם מן טריק מסתקים ענד[7]) אלמר ועקבהא טרק אלמות:**

הדא פי אמור אלדניא ואלאול פי אמור אלדין[8]).

26 **נפס אלשקי תשקא אדא תנכם ענה מקדארה[9]):**

אמא בדל בעד עז או ג׳וע בעד שבע או ספר בעד חצ׳ר פיג׳ב אן תדאפע אלאפאת באלעמל אלצאלח[10]).

27 **דו אלפג׳ור יכרא אלשרור תראהא עלי נטקה כנאר משוטה:**

יעני אן דלך לא יכפי עלי אלחכים ומחנתה אן כאן טבע אלפאג׳ר אלחדה פהו פי חאל תדבירה תזדאד חדתה פאן באלג׳ אנתקל אלי אלסכון ואן כאן טבעה אלסכון זאד פי סכונה פאן הו נאהי אנקלב אלי אלחדה פאדא ראיתה כדאך פאחדרה[11]).

---

[1]) עיין בפתיחה 10.

[2]) ביאור: לפי שבני אדם מתאוים שיוסיף מתק שפתים לדבר.

[3]) ביאור: ירצה בו החכם שראה הכסילים מיסרים את חבריהם אם יבקשו חכמה.

[4]) ביאור: הוצרכנו לזה המאמר לפי שהדעות והאמונות טמונות בלבות בני אדם ושפתותיהם הן מגלות אותן זה לזה בין לטוב בין לרע.

[5]) בכ״י ב׳ ללעטאם.

[6]) ביאור: ולא עוד אלא שהחכמה יש לה יתרון על הדבש שאכילת דבש יותר מדאי מזקת את הגוף והדבש מועיל לדבר אחד ומזיק לדבר אחר וצריך לקנותו בכסף ואינו מתקיים והחכמה אינה כן.

[7]) בכ״י ב׳ בין ידי = לפני.

[8]) ביאור: הפסוק הזה בדברי העולם והראשון (י״ד י״ב) בדברי האמונה.

[9]) הגאון תרגם אכף מלשון אפך = הפך ופיהו מלשון פי שנים.

[10]) ביאור: אמרו אכף עליו פיהו ירצה בו אם באה עליו חרפה אחר הכבוד ורזון אחר השובע ותליכה בדרך אחר הישוב ולפיכך צריך שירחיק את הצרות במעשים טובים.

[11]) ביאור: כשהחכם רואה את הרשע יוכל להכיר שהוא חורש רעה וזה שאם הוא רגזן

28 דו אלתקלב ינשי אלצגאיב ואלמחרץ יפרק אלאלפא:

הכי מא וגדה והדא פי אמר אלדין ואלדניא[1]).

29 דו אלטלם יכדע צאחבה ויסירה פי טריק לא כיר פיה:

והדא איצא פי אלאמרין גמיעא כמא יטגי אלמלחדון בעץ אלמוחדין ויגר אלמכאלפון בעץ אלגמאעה[2]).

30 וכם מן גאץ טרפה יפכר פי אלתקלב וגאמז עלי שפתיה קד אכמל אלשר:

הדא מן אשכאל אהל אלסו יתגאמז[ון] באלעיון ואלשפאת[3]).

31 תאג אלפכר אלשיבה תוגד פי טריק אלזכוה:

אראד בה אן אלשיבה תאג ודלך אדא קארנהא אלצלאח ואלא פלא כיר פיה וקד עלמת אן משאיכא חצרו מגלס[4]) אבשלום וחסנו לה אלזנא כמא קאל ויישר הדבר בעיני אבשלום ובעיני זקני ישראל (ש״ב י״ז ד׳)[5]):

32 אלטויל[6]) אלמהל כיר מן אלגבאר ואלמתסלט עלי ראיה אצלח מן פאתח בלד:

לאן אלגבאר בלא טול מהל יתהור כמא עלמת מן שמשון יכאפי פלשתים וגורהם עלי סרעה ואמא פאתח בלד פהו תסלט עלי גירה פאן לם ימלך נפסה קבל גירה פמא דא יסאוי[7]).

33 סביל אלסהם אן ילקא פי אלחגר ומן ענד אללה גמיע חכמה:

אראד בה אן גמיע אלאשיא אלמופקה מא לם ירד פיהא אמר ולא נהי פהי מן ענד אלמופק[8]).

יז

1 לכסרה גאפה מעה סלו כיר מן בית ממלו דבאיחא בכצומה:

כמא הרב יפתח מן בין אכותה לחאל אלכצומה וגלס פי אלקפר ואנמא סמית

בטבעו יגדל כעסו תחלה ובסוף הוא שקט ואם הוא שקט בטבעו תרבה שקטותו ובסוף תצא אש חמתו ואם הרשע כן צריך להזהר ממנו.

[1]) ביאור: סיפר מה שמצא בין המוניות בין בתוריות.

[2]) ביאור: זה גם כן בהמוניות ותוריות כמו שעושים הכופרים עם המיחדים והמתנגדים עם הכנסיה.

[3]) ביאור: החכם מצייר אנשי רעה הרומזים בעיניהם ובשפתיהם.

[4]) בכ״י פגלס.

[5]) ביאור: אם השיבה בלא צדקה אז לא תהיה עטרת לבעליה כמו שידעת שהזקנים הסכימו עם אבשלום שיבוא על פלגשי אביו.

[6]) אפשר שצ״ל לטויל.

[7]) ביאור: לפי שהגבור שהוא קצר אפים יתעבר ויארע לו מה שאירע לשמשון והמושל באחרים ולא בנפשו מה הוא שוה.

[8]) ביאור: ירצה בו שכל הדברים שאין בהם צווי ואזהרה נתונים לנו מאת חשם.

ארץ טוב (שופטים י"א ג') באסם אלפריק אלדי יסכנהא לקולה ואיש טוב חמש מאות[1]) אלף איש (שמואל ב' י' ו')[2]).

2 אלעבד אלעאקל יסתחק אן יתסלט עלי אלאבן אלמסי ובין אלאכוה יקתסם נחלה:

כמא תצמן אלכבארנא אנה מן כאן ולדה מסי[א] וכתב מאלה לבעיד כאן דלך לה[3]).

3 אלמסבך ללפצה ואלכור לדהב וממתחן אלקלוב אללה:

לאן אלקלוב כפיה לא יעלם מא פיהא סואה כקולה הנה צרפתיך וגו' (ישעיה מ"ח י') וקצה בן אדם היו לי בית ישראל לסיג וגו' (יחזקאל כ"ב י"ח)[4]).

4 אלמסי יצגי אלי נטק אלגל וינצת אלי באטל מן לסאן די אלאפאת:

יעלם אנה כאדב ויסמע מנה וקד נהי אללה ען קבול אלמחאל אד קאל לא תשא שמע שוא (שמות כ"ג א')[5]).

5 אלהאזי באלפקיר קד עיר צאנעה ואלסאר בתעס לא יברו:

הדא אלפקיר האהנא הו אלדי יצאב במציבה פמן שמת בה פליס ינגו מן בליה[6]).

6 תאג אלמשאיך בנו אלבנין ופכר אלבנין אבאוהם:

קצד פי אול אלפסוק אלתרגיב פי אקאמה אלנסל ותזויג אלבנין ותאדיבהם ותעלימהם אד בנוהם תאג אגדאדהם ופי אלנצף אלתאני עגאיה אלבנין באנפסהם חתי תפתכר אלאבא בהם[7]).

7 לא יחסן באלספיה אלפצול[8]) פכיף באלנביל אלנטק באלבאטל:

אסתפטע אלחכים אלפצול מן אלספיה פכיף לא יסתשנע למן יריד אלנבל[9]).

---

[1]) צ"ל שנים עשר אלף.

[2]) ביאור: כמו שעשה יפתח שברח מפני אחיו וישב במדבר ארץ טוב וזאת הארץ נקראת כן על שם העם היושב שם.

[3]) ביאור: כמו שמסרו לנו בתלמוד (בבא בתרא פ"ח מ' ה' ועיין גמרא קל"ג ע"ב) שמי שיש לו בן שאין נוהג כשורה וכתב נכסיו לאחר מה שעשה עשוי.

[4]) ביאור: לפי שהשם לבדו יודע מה שהוא צפון בלב האדם.

[5]) ביאור: רוצה בו שהוא יודע שמה שאומרים לו הוא שקר ואף על פי כן הוא שומע והשם הזהיר מלשמוע לדבר שוא (עיין תרגומו שהעתיק לא תשא כמו לא תשמע).

[6]) ביאור: רש בזה המקום ענינו מי שבאה עליו צרה ומהרפו לא ינצל מן הרעת.

[7]) הפירוש הזה אינו מסכים עם הפסוק והעתקתו שלפי הביאור היה צ"ל ותפארת האבות בניהם. — ביאור: אמרו עטרת וכו' זה הערה לאבות לגדל את בניהם בחכמה ומוסר כדי שיהיו בני אלה הבנים הגונים שיהיו עטרת לזקניהם ואמרו ותפארת וכו' צווי שישגיחו הבנים בעצמם כדי שיתפארו האבות בהם.

[8]) בכ"י ב' וג' אלנטק באלפאצל.

[9]) ביאור: החכם גינה אצל הכסיל הרבות הדברים וכל שכן במי שרוצה להיות נדיב.

8 אלרשא ענד צאחבה חגר דו חשׂ חית [1]) תוגה ינגח:

הכדי יטׂן צאחבה בה והו ענד אללה בצׂד דׄלך יקול כי השחד יעור עיני חכמים ויסלף דברי צדיקים (דברים ט״ז י״ט) [2]).

9 מגטי אלדנב טאלב מחבה ומעיד[3]) אלכלאם יפרק אלאלפא[4]):

הדׄא פי אמור אלדניא כׄאצה אן אלצדיק אדׄא לם יעף ען אלה פלא רגבה פיה ובדׄלך אדׄא הו לם יקבל אלעדׄר בל כלמא אעתדׄרת אליה אעאד אלתוביך עליך[5]).

10 תנגע[6]) אלזגרה פי אלפהם אכתׄר מן צׄרב אלגׄאהל כתׄירא:

קולה מאה ליס הו עדד מחקק לכנה עלי מעני אלעדד אלגברי וכקולה אם יוליד איש מאה (קהלת ו׳ ג׳) יכון אקל או אכתׄר[7]).

11 אנמא יריד אלמכׄאלף אלשר ורסול צׄאר יבעת פיה:

פי אלדניא מן כׄאלף עלי אלסלטאן בעת עליה רסלא כׄשנא כמא בעת נבוכדנצר עלי יהויקים וצדקיה חין עציאה ואחרי לדׄלך מן כׄאלף עלי אללה קאל פיה משלחת מלאכי רעים (תהלים ע״ח מ״ט)[8]).

12 ליפאגׄי אלמר אלדב אלמתׄכל ולא אלגׄאהל בגׄהלה:

לאן אלדב יחל קתלה ואלגׄאהל תריד[9]) קתלה לך וקתלך לה ולאן אלדב לא יואתיך[10]) אלחכם ואלגׄאהל יחאכמך לא פי אלחק ואלדב לא ילחק בך שניעא ואלגׄאהל יפעל דׄלך ומתׄל הדׄא כתׄיר ואנמא אקתצר עלי אלדב ללגׄאנה[11]).

13 מן כאפא שרׄא בדל כׄיר לא יברח אלשר מן מנזלה:

אול דׄלך מן יקאבל רבה עלי אבדאיה[12]) איאה ואחיאה וארזאקה ותצחיחה וסאיר אחסאנה באלמעאצי פי אלפראד קאל משמרים הבלי שוא חסדם יעזבו (יונה ב׳ ט׳) ופי אלגמע קאל בכל צרתם לא צר וגו׳ והמה מרו וגו׳ (ישעיה ס״ג ט׳–י׳). תׄם מכאפי אלנאס שרא בדל כׄיר כמא כאפי אהל מצר אלׄוה יוסף אלדׄין אחיאהם אללה עלי ידיה באלאסתעבאד וכמא גׄאזי אבשלום יואב אלדׄי אסתעטף

---

[1]) בכ״י ב׳ וג׳ אין מא.

[2]) ביאור: כן בעיני הנותן שוחד ואינו כן בעיני השם.

[3]) בכ״י א׳ מגיר = משנה דיבורו.

[4]) בכ״י א׳ אלאלף.

[5]) ביאור: הפסוק מדבר בפרט בדברי העולם שהאוהב שאינו מוחל לחביריו חם יתרחקו ממנו וכן אם אינו מקבל התנצלותם וישוב להוכיחם.

[6]) „תועיל״ ובכ״י ב׳ וג׳ תונׄע = תכאיב.

[7]) ביאור: אמרו ומאה אינו מספר מצומצם כי אם ענינו הרבה.

[8]) ביאור: בדברי העולם כמו שעשה נבוכדנצר ביהויקים וצדקיה כשמרדו בו וכל שכן הממרה את פי השם.

[9]) צ״ל חרם.

[10]) בכ״י יגאתיך.

[11]) ביאור: לפי שהדוב מותר להרגו ולא יביא אותך למשפט ולא יקללך ואינו כן בכסיל והזכיר את הדוב מפני שהוא קשה להרחיקו.

[12]) בכ״י אבראיה.

לה קלב דוד חתי רדה מן גשור באחראק גלתה באלנאר וכמא קאבל יואש יהוידע הכהן אלדי כלצה מן אלקתל וחפט לה אלמלך בקתל ולדה וקד סמעת עואקב גמיעהם. פאן כאפי בדל אלשר שרא ילחקה שר איצא לקול אללה לא תקם (ויקרא י״ט י״ח) ולבנה יקים מדה תם ימיש מביתו[1]).

14 כבתק אלמא אול אלצכב פלדלך קבל אללגאג דר אלכצומה:

יריד בה אן אלשר ואלמנאזעה ליס פי טאקתך אן תחתריהמא[2]) עלי מקדאר רבמא עזמת אן תלאצם בעשרה כלמאת פאתסעת אלי מאיה כאלמא אלדי תפתח מנה יסירא פיפתח הו לנפסה כתירא וכמא אתסעת מנאטרה בני אפרים מע יפתח חתי קתל ארבעין ואתנין אלפא (שופטים י״ב ו׳) ולכן גדעון בעקלה קטע אלכצומה ולטף בהם פקאל הלא טוב עוללות אפרים מבציר וגו׳ (שם ח׳ ב׳)[3]).

15 מזכי אלטאלם ומטלם אלזכי אן אללה יכרה כלידהמא:

יעני אן האנהא פעל[א] ואחד[א] לה אתמאן הדא ונטראה[4]):

16 למא דא יכון תמן מע אלגאהל יריד אן יקתני אלחכמה בגיר
עקל: 17 פהו פי כל וקת יחבב אצחאבא וכם מן אך ינשא לשדה:

הדאן פסוקאן מגמועאן קאל פיהמא יטן אלגאהל אן אלחכמה אלאכתאר מן אלאצדקא פישתריהם בתמן ולא יעלם אנה כם מן צדיק יכון מצרה כצדאקה זבול לגעל[5]) ויונדב לאמנון ודלילה לשמשון ונטראיהם[6]).

18 אלאנסאן אלנאקץ אלעקל יצאפח בכפה ויצמן צמאנא לצאחבה:

יגמע הדא אלדאכל פימא לא יעניה פהו מנקוץ מדמום[7]).

19 מן אחב אלמנאצאה פקד אחב אלדנב ומן שמך באבה פקד טלב אלכסר:

ודלך אן אלמנאזעה קד יכרג מנהא מא לא תריד כמא אראד משה צרב אלרגל אלמצרי כמא צרב הו אליהודי פצרבה פמאת. וקולה מגביה פתחו כמא פעל

---

[1]) ביאור: הכתוב מוסב תחלה על היחיד או על העדה המשלמים רע תחת כל טובות האל וימרו את פיהו ועוד על כפויי טובה בין אדם לחבירו כמו שעשו המצרים לאחי יוסף ואבשלום ליואב ויואש ליהוידע. ואם ישיב האדם רעה תחת רעה עובר בלא תקום ותבוא עליו רעה אלא שאחר זמן תמיש מביתו.

[2]) בכ״י תחתריהמא.

[3]) ביאור: רוצה לומר שלא תוכל להגביל את הריב שאם כוונת לומר עשר מלות ירבו לחיות מאה כמו שאם יפתח אדם מעט הסכירה המעכבת המים יפתחו הם הרבה כמו שגדל הריב בין יפתח ובני אפרים עד שהרג מהם מ״ב אלף אבל גדעון דבר עמהם בנחת ושקטה חמתם.

[4]) ביאור: אמרו גם שניהם ר״ל שיש מעשה אחד שבו שני חטאים.

[5]) בכ״י יבול לעגל (ועיין שופטים ט׳).

[6]) ביאור: אלו שני הפסוקים מוסבים על הכסיל החושב שיקנה חכמה אם יקנה רעים רבים ואינו יודע שכמה רעים הם לרעה כמו זבול לגעל ויהנדב לאמנון ודלילה לשמשון ודומיהם.

[7]) ביאור: הפסוק כולל מי שמתעסק בדברים שאינם שלו ומגנהו.

אדניהו בן חגית מתנשא וגו' (מ"א א' ה') וכמא פעל עזיהו וכחזקתו גבה לבו עד להשחית וימעל וגו' (ד"ה כ"ו ט"ז)[1].

20 אלעסר אלקלב לא יציב כ֗ירא ואלמתקלב פי לסאנה יקע פי שר:

אמא אלעסרה֗ פכמא עסר סיחון ועוג אן יטרקו לאמה֗ ואלמתקלב כפרעה וקומה[2]) עשר מנאזלאת[3]).

21 ואלד אלג֗אהל לה אלחסרה֗ ולא יפרח אבן אלספיה:

22 אלקלב אלפרח יג֗וד אלסחנה֗[4]) ואלרוח אלכאיבה֗ תג֗פף אלעט֗ם:

אמא פי הד֗א[5]) באצראף אלאהתמאם ואלתוכל עלי אללה[6]):

23 אלט֗אלם יאכ֗ד֗ אלרשוה֗ מן אלכם֗ ליזיל סבל אלחכם:

לנא חק כם כקולה הבא נא ידך בחיקך (שמות ד' ו') [...] אלנאיר אנה קד סתר אמרה בכמה[7]).

24 בחצ֗רה֗ אלפהם אלחכמה֗ ועינא אלג֗אהל פי אקאצי אלארץ֗:

מעני ד֗לך אן אלפהם כמא תלוח לה באלקול ותומי אליה באלאמר קד וקף עליה ואלג֗אהל פהו כאנה ליס באלחצ֗רה֗ בל כמן הו פי בעד מסאפה֗ כמא עלמת אן משה אעתזל ען זוג֗תה באלאימא אלד֗י קאל לה אללה לך אמר להם שובו לכם לאהליכם ואתה פה עמד וגו' (דברים ה' כ"ז—כ"ח)[8]) ונירה השכם ושלוח (ירמיה ז' כ"ה) ולם יחך֗ פיהם[9]).

25 אלאבן אלג֗אהל גם֗ לאביה וממר֗ לואלדתה:

יתג֗ה הד֗א עלי מא יפעל בהמא באלבטש ואלאד֗א כמא פעל אבשלום בן מעכה וינצרף איצ֗א אלי מא יסמעאנה מן אפעאלה פינתמ֗אן כמא קאל ועלי זקן מאד ושמע את אשר יעשון וגו' (ש"א ב' כ"ב)[10]).

26 וגרם אלזכי איצ֗א לא כ֗יר פיה ולא צ֗רב אלנבל עלי מסתקימהם[11]):

---

[1]) ביאור: אמרו אוהב מצה וכו' כמו שאירע למשה שלא רצה אלא להכות את המצרי והרגו. ואמרו מגביה וכו' כמו שהתנשאו אדוניה בן חגית ועזיה מלך יהודה.

[2]) אפשר שחסרו כאן איזה מלות.

[3]) ביאור: אמרו עקש לב כמו סיחון ועוג שלא נתנו לישראל לעבור בארצם. ואמרו נהפך וגו' כמו פרעה ועמו שהפכו את לבם עשר פעמים.

[4]) עיין שרשים לאבן גנאח ע' 126 ואפשר שכיוון הגאון אל המלה הערבית ג֗הה֗ = וג֗ה.

[5]) אלו השלוש מלות אינן ברורות ואפשר שצ"ל אשאר במקום אמא ר"ל יעץ בזה.

[6]) ביאור: לכן יסיר האדם מלבו הדאגות ויבטחו על השם.

[7]) ביאור: היק הוא בית זרוע והרשע מסתיר שחדו שם.

[8]) עיין שבת פ"ז א'.

[9]) ביאור: כשתדבר לחכם ברמיזה יבין מיד והכסיל כאילו הוא רחוק מאד מהמדבר עמו כמו שידעת ממשה שהיה די לו ברמיזה ופרש מאשתו ובני ישראל לא שמעו לדברי הנביאים אחר שהזהירום פעמים רבות.

[10]) ביאור: בין שיעשה הבן הרע לאביו ולאמו כמו אבשלום בן מעכה בין שישמעו את רוע מעשי הבן ויתעצב לבם כמו עלי ששמע מה שעשו בניו.

[11]) בכ"י א' מסתקימה.

קולה גם הו מן חרוף אלמצֿאף דל̈ עלי שי מעתקד קבלה מומא אליה והו אלקתל קאל אמא קתל אלזכי פמסלם אנכארה כמא קאל אללה ונקי וצדיק אל תהרג (שמות כ״ג ז׳) וכדֿלך גרמה איצֿא [מנכר] כמא קאל וענשו אתו מאה כסף (דברים כ״ב י״ט) וכדֿלך צֿרבה וחדה[1]) כמא קאל והיה אם בן הכות וגו׳ (שם כה ב׳)[2]).

27 אלצאד̈ אקואלה הו עאלם באלמערפה̈ ואלעזיז אלרוח דו פהם:

מראדה בהדֿא צר אלכלאם אלמבתדא בה חתי יסל ענה. וקולה יקר רוח אשאר אלי אלרזאנה̈ אלתי תרי אלרג̇ל לחאלהא אנך תחרכה פלא יתחרך ותהזה̈ פלא יהתז̈[3]).

28 חתי אן[4]) אלג̇אהל אלממסך קד יחסב חכימא ואלצֿאם[5]) שפתיה פהמא:

הדֿא אלקול יוג̇ב חסן אלט̇ן יוציך אדֿא ראית אלמר סאכתא פאעדדה בעלם חתי יט̇הר לך ג̇הלה וכדֿלך אלמסתור אעתקדה צאלחא חתי יבין לך פסקה ולדֿלך יוצי קדמאנא הוי דן את כל האדם לכף זכות (אבות א׳ ו׳)[6]).

יח

1 אלמנפרד אנמא יטלב שהותה עלי כל פקה ילאג̇̈:

יעני בקולה נפרד אלמכֿאלפין אלמנפרדין ען אלאמה̈ פאכֿבר ענהם אנהם אנמא יטלבון [שהותה]ם ולו אורדת עליהם כל חג̇ה̈ ודל[יל] מחכוך וכאברוך[7]).

2 ותג̇ד אלג̇אהל לא יריד אלפהם בל הו סאיר פי לג̇אג̇ קלבה:

אלפסוק אלאול פי ט̇אהרהם והדֿא אלת̇אני פי באטנהם יקול לים יפעלון הדֿא ענד אלמנאט̇רה̈ פקט בל ענד כֿלותהם איצֿא לא ירידון אלעלום בל אללג̇אג̇[8]).

3 אדֿא אתי אלפאסק חצֿר אלאזרא איצֿא ומע דֿי אלהואן אלעאר:

יוג̇ב אן[9]) תרפע לה ראפעה̈ כמא קאל אלישע ליהורם כי לולא פני יהושפט מלך יהודה אני נושא אם אביט אליך ואם אראך (מ״ב ג׳ י״ד)[10]).

---

[1]) בכ״י ולדה.

[2]) ביאור: מלת גם ממלות החבור ותורה על דבר שהכל מודים בו והוא שאסור להרוג את הצדיק ואמר החכם שאסור גם כן לענשו בממון ובמלקות.

[3]) ביאור: אמרו חושך וכו׳ ר״ל מי שלא יתחיל לדבר עד שישאלו אתו. ואמרו יקר רוח ר״ל מי שיש לו כובד ראש עד שלא יניעהו דבר.

[4]) בכ״י ב׳ באן.

[5]) כן הוא בכ״י ב׳ ג׳ ובכ״י א׳ אלצאד = חושך.

[6]) ביאור: המאמר הזה יחייב לדון כל אדם לכף זכות ולחשבו לחכם עד שתודע סכלותו ולצדיק עד שתודע רשעתו.

[7]) ביאור: אמרו נפרד יורה בו על המתנגדים הפורשים מן הצבור ועומדים על דעותם ואם תרבה עליהם ראיות וטענות ישנאוך ויתגאו עליך (ועיין אמאנאת 69, 306).

[8]) ביאור: לא בוכוחם בלבד כמו שאמר בפסוק הקודם אלא גם בלבם ימאסו חכמת ויעמדו בדעותם.

[9]) נראה שצריך להוסיף מלת לא.

[10]) ביאור: צריך שלא ליתן כבוד לרשע כמו שמנע אלישע ליתן כבוד ליהורם.

4 ינבגי אן יכון כלאם אלמר כאלמא אלעמיק לאן ינבוע אלחכמה כאלואדי אלנאבע:

פעלי ד׳אך יג׳ב אן יסתעמל פכרה וישחד׳ה חתי יכון כלאמה דא׳רא צואבא[1].

5 ומחאבאה אלט׳אלם לא כ׳יר פיהא ולא אלמיל עלי אלזכי פי אלחכם:

לא כ׳יר פיהא ללחאכם לג׳ורה ולא ללזכי לכ׳סארתה ולא ללט׳אלם למעונתה עלי אלט׳לם [ולא לאה]ל אלבלאד אלמפעול ד׳לך בינהם [לאר]תפאע אלברכאת[2].

6 נטק אלג׳אהל ידכ׳ל פי אלכ׳צומה ופוה ידעו אלהבג׳את:

חכי מא הו משאהד בין אלנאס[3].

7 ופם אלג׳אהל אנדקאקה[4] ושפתאה והק נפסה:

8 כלאם אלמחרץ׳ כאלמזאח[5] וקד וצל אלי כ׳דור אלקלב:

עלי אלמשאהד אן אלמחרץ׳ אנמא ילקי כלאמה פאן אתׄר שי[א] ואלא ג׳עלה מזאחא[6].

9 ואלמסתרכ׳י איצ׳א[7] פי צנאעתה פהו אך׳ למפסדהא[8]:

לאן אלאפסאד כמא יקע בפעל אלאפסאד כד׳אך יקע בתרך אלאצלאח ולד׳לך קאל גם[9].

10 ואסם אללה כמג׳דל עז אליה יחאצ׳ר אלצאלח פינצר:

הד׳א אלקול עלי אלדניא באכ׳תיאר אלצאלח ועלי אלאכ׳רה בג׳זא אללה. ותרכיבה עלי חאל אלדניא פאנה לם יקל הר נבוה שם ה׳ ולא ארץ נשאה שם ה׳ בל קאל מגדל עז קצד מא סביל אלנאס יצלחונה הם יקול ללמומן אעלם אן אללה עלי א[נה] מעתמד אלכל באלקדרה לים ינפעך א[קל] שי אלא[10] אן תג׳עלה מעתמדך באלאעתקאד כמא אן אלמרתפע מן אלארץ׳ ואלשאמך׳ מן אלג׳באל לא יחג׳בך מן עדוך ואנמא יחג׳בך חצן אצלחתה אנת לנפסך והד׳א נט׳יר קולה אשרי הגבר אשר שם ה׳ מבטחו (תהלים מ׳ ה׳) ועלי מא קאל אצחאב איוב לה ושית על

---

[1]) ביאור: לפיכך צריך אדם שישתדל בשכלו וישנן אותו עד שיהיה כנחל נובע.

[2]) ביאור: אמרו לא טוב ר״ל לשופט לפי שהוא חומס ולא לצדיק מפני הפסדו ולא לרשע שהוא עוזר לעשות חמס ולא לאנשי העיר שהברכה תסתלק מהם.

[3]) ביאור: תגיד מה שבנמצא בין בני אדם.

[4]) בכ״י ב׳ וג׳ אנדקאק לה.

[5]) בכ״י א׳ כאלמאזח.

[6]) ביאור: אנו רואים שהנרגן כאילו ישליך דבריו ואם יעשו רושם ישמח ואם לא יאמר שהוא מצחק.

[7]) חסר בכ״י א׳ וג׳.

[8]) בכ״י ב׳ וג׳ ללרג׳ל אלמפסדהא.

[9]) ביאור: אמרו גם ירצה בו שמי שאינו מתקן מלאכתו הוא כמי שמשחיתה בידו.

[10]) בכ״י לא.

עפר בצר והיה שדי בצריך (איוב כ״ב כ״ד. כ״ה) יקולון דע אלחצון אלי אלתראב הוא [1]) ואזראא ואגעל אלכאפי חצנך אעתקאדא[2]). תֿם קאל ולא ינפע אלנפע אלתאם אלתכלאן עלי אללה אלא למן כאן צאלחא לאנה קאל בו ירוץ צדיק ונשגב ואמא מן כאן כאפרא או פאסקא פתקדירה קרבה מן רבה באלמעאצי אוכד לעקובתה כמא קאל אלנבי ראשיה בשחד ישפטו וכהניה במחיר יורו ונביאיה בכסף יקסמו ועל ה׳ נשענו (מיכה ג׳ י״א) תֿם קאל לכן בגללכם ציון שדה תחרש וגו׳ (שם י״ב). וקולה ונשגב ינצר ויצאן פי אלדניא. ומעני אכֿר פי תמתֿילה ללתכלאן באלחצן לאן אלחצן יחתאג אליה פי אשד[3]) וקת והו וקת אלחרב כמא קאל פי אבימלך ומגדל עז היה בתוך העם וינסו שמה וגו׳ (שופטים ט נ״א) כדֿלך אסם אללה פי אשד מא כאן עבדה ינצר כמא קאל ועת צרה היא ליעקב [וממנה יו]שע (ירמיה ל׳ ז׳) ואלשינוב יכון מן אעדא כמא קאל ממתקוממי תשגבני (תהלים נ״ט ב׳) וקאל דויד יענך ה׳ ביום צרה ישגבך (שם כ׳ ב׳) וקד עלמת מן קול דויד לגלית אתה בא אלי בחרב ובחנית ובכידון ואנכי בא אליך בשם ה׳ צבאות (ש״א י״ז מ״ו). ומעני אכֿר לתמתֿילה באלחצן לאן מן דכֿל חצנא סבילה אן ינלק עליה אלאבואב פלא יערף מכאנא סוי דֿלך אלחצן כדֿלך ינב אן יקטע אלמומן גמיע אלמואתֿיק ואלמתכלאת אלא מן ענד אללה פקט ולדֿלך וצל בה דוד ולא פנה אל רהבים ושטי כזב (תהלים מ׳ ה׳) ועלי הדֿא אלתאויל קאל ישעיהו איצֿא לך עמי בא בחדריך וסגר דלתך בעדך (ישעיה כ״ו כ׳) לאן אלאעתמאד עלי אללה ימתֿל בכל מכאן מן מאוי ומוטן וחצן וכֿדר וכהף וגבל ומא אשבה דֿלך קאל פי אלמאוי זה אלי ואנוהו (שמות ט״ו ב׳) אוי אליה וקאל פי אלמוטן מעון מעון אתה היית לנו (תהלים צ׳ א׳) וקאל פי אלחצן מגדל עז שם י״י וקאל פי אלכֿדר לך עמי בא בחדריך ופי אלכהף ואלגבל י״י סלעי ומצודתי (ש״ב כ״ב ב׳) ומא שאכל דֿלך ועלי אנה עלי הדֿה אלפנון נקלת אלאמה אן אסמה מקום ולדֿלך יקולון אדֿא הם דעו המקום ברוך הוא אי הדֿא אעם[4]) אלאקסאם. ותאליפה מע חאל אלאכֿרה לאן אללה עז וגל ה[ו] אלדֿי אליה יציר אלכל פתֿואבה ללצאלחין [חצן] מבני יסכנונה ואתֿקין כמא קאל בני עבדיך י[שכונו] ו[זרע]ם לפניך יכון (תהלים ק״ב כ״ט) ועקאבה עלי אלטאלמין [כ]קטעה מן חצן תקע עלי אנא לֿוֹף פתשחנה כמא קאל כפרץ נופל נבעה בחומה נשגבה אשר פתאם לפתע יבא שברה כשבר נבל יוצרים (ישעיה ל׳ י״ג—י״ד) וכמא שרחנא הדֿא פי מוצעה[5]):

---

[1]) בכ״י חרא.

[2]) הגאון הוסיף בפסוק הזה ובפסוק שלאחריו ביאור שני הפסוקים של איוב.

[3]) בכ״י אשר.

[4]) אפשר שצריך להוסיף כן.

[5]) ביאור: הכתוב הזה מוסב הן על העולם הזה בבחירת אדם הן על העולם הבא בגמול ועונש בעולם הזה יש לאמרו מגדל עז ענינים רבים האחד שאמר מגדל עז ולא אמר הר גבוה ולא ארץ נשאה מפני שאף על פי שהשם הוא מעמיד הכל לא יועיל זה לאדם אלא אם הוא בעצמו ישים במהונו באל כמו שלא יציל מקום גבוה את האדם אלא אם בנה מצודה לנפשו. ואמרו בו ירוץ צדיק ענינו שהבטחון אינו מועיל אלא למי שהוא תמים דרך ולא לרשע שהחושב להתקרב אל השם בעבירות ענשו יו.תר גדול. ואמרו ונשגב ר״ל שהשם יעזרנו וישמרנו בעולם הזה. וענין שני שבני אדם אין צריכים למגדל אלא בעת היותר קשה ותיא עת מלחמה וכן השם הוא מנוס לצדיק כשהוא במצוק ומלת שיגוב תורה על זה הענין. וענין שלישי שהנכנס במגדל סוגר הדלת בעדו ולא ישגיח במקום אחר כן צריך אדם לבטוח בשם לבדו. וכמו שנמשל

11 וכמא אן מאל אלגני קריה עזה וכחצן מניע פי זכרפתה:

הדא עאטף עלי אלפסוק אלאול יקול אן שם ה׳ הון עשיר והו איצא יקאל עלי אלדניא באלאיגאב אן יכון אלעבאד יגעלון מאלהם וכנוזהם טאעה רבהם ועלי תמאם אלפסוקין אללדין קאל אצחאב איוב לה ובצור נחלים אופיר (איוב כ״ב כ״ד) [דהב אופיר] ענדך כצואן אלאודיה [וכסף תועפות לך] (שם כ״ה) ואגעל אלכאפי הו מאלך אלטאהר לך פנצפא אלפסוקין אלאולאן מתקאבלאן ונצפאהמא אלאכיראן מתואזנאן. ועלי אלאכרה באלגזא באלסעאדה אלדאימה כמא קאל הנה שכרו אתו ופעלתו לפניו (ישעיה מ׳ י׳) וקאל איצא מה רב טובך אשר צפנת ליראיך (תהלים ל״א כ׳)[1].

12 תבע מא ישמך קלב אלמר אלכסר ותבע אלכשוע אלכרם:

הדא אלקול ועלי אנה קד עכסנאה פי אלתפסיר פהו איצא אדא עברה אלמעבר עלי נצה אתגה והו אן אל[נבי] קאל למא צח אן אלצלף מן עקובתה אלכסר[2]) ואלכשוע מן גזאה אלכרם כאנת [מ]ק[דמ]ה אלכסר אלצלף ומקדמה אלכרם אלכשוע כמא עלמת מן שאול חין כאן כאשעא והרב מן אלתרוס כמא קאל הנה הוא נחבא אל הכלים (ש״א י׳ כ״ג) אסתארה אללה וחין תעטם וקאל אלי לארב (שם כ״ב י״ג) ומא אשבה דלך אויל[3]).

13 מן רד גואב קול[2]) קבל אן יסמע תמאמה פדאך גהל מנה וכזי לה:

למא כאנת אנצאף אלכלמאת לא יסתפאד מנהא מעני מתל יץ וחק יע וקוב ואנמא הי ענד אלתחציל כאלסכות אלדי לא יפיד שיא באנת איצא אנצאף אלמעאני ואגזאוהא לא תפיד שיא ומקאמהא מקאם אלסכות ען דלך אלמעני וכמא אנה לא גואב עלי אגזא אלכלמאת אד לא גואב עלי אלסכות כדלך לא גואב עלי אבעאץ אלמעאני פמן לם יסתתם מן סאילה גמלה אלמעני אלדי ענה יסלה בל אגאבה והו פי וסט כלאמה לחקה אחד אמרין אמא כגל או תגהיל או המא גמיעא לאנה יכון קד אגאבה עלי מא אסתחק אול אלכלאם פאדא סמע תמאמה אנתקץ אלגואב פאן הו תרך אן יג[יב]ה [בגואב] תאן כאן גאהלא ופיה קאל אולת ואן הו אגאבה לם יכן פי אלחאל אלתאניה גאהלא בל כגלא ופיה יקול וכלמה פאן אמסך חתי ישאלבה סאילה באלגואב לזמאה אלאמראן גמיעא אולת וכלמה וכמא אנא לו

הבטחון בשם למגדל כן נמשל במקרא לנות ולמעון ולחדר לסלע ומצודה ולפיכך נקרא השם מקום באמרם המקום ברוך הוא לפי שהוא יותר כללי מן החלקים. ובעולם הבא ענין הפסוק שהכל ישוב אליו וגמול הצדיקים נמשל למגדל בגוי ששוכנים בו לבטח ועונש הרשעים כפרץ חומה הנופל על חרסית ויטחנה כמו שפירשנו בישעיה.

[1]) ביאור: הפסוק הזה מחובר עם הפסוק שלפניו ואומר שם ה׳ הון עשיר וזה נאמר גם כן בעולם הזה לפי שצריך אדם לחשוב קיום מצות השם כממונו ואוצרו וכן עשו חברי איוב שהמשילו בתחלה הבטחון בשם בבצר ואחר זה בכתם אופיר. ובעולם תבא האוצר הוא גמול ההצלחה התמידית.

[2]) בכ״י אלכרם.

[3]) ביאור: הדברים מהופכים בהעתקה שהשבר יבוא אחר הגאות והכבוד אחר הענוה ואם תפרשם כמו שהם הטעם אחר. וידענו שבחר השם בשאול בעת ענותנותו והורד ממלכותו בגאותו.

[4]) בכ״י ג׳ כלאם ובכ״י ב׳ חסר.

קלנא אשה הוא מפרדא כאן לטאא חתי נקול אם בעל אשה הוא (שמות כ״א ג׳) וכד׳לך אד׳א קלנא והוא אשה פקט כאן לטאא חתי נקול והוא אשה בבתוליה יקח (ויקרא כ״א י״ג) וכד׳לך אין אלהים חתי נקול ומבלעדי אין אלהים (ישעיה מ״ד ו׳) וכד׳לך לא אלה פי לגה׳ אלערב חתי תצ׳ם אליה אלא אללה ומא אשבהה פמא אחסן אלאנאה׳ חתי יחאט באקטאר אלארץ׳ כלהא[1].

14 רוח אלמר תחתמל אלאמה ואלרוח אלכאבה׳ מן יחתמלהא:

להד׳א מעניאן אחדהמא עלי אלוג׳דאן יקול וג׳דת אלאלאם אד׳א ערצ׳ת פי אלגסד אחתמלתהא אלרוח ודברתהא ולטפת להא בג׳ודה׳ אלראי ואלפעל ג׳מיעא חתי תעאלג׳ה׳ ולכן אד׳א וקע אלאלם פי אלרוח פמא אלחילה׳ פיה ומן ידברה או יצלחה וליס פוקה פי אלאנסאן ג׳והר אכ׳ר אעלי מנה כאלצ׳עף אד׳א ערץ׳[2]) פי קוה׳ אלפכר ואלד׳כר ואלתמייז אללאתי פי אלדמאג ופי אלרוח אלבאצר ואלסאמע ואלד׳איק ואלמסתנשק אלתי פי אלארבעה׳ אלאעצ׳א וכד׳לך פי אלקוה׳ אלג׳אד׳בה׳ ואלמאסכה׳ ואלהאצמה׳ ואלדאפעה׳ פי כל עצ׳ו וכד׳לך אלמולדה׳ ואלמרביה׳ ואלג׳אד׳יה׳ פי עמק אלגסד וכד׳לך פי אלרוח אלבאצר אלמתחרך אלחסאס[3]) אלנאשיתין מן אלקלב פהד׳ה אלסת עשר קוה׳ מן אלנפס אד׳א צ׳עפת ליס פוקהא מא תסתמד מנה שיא סביעיא אלא אלדעא אלי אלבארי אלד׳י הו פוק אלכל. ואלאכ׳ר עלי נהה׳ אלאמר(וקול) יקול ללמר אלעאקל אן יחתמל אלאלאם אד׳א חלת בה ולא יצ׳ג׳ר לאנהא לא תכ׳לו מן אן תכון אמא תמחיצא למא סלף מן סיאתה או מחנה׳ עליהא תעויץ׳ עלי מא בינא פי כתאב איוב ת׳ם קאל ועלי אני ראית אלנאס יקולון מן יחתמל אלאלם ורוח נכאה מי ישאנה יכון פי הד׳ה אלעבארה׳ אלת׳אניה׳ קול אלנאס[4]).

15 קלב אלפהם יקתני אלמערפה׳ ואד׳ן אלחכמא תטלבהא:

הד׳אן אלפעלאן יקנה דעת ותבקש דעת ימכן אן יכון אלחכים וצף כל עאלם בהמא פי חאל תעלמה פקאל קבל אן יציר חכימא כד׳א פעל חתי צאר עאלמא

---

[1]) ביאור: כמו שאי אפשר שישיב אדם כראוי אם לא שמע מפי השואל כי אם חצי מלה כן הוא בחצי ענין ולכן ימתין המשיב עד שישלים השואל את דבריו ואם אינו עושה כן ומשיב אחר זה שנית והוא סותר את תשובתו הראשונה יכלם ואם ישתוק תחשב לו לאולת ואם יחריש עד שישוב השואל לשאלו ואינו משיב יהיה לו כלמה ואולת יחד ומה יפה המתינות עד שיקיף האדם כל אפסי הארץ (כלומר שאדם צריך להיות מתון עד שיבין כל חלקי הדבר).

[2]) בכ״י ערף.

[3]) אחר מלת אלג׳אד׳בה׳ בכ״י חסרון עד אלנאשיתין ומילאו סופר אחר ולזה נפל שיבוש בסוף ונראה שצ״ל וכד׳לך פי אלקוה׳ אלמתחרכה׳ ואלקוה׳ אלחסאסה׳.

[4]) ביאור: הפסוק סובל שני ענינים אחד על דרך מציאות שהאדם יוכל לרפא חליי גופו ברוחו והוא שיכלכלם בהנהגתו הטובה ובמעשיו ואי אפשר לאדם לרפא חליי נפשו בטבע כי אם כשיתפלל אל הבורא וזה כשתארע חלשות באיזה מששה עשר כוחות הנפש והם כח השכל והזכרון והבחינה שהם במוח ורוח הראיה והשמע והטעם והריחה שהם בארבעה איברים וכח המושך והמחזיק והמעכל והדוחה שהם בכל אבר (מן הבטן) וכח ההולדה והגידול והמזן שהם בעוסק הגוף וכוחות התנועה והחוש הנולדים בלב. והשני על דרך צווי שחייב האדם לסבול יסוריו ולא יתרעם נגד השם מפני שהם לכפרת עונותיו או לנסיונו ואף על פי שיש בני אדם שאומרים רוח נכאה מי ישאנה.

וימכן אן יכון וצפה בהמא בעד חכמתה יעני אנה כלמא אמען פי אלעלם טלב אלתזיד ועלי מא הו משאהד מן לה מאל אמען עלי אלזיאדה̈ פיה אכת̇ר ממן ליס לה[1]).

16 עטא אלאנסאן ירח̈ב בה[2]) ובין ידי אלאג̇לא יס̈רה:

אלעטא עטאאן אמא פי אלדניא פמעלום אנה מן בר אלמלוך וחאשיתהם ואהדא אליהם קרבוה ואג̇לוה כמא אכרם בן הדד לאסא ותגלת פלסר לאחז[3]) למא אהד[י]א אליהמא. ופי אלאכ̇רה̈ פמן אטאע רבה במאלה וזכי בלה[י]אתה רחב בה אלצאלחון ואכרמוה כמא קאל לכן אחלק לו ברבים וגו' (ישעיה נ"ג י"ב) מת̇ל אברהם יצחק ויעקב וגירהם מן אלצאלחין. ואלרחב ואלסעה̈ פי לגה̈ אלערב עלי מעני ואחד[4]).

17 יכאד אול אלכ̇צמין אן יזכו פי דעואה חתי יג̇י צאחבה פינאהיהא[5]):

ט̇אהר הד̇א אלקול תחד̇יר ללחאכם מן קטע אלחכם עלי קול אחד אלכ̇צמין דון אלאכ̇ר פאנה רבמא ראי אלחק כאנה מע אחדהמא בבינה̈ פאד̇א סמע כלאם אלת̇אני תבין אן אלאול כאן ט̇אלמא ולד̇לך קאל ועמדו שני האנשים אשר להם הריב וגו' (דברים י"ט י"ז). ולו ד̇הבת אן אבסט מן שרח הד̇א כת̇ירא לטאל לכני אד̇כר בעצ̇א ואקול מן ד̇לך כאן אלבינה̈ קאמת ליהודי בכתאב מתנה מן אמראה̈ ליס להא בעל פעלי הד̇א אלט̇אהר אלצ̇יעה̈ לה ת̇ם חצ̇ר כ̇צמה פאקאם אלבינה̈ באן אלצ̇יעה̈ הי גמיע מלך אלאמראה̈ ת̇ם תזוג̇ת בעד ד̇לך [פיג̇ב אן] תרד̇ עליהא למ[א] אנ[כשף אן הד̇ה אלאמ]ראה̈ מזויה̈ שיהא עמן קצדת אן תתזוג̇ בה. ומן ד̇לך איצ̇א כאן בינה̈ קאמת לרג̇ל אן הד̇ה אלצ̇יעה̈ לאביה ומאת והו מאלכהא ת̇ם תג̇לב עליהא רג̇ל אכ̇ר פעלי אלט̇אהר יג̇ב אכ̇ראג̇הא מן ידה פלמא חצ̇ר כ̇צמה אקאם אלבינה̈ באן אלמתופי כאן ד̇כ̇ילא ואן ולדה הד̇א לם ינסלה עלי אליהודיה̈ פיג̇ב אקראדהא פי יד אלרג̇ל אלד̇י סבק אליהא אד̇ אלאמה̈ כלהא וארת̇ו ד̇אך אלמתופי ומת̇ל הד̇א כת̇יר. ופי ט̇י הד̇א אלקול אן יכון אלמומן אד̇א סמע כלאם אלמלחדין לא יסארע אלי קבולה חתי יערצ̇ה עלי אלמומנין וכד̇לך אד̇א סמע צאחב אלחק כלאם אלמכ̇אלפין פלא ינבגי לה אן ידאכ̇ל קלבה שיא מנה חתי יערצ̇ה עלי אלמואפקין ולא יג̇ב אן יעכס ד̇לך באן יקאל לא יקבל כלאם אלמומנין ואלמואפקין חתי יסמע כלאם מכ̇אלפיהם למוצ̇ע אלאיאת ואלבראהין אלתי קאמת להם[6]).

---

[1]) ביאור: הכתוב מוסב בין על מי שרצה להתחכם ולפיכך למד בין על מי שהוא כבר חכם ורוצה להוסיף על חכמתו כמו שמי שיש לו ממון מבקש להרבות את עשרו יותר ממי שאין לו כלום.

[2]) בכ"י ב' יוסע לה והגאון רומז לזה בסוף ביאורו באמרו שענין רחב וסע בערבי אחד.

[3]) בכ"י תגלת כאן.

[4]) ביאור: אם בדברי העולם הזה ידוע שנותן מתנות למלכים ולשריהם מכבדים אותו כמו שכיבד בן הדד את אסא ותגלת פלאסר את אחז ואם בדברי העולם הבא העושה מצות בממונו וגומל חסד לאביונים ירחיבו לו הצדיקים כמו אברהם ויצחק ויעקב ויושיבוהו ביניהם.

[5]) בכ"י ב' וג' פינהאה.

[6]) ביאור: הפסוק הזה לפי פשוטו תזהרה לדיינים שלא יגזרו המשפט אלא אחר ששמעו בעלי ריב שניהם מפני שלפעמים יביא אדם אחד הראייה שהצדק עמו וכשבא בעל ריבו יבטל את ראייתו ואתן לך מזה שני משלים האחד שאשה פנויה כתבה שטר מתנה על שדה אחת

18 אלסהם יבטל אלצ׳כ׳ב ויפרק בין אלמתשאג׳רין: 19 אלוה
באנג׳[1]) מן קריה עז וצ׳כ׳ב עט׳ים בנג׳ר אלקצר:

נעת אלסהאם אלתי ילקיהא אלאלוה או אלשרבא פימא בינהם וקת אלקסמה פחמדהא וג׳עלהא תופיקא מן ענד אללה לכל ואחד ועלי מא קאל אללה פי אלתוראה [ו]ה[התנחלת]ם את הארץ בגורל (במדבר ל״ג נ״ד) פלמא ג׳על הד׳א חקא כמא קאל מדינים ישבית הגורל אוג׳ב עלי אלכ׳צמין אן ירצ׳יא בה ויעטלא אלכ׳צומה אלתי כאנת ואלמשאג׳רה לאן לפט׳ה עצומים משאג׳רה והי תתצרף ממא קאל ישעיהו קרבו ריבכם הגישו עצומתיכם (ישעיה מ״א כ״ב) צאר עצומים מקאם יריבים. ת׳ם נעת אלמתשאג׳רין באן כל ואחד קד בעד ען אכ׳יה באלוחשה מת׳ל קריה עז יעני חצן שאהק ונעת אלצ׳כ׳ב באנה שדיד כשדה מתרס קצר אלמלך. פכלמא זאד פי נעת מדינים ואחים באלצעובה זאד פי נעת אלגורל באלצלאח ואלאנצאף יקול לים מדינים ואחים קד בלג׳ו פי אלכ׳צומה אלי האל צ׳עיפה יצלחהם פקט בל לו בלג׳ו פי כ׳צומתהם אלי האל ג׳ליט׳ה צעבה לאצלח בינהמא איצ׳א ואנצפהמא[2]).

20 מן ת׳מר קול אלמר תשבע בטנה ומן גלה נטקה יסתכת׳ר:
21 ולד׳לך צאר אלמות ואלחיוה פי טאקה אללסאן פמן אחב איהמא
אכל ת׳מרה:

חצל אלחכים פי הד׳ה אלאיה אן אלראבטה אלמאסכה ללעאלם הי אלנטק אלד׳י בה יחיי פיה[3]) וכמא הו משאהד אן אלצלוה ללה ואלביעה [ללמלך ואלשרא] ואלביע ואלתזויג ואלטלאק ואלא... פיה[4]) ואלשהאדה ואלחכם כל ד׳לך באלכלאם ואלמסלה ואלג׳ואב ואלמנאט׳רה איצ׳א פבה תנצלח אלאשיא ותנפסד פלד׳לך קאל אן פי טאקתה אלמות ואלחיוה פי אלדניא ואלאכ׳רה. פבאזא מות קאל קבלה תבואת שפתיו ישבע ולם יקל תשבע בטנו לאן אלמות אנמא הו אסתכת׳אר מן אלמקאם פי אלבלא ובאזא חיים קאל קבלה מפרי פי איש תשבע בטנו לאנה נעמה וסעאדה וכמא הו משאהד מן אן חיוה אלדניא קד תנאל בכלמה כמא פעל קואד מלך ארם באחאב וקאלו עבדך בן הדד אמר תחי נא נפשי (מ״א כ׳ ל״ב) ומות אלדניא בכלמה כמא

לאיש אחד ולפי תנראה תשדה לו ובא אחר והביא ראיה שלא היה לאשה שום קנין חוץ מזאת השדה ושאחר כך נשאת תשוב השדה אליה מפני שנגלה שהיא הסתירה זאת השדה מאת האיש אשר כוונה להנשא לו. והשני שבא איש אחד ואמר שאביו מת והניח לו שדה ובא איש אחר ואחז בה ואחר כך בא זה האיש והביא ראיה שהמת היה גר ובנו נולד קודם שנתגייר וזכה בו שהשדה הפקר. וזה המאמר רמז גם כן למאמינים שלא ישמעו לקול הכופרים והמתנגדים עד שיביאו טענותיהם לפני חכמינו אבל אינו צריך להביא דעותינו לפני הכופרים והמתנגדים מפני שיש לנו אותות ומופתים עליהן.

[1]) בשלשה כ״י כאנו ובכ״י כ׳ וג׳ פי במקום מן וענין התעתקה אינו ברור ואפשר שרצה לומר שהאחים שנתרחקו זה מזה הם מעין קירת עוז.

[2]) ביאור: האחים והשותפים הבאים לחלוק צריכים להרחיק הריב ולהשלים ביניהם בגורל ואמרו עצומים כמו יריבים. ואמרו אח נפשע ר״ל אפילו אחים שנתרחקו זה מזה במשטמתם כאילו כל אחד מהם עיר בצורה שאי אפשר לכבשה וריבם חזק כבריח ארמון הגורל יכול להשבית את הריב שביניהם.

[3]) אולי צ״ל כלה.

[4]) אולי צ״ל אלאמר ואלנהי = הצווי והאזהרה.

פעל עבד מלך הכושי (ירמיה ל״ח ז׳) במא תכלם עלי ירמיהו ומות אלאכרה קד יכתסב בכלמה כמא פעל אלמקלל (ויקרא כ״ד ו׳) וגירה[1]).

22 מן רזק זוגה פקד רזק כירא ונפק אלרצא מן ענד אללה:

אכד אלחכים פי הדא אלפסוק שלצא ואחדא מן גמלה גנס פחכם פיה בשי ליוגב דלך אלחכם לכל אלגנס בחגה עקליה ודלך אן אלעקל יוגב אן יכון עלי כל נעמה שכר למן אנעמהא ממן אנעמת עליה פלעלה אן אול נעמה אנעם אללה בהא עלי אדם ואול מלך מלכה וסמאה טוב הדא חוה כמא קאל לא טוב היות האדם לבדו (בראשית ב׳ י״ח) געלהא אלחכים האהנא מתאלא ופאתחה לגמיע אלנעם ואיגאב אלשכר עליהא ועלי כל נעמה וכמא גאת אלאתאר באן אלמומן יקול עלי כל מא ינעם בה ברוך הטוב והמטיב (ברכות נ״ט ע״ב)[2]).

23 תרי אלפקיר יתכלם בתחנן ואלמוסר בעזה:

הדא מנה חכאיה אלוגדאן אלדי וגדה פי אלעאלם ואמא אלואגב פיה אן יכון צאחב אלחק יתכלם בקוה גניא כאן אם פקירא וכדלך צאחב אלשך יתכלם בצעף וצאחב אלבטל לא יתכלם בתה וכדלך אלקול פי אלסאיל ואלמגיב ואלעאלם ואלמתעלם[3]).

24 כם מן די אצחאב ירתץ בהם וכם מן צדיק ילאזם אכתר מן אך:

פי דרג הדא אלכלאם דם אלאסתכתאר מן מכאלטה אלנאס פאן פיהם מן הו כצדיק והו אפה אלא מן אמתחנתה פוגדתה כירא מן אך[4]).

יט

1 אלפקיר אלסאלך בצחתה כיר ממן הו עסר פי נטקה והו דו אתכאל:

הדא אלאתכאל יתצרף מן [אש]ר יקוט כסלו (איוב ח׳ י״ד) אלדי תפסירה

---

[1]) ביאור: יסוד העולם ותיקונו אינם כי אם בדיבור פת כמו התפלה לאל וההודאה למלך והמשא ומתן והנשואין והגירושין והעדות והמשפטים וכל זה בשאלה ותשובה וויכוח והנה הדברים מצליחין ונפסדין ביד הלשון בין בעולם הזה בין בעולם הבא. ואמרו תשבע בטנו הוא נגד החיים לפי שהחיים הוא משל לטובה ולעונג ואמרו ישבע נגד המות שעניינו כאן שהנפש קצה מפני הצרות הבאות עליה. ואפילו בדבור אחד די להחיות אדם בעולם הזה כמו שעשו שרי מלך ארם עם אחאב או להמיתו כמו שאירע לעבד מלך הכושי כשדבר נגד ירמיה וכן בעולם הבא כמו שאירע למקלל.

[2]) ביאור: החכם מדבר כאן בדבר פרטי מכלל הטובות שיחנן אותנו בהן השם והשכל מחייב שנודה לו כמו כן על כל טובה וטובה ונתן למשל האשה לפי שהוה היתה המתנה הראשונה לאדם מאת השם ונקראה טוב לפי מה שאמר השם לא טוב היות וגו׳ ואמרו חכמים שחייב האדם לברך על כל טובה ברוך הטוב והמטיב.

[3]) ביאור: דבר החכם בהווה אבל ראוי לאדם להגביה את קולו אם האמת עמו ולהשפילו אם הוא בספק ולשתוק אם הוא בעל שקר. וזה גם כן בשואל ובמשיב ברב ובתלמיד.

[4]) ביאור: הזהירנו החכם שלא להתחבר עם בני אדם יותר מדאי לפי שיש בהם דומה לרע והוא משחית אלא אם כן ניכר שהוא דבק מאח.

תכלאן ולים הו גהל מתׄל וכסיל לא יבין את זאת (תהלים צ״ב ז׳). והדׄא הו אלואגב ליס עלי מא אכׄתארה אלעאמה̈ בל יגב אן יפצׄל אלפקיר אלצאלח עלי אלמוסר אלטאלח ואקתצר מן גמיע פנון אלטאלח עלי עקש שפתיו עלי מא כאן קדם מן מות וחיים ביד לשון (משלי י״ח כ״א)[1].

2 ואלנפס איצׄא בלא מערפה̈ לא כׄיר פיהא ואללאח̇ פי אחואלה יכׄטיהא:

ברגלים האהנא נטׄיר קול יעקב לרגל המלאכה אשר לפני ולרגל הילדים (בראשית ל״ג י״ד) אלדׄי תפסירהמא לחאל. וזאדנא בקולה הדׄא חתׄא עלי אלעלם פקאל מע גמיע אלאמור מן מאל וגאה וגיר דׄלך אדׄא לם תכן מערפה̈ פלא כׄיר פי אלכל לאן קולה גם ידל עלי אן תחת כלאמה אשיא אכׄר מצׄמרה̈ גם הון וכבוד בלא דעת נפש לא טוב. תׄם קאל ולים תכׄאר אן תגדהא פי מן הו מלחאח פי אמורה̈ ומנעכף̇ עלי מכאסב אלדניא בל תגדה יכׄטיהא ויחיד ענהא בכתׄרה̈ שגל פכרה ובטשה[2]).

3 גׄהל אלאנסאן יזיף̇ טרקה ועלי אללה יצׄגר קלבה:

קאל הדׄא ליכף̇ אלאנסאן ען אחאלה̈ מא יעאנתה מן אלגהד פי דניאה עלי רבה כמא פעל אלא[כׄוה̈] פקאלו מה זאת עשה אלהים לנו (בראשית מ״ב כ״ח) וכאן דׄאך ממא בסבת אידיהם בל נקול ענד כל חאדתׄה̈ כמא קאלו פי וקת נדמו[3]) עליה אבל אשמים אנחנו על אחינו (שם שם כ״א) לאנה לא יפעל בנא אלא אלאצלח ולדׄלך תגד עלי יקול וה׳ [הוא] הטוב בעיניו יעשה (ש״א ג׳ י״ח) ותרי דוד יקול יעשה לו הטוב בעיניו (מ״א י״ט י״ג) ויקול יחזקיהו טוב דבר ה׳ אשר דבר (ישעיה ל״ט ח׳) ועלי אלאצל אלמקדם[4]) אן כל אלם יחדתׄה פי עבאדה פלים יכׄלו מן אן יכון אמא תמחיצא למא סלף או מחנה̈ ליעוׄץ עליה אלאנסאן תׄואבא וגזאא[5]).

4 אלמאל יזיד אצחאבא[6]) כתׄירין ואלצׄעיף ינפרד חתי מן אצחאבה:

---

[1]) ביאור: מלת כסיל שענינה כאן איש שבוטחים בו נגזרה מלשון יקוט כסלו והוא בטחון ולא מלשון וכסיל לא יבין. ודיבר במה שראוי לעשות ולא כמו שעושה המון העם וצריך לכבד את הצדיק אם הוא עני יותר מן העשיר שהוא רשע ופרט כאן עקשות פה מכל מיני הרשעות לפי שאמר שמות וחיים ביד לשון.

[2]) ביאור: אמרו ברגלים פירושו בענינים כמו שאמר יעקב לרגל המלאכה. ומלת גם תורה על דבר מובן שלא נכתב כאלו אמר גם הון וכבוד בלא דעת נפש לא טוב. ואל תחשוב שאולי תמצאם במי שהוא אץ במעשיו ונחוץ בעסקי העולם הזה מפני שהוא יפסידם ברוב השתדלותו ופחזותו.

[3]) בכ״י חמדו.

[4]) עיין למעלה י״ח י״ב.

[5]) ביאור: אין ראוי לאדם שיתרעם על השם בעת צרתו כמו שעשו אחי יוסף באמרם מה זאת עשה אלהים לנו אבל יהודה על עונו כמו שאמרו אבל אשמים אנחנו וכן עשו עלי ודוד וחזקיה מפני שכל צרה הבאה עלינו היא רק לכפרתנו או לנסותנו כדי שנקבל שכר על זה.

[6]) בכ״י ב׳ ג׳ אצדקא.

5 כמא אן[1]) שאהד אלזור לא יברו בדאך אלמתפוה[2]) באלכדב לא יפלת:

6 תרי כתירא יבתהלון וגה אלסכי ואכתר אלאצחאב לדי אלעטא:

הדא איצא וצפה למא וגד פי אלדניא ואמא עלי אלחקיקה פאנמא יגב אן יכון אלכתירון יבתהלון וגה אלצאלח כמא קאל צופר ען איוב ורבצת ואין מחריד וחלו פניך רבים (איוב י״א י״ט)[3]).

7 ותרי כתירא מן אכואן אלפקיר קד שנוה פכיף אן נדמאה קד בעדו ענה ויטלב מנהם אמורא לים הי מתואתיה:

הדא איצא מא אתארה אלנאס עלי גהל ווצפה הו ענהם ואמא אלואגב פהו אן יכון גמיע אכואן אלעאצי ישנונה כמא קדם יראת ה׳ שנאת רע (משלי ח׳ י״ג) ואן יכון גמיע נדמא אלכדאב יבעדון ענה כמא קאלת אלתוראה מדבר שקר תרחק (שמות כ״ג ז׳) ואן יכון אלטאלם אדא טלב מן אלנאס אמורא לא יואתונה עליהא כמא נהי אללה פקאל אל תשת ידך עם רשע (שם א׳)[4]).

8 מן אקתני אלחכמה פקד אחב נפסה ומן חפט אלפהם וגד כירא:

יקע איצא אסם אלחכמה עלי אלשראיע אלעקליה ואסם תבונה עלי אלסמעיה פמן באח בהא ולם יכדב פיהא פהו אלדי יסלם וינאל כירא[5]).

9 כמא אן שאהד אלזור לא יברו כדאך אלמתפוה באלכדב יביד:

הדא איצא עלי אלמקדמה אלתי פי אלתוראה כמא אנהא חכמת באן יחל באלשאהד אלזור מתל מא קצד אחלאלה באלברי כדאך [מן כד]ב עלי אכיה אלמומן פי גיר מגלס אלחכם פלא תחצל ללחאכם מגאזאתה ינתקם אללה מנה אלדי אטלע עליה במתל מא כדב עלי אכיה[6]).

10 לא יחסן באלגאהל אלדלאל פכיף יחסן באלעבד אלתסלט עלי אלרוסא:

אלאצל פי האתין אלקציתין הו אן אלנעמה אלתי אלדלאל מן פרעהא תחסן באלעאקל כמא קאל והתענג על ה׳ (תהלים כ״ז ד׳) והתענגו על רב שלום (שם י״א) לאנה בלמא תנעם צפא דהנה ואעתדל מזאגה וקוי כאטרה וגאד פכרה ותמכנת אלארבע קוי אלתי דכרנאהא פי צדר אלכתאב ואיצא אד הו חכים פלים יסרף פי לדה גסמה פוק מא ינבגי לתעלק קלבה באלחכמה פהי לעמרי תשבהה ותצלח לה כמא

[1]) בכ״י ב׳ ג׳ חסר.

[2]) בכ״י ב׳ וג׳ ואלמתפוה.

[3]) ביאור: דבר החכם בהווה אבל הראוי שלא יחלו בני אדם כי אם פני צדיק.

[4]) ביאור: זה על דרך מציאות אבל הראוי לבני אדם שישנאו הרשעים ויתרחקו מדוברי כזב וימאנו מילחן לחומסים בקשתם.

[5]) ביאור: שם החכמה (והוא לפי דעתו פירוש לב) נופל על המצות השכליות ותבונה על המצות השמעיות והמפרסם אותם ואינו מכחיש בהם ימצא טוב.

[6]) ביאור: התורה אמרה בעדים זוממין ועשיתם לו כאשר זמם וזה ענין תחלת הפסוק וגם אם ענה שקר באחיו באופן שא״א להביאו לפני בית דין השם יענישהו כפי מה שהלשין בחברו.

קאל אלחכים כי מי יאכל ומי יחוש חוץ ממני (קהלת ב׳ כ״ד). ואמא אלגאהל פאן נעמתה מאדה לגהלה פינבסט פי אלאכל ואלשרב ואלגשיאן פי גיר וקתה פיכ׳טי עלי טבעה ותתנאולה אלעלל ואלאמראץ׳ ומן גיר הלה פיסי אלי נפסה במא יוקעהא פי שדיד אלעקאב וכמא קאל עמוס ען אלמנעמין והם יג׳הלון פי פצל הוי השאננים בציון (עמוס ו׳ א׳) אלי אכ׳רה. וקולה אף כי לעבד משל בשרים אצלה אנה יחסן במן הו מן נסל אלמלך אלתסל[ט ו]אל[תרוס] פהו ישפק עלי רעיתה וירי להם [לג]האת מנהא ליקים דכר אבאיה ויחיי דולתהם ואיצא ליבקי סננהם ויגאזי כל מן כאן וליא וכ׳אדמא להם ואיצא לאנה ירגו מת׳ל דלך לנסלה כמא עלמת מן שלמה אנה סן גמיע סנן אביה ותבתהא ויאהב שלמה את ה׳ ללכת בחקות דוד אביו (מ״א ג׳ ג׳) ואד׳א ולי אלקום עבד פאנמא קצדה[אן] יגייר סנן מולאה ויקתל אוליאה ואצחאבה ועמאלה אלי אן ינתהי אלי אדונהם כמא קאל פי בעשא ען ירבעם לא השאיר כל נשמה לירבעם עד השמידו (שם ט״ו כ״ט) וקאל פי מא פעל זמרי באלה לא השאיר לו משתין בקיר (שם ט״ז י״א) וליס ירגו איצא אן ית׳בת אלמלך לנסלה פהו יסוסהם בלא שפקה. ואנמא צאר הד׳א אלבאב אלת׳אני קצה אלעבד אעגב מן אלאול אלד׳י הו קצה אלאחמק חתי קאל פיה אף כי לעבד לאן אלאול כ׳טאוה עלי נפסה פקט והד׳א אלת׳אני כ׳טאוה עלי אמה או גמאעה. ואלגאהל איצא[1]) יסמי עבדא כמא קאל ועבד אויל לחכם לב (משלי י״א כ״ט) ואמא אלמקתריץ׳ פלא יסמי עבדא אלא למן אקרצה פקט כמא קאל ועבד לוה לאיש מלוה (שם כ״ב ז׳)[2]).

11 מן עקל אלאנסאן טול מהלה ומן פכ׳רה אלתגאוז ען אלדנב:

קד עלמת אן [משה רבינו] טול אלמהל לבני ראובן ובני גד ואוסעהם אלכלאם חתי תבין בראתהם ממא כאן יט׳ן בהם פשכירהם וקאל אם תעשון את הדבר הזה ועבר לכם כל חלוץ וגו׳ ונכבשה הארץ וגו׳ (במדבר ל״ב כ׳—כ״ב) וכדלך יהושע וכל ישראל אוסעהם איצא מהלא והלמא לבני ראובן וגד[3]) איצא ממא כאנו אתהמוהם בה פשכרו אללה כמא קאל וייטב הדבר בעיני כל ישראל ויברכו אלהים בני ישראל ולא אמרו לעלות עליהם לצבא וגו׳ (יהושע כ״ב ל״ג) הד׳א מן מחמוד האריך אפו. ומן

[1]) בסוף ביאורו הוסיף הגאון ואמר והכסיל יקרא גם כן עבד באמרו ועבד אויל לחכם לב אבל הלוה לא יקרא עבד אלא למי שהלוהו בלבד באמרו עבד לוה לאיש מלוה ונראה שזאת ההוספה היא פירוש שני שאמרו אף כי עבד וכו׳ אפשר שענינו שאינו ראוי לכסיל למשול על חכמי לב והם השרים אבל אי אפשר לפ״ש שהפסוק מוסב על הלוה שהוא גם כן נקרא עבד לפי שאינו נקרא כן אלא אצל המלוה.

[2]) ביאור: עיקר שני חלקי הפסוק הוא שטובת האדם אשר מענפיה התענוג היא נאוה לנבון לפי שישמור בה ארבעה כוחותיו הנזכרים בפתיחה ועוד שלא ישתקע בתענוגי הגוף יותר מדאי לפי שהוא דבק בחכמה והכסיל אינו יודע לכלכל תאותיו במדה ומשורה וירע לגופו ונופל בחליים וירע לנפשו שיחטא ויענש. ואמרו אף כי וכו׳ רוצה לומר שמי שהוא מזרע המלכים המלוכה ראויה לו לפי שהוא ירחם על עמו להעמיד זכרון אבותיו ולהקים מלכותם ולשמור חוקותיהם וייטיב לרעיהם ולמשרתיהם ועוד שהוא מקוה שיעשה זרעו כמוהו וכן עשה שלמה ואינו כן בעבד מושל שהוא ישנה חוקי אדוניו וישמיד כל בית המלך עד שלא ישאיר לו שרידו כמו שעשה בעשא עם ירבעם וזמרי עם אלה. ואמר אף כי לפי שהכסיל לא ירע אלא לעצמו והעבד המושל ירע לכל העם או לכל הקהל.

[3]) הלשון אינו מתוקן ויש כאן חסרון איזה מלות אבל הענין ברור ור״ל שיהושע וישראל גם כן האריכו אפם עם בני גד ובני ראובן עד שהראו שהם נקיים מכל חשד והודו להם כל ישראל.

מחמוד עבר על פשע אן אבימלך אסי אלי אברהם ושרה גמיעא פלמא אעתד̇ר וסאלה אלצפח צפח לה ודעא לה ויתפלל אברהם וגו' (בראשית כ' י״ז) וכד̇לך יצחק אסו אליה אבימלך ואצחאבה פצפח ענהם ואעטאהם אמאנא כמא קאל וישכימו בבקר וישבעו איש וגו' (שם כ״ו ל״א) ואכ̇וה̈ יוסף אסו אליה באלחסד ואלביע ומא אנצ̇ם אליהמא פנפר להם וכלמהם באלכלאם אלחסן כמא קאל ועתה אל תיראו וגו' (שם נ' כ״א) ואנמא כתבת הד̇ה אלקצץ לנעתבר בהא[1]).

12 תרי זבר אלמלך כנהים אלצ̇רגאם ותגד רצ̇אה כטל עלי עשב:

עלי אלט̇אהר יסתקים אן יכון תמת̇ילה לסכ̇ט אלמלך באלאסד ולרצ̇איה באלנדי לאן אלנאמי [אנמע] נועאן[2]) נבאת וחיואן פאכת̇ר אלחיואן לא קואם לה אלא כאלנבאת פשבה אלרצ̇א באלטל אלד̇י הו מאדה̈ אלנבאת אלד̇י הו קואם אלחיואן ושבה אלסכ̇ט באלאסד אלד̇י יפני אלחיואן אלד̇י הו יפני אלנבאת פאכ̇ד̇ אלחאשיה̈ פי כל פן. ועלי אלבאטן יקול אד̇א כאן הד̇א שאן מלך מן מלוך אלנאס פכיף מלך אלמלוך וסיד אלסאדה̈ אחרי אן יכון סכ̇טה כאלאסד וכמא מת̇ל פקאל אריה שאג מי לא יירא וגו' (עמוס ג' ח') ואן יכון רצ̇אה כאלטל כמא שבה פקאל אהיה כטל לישראל (הושע י״ד ו')[3]).

13 וכמא אן אלולד אלגאהל אפה̈ עלי אביה כד̇אך צכ̇אב אלזוגה̈ באלוכף אלמתתאבע:

עוד̇ פי הד̇ה אלקציה̈ עלי מא כאן קדם ובן כסיל תוגת אמו (משלי י' א') פקאל אן אלזוגה̈ איצ̇א להא וצלה̈ באלבעל כוצלה̈ אלאבן באלאב פאד̇א כאנת צכ̇אבה̈ כאן בלאוהא עליה כבלא אלולד [אלגאהל] עלי ואלדיה ולכן אלואלד לא ימכנה אן יציר [לאולאדה] לא ואלד ואלבעל ימכנה אן יציר לזוגתה לא בעל באלטלאק[4]).

14 אלעקאר ואלמאל מן נחלה̈ אלאבא ותופיק אלזוגה̈ אלמנגחה מן ענד אללה:

באנה[5]) יקול ימכנך[6]) אן תעטי ולדך מאלא ועקארא ולא תקדר אן תעטיה עשירא צאלחא ואל[פאי]ד[ה̈] פי הד̇א אן אמר אלעשיר אליה אן ראה מנגחא צאלחא לה ואלא אסתבדלה. וקד ימכן אן יכון להד̇א[7]) באטן פיקול תקדר אן תורת̇ אבנך

[1]) ביאור: כמו שהאריך משה אפו לבני גד ובני ראובן והרבה עמהם דברים עד שנצטדקו ממה שחשדם והודה להם וכן עשה יהושע וישראל עמהם. ואמרו ותפארתו וגו' כמו שסלח אברהם לאבימלך וכן עשה יצחק שלום עם אבימלך ורעיו ויוסף עבר על פשע אחיו ולא נכתבו אלה המעשים כי אם כדי שנלמד מהם.

[2]) בכ״י . . . מאלן.

[3]) ביאור: לפי שהאריה מורף בעלי חיים שהן ניזונים על הרוב בצמחים שהם גדלים בטל הזכיר החכם שתי הקצוות והמשיל זעף המלך לשאגת אריה ורצונו לנזילת הטל. ועל דרך נסתר כוונת הפסוק היא אם כן הוא במלך בשר ודם במלך המלכים לא כל שכן.

[4]) ביאור: אמרו אבי ר״ל אביו ואמו וכמנך זה הפסוק על מה שאמר למעלה בן כסיל תוגת אמו. ואמר שיש חיבור בין הבעל ואשתו כחבור האב עם בנו ואם היא אשת מדנים היא הווה לבעלה כבן כסיל ליולדיו אבל האב אינו יכול להיות לא אב והבעל יכל להיות לא בעל בגירושין.

[5]) בכ״י באנה.

[6]) בכ״י אבנן. — [7]) בכ״י לידתא.

מאלך ולא תקדר אן תורתה עלמך לאן אלחכמה קד כאן מתלהא באשה כמא קדם חכמות בנתה ביתה (משלי ט׳ א׳) ואלפאידה פי [הדא אנה] אדא כאן אלאמר כדאך פינבגי ללולד אן יגד פי טלב אלעלם וכמא סאסנא[1]) אלאולון והתקן עצמך ללמוד תורה שאינה ירושה (אבות ב׳ י״ב)[2]).

15 ומן פעל אלכסל אן יוקע אלסבאת ותגד אלנפס אלמלולה תגוע:

חת בהדין אלקולין עלי אלנשאט אלי אלפעל אלדיאני ואלדניאיי ואנמא צאר אלכסל יוקע אלסבאת לאן אלבכאר אלדי סבילה אן יתחלל פי מסאם אלבדן בחרכה אלבטש אדא הי סכנת פלם תחללה תרקי אלי אלדמאג פאחדת נומא ינחל בה[3]).

16 מן חפט אלוציה חפט נפסה ומן אזרא בטריק אללה יהלך:

אשאר בקולה בוזה דרכיו אלי אללה וכאן גרצה פי הדא תרך אלאמתנאן מן אלטאיעין עלי רבהם יקול להם אנמא עמלתם ל[נפ]סכם וחפטתמוהא ובעכסה יקול ללע[צאה] לם ת[גי]טוה ואנמא אנטתם אנפסכם כמא קאל ירמיה ען קול אללה האותי הם מכעיסים נאום ה׳ הלא אותם למען בשת פניהם (ירמיה ז׳ י״ט)[4]).

17 אלראוף עלי אלמסכין הו מקרץ אללה ואילאוה יסלמה לה:

הדא איצא חת עלי אלצדקה יקול ללמומן לא תטנן אן אלדרהם אלדי תצדק בה קד ציעתה ואנמא אודעתה ביד מסתודע ענד רב אלעאלמין עז וגל בל לא כאלודיעה אלתי סבילהא פי אחכאם אלנאס ליס עלי אלמסתודע שי מן דרכהא אלא כאלדין אלדי דרכה וצמאנה עלי אלמקתרץ חתי יופיה איאה כדלך צמן אללה אלגזא ללמתצדקין[5]).

18 אדב ולדך פאן. אלרגא מוגוד ולא תחמל נפסך עלי קתלה:

להדא אלקול תלאתה מעאן אחדהא אנה אמר אן יודב אלאב ולדה ואלאסתאד תלמידה ברפק מן חית לא יתחאמלאן עלי תלף אלנפוס. תם עכס דלך אנה אעטי אלמודב אמאנא מן תלף נפס מן יודבה פקאל לא תכטר אלי באלך מותה. ואלתאלת והו אחסנהא אנה אמר באדב אלולד ואלתלמיד פקאל אחיהמא באלאדב ולא תדעהמא עלי גהלהמא פתקתלהמא[6]).

---

[1]) אולי צ״ל סנו לנא.

[2]) ביאור: כאלו אמר אפשר שתנחיל את בנך ממונך ואי אפשר שתתן לו חבר משכיל וזה הערה לאדם שאם ראה שחברו אינו מועיל להצלחתו ולטובתו יחליפנו. ויש עוד לפסוק הזה ענין נסתר והוא שנמשלה כבר התחכמה לאשה ואמר שהאב אינו יכול להנחיל את בנו חכמה ולכן ישתדל הבן בעצמו לקנותה.

[3]) ביאור: המאמר הזה הערה לזריזות בין בדברי העולם בין בדברי תורה. ואמרו עצלה וגו׳ מפני שההבל הנוהג להתפזר דרך נקבי הגוף כשהאדם עמל עולה אל המוח אם הוא עצל ומפיל עליו תרדמה.

[4]) ביאור: אמרו דרכיו רוצה לומר דרכי ה׳. ואמר ששומר מצותיו לא ייטיב כי אם לנפשו והממרה את פי ה׳ אינו מכעיס אותו כי אם מכעיס את עצמו.

[5]) ביאור: הפסוק הזה הוא הערה לצדקה ואמר שמה שנותן האדם לעניים אינו אבוד כי אם הוא שמור ביד השם ולא כפקדון בידי אדם שאין אחריותו על השומר אלא כמלוה שאחריותו על הלוה שחשם הבטיח לשלם את גמול חונן דלים.

[6]) ביאור: יש בפסוק הזה שלשה ענינים האחד שהאב ייסר את בנו והרב את תלמידו

19 **אלכ̇תיר אלחמיה̈ יחמל אוזארא פאנך אן תכ̇לצת מן שי**
אזדדת פי גירה:

יסתקים אן יכון הד̇א אלקול [עלי הד̇]ה אל[עבא]רה̈ יחד̇רנא בה מן אסתעמאל אלחר̈ה̈ וכת̇רה̈ אלסכ̇ט ויערפנא סו עאקבה̈ ד̇לך אן אלאנסאן יתכ̇לץ מן מציבה̈ וידכ̇ל פי אכ̇רי. ועלי עבארה̈ אכ̇רי ינתט̇ם מע אלפסוק אלאול יקול לא תדע ולדך בלא אדב פתהלכה פיכ̇רג̇ גדל חמה נשא ענש כת̇יר אלחמיה̈ עלי אלנאס חאמל אוזאר(א) ענד רבה כל כ̇לצה מן ג̇מיע ד̇לך ווד פי אדבה והד̇א אנט̇ם ואטבע[1]). וכמא אמר אלאב אן יודב אמר אלולד איצ̇א בקבול אלאדב הו קול

20 **אסמע אלמשורה̈ ואקבל אלאדב לקבל אן תתחכם פי אכ̇רתך:**

ופי תנאהיה אלי אלעאקבה̈ אקואל מנהא ירג̇י אלמודב ואלמורב ג̇מיעא ויקול אצברו עליה פאן נפעה לים יתבין אלסאעה̈ אלא פי אלעאקבה̈. ומנהא יקול ללולד סיג̇יך וקת תשלב תתאדב פיה פלא ימכנך לעסוך ען ד̇לך פתאדב מהמא ימכנך אלקבול. ומנהא אן יכון̣ ישיר אלי דאר אלאכ̇רה̈ פיקול אדבך פי אלדניא ינפעך פי אלאכ̇רה̈ פיא לך ממא יתג̇ר בה מן עאלם אלי עאלם אכ̇ר[2]).

21 **ואעלם אן אפכארא כת̇ירה̈ פי קלב אלמר ותקדיר אללה הו**
אלד̇י יתבת:

תחת הד̇א מעאן אולהא ימנע אל[מר] מן אן [יקצ̇י] ויחתם עלי שי בעינה מן אלחואדת̇ אנה יכון. ת̇ם ילזמה אלאעתקאד דאימא אנה מחאט מדבר פי כל אחואלה מא כ̇לא אלאמר ואלנהי[3]).

22 **שהוה̈ כל אנסאן אלאחסאן אליה[4]) ומט̇הר פקרה כ̇יר מן ד̇י כד̇ב:**

גרצ̇ה אלא ישמע בעין̇ אלנאס בעצ̇א פי אנה יחסן אליה ת̇ם לא יפעל ועלי אן̣ כל אנסאן ישתהי מנך אן תחסן אליה פאן אמכנך מא סאלך ואלא פאט̇הר לה תעד̇ר מא סאלך ופקרך מנה אצלח מן אן תעדה ותכ̇לפה ולו לם יועד בלק בלעם[5]) במא לם יפעל כאן אצלח ולו לם יועד אבימלך בעלי שכם במא לם יף להם בה כאן אסהל[6]).

בנחת כדי שלא ימיתום והשני שלא ייראו שימיתום כאשר יסרום והשלישי והוא היותר טוב שיחיו אותם במוסר ולא ימיתום בעזבם אותם על אולתם.

1) ביאור: לפי מה שהעתקנו אמרו כי אם מציל וכו יתבן שהזהיר האדם מלהיות כעסן שסוף הדבר שאם ניצל מצרה יבוא לצרה אחרת. ועוד נראה שהפסוק הזה מחובר עם הפסוק שלפניו ואמר שאם האב אינו מיסר את בנו מאבד אותו ויהיה ענין גדל חמה וכו׳ שהכועס תמיד נגד בני אדם ישא עונש לפני השם ולפיכך חייב האב שיציל את בנו מכל זה ויוסיף ליסרו.

2) ביאור: אחר שצוה האב ליסר את בנו צוה את הבן לקבל את המוסר. ובאמרו באחריתך יש ענינים רבים וזה שתחכם אומר למיסר ולמיוסר שבאחריתם יכירו תועלת המוסר. ועוד יזהיר את הבן שילמד עתה לפי שבזקנתו לא יוכל עוד ללמוד. ועוד אומר שאם קיבל המוסר בעולם הזה יועיל לו בעולם הבא ומה טוב ומה נעים סחר כזה.

3) ביאור: בזה הפסוק יש כמה ענינים האחד שלא יגזור אדם על דבר ויחליט שיהיה והשני צריך שיאמין שהוא מוגבל בהנהגת השם חוץ מבדברי צווי והזהרה.

4) בכ״י ב׳ וג׳ חסר. — 5) אפשר שצ״ל בלעם בלק.

6) ביאור: כל אדם יתאוה שייטיב לו רעהו אבל טוב לאדם שיודה שאין ביכלתו למלא שאלת השואל משיבטיחהו ולא יעשה כמו שהבטיח בלעם את בלק ואבימלך את בעלי שכם ולא כלום שוע.

23 תקוי אללה ללחיוה ואלמסתכתר מן לזומהא לא יטאלב[1] בשר:

לנא לפטה לינה ושכיבה עלי סביל אללזום כמא קאל איוב ובהמרותם תלן עיני (איוב י"ז ב') וקול דוד אם תשכבון בין שפתים (תהלים ס"ח ד'). ונרץ הדה אלאיה יקול אלחכים אן אלעבאד ליס יבאדון אן יכלו מן סיה וחסנה פתקוי אללה הי לדאר אלבקא אלחיוה אלדאימה וקד בקית אלזלאת אלתי תלחק אלעבד תחתאג אלי אדאב תדהבהא ענה אללהם אלא אן יסתכתר מן מלאזמה אלתקוי פאנה אדא פעל [דלך] לם יטאלב בהדה אלזלאת אליסירה אמא לאנה חין עוד נפסה אלכיר ארתפע ענה אלזלל ואלאגפאל או יכון לכתרה חסנאתה מחית ענה אלצגאיר עלי מא קאל בחסד ואמת יכפר עון וביראת ה' סור מרע (משלי ט"ז ו')[2].

24 תרי אלכסלאן קד גמס ידה פי אלגצארה[3] פעגז[4] אן ירדהא אלי פיה:

באלג אלחכים פי כסל הדא אלמדכור אנה יכסל אן יאכל לקמה מן נצארה פיטעמהא בעד גמס ידה פיהא כדאך תגדה פי אמר דניאה אלמטאעם בין ידיה פלא ילתפת אליהא ופי אמור דינה אלצלוה ואלבר בין ידיה פלא ינהץ אליהא ופימא יגמעהא והו אלחכמה גמיע אלעלום מוצועה בין ידיה פלא יתעלם מנהא שיא[5]).

25 כמא תצרב אלדאהי פינהץ מן גפלתה[6] כדאך אדא ועטת אלדהן יפהם אלמערפה:

יריד אן כלאמך יעמל פי אלעאקל מתל צרבך ללגאהל בל הו אעמל כמא יקול תחת גערה במבין (משלי י"ז י')[7]).

26 תרי אלאבן אלמסי אלמכגל ינהב אבאה ויהרב אמה:

עלי אלגזוי מן אלכלאם פאנה רבמא סרק מן מאל אביה שיא פאחוגה אלי אן יטלק אמה אד לם תחפטה. ועלי אלכלאם אלגמלי פאנה קד ינקב ויתלצץ פיאכד מאלא[8]) ויהרב פיטאלב אלסלטאן אבויה באחצארה פתהרב אלאם פתסתתר אד הי אמראה ויוכד אלאב בביע ציעתה ליגרם מא סרק. פכשף הדה אלעאקבה ליחת עלי אלאדב[9]).

---

[1]) בכ"י ב' וג' ילאזם.

[2]) ביאור: מלות לינה ושכיבה יורו לפעמים על ההתמדה. וכוונת הפסוק היא שבטבע האדם לעשות רע וטוב והנה יראת השם תביאהו לחיי עולם וישארו שגיאות הצריכות לכפרה והמתמיד ביראת השם לא יפקד באלו השגיאות הקלות אם שיתנהג במעשים טובים ולא יכשל כלל או שיסלחו לו השגיאות בעבור רוב צדקתו.

[3]) בכ"י ב' וג' מתלא.

[4]) „כלאה" ונראה שהגאון החליף הפסוק הזה עם הפסוק שלמטה כ"ו ט"ו ועיין ביאורו שם.

[5]) ביאור: הפליג החכם בעצלות העצל שהמאכלים לפניו ולא יטעם מהם וכן הוא בדברי העו"ה ודברי אמונה ובדברי חכמה שהם לפניו ולא יביט אליהם.

[6]) „כמו שהכה הלץ ויתעורר מפתיותו כן וכו'".

[7]) ביאור: פעולת הריבור לאיש נבון היא כהכאה ללץ וגם יותר חזקה.

[8]) בכ"י מאלה.

[9]) ביאור: ענין הפסוק אם נפרש כל חלק ממנו לברו שהבן גוזל את אביו והאב יגרש את אמו לפי שלא שמרה אתו ועל דרך כללית הבן יהיה גנב או גזלן והמלך יצווה את האב

27 **אנתה יא בני אן תקבל אדבא יסהיך ען אקואל אלמערפה̈:**

הד̇א אלמוסר אלד̇י הו לשגות מאמרי דעת אנמא הו אדב באלאסם לא באלמעני כמא אן אלאצנאם אלהים באלאסם לא באלמעני פאוצי וקאל מן אתאך בקול זעם אנה אדב וראית קולה ד̇אך יסומך אן תזול ען הד̇ה אלמערפה̈ אלתי עלמתך פלא תקבלה פאני קד חצלת ג̇מיע אלקול והד̇א אצ̇חה[1]) ועלי מא קאל משה כי בקש להדיחך מעל ה׳ אלהיך (דברים י״ג י״א)[2]).

28 **מן יתרג̇ם פי אלחכם פהו כשאהד זור וקול אלט̇אלמין יסתר אלט̇לם:**

שרח הד̇א אלפסוק הו מא יסתעמלה בעץ̇ אלנאס יחצ̇רון מג̇לס אלחכם פיחתג̇ון לאחד אלכ̇צמין ויקולון ימכן אן יכ[ון] לה [מ]כ̇לץ̇ הו כד̇י וכד̇י וימכן אן תכון עליה חג̇ה̈ הי כד̇י פהד̇א מנהם מקאם שהאדה̈ זור לאן אלכ̇צם נפסה אערף בחאלה פלו כאן שי לאחתג̇ בה וכד̇לך אלחאכם אן הו סמע מנהם. ופסרת יבלע און יסתר מת̇ל קולה ולא יבאו לראות כבלע (במדבר ד׳ כ׳) אלד̇י תפסירה סתרה. וגרץ̇ הד̇א אלקול אנה לא יסתר עלי אלט̇אלם אלא ט̇אלם מת̇לה כמא קאל אללה ולא תחמל ולא תכסה עליו (דברים י״ג ט׳)[3]).

29 **קד היית ללדהאה̈ אלאחכאם ומהאבג̇ לט̇הור אלג̇האל:**

הד̇א מן אלחכים קול תחד̇יר ינטוי עלי ת̇לאת̇ה̈ אשיא אחדהא אחכאם אלדניא בפעל אלנאס פאן אללה אנמא אבאחהם קתל הד̇א וחרק הד̇א וג̇לד הד̇א לכי יעתבר אלבאקון כמא יקול והנשארים ישמעו ויראו (שם י״ט כ׳). ואלת̇אני אלעקובאת אלתי יחלהא אללה באלעצאה̈ פי דאר אלדניא עלי סביל אלאיה̈ קאל פיהם והאלהים עשה שיראו מלפניו (קהלת ג׳ י״ד). ואלת̇אלת̇ אלעקאב אלשדיד ואלאלאם אלתי אעדהא ללכפאר ואלעצאה̈ פי דאר אלאכ̇רה̈ קאל פיהא ויצאו וראו [וכ׳] והיו דראון לכל בשר (ישעיה ס״ו כ״ד)[4]).

כ

1 **אן אלכ̇מר לדאה̈ ואלמסכר למהים כל מן מהג̇ פיהמא לא יתחכם:**

וצף אלח[כים כל ואחד] מן הד̇ין בפעלה אלכ̇מר אלד̇י עלי אלעאג̇ל יקי

והאם להביא את הבן לפניו והאם תברה ומוכרים נכסי האב לשלם את הגזלה. והודיע אחרית הדבר לעורר את האב והאם ליסר את בנם.

[1]) אלו המלות אינן ברורות ואפשר שיש כאן חסרון.

[2]) ביאור: המוסר הזה נקרא בשם מוסר ואינו מוסר באמת כמו שהאלילים נקראים אלהים ואינם אלהים והחכם הזהיר מלשמוע לדברי המסית והמדיח שהם סותרים מה שלימד מן החכמה.

[3]) ביאור: המליץ כאן הוא מי שיבוא מעצמו לפני בית דין וכודה מלבו טענות וראיות לבעלי הריב או נגדם וזה בעדות שקר שאילו היו טענותיו אמת היה בעל דין עצמו טוען בהן וכן הוא בשופט אם ישמע אל טענות המליץ. ואמרו מבלע ענינו יסתיר וכוונת הפסוק שלא יכסה על הרשע כי אם מי שהוא רשע כמוהו

[4]) ביאור: בזה שלשה עניינים האחד שניתנה רשות לבני אדם לענוש את החוטאים למען ילמדו וייראו הנשארים. והשני שהשם מביא רעות על הרשעים בעולם הזה על פי נס. והשלישי שיפרע השם מהכופרים בעולם הבא.

אלכ̇אטר קאל פיה ליץ ואלנביד̇ אלד̇י עלי סרעה̈ יזיד פי אלאצ̇[טר]א[ב] קאל פי
הומה אלא אנהמא גמיעא אצ̇דאד אלחכמה̈ אלמרסלה̈ מן מצ̇אדתהמא אלתשאג
בשרבה[מ]א ען אלאשראף עלי אלעלום ובעד ד̇לך מא יפעלאנה פי אלדמאג לא
אלשראב יג̇ף ואלנביד̇ ירטב פיכ̇רג̇אן אלעצ̇ו ען אלאעתדאל[1]).

2 והיבה̈ אלמלך איצ̇א כנהים אלצ̇רגאם פמן תג̇אוזהא קד אכ̇טא
עלי נפסה:

באלג פי הד̇א אלפסוק אלת̇אני אכת̇ר מן אלאול (י״ט י״ב) לאנה קאל פ
אלאול זעף מלך שבה סכ̇טה בזיראן אלאסד. פביף היבה̈ אללה עז וג̇ל אלד̇י הו מלך
אלמלוך וסיד אלסאדה̈ וקד עלמת מא קאל אריה שאג מי לא יירא ה׳ אלהים וגו
(עמוס ג׳ ח׳)[2]).

3 כראמה̈ אלמר אלג̇לום ען אלכ̇צומה̈ וכל ג̇אהל ילג̇ פיהא:

הד̇א אקעאד לכל מתנאזעין מן אן יתנאזעו וד̇לך אן אלמנאזע לך לא יכ̇ל
מן אן יכון מת̇לך או פוקך או דונך פאן כאן פוקך פאעתרף לה בחקה ואן כאן דונך
פלא תקתדרן עליה ואן כאן נט̇ירך פאפצ̇ל עליה ולו אסתעמל אלנאס הד̇ה אל[חדו]
לם יכ̇תצם את̇נאן מנהם. והד̇ה אלקצ̇יה̈ פי אלמנאזעה̈ אלתי ליסת פי אלמאל בל פ
אלתרו̇ם[3]).

4 אלכסלאן לא יחרת̇ פי אלכ̇ריף פיטלב שיא פי וקת אלחצא
פלא יג̇ד:

ט̇אהר הד̇א מעלום ובאטנה פי מן לם יעד̇ חסנאת מן דניאה לאכ̇רתה פה
כמן לם יפלח ארצ̇ה מן אלשתא ללציף וכמן לם יתזוד והו פי אלבר ללבחר וכמן לכ̇
יכ̇בז ויטבך̇ מן יום אלג̇מעה̈ ללסבת וג̇מלה̈ אלחכמה̈ אלנט̇ר פי אלעאקבה̈ כמא קאל
אללה יבינו לאחריתם (דברים ל״ב כ״ט)[4]).

5 אלמשורה̈ פי קלב אלמר כאלמא אלעמיק לא ידלוה אלא מ
כאן ד̇א פהם:

למא כאן אסתקא אלמא באללטף יכון שבה אלראי אלמסתור פי אלקלוב בו
ואלאעתבאר פי הד̇א מא כ̇אטב יהודה ליוסף חתי אסתקי מא פי נפסה ומא כ̇אטבו

[1]) ביאור: קרא ליין ליץ לפי שהוא מחזק בתחלה כח המדמה ולשכר הומה מפני שהוא מוסיף מיד על בלבול הדעת והם יחד בטבעם הפכי החכמה והתנגדותם היא ששתיית היין והשכ מונעת מלעסוק בידיעות ועוד שהיין ייבש את המוח והשכר ילחלחהו ושניהם יוציאוהו משווי מזגו

[2]) ביאור: הפליג בזה הפסוק יותר מבפסוק שלמעלה שלא זעף המלך בלבד אלא גם כן אימתו היא כשאגת אריה ואם כן במלך בשר ודם כל שכן במלך המלכים.

[3]) ביאור: הכתוב אינו מוסב על המריב בממון אלא על המריב בשררה ואומר לו אם בעל ריבך למעלה ממך הודה לו ואם הוא למטה ממך אל תתגאה עליו ואם הוא כמוך עשה חסד עמו ואילו יעשו כן בני אדם לא יהיה ריב לעולם.

[4]) ביאור: הפסוק ברור לפי פשוטו ועל דרך נסתר ענינו במי שלא הכין מעשים טובים מעולם הזה לעולם הבא והוא כמי שלא עבד את אדמתו מחורף לקיץ וכמי שלא הכין צידתו מיבשה לים ומערב שבת לשבת וכלל החכמה לראות את הנולד.

בה אלאמראה̈ אלתקועית לדוד חתי אלׄדת מרפועה[1]) כמא הו משרוח פי קצתהא ובדׄי אלהׄול מן אלרגאל יׄלאטב צאחבה בכלאם חתי יעלם מקדורה פמנה בלין ומנה בכׄשונה̈ ומנה עלי סביל אלתכׄויף ומנה עלי גהה̈ אלתרגיב כל אמר חסב טבעה ובניתה[2]).

6 תגׄד אכתׄר אלנאס יצף כל ואחד פצׄלה ודׄו אלאמאנה̈ עלי אלצחׄה̈ מן יגׄד:

הדׄא מנה איצׄא אנכאר מא יסתעמלה אלנאס מן וצף כל אנסאן מנהם מחאסן נפסה וינסי מסאויה ולעל מא תרכה מן אלאמור אלמדׄמומה̈ אצׄעאף מא קאלה מן אלמחמוד ולעל מא קאלה איצׄא מן אלמחמוד אמא אן יחצל מנה בעצׄה או לא שי כמא כאן אבשלום יקול מי ישימני שופט בארץ ועלי יביא כל איש אשר יהיה לו ריב ומשפט והצדקתיו (שמואל ב' ט"ו ד') וכאנת טויתה בכׄלאף דׄלך כמא שהד אללה עליה ויגנב אבשלום את לב אנשי ישראל (שם ו'). ולם ירד בקולה ואיש אמונים מי ימצא אנה לא יוגׄד בתה̈ ואנמא אראד אנה עזיז[3]).

7 אלצאלח יסיר פי צחתה וטובי בניה מן בעדה:

כמא ועד אללה אן אלבנין אלצלאחין יזדאדון סעאדה̈ בצלאח אבאיהם הדׄא עלי סביל אלתפצׄל כמא קאל ועשה חסד לאלפים לאהבי ולשמרי מצותי (שמות כ' ו') ואמא אן כאנו טאלחין ליס ינפעהם אבאוהם שיא כמא קאל צדקת הצדיק עליו תהיה ורשעת הרשע עליו תהיה (יחזקאל י"ח כ')[4]).

8 ויגׄבגׄי ללמלך אלגׄאלס עלי כרסי אלחכם אן ידׄרי מן חצׄרתה כל שר:

שרחה אן אלחאכם לא יחל לה אן יחצׄר בין ידיה שהאדה̈ בזור ולא מעין בׄטׄלם ול[א מח]תגׄ לגירה בשי ולא מן יסר̈ סרא פי מגׄלסה פאן הדׄה אלאפעאל ואמתׄאלהא שר פי אלחכם מפסדה̈ לה[5]).

9 מן דׄא יקול אני זכית קלבי וטהרת מן כׄטיתי: 10 ואלצנגׄתאן אלמכׄתלפתאן ואלכילאן גיר מעתדלין יכרההם אללה אגׄמעין:

אומי בהדׄא אלקול אלי מן יביע או ישתרי פיקול מהמא לם יעיר צנגׄאתה

---

[1]) אפשר שצ"ל מדפונה.

[2]) ביאור: הנבון יוציא בנחת העצה הטמונה בלב אדם כמו שדולים מים מן הבאר כמו שעשה יהודה עם יוסף והאשה התקועית עם דוד. והערום המבקש לידע מה שבלב חברו ידבר עמו קשות או רכות ויאיימהו או יבטיחהו והכל כפי טבע חברו ומזגו.

[3]) ביאור: מדרך בני אדם לפרסם מדותיהם הטובות ולכסות את מדותיהם הרעות ואפשר שגם הטוב שמתהללין בו הוא שקר במקצתו או בכולו כמו שעשה אבשלום עם בני ישראל שהתפאר בצדקתו ולא כן היה בלבו. ואמרו מי ימצא ר"ל שאנשי אמת אינו מצויין כי אם מעטים.

[4]) ביאור: הבטיח השם בני הצדיקים שיוסיף בחסדו על הצלחתם אם ילכו בדרך אביהם אבל אם יעשו הרע לא תועיל להם צדקת אביהם כלום.

[5]) ביאור: אזהרה לשופט שירחיק מפניו עדות שקר ועוזר בחמס וטוען לזולתו ועושה מזים בפניו שכל אלה מטים את המשפט.

ואכיאלה חתי לא תזיד עלי אלעיאר ולא תנקץ פליס הו זכ̈ ולא ברי מן אלכ̇טא ולד̇לך קאל אללה פי אלתוראה̈ אבן שלמה וצדק איפה שלמה וצדק (דברים כ״ה ט״ו) פקולה פי אלג̇מיע שלמה יריד אלופא וקולה וצדק יריד בה אלעיאר. ובאלג̇ אלחכים האהנא אד̇ קאל גם שניהם יעניך אנך לו אכ̇דת באלכיל אלנאקץ ואעטית באלזאיד בעד אן תכון פי מלכך פהמא ממא יכרההמא אללה[1]).

11 ואלצבי איצ̇א יערף מן שמאילה אן כאן פעלה זכיא או מסתקימא:

קולה הו̇א חת̇ עלי אלאדב יריד בה אדב ולדך חתי יבלג אלי אחדי מנזלתין אמא אן יציר זכיא ולד̇לך אלצלאח אלתאם̇ או יבקי מסתקימא עלי רסל אלנפס אלא אנה פי אלחאלין ג̇מיעא [י]כ̇אלף אלשר ולא יג̇תריה לאן אלנפס רסמהא אלמרסל אלסאד̇ג̇יה̈ כמא קאל פי כתאבה אלאכ̇ר לבד ראה זה מצאתי אשר עשה האלהים את האדם ישר (קהלת ז׳ כ״ט)[2]) פלא יחל ללאנסאן אן יפעל אלא ואחדה̈ מן ת̇נתין אמא ראצ̇הא אלי פעל אלכ̇יר ואמא תרכהא עלי סאד̇ג̇יתהא ולם ירצ̇הא אלי אלשר ויעודהא כמא קאל כי להמו לחם רשע (משלי ד׳ י״ז)[3]).

12 כמא אן אלאד̇ן אלסאמעה̈ ואלעין אלבאצרה̈ אללה כ̇לקהמא:

יעני כד̇אך מרסל טבע אלנפס כ̇יר וצלאח וא[נ]מא אלאנסאן הו אלד̇י ירוצ̇הא ויורת̇ חואסה̇ כלהא אלי אלשר בסו אלאכ̇תיאר כמא קאל למדו לשונם דבר שקר (ירמיה ט׳ ד׳). ואלמוצ̇ח לג̇מיע ד̇לך אלא תרי אן טבע אלאנסאן אן יצדק חתי יחסן הו לנפסה אלכד̇ב פיציר לה ד̇אך כאלעאדה̈ אלתי לא ימכנה אלאנתקאל ענהא כמא קאל גם אתם תוכלו להטיב למודי הרע (שם י״ג כ״ג)[4]).

13 לא תחב אלנום לילא תפתקר אפתח עיניך תנתעש:

עאד אלי אלחת̇ עלי אלתכסב פי אלדניא ועמל אלצאלחאת פי אלאכ̇רה̈ ואנמא אחתג̇נא אלי אן יעיד ד̇לך לנא לאנה קדם̇ ד̇כר אלחואס אזן שומעת ועין ראה פקאל אלצנאיע אלמהניה̈ אנמא הי תעלים ליסת טבעא באלחואס פינבגי אן תנהץ̇ אליהא ולא תקד̇ר אנך בפכרך וחואסך תקף עליהא[5]).

---

[1]) ביאור: החכם אומר למי שעוסק במקח וממכר שבל זמן שלא תיקן מדותיו כדי שלא יהיה בהם לא פחות ולא יותר אינו יכול לומר זכיתי לבי וטהרתי מחטאתי וכן אמרה התורה שתהא המדה שלמה ומתוקנת. והפליג החכם באמרו גם שניהם לומר שאינו רשאי אפילו לקבל במדה פחותה וליתן במדה יתרה מפני שאסור לשמור בביתו מדות שאינן מתוקנות.

[2]) עיין אמאנאת דף 194.

[3]) ביאור: זה המאמר הערה לאב ליתן מוסר לבנו אם כדי שיזכה את ארחו עד שיגיע לשלמות או כדי שישאר על ישרו הטבעי כי יצר לב הנער הוא טוב מבריאתו ובלבד שלא ירגיל את נפשו בדבר רע.

[4]) ביאור: ר״ל (כמו שברא השם את חושי האדם לטוב) כן לבו ישר בטבעו, והוא לבדו ישחיתנו ברוע בחירתו וכן אנו רואים שאדם דובר אמת עד שירגיל את לשונו לדבר שקר ואחר זה לא יסור מלעשות כן.

[5]) ביאור: החכם חזר להעירנו לעמול למחיתנו בעולם הזה וכן להצלחתנו לעולם הבא מפני שהאומניות שהן לפרנסתנו אינן בטבע האדם כחושים שקדם זכרם אבל צריכות לימוד.

14 תגד אלמשתרי יקול רדי רדי ואדא צאר אליה מדחה:

חכי אלוגדאן ודם פיה אלמתקלבין אלדין אליום ימדחון וגדא ידמון תעצבא כמא ידם אלאנסאן תגארה גירה ויחמד תגארתה הו ואלואגב נפסה פהו אלקול עלי אלרדי אנה רדי ועלי אלגיד אנה גיד כאן ללמר אם לגירה[1]).

15 מוגוד אלדהב ובתרה אלגואהר ואלאנא אלעזיז מע אלנטק באלמערפה:

פי דאר אלדניא קד יכסב אלעקל צאחבה מאלא וגואהרא ואתאתא ועקארא ופי אלאכרה אלתואב אלממתל בגנאן פיה גוהר ויאקות ומהא ודהב כמא וצפה יחזקאל (כ״ח י״ג) בעדן גן אלהים היית כל אבן יקרה מסוכתך אדם פטדה ויהלום וסאיר אלקצה[2]).

16 וגאיז אן תאכד תובה אד צמן אגנביא ורהנה ען אלגריב:

כאן עאלמא במא חטר אללה פי אלתוראה עלי אלמקרץ אן יעתקל תוב אלמקתרץ כמא קאל לא תבא אל ביתו לעבט עבטו (דברים כ״ד י׳) פשרח האהנא אן אלצאמן ען אלמקתרץ יחל אן יוכד תובה ואדא אעתבר הדא אלקול אלעאקל וגדה כדאך לאן אלצאמן מן סעה יצמן ואלמקתרץ מן ציק[3]).

17 ותרי אלמאל אלהראם ילד ללמר ובעד דלך ימתלי פמה חצמא:

הדא מנה תחדיר מן אלנאר ללעאגל עלי מא ילתד בה אלטבע יתרך אלעאקבה אלתי תסי ותמר וקד עלמת מא צנע עכן אד לד לה אלמאל אלצואפי פאכד מנה מאיתין דרהם ולמסין מתקאל דהב וכסא כז פכאן דאך הלאכה וכדלך אחאב במא אכד מן נבות וגירהמא[4]).

18 עלי אן גמיע אלמחאסב[5]) תתבת במשורה פאחרי אן יחתאג אלחרב אלי חיל:

כאן קדם אן כל תרביר פהו יחתאג אלי ראי גיד מן גיר צאחב אלחאדתה מיזה [לתחיר] ראי מן חדת עליה האדת וצפא דהן גירה אד לם יחדת עליה הו ישי פקאל האהנא אן אלחרב באלאוכד אן יחתאג אלי תדביר אד ליס הו כטר נפס ואחדה בל נפוס שתי כל בלדאן כתירה ואיצא לאן אלנטור כתיר אלעדד פכל ואחד מנהם

---

[1]) ביאור: הכתוב סיפר כח שבנמצא ומגנה המשנים בדבורם כמו שבני אדם מגנים סחורת זולתם ומשבחים את סחורתם והראוי לאדם שיאמר לרע רע ולטוב טוב בין שהדבר לו או לאחרים.

[2]) ביאור: הן בעולם הזה שיקנה האדם עושר ונכסים בשכלו הן בעולם הבא שיקנה בו שכר טוב אשר המשילו יחזקאל לעדן גן אלהים שבו אבנים טובות.

[3]) ביאור: החכם היה יודע שאסור למלוה לחבול בגד הלוה אבל מותר לו לקחת בגד הערב וזה כפי השכל שהערב ערב מפני עשרו והלוה ממשכן מחמת דחקו (ועיין בבא מציעא קט״ו א׳).

[4]) ביאור: הכתוב אזהרה שישמר אדם מעונש של גיהנום ושלא ימהר לילך אחר שרירות לבו וישכח אחריתה כמו שעשו עכן בחרם ואחאב בשדה נבות וכיוצא בהן.

[5]) כן הוא בכ״י ב׳ וג׳ ובכ״י א׳ אלמכאסב וזה טעות ומלת מחאסב לא נמצאת בערבי הגאון העתיק בכל מקום מלת מחשבות אפכאר חוץ מכאן ולמטה כ״א ה׳ וענין מחאסב כמו מחאסבאת ר״ל חשבונות.

ימכ̇ן אן ידבר ואיצ̇א לאן פנון אלפתוח ואלהזאים כת̇ירה̈ מנהא בחילה̈ ומנהא בקוה̈ כ̇מא פעל אמרפל ואצאחבה בברע וברשע ואצחאבהמא. ואמא פעל יהושע פי עי אד̇ כ̇מן להא כמונא ופעל גדעון פי מדין בת̇לת̇ מאיה̈ בוק פלים אלחילה̈ אכסבת ד̇לך כל אמר אללה[1]).

19 כאשף אלסר פהו מאר̈ מאחלא פלא תכ̇אלטן מג̇פלא פי נטקה:

געל מן יכ̇רג̇ אלחדית̇ עלי צ̇רבין אמא תעמדא פהו גולה סוד ואקאמה מקאם אלסאעי ואלמאחל כמא פעל דואג וזיפים ומן אשבההם ואמא עלי גפלה̈ פיסתנטקה אלמסאיל פיחד̇ת̇ה בג̇מיע מא כאן פהו פותה ֽשפתיו מת̇ל איש מצרי גלא[ם] איש עמלקי אלד̇י וגדה דויד עלי מא הו משרוח פחד̇ר מן מכ̇אלטה̈ אלגמיע אלמסתכ̇רג̇ פכיף אלמתעמד[2]).

20 שאתם אביה ואמה יכ̇מד סראג̇ה פי ג̇נה̈ אלט̇לאם: 21 ותבון
נחלתה מדהשה̈ פי אולהא ולא יבארך לה פי אכ̇רהא:

מנע מן אלסטוה̈ עלי אלואלדין ואכ̇בר אן מן עקובה̈ אלכ̇אטי עליהמא כ̇מוד אלסראג̇ וקת אלחאג̇ה̈ והד̇א מת̇ל תחתה מעאן מנהא וקת יחתאג̇ אלי ראיה ותדבירה יעמי ען אלצואב נט̇יר קולה והיית ממשש בצהרים כאשר ימשש העור באפלה (דברים כ״ח כ״ח) ואיצ̇א וקת ידעו רבה מן שדה̈ וצ̇יק לא יג̇יבה עלי מא ימת̇ל אג̇אבה̈ אללה באלנור האירה פניך על עבדך (תהלים ל״א י״ז) ואיצ̇א פי ת̇ואב אלצאלחין אלמסמי נורא לא יכ̇ון פי זמרתהם עלי מא ימת̇לה אור זרוע לצדיק (שם צ״ז י״א). ואלנחלה̈ עלי צ̇רבין מאל אלדניא עלי אלט̇אהר ונעים אלאכ̇רה̈ עלי מא קאל זאת נחלת עבדי ה׳ וצדקתם מאתי נאום ה׳ (ישעיה נ״ד י״ז) וג̇מיעא יפותאנה[3]).

22 ולא תקל אכאפי בשר ארג̇ אללה יג̇ת̇ך:

כמא עלמת אן כת̇ירא מן אלצאלחין ארתג̇עו ען אלמכאפאה̈ בשר פאג̇את̇הם אללה ולם יקל לא תכאף פקט בל לא תקל קולא פכיף אלפעל[4]).

---

[1]) ביאור: כבר קדם (למעלה י״א י״ד) שאם יארע לאדם שום דבר יצטרך לעצת חברו מפני שהוא בעצמו דעתו טרופה במה שאירע לו ואמר כאן שכל שכן במלחמה שהיא סכנה לנפשות רבות ולמדינות רבות והיועצים רבים ואופניה שונים והניצוח הוא פעם בתחבולות ופעם כגבורה כמו מלחמת המלכים בימי אברהם. אבל מארב יהושע בעיר עי ומעשה גדעון בשלוש מאות שופרות לא היו בתחבולה כי אם בצווי השם.

[2]) ביאור: גולה סוד הוא המספר את המאורע בזדון כמו שעשו דואג והזיפים ופותה שפתיו הוא מי שיוציא השואל מפיו את הסוד והוא מסיח לפי תומו כמו שעשה נער מצרי עם דוד והחכם הזהיר מלהתחבר עם שניהם.

[3]) ביאור: הזהיר החכם את האדם מלמרוד באביו ואמו שאם יעשה כן ידעך נרו והוא משל לענינים רבים האחד שבעת שיצטרך המקלל להשתמש בשכלו ובהנהגתו לא יראה הדרך הישרה והשני שכשיקרא אל השם לא יענהו והשלישי שלא יבוא בקהל הצדיקים לקבל שכרו הנקרא אור. ואמרו נחלה מוסב על העושר בעולם הזה ועל העונג בעולם הבא ששניהם יברחו ממנו.

[4]) ביאור: אמרו אל תאמר ירצה בו לא די שלא תשלם רע אלא שלא תאמר אשלמה רע. וזאת היתה מדת צדיקים רבים.

23 ובמא יכרה אללה אלצנגתין אלמכתלפתין כדאך מיזאן אלמכר לא כיר פיה:

מאזני מרמה הו גיר אלמעיר יקול במא לא יחל אן תזיד [או תנקץ] פי אלצנגאת ואלאביאל תעמדא כדאך לא יגוז אן תדעהא בגיר עיאר פתזיד או תנקץ ואנת לא תעלם לאן עלמך באנך אדא תרכתהא גיר מעירה זאדת ונקצת יקום מקאם קצדך לתגיירהא לאן חקוק אלנאס מן אלאמואל לא יעדר אלעבד עלי מא פי ניתה כמא[1]) יעדר פי חקוק אללה[2]).

24 מן ענד אללה אצלאח כטא אלמר ואלאדמי מא דא יפהם מן טריקה:

טי הדא אלקול אן אלאנסאן רבמא עזם עלי ספר בחר פעאקה עאיק פאגתם לתפרדה ויכון רבה קד אראד בה אלכלאץ מן אלגרק ובדלך פי ספר אלבר מן אלקתל וכדלך פי אלזרע מן אלגדב ופי אלהרב מן אלהלאך ומא אשבה דלך יגתם אלאנסאן אדא לם יתם לה אמלה ממא ליס יעלם אימא אלדי הו כיר לה ולו עלם לשכר פטאבת נפסה[3]).

25 ומן והק אלאנסאן אסתראטה אלאקדאס ופחצה ען אלנדור:

תחת הדא אלקול אפעאל מתעמדה והו אן יאכד אלאנסאן שיא ממא אהל ללה פיבתלעה ואן יכון איצא יסל ען אלנדור אין הי ליאכדהא אמא עלי סביל אלאמאנה או אלתגלב. ותחתה איצא[4]) בתואפי כאנה יאכד שיא ללה פלא יסלמה מגרדא בל יוקע פי אמרה מסלה ופתיא פלעל אלמסול לא יחצל כלאמה נעמא או אלסאיל לא יפצח במעאני אלנבר נעמא פיפתי באבאחה אלמחטור פיציר והקא ללגמיע[5]).

26 אלמלך אלחכים מן דרי אלטאלמין ואדאר עליהם אללולב:

אלתוריה הי תבדיד אלשמל לאנהם כלמא אגתמעו כאנו עצבה ולם יפעלו עלי אלתבדיד מתל דלך. ואדארה אללולב עלי אלצרבין עלי אלטאהר אן יטחנהם כמא קאל והדוך רשעים תחתם (איוב מ׳ י״ב) ועלי אלבאטן אן ידיר עליהם לולבהם הם חתי יחל בהם מא קצדו אחלאלה באלצאלחין[6]).

[1]) בכ״י ומא.

[2]) ביאור: אינו די שאסור לך להוסיף ולגרוע במדות ובאבנים במזיד אלא שגם אסור שתשמור בביתך מדות שאינן מתוקנות מבלי שתדע אם אתה נותן יותר או פחות לפי שלא תוכל להתנצל לומר שכוונתך טובה בממון שאתה חייב לחברך כמו שתצטדק במה שאתה חייב לשם.

[3]) ביאור: אמרו ואדם וכו׳ כמי שהיה רוצה להפליג בספינה ועיכבו שום דבר והוא דואג על זה ואפשר שהשם הצילו מלטבוע בים וכן הרוצה לילך לדרך ולא הלך אולי נמלט מההריגה וכיוצא בזה שאדם אינו יודע מה שהוא לטובתו.

[4]) דברי הגאון כאן אינם ברורים ונראה שיש חסרון והעתקנו כפי השערתנו.

[5]) ביאור: הכתוב מוסב על זדונות כגון שיאכל אדם בקדשים או שיחקור לידע אית הנדרים ליטלם ברצון הנודר או בחמס וגם על שילום הנדרים שהנודר לא ישלם את נדרו כי אם אחר שאלה לחכם ואפשר שהחכם לא יבין את השאלה או שהנודר לא יבאר אותה היטב והחכם יתיר את הנדר שלא כדין וזה מוקש לשניהם.

[6]) ביאור: אמרו מזרה ד״ל מפזר את הרשעים לפי שלא יוכלו להרע בפיזורם כמו

27 עלם אללה סראג נפוס אלנאס יפתש גמיע כדור אלבואטן:

כמא תרי אלבית אלמטלם לא יעלם אלנאס מא פיה חתי ידכלון אליה סראגא פיכשף להם כל מא דאכלה כדלך תרי אלאנסאן ולא תעלם מא פי קלבה ועלם אללה יגוין מתלא פי בואטנה ויעלם אלכל ולא יגוז אן יעלם דלך גיר אללה כמא לא יגוז אן יבצר מא פי אלכדור אלא בצו אמא סראג או גירה ולדלך קאל עקוב הלב מכל ואנוש הוא מי ידענו אני ה׳ חקר לב ובחן כליות וגו׳ (ירמיהו י״ז ט׳). ותמתילה באלסראג מן בין גמיע אלמניראת לגהאת לאעתדאל נורה ואסתקאמתה ואמכאן איצאלה אלי חית יריד אלאנסאן ווגודה פי כל וקת וכל מכאן מא ליס כדלך לכל מצי סואה[1]).

28 יגב אן יחאפט אלמלך אלחק ואלאחסאן פאן בהמא יסנד כרסיה:

אלכתצר פי אלליאמאת[2]) כמא עאדתה אן יפעל אד קאל אולא להיתיה למאני דהבא וכספא (דניאל ה׳ ב׳) תם קאל באדין היתיו מאני דהבא (שם) כדלך קדם אולא חסד ואמת תם אכתצר פי אלאעאדה[3]).

29 מן פכר אלשבאב אלקוה ומן בהא אלשיוך אלשיבה:

יריד אנה כמא אן האהנא נעותא ואוצאפא תליק במן תקאל עליה ופי אלוקת אלדי יצלח כדאך האהנא אפעאל דיאניה תגב באלאוכד פי אוקאת. פממא יקבח באלטבע אלכסל פי אלשאב ואלרגבה פי אלשיך ואלגראה פי אלאמראה. וממא יסמג לעלה אלדין אלליאנה פי אלמוסר ואלפסק פי אלשיך ואלצלף פי אלמסכין פאצדאד אלאואיל תחסן באצחאבהא ואצדאד אלתואני תסמג איצא אלא אן אלמרסום אצעב[4]).

30 אלתטאהר באלשר גראחאת ושגג וצרבאת מדאכלה:

תמרוק תטאהר כמא קאל ובתמרוקי האנשים (אסתר ב׳ י״ב) גמר אלנסא. ומתל אלאטהאר פי הדא אלמוצע באלגמרה אלתי תכון עלי טאהר אלוגה פיקול מן טאהר אלעבאד באלשר עאדאה אללה ואלנאס פעדאוה אלנאס הי כאלשגה ואלגראחה אלתי מרצהא טאהר ועדאוה אללה הי כאלצרבאת אלבאטנה אלתי לא תטהר. וליס אנה אסתחסן חאל מן הו שריר ולים יטהר שרה בל ראי הדא אסי חאל אד אהל

בחיבורם. ואמרו וישב וכו׳ חן שידושם המלך החכם בגלגל ממש הן שישיב גלגל שלהם עליהם ר״ל רעתם אשר כוונו לעשות בצדיקים.

[1]) ביאור: כמו שאין רואים מה שבבית אפל עד שיביאו נר לתוכו כן אין אנחנו יודעים מה שבלב האדם והשם לבדו ידענו. והמשיל דעת השם לנר לפי שאור הנר אינו משתנה ויוכל אדם לטלטלו כפי רצונו ונמצא בכל עת ובכל מקום מה שאין כן בשאר המאורות.

[2]) בכ״י אללאמאת.

[3]) ביאור: קיצר הכתוב (ולא הזכיר מלת אמת) בחלק השני וכן המנהג בכל המקרא.

[4]) ביאור: ר״ל כמו שבדברי העולם כל דבר יפה בעתו ולפי מצב כל אחד ואחד כן בדברי אמונה. והדברים המגונים בטבע הם העצלות בבחור והתאוה בזקן ואומץ הלב באשה ומה שהוא מכוער מצד האמונה הרמאות בעשיר והזנות בזקן ועזות פנים בעני והפכי אלו התארים בדברי העולם הם משובחים והפכי התארים בדברי אמונה הם גם כן מגונים (ר״ל שהרמאות גם כן מגונה בעני והזנות בבחור והעזות בעשיר) אלא שהמדות הנזכרות הם יותר קשות.

אלסמא ואלארץ יעאדונה אגמעין כמא קאל יגלו שמים עונו וארץ מתקוממה לו (איוב כ׳ כ״ז)[1].

כא

1 קלב אלמלך פי טאעה אללה כאקסאם מא אלי גמיע מא יריד
ינבגי אן ימילה:

מענאה אן אלמלך יקדר אן ימיל קלבה אלי טאעה אללה כמא יקדר אלאנסאן עלי תמייל אלמא חית יריד פינבגי אן יפעל אלמלך דלך. וליס אלמלך וחדה מכיר ממכן בל כל אלנאס ואנמא וצף אלמלך לאנה אקדר עלי אבואב אלטאעה באליד אלעאליה וכתרה אלמאל וכתרה אלאעואן וגודה אלראי[2].

2 גמיע טרק אלמר יראהא ענדה מסתקימה ואללה מהיי אלארואח[3]:
3 באן פעל אלחכם ואלאנצאף מכתאר ענדה מן אלדבאיח:

אלפסוקאן מגמועאן יקול וגדת אלנאס ירון אמורהם מסתקימה בל יטלמון וקתא ויצדקון אכר ויעצון חינא ויצומון פי אכר ויכדבון תארה ויצלון אכרי פיקדרון אן הדא קד כרג בהדא ולא יעלמון אן אלאלף מן אלצלואת ואלצום ואלצדקה לא יקום מקאם מעציה ואחדה עלי סביל אלבדל וכמא קאל שמואל לשאול החפץ לה׳ בעולות וזבחים כשמע בקול ה׳ וגו׳ כי חטאת קסם מרי ואון ותרפים הפצר (שמואל א׳ ט״ו כ״ב—כ״ג) קאל וכמא אן פי אלטאעה טאעה אפצל מן אכרי כדאך פי אלמעאצי שי אשד מן שי עבאדה אלאצנאם אלתי הי תרפים אשד מן קסם אלדי הו זגר ופאל אללהם אלא אן יכון מע אלצום ואלצלוה ואלצדקה תובה פהי תנפע חיניד[4].

4 מן סימא אלטאלמין פי כטאיהם רפע אלעינין וסעה אלקלב:

פאמא רפע אלעינין פהו אלצלף ואלאקתדאר כמא קאל פי סנחריב על פרי גדל לבב מלך אשור ועל תפארת רום עיניו (ישעיהו י׳ י״ב) וסעה אלקלב הי אלחכרה ואלרגבה חתי לא ימלא קלב אלאנסאן שי ולא ישבע כמא קאל פי

---

[1]) ביאור: אמרו תמרוק ברע רוצה בו הראות אדם את רעתו והוא מלשון תמרוקי נשים שהם הסמים שמיפות בהן הנשים את פניהן. ואמר שהמראה את רעתו ישנאוהו אלהים ואדם ושנאת אדם דומה לחבורה ופצע הנראים ושנאת השם למכה שהיא בקרב הגוף. והחנף והמסתיר את רעתו מגונה גם כן אלא שהמראה את רוע לבו הוא יותר רע.

[2]) עיין אמאנאת 163. — ביאור: יש למלך יכולת לנהג את לבו בעבודת השם כמו שיטה אדם את המים לאיזה מקום שירצה ולפיכך ראוי לו לעשות כן. ולא למלך לבד יש בחירה ויכולת כי אם לכל אדם אלא שהמלך יש לאל ידו לעשות כן יותר משאר בני אדם מפני שהוא מושל ועשיר ועוזריו רבים ויועציו טובים.

[3]) בכ״י א׳ יהיי קלבה.

[4]) ביאור: שני הפסוקים האלה מחוברים זה עם זה ואמר שהאדם פעם יחמוס ופעם יגמול חסד פעם יחטא ופעם יצום פעם יכזב ופעם יתפלל וחושב שזה חליפת זה והדבר אינו כן שכל התפילות והצומות והצדקות אינן מכפרים אפילו עוון אחד אלא אם יש עמהן תשובה כמו שאמר שמואל החפץ וכו׳ כי חטאת וכו׳ ופירוש זה הפסוק כמו שיש מעלות במצות כן יש מעלות בעברות עוון עבודה זרה והיא ענין תרפים יותר חמור מעוון המנחש והמעונן וזה ענין קסם.

נבוכדנצר גבר יהיר ולא ינוה אשר הרחיב כשאול נפשו והוא כמות ולא ישבע (חבקוק ב׳ ה׳). ואמא מן סימא אלצאלחין פאלכ̇שוע ואלקנוע צ̇דא הד̇ין[1]).

5 אמא מחאסב אלנשיט פהי לפצ̇ל ואמא אלצ̇נך פהו לנקץ̇:

אלצ̇נך הו צ̇יק אלצדר והד̇ה אללפט̇ה פי ספר יהושע צ̇יקא אד̇ יקול לבני יוסף כי אץ לך הר אפרים (יהושע י״ז ט״ו) קאל תרי אלנשיט יקד̇ר אן יסיר ת̇לת̇ין מיל[א] פיסיר ארבעין ויקדר [אלצ̇נך] אן יעמל סתה̈ אג̇זא פיצנע כ̇מסה̈[2]).

6 אצלאה אלכ̇זאין מן אקואל אלבאטל הבא מנדפע מן טאלבי אלמות:

יעני ג̇מע אלמאל מן גיר חלה לא יתבת פי אלדניא לאנה הבא ומע ד̇אך עקובתה פי אלאכ̇רה̈ מהלכה̈ לאן אלמות הלאך כת̇ירא מא יכון פאשד מא פי אלאמר אן אלט̇אלם יתרך אלשי אלד̇י ט̇למה ויפארקה באלמות וד̇לך אלשי לא יתרכה בל יחאסב עלי כל חבה̈ פיה מן אין הי פלו תרכה ותרכה כאנת מציבה̈ פכיף אנה יתרכה ולא יתרכה[3]).

7 ט̇לם אלט̇אלמין יג̇רהם אד̇ אבו אן יקבלו אלחכם:

אמא פי אחכאם אלנאס פאן אלט̇אלם אד̇א לם יקבל מא יחכם עליה אלחאכם וג̇ב איצ̇א אד̇א הו טלב אן יחכם לה אלחאכם אן ימתנע עליה ויקול לה אמא אן תקבל אלחכם לך ועליך או לא לך כמא לא עליך. ופי אחכאם אללה שד רשעים יגורם יט̇ן אלט̇אלמון אנהם נהבו גירהם ואנמא גירהם אלד̇י נהבהם עלי מא קאל ישעיהו למן ט̇לם כהתימך שודד תושד כנלותך לבגוד יבגדו בך (ישעיהו כ״ג א׳)[4]).

8 תרי אלמר יתקלב פי טריקה ויג̇אנבהא ואלזכי אלמסתקים פעלה:

יעני בהד̇א אלקול אלמתקלבין אלד̇ין יצאדקון אליום ויעאדון גדא ויעודון פיצאדקון בעדה בלא אסבאב תוג̇ב ד̇אך וכד̇לך מן יטיע רבה אליום ויעציה גדא ויעוד פיטיעה בגיר אקלאע ען כלביניה[5]) כמא כאן יפעל שאול ויחלף אליום [אן] לא יקתל דויד ויעוד פי טלבה גדא ת̇ם יעאהדה ויעטיה אלאמאן ת̇ם יעוד פי טלב נפסה כמא עלמת מן תקלבה ואלמחמוד פהו מן ידום עלי האל צלאח מסתקימא לא ינחרף[6]).

---

[1]) ביאור: רום עינים היא ההתגאות ורחב לב הוא גודל התאוה והם מסימני הרשעים והפכם בצדיקים שהם ענוים ושמחים בחלקם.

[2]) ביאור: אמרו אץ ענינו קצר רוח וכן בספר יהושע מלת אץ תורה על מקום צר וענין הכתוב שהחרוץ יעשה יותר ממה שהיה חושב והעצל פחות מזה.

[3]) ביאור: המאסף ממון שלא בצדק לא יתקיים עשרו בעולם הזה ויענש בעולם הבא לפי שמות בהרבה מקומות טעמו אבדן (של גיהנום). והיותר קשה לו הוא שלא די שהוא יניח במותו את עשקו אלא שהעושק לא יניחנו אחרי מותו שהוא יתן השבון על כל דבר ודבר שעשק.

[4]) ביאור: בדיני אדם מי שאינו מקבל משפט השופט כשהרשיעו סופו שלא ירצה השופט לדין את דינו כשהצדק עמו. ובמשפט השם ענין הפסוק שרשעים חושבים שהם שודדים אחרים והאחרים הם השודדים אותם.

[5]) אפשר שצ״ל כ̇לאביצה.

[6]) ביאור: אמרו הפכפך וכו׳ ענינו שיש בני אדם שהיום יאהבוך ומחר ישנאוך ואחרי כן יחזרו לאהבתם מבלי סבה וכן היום הם צדיקים ומחר רשעים ואחרי כן יתזרו לצדקתם מבלי שיעזבו את התוליהם כמו שהיה שאול עושה עם דוד והמשובח הוא העומד תמיד בישרו.

9 לגלוס עלי זאויה מן סטח אצלח מן גלוס מע אמראה מצאלבה דאת נקאר:

לפטה חבר פי הדא אלמוצע מתל חבר חבר (דברים י"ח י"א) אלדי תפסירה ראקי רקא פבדל אלרקא האהנא אלנקאר. וכדלך כל קרין יכאצם או יודי ועלי אן אלהאגה תדעו אליה פאלאנפראד ענה אצלח והו מא יסתעמל אלנאס אלוחדה והשה והי מר[1]) מן קרין סו[2]).

10 ותרי אלטאלם אדא אשתהת נפסה אלטלם פלא יחטו ענדה צאחבה:

לו לטף בה ואגתהד לם יחך פיה שיא אן כאן טלמה מאלא לם ירדה עליה ואן כאן קצד מכרוהה לם ירגע ענה כמא צרע יוסף אלי אכותה לילא יביעוה פלם יקבלו[3]).

11 מן גרם אלדאהי יתחכם אלגאפל ומן תעלים אלהכים יקבל אלמערפה:

קולה הדא אעתבאר מנה פי אלדניא אנה אלצואב אן יעתבר אלאנסאן פי אלמאכל ואלמשארב ואלאדויה במא גרבה אלאולון מן קבלה אמא גהאלהם באנפסהם פהלכו ואמא עלמאוהם פי גירהם פתעלמו[4]) ולא יחתאג הו אלי תגרבה אללטא עלי נפסה פאלמפסד הו ליץ ואלמצלח הו אלהכים[5]).

12 אדא עקל אלצאלח פי בית אלטאלח זיף אלטאלמין אלי ישר:

שרח דלך אן אלצדיק אדא כאן פי מנזל אלרשע פהו כאלמומן פי תגר ימכנה אן יחתאל עלי אלטאלמין חתי יהלכהם אללה עלי ידה כמא אחתאל דויד חין כאן ענד אכיש לם יזל ילטף פי אלאמר חתי ירד[6]) [אלי] אלחרב מע פלשתים וכאן קצדה אלאנתקאם מנהם כמא קאל כי לא אבוא ונלחמתי באויבי אדוני המלך (שמואל כ"ט ח') וקד עלמו הם איצא בה פקאלו ובמה יתרצה זה אל אדניו הלא בראשי האנשים ההם (שם ד'). וכמא פעל עובדיהו הין כאן פי מנזל אחאב לטף באליהו חתי חלף לה אן לא בד מן אן ילקי אחאב ואל אלאמר אלי אן קתל ארבע

---

1) אפשר שצ"ל ואלוחשה והי כור.

2) ביאור: אמרו בית חבר נגזר מלשון חובר חבר שענינו מכשף והכישוף כאן במקום המריבה. וכן כל חבר רע צריכים אנו לפרוש ממנו ולפיכך יש בני אדם היושבים יחידים וזה טוב להם מלהיות עם שכן רע.

3) ביאור: אפילו ידבר עם הרשע בנחת ויתחנן לו לא יעשה רושם בלבו כמו שהתחנן יוסף אל אחיו שלא ימכרוהו ולא שמעו אליו.

4) נראה שיש כאן חסרון ומלאנוהו בביאורנו כפי השערתנו.

5) ביאור: ראוי לאדם שיתבונן במאכל ומשתה וברפואות אל מה שנסו הראשונים שקדמו לו שהכסילים מהם אבדו והחכמים השכילו בנסיון האחרים. [וכן בדברי אמונה צריך שיתבונן האדם אל מעשי אבותיו שהרשעים חטאו ואבדו והצדיקים השכילו וניצלו] ואין הפתי צריך לנסות את עצמו בחטא לראות אם הוא לטובתו או לרעתו ותלין הוא החוטא והחכם הוא הצדיק.

6) בכ"י ודר.

מאיה ולמסין כדאב מדעי אלנבוה. ואן לם יעקל כיף יצנע פכונה מעה אפה עליה כמא עאתב יהוא בן חנני יהושפט עלי כונה ענד אחאב הלרשע לעזר ולשנאי יי׳ תאהב (דברי הימים ב׳ י״ט ב׳)[1].

13 אלצאם אדנה ען זעיק אלפקיר הו איצא ידעו פלא יגאב:

אנת תעלם אן כל אלנאס מחתאג בעצהם אלי בעץ והם פי חאל אלפאקה יפזע אלדני אלי מן הו אגל מנה ומן פוקה אלי פוקה ולא יזאל אלאמר יתרקי אלי אן יבלג אגל אלנאס אלדי ליס פוקה אחד ילגא אליה אלא אלחאגה אלי רב אלעאלמין וחדה אד כל אלכלאיק מפתקרון אליה באלבניה ואלטבע פכל אנסאן עלי קדרה אדא הו לם יקץ חאגה מן הו דונה פימא רגב אליה פיה מנעה אללה קצא חואיגה הו מן ענדה באלפעל וסבב ערצא חתי ימנעה מן הו פוקה מן אלנאס חאגתה לאנה קאל ולא יענה קולא גאמעא מן ענד אללה ומן ענד אלנאס[2].

14 אלעטא פי אלסר יכבס אלגצב ואלרשא פי אלכם יכף חמיה עזיזה:

טאהר הדא כמא יחתד אלסלטאן אלגאיר עלי אלמר פאדא הו רשאה כף ענה כמא עלמת מן (א)בן הדד בן טברמון בן חזיון [מע אסא ומן פול מע מנחם בן גדי ומן סנחריב מע חזקיה ומן נכה מלך מצרים מע יהויקים. ובאטנה אן אלצדקה תרד סכט אללה וחמיתה ען עבאדה כמא צנע בעץ אלנאס מע ר׳ עקיבא ועלי מא צנע תלמידא ר׳ חנניה[3]. וזיאדתה בסתר ובחק לאנה אבלג ענד אלנאס אד ליס יעלם בה אחד ואפצל ענד אללה[4]) אד ליס יפעל אלפאעל ריאא[5].

15 כמא יפרח אלצאלח בעמל אלחכם כדאך ינדק מנה פעלה אלגל:

יעני לא ישאון דלך פמן תולי אלחכם יהולה[6]) מא יכרהה אלטאלמון מנה[7].

[1]) ביאור: הצדיק בבית הרשע כמאמין בארץ האויבים שיכול להערים עליהם עד שיאבידם השם על ידו כמו שגנב דוד את לב אביש אבל הפלשתים הכירו את ערמתו וכמו שעשה עובדיה בבית אחאב ונשבע לו אליהו שיראה לפני אחאב ונתגלגל הדבר עד שהרג נביאי הבעל. ואם הצדיק אינו משכיל אז רע לו להיות עם הרשע כמו שהוכיח יהוא בן חנני את יהושפט על שהיה עם אחאב.

[2]) ביאור: בני אדם צריכין כל אחד מהם למי שהוא למעלה ממנו עד שיגיעו אל היותר נכבד שהוא צריך רק לעזרת השם ואם לא ישמע אדם לזעקת מי שהוא תחתיו לא יענהו אלהים בעת צרתו וימנע גם כן הגדולים ממנו מלשמוע לתחנתו ולפיכך אמר לא יענה דרך כלל בין מאת השם בין מאת בני אדם.

[3]) לא ידענו מקור המעשים האלה ועיין שבת קנ״ו ב׳ ושם נמצא מבת ר׳ עקיבה שהצדקה הצילתה ממות ובכתובות ס״ד ב׳ סיפר התלמוד מצדקת מר עוקבא ולפעמים נתחלף מר עוקבא בר׳ עקיבא ועיין עוד בירושלמי סוף פיאה מה שמסופר מר׳ חנינא בר פפא.

[4]) בכ״י אלנאס.

[5]) ביאור: על דרך נגלה שלפעמים יקצוף המלך הרשע על אדם אחד ואם יתן לו שוחד יכפה אפו כמו שעשה בן הדד עם אסא ופול עם מנחם וכיוצא בהן. ועל דרך נסתר הצדקה תעביר חרון אף השם כמו שעשו קצת אנשים עם ר׳ עקיבה וכמו שעשו שני תלמידי ר׳ חנניה. ואמרו בסתר ובחק ר״ל שמתן בסתר יותר טוב בעיני בני אדם שלא ידע איש דבר ממנו ובעיני אלהים לפי שאין הנותן רוצה להתפאר בו.

[6]) נראה שצ״ל יהולו לה.

[7]) ביאור: אמרו מחתה ענינו שאינן רוצים במשפט והשופט ימתק לו מה שהרשע ישנאהו.

16 אי אנסאן צ̈ל ען טריק אלעקל פד̇אך פי ג̇וק אלהאלכין יח̈ל:

פי אלדניא עלי מא תרי מן ליס מעה עקל יהלך [אי̇] בלא פהם ולא תמייז יקע פי אלבלא. ופי אלאכ̇רה̈ לא יצל אלי אלסעאדה̈ אד̇ לא וצול אליהא אלא בטאעה̈ ולא סביל אלי טאעה̈ אלא במערפה̈[1]).

17 מחב̈ אלאפראח ד̇ו עוז ומחב אלכ̇מר ואלדהן לא יסתגני:

קולה הד̇א מן באב אלסיאסה̈ ימנע מן אלאנהמאך פי אלאכל ואלשרב ואלקצף ואללד̇את ואן אמכן ד̇לך לאן אלכ̇מר ג̇יר ואתק באלדואם פינבגי לה אן ינאל מן ד̇לך במקדאר יקרב דואמה ואלא פקד וטן נפסה עלי אלפקר ובעד אלפקר עלי אלט̇לם ובעדהמא עלי אלסרק ובעד ד̇לך עלי אלקתל ועלי מא שרחת פי חכם בן סורר פי אלתוראה̈[2]).

18 וקד יכון אלטאלח פדא אלצאלח ואלגאדר בדל אלמסתקים:

פי אלדניא עלי סביל אלאיה̈ כמא כאן המן פרא מרדכי ואלסעאה̈ בדל חנניה מישאל ועזריה לקולה קטל המון שביבא די נורא (דניאל ג׳ כ״ג) ואלקו̈אד פדא דניאל כמא קאל ולא מטו לארעית גובא (שם ו׳ כ״ה). ופי וקת אלישועה אלאמם פדא ישראל כמא ועד כי אני ה׳ אלהיך קדוש ישראל מושיעך נתתי כפרך מצרים וגו׳ מאשר יקרת בעיני וגו׳ (ישעיה מ״ד ג׳—ד׳). ופי אלאכ̇רה̈ אלכפאר בדל אלמומנין פי אלנאר כמא בין וקאל לכן כה אמר ה׳ אלהים הנה עבדי יאכלו וגו׳ (שם ס״ה י״ג) והנחתם שמכם לשבועה (שם ט״ו) פד̇אך מענ̇ והד̇א אסתחקאק[3]).

19 לג̇לוס פי ארץ̇ בריה̈ כ̇יר מן ג̇לוס מע אמראה̈ ד̇את צכ̇ב וכיאד:

אולא טוב לשבת על פנת גג (לעיל ט׳) ואלסטח פהו סטח אלעמארה̈ פבאלג האהנא פקאל לא בל אלג̇לוס פי אלבריה̈ אצלח מן קרין סו וימכן אן יכון אנמא זאד אלבריה̈ למא זאד וכעס והו אלכיאד אלד̇י הו אשד מן אלנקאר כד̇אך אלבר אשד מן אלעמראן[4]).

20 כנזאן אלמנא ואלדסם פי מאוי אלחכים ואלג̇אהל מן אלנאס יהלכה:

כיפיה̈ אכ̇לאק אלג̇אהל למכ̇זונה כסו אלתדביר לנפקאתה וכגיר אחכאם לתג̇ארתה ולא מדאראה̈ לסלטאנה ולא אכ̇ראג̇ אלחקוק אלתי אוג̇בהא אללה עליה

---

[1]) ביאור: בעולם הזה מי שאין לו שכל יפול ברע ויאבד ובעולם הבא ההצלחה התמידית היא שמורה לעושי מצוות ואין קיום מצוות בלא דעת.

[2]) ביאור: החכם מדבר בהנהגת האדם ומזהירו מלהרבות התענוגים ואפילו אם הוא עשיר מפני שאינו יודע אורך ימיו ואם הוא מפזר את ממונו סופו לבוא לידי עניות וחמס וגזל ורציחה כמו שביארתי בפרשת בן סורר.

[3]) ביאור: אמרו כופר וגו׳ ענינו בעולם הזה על דרך מופת כמו שהיה המן כופר למרדכי והמלשינים לחנניה מישאל ועזריה ושרי דריוש לדניאל. ובעת הישועה אומות העולם כופר לישראל על פי נס ובעולם הבא הרשעים כופר לצדיקים לירד לגיהנם בעבור מעשיהם.

[4]) ביאור: כבר אמר למעלה טוב לשבת וגו׳ והפליג כאן לומר גם בארץ מדבר ואפשר שהוסיף כאן מדבר שהוא יותר רע מהישוב כמו שהוסיף כעס שענינו הרמאות שהוא יותר רע מהמריבה.

פאית ואחרה מן הדה פעלת מחקת אלמאל פכיף כלהא ואלחכים אלמתפרז מנהא יבקי מאלה[1]).

21 מן טלב אלעדל ואלפצל יגד אלחיוה ואלזכוה ואלכראמה:

אלעדל הו אן אלמר יכרג ממא ילזמה באלחכם ואלפצל הו אן יעטי אחיאנא פוק מא יגב עליה פמן פעלהמא ימצא חיים צדקה וכבוד פי אלדניא טול אלעמר עלי גהה אלאיה ו[פי אלאכרה] אלזכוה ואלכראמה ענד אללה[2]).

22 קד יצעד אלחכים אלי חצן אלגבאברה ויהד עז מיתאקהם:

ירידה הד עלי מא קאל והצר לך בכל שעריך עד רדת חמתיך וגו׳ (דברים כ״ח נ״ב). פקאל ימכן אלעאלם אן יחתאל עלי חצן מן אלחצון חתי יפתחה. ולקד אראד בעץ אלמלוך אן ינטר כיף חילה אלעלמא פבני מילא טוילא ואצעד פוקה בעצהם פאחתאל בכיוט ממלוה עסל חתי אסעדהא אליה אלנמל פצם בעצהא אלי בעץ פתעלק בהא ונזל[3]).

23 מן חפט פאה ולסאנה חפט נפסה מן אלשדאיד:

לאן מואד אלבלאיא ומוארד אלבלא תלאתה אלפם באקתצאה אלמאכול ואלפרג בטלבה אלתלקיה ואללסאן בכתרה הרכתה והעביר[ה] עמא פי אלקלב פאלתצר האהנא דכר אלפרג אד כאן קד אטנב פיה אול אלספר ואקבל עלי אלפם אלדי בה יכון אלטעאם ואללסאן אלדי בה יכון אלכלאם פקאל מן חפטהמא פקד כלץ נפסה מן אלשדאיד אמא פי אלדניא פמן גנאיאת אלסלאטין ועקובאת אלחכאם ופי אלאכרה מן אלנאר פי גהנם[4]).

24 אלוקח אלצלף אסמה אלדאהי יצנע אלקחה בעברה:

מאדתא אלדהא אן יענב אלמר בראיה פיכון יהיר ולא יסתחי מן אטהאר מא ליס פי טויתה פיכון זד פאן כמל פיה האתאן צנע מא הו מתקח בה בעברה וסלט באנה לא ירצי יסתעמל עדוה פי מא ידבר בה עליה אלהלאך אלא בסלט יסלט עליה ויריה באנה נאצה לה וכאן נצבה דאך אנמא הו ישפקה. וימכן אן יכון עברת זדון מן ענד אללה עלי פעל דלך[5]).

---

[1]) ביאור: אמרו כסיל וכו׳ ענינו מי שאינו נוהג כראוי בהוצאותיו ובמשאו ומתנו ואינו מתרצה אל המלך ואינו מוציא מעשרות ותרומות מאבד את אוצרותיו והחכם שאינו עושה כן ישמור את ממונו.

[2]) ביאור: צדקה הוא מה שיוצא בו אדם מידי חובתו וחסד מה שעושה לפעמים לפנים משורת הדין. ואמרו ימצא וגו׳ ירצה בו שעושה שניהם יהיה לו בעולם הזה אורך ימים על פי נס ו[בעולם הבא] צדקה וכבוד אצל השם.

[3]) ביאור: אמרו ויורד ענינו ויהרוס ורוצה לומר שהחכם בערמתו יוכל לכבוש מבצר. וכבר רצה מלך אחד לנסות בינת החכמים ואמר לבנות תל חול גבוה והעלה עליו חכם אחד והחכם צווה להניח חוטים מלאים דבש בתחתיתו והנמלים העלו את החוטים והחכם עשה מהם חבל ונתלה בו וירד.

[4]) ביאור: אמרו שומר וגו׳ מפני שסבות הרעות המורידות אל אבדון הן שלוש הפה שהוא צריך למאכל והערוה לפי שתבקש הבעילה והלשון לפי שהוא מגלה מה שבלב ולא הזכיר הערוה שכבר האריך לדבר עליה בתחלת הספר ואמר שהשומר פיו ולשונו יציל את נפשו בעולם הזה מעונש המלכים והשופטים ובעולם הבא מאש של גיהנם.

[5]) ביאור: האדם נעשה לץ כשהוא מתהלל בחכמתו ואז הוא יהיר ובשאינו בוש

25 תבאד שהוה אלכסלאן אן תקתלה[1] אד אבת ידאה אן תעמל
שיא: 26 טול[2] אלנהאר יתשהי שהואת ואלצאלח יעטיהא נפסה
ולא[3] יצדהא:

חין געל פי אלפסוק אלאול עצל ופי אלתאני חין עכסה צדיק עלמנא אן קולה יגמע נשאט אמר אלדין ואלדניא ואלכסל ען אלאמרין גמיעא. פפי אלשאהד הודא תרי אלכסלאן אלדי לא יתחרך כיף ירי אלטרף ואלשהואת ואלתיאב אלסריה פיתחסר עליהא כיף קד חרמהא ואלנשיט אמלחתרף ינאלהא ופי יום אלגזא כמא וצף אללה אן אלרשעים יתחצרון[4] ויתאספון פי דאר אלאכרה אדא שאהדו נעמה אלצאלחין בקול רשע יראה וכעס שניו יחרק ונמס וגו׳ (תהלים קי״ב י׳) וקאל יחזו ויבשו קנאת עם וגו׳ (ישעיה כ״ו י״א) ועלי מא וצף פי קצה הנה עבדי יאכלו (שם ס״ה י״ג) וסאיר אלקצה[5]).

27 קרבאן אלטאלמין מכרוה פכיף אנהם אנמא יאתון בה בפאחשה:

אלוגה (כרה) פי כרה קרבאנהם אלאול לאנה מן גצב וכיאנה ולא יחל אן יקרב מן מאל חראם ומא כפאהם דאך חתי צאר לכרהה וגה תאן הו אנהם לא יקרבון תברעא ולא תנפלא אלא עלי פאחשה יעמלונהא יטמעון אן יגסלו שי[א] בשי פליתהם לא יבטיון ולא יקרבון אד הם מע דאך גיר מקלעין ועלי מעני קולה ללאבא למה זה לי לבונה משבא תבא וגו׳ (ירמיה ו׳ כ׳) כי אם תעלו עולה מנחתיכם לא ארצה וגו׳ (עמוס ה׳ כ״ב) כי יצומו אינני שומע אל רנתם וגו׳ (ירמיה י״ד י״ב) ומא שאכל דלך[6]).

28 במא אן שאהד אלזור יביד אלרגל אלסאמע ללגאיה יתכלם:

יחתמל הדא וגוהא כתירה מנהא אן יכון אלשאהד אלזור כמא מן חכמה אן יביד כדאך מן חבי מא סמע בלא זיאדה ולא נקצאן יבקי אלי אלאבד עלי מא כאן קאל שפת אמת תכון לעד וגו׳ (משלי י״ב י״ט). ואיצא אדא באד אלשאהד אלזור פמן סמע בכברה יגב אן יחכיה אלי אלאבד חתי יעתבר אלנאס עלי מא קאל דויד ויכשילוהו עלימו וגו׳ וייראו כל אדם וגו׳ (תהלים ס״ד ט׳—י׳). ואיצא ינבגי אן נעלם אן מן ישהד בזור יביד ומן יסמע ללה ויטיע יתבת אלי אלדהר עלי מא קאל איצא זרע יעבדנו וגו׳ יבאו ויגידו צדקתו וגו׳ (שם כ״ב ל״א—ל״ב)[7]).

מלהראות מה שאינו בלבו ואז הוא זד וזה חלק כשהוא רוצה לאבד את איבו יעשה עצמו כמתעבר עליו כדי שיראה כאוהב נאמן וכאילו חרונו אינו בא אלא מחמלתו עליו. ואפשר שטעם עושה וגו׳ שזד יהיר תבוא עליו עברת השם על מה שעשה בזדון.

1) „במעט תמיתנו״.

2) בכ״י ב׳ כל תראה טול.

3) בכ״י א׳ לולא.

4) אולי צ״ל יתחסרון.

5) ביאור: אחר שהזכיר בתחלה את העצל ובסוף את הצדיק נראה שכיוון אל החריצות והעצלות בדברי העולם ובדברי האמונה ואמר שבעולם הזה העצל שאין לו אומנות מתעצב על שהוא חסר כל מה שיתאוה והחרוץ יתן לנפשו כל חפצה. ובעולם הבא הרשעים יהיו נאנחים כשיראו עונג הצדיקים (ועיין אמאנאת 314).

6) ביאור: זבח רשעים תועבה לפי שבא מן החמס ומן הגזל וזה אסור ולא די להם בזה אלא שאין מביאין אותו לנדבה ולמתנה כי אם למחות בו חטאם ולשוב לחטוא ואין זה תשובה.

7) ביאור: בזה הפסוק יש ענינים הרבה האחד שעד שקר יאבד ומי שלא יוסיף על

29 **אדא וקח אלאנסאן אלטאלם וגהה פינבגי ללמסתקים אן יפהם טריקה:**

מעני יפהם טריקה חתי יגאנבהא וחתי ידאריה וחתי יסתתיבה וחתי יעתבר בה במא יציבה[1]).

30 **לא חכמה ולא תפהם[2]) ולא משורה ענד[3]) אללה:**

פי הדא וגוה אחדהא אן אללה גיר מחתאג אלי אן יתחכם או יתפהם או ישאור אד הו מעדן אלחכמה. תם אן אללה לא ידי ללחכמא וללפהמא ואלמשירין קדרא פי אלחכם. תם אנה לא תגוז עליה חילה אלחכמא ואלפהמא ואלמשירין. תם אנא לו תחכמנא ותפהמנא ותשאורנא גהדנא לם נלחק חכמתה ולגמיע הדה ואכתר מנהא אחתגנא[4]) בפואסיק מן כל עצו[5]).

31 **תהיא אלכיל ליום אלמלחמה וללה אלמגותה:**

יעני יא מהיי אלכיל לא תתכל עליהא דון רבך בל עליה דונהא ואנמא תצלחהא לאנך ראיתה רבמא געלהא סבבא עלי מא קאל אין המלך נושע ברב חיל וגו׳ שקר הסוס לתשועה וגו׳ (תהלים ל״ג ט״ז—י״ז). וכדלך אלתאגר ואלצאנע ליס ינבגי לכל ואחד אן יתכל עלי מהנתה דון רבה בל עלי רבה דונהא ואנמא ילתמסהא לאנה רבמא כאנת סבבא ללרזק ועלי מא קאל כולם אליך ישברון וגו׳ תתן להם ילקטון וגו׳ (שם ק״ד כ״ז—כ״ח) וכדלך[6]) סאיר אלאעמאל אלמרגאה[7]).

כב

1 **אלאסם יכתאר עלי אלגנא אלכביר ואלחט אלגיד עלי אלפצה ואלדהב:**

יוצי אלנאטקין אן יכון אדא קיל ללמר אימא אחב אליך מאל עטים או אסם גיד פליכתר אלאסם אלגיד ללגלאל[8]) אלתי דכרתהא[9]) פי תפצילה פי קצה טוב שם משמן טוב (קהלת ז׳ א׳) ואגלהא אן אלמאל ידהב ואלאסם אלגיד יבקי[10]).

מה ששמע ואינו גורע ממנו יכון לנצח והשני הייב האדם לספר עונש עדים זוממין כדי שישמעו הנשארים וייראו והשלישי ראוי שנדע שעד שקר יאבד והשומע בקול השם יאריך ימים.

[1]) ביאור: אמרו יבין דרכו רוצה לומר שיבין דרך הרשע להתרחק ממנה או לדבר על לבו או להעירו לתשובה או ללמוד ממה שיארע לרשע. [2]) בכ״י ב׳ ג׳ פהם.

[3]) כן הוא בכ״י א׳ וזה לפירוש הראשון ובכ״י ב׳ וג׳ הלא וזה מסכים עם הפירושים האחרים.

[4]) אפשר שצ״ל אחתגאג וגם מלות מן כל עצו קשות להבין.

[5]) ביאור: יש בפסוק ענינים רבים שהשם הוא מקור החכמה ואינו צריך חכמה ותבונה ועצה ועוד שהשם אינו חושב חכמת האדם ותבונתו ועצתו לכלום במשפטיו ועוד שאין לחכמים ונבונים ויועצים תחבולה נגד האל ועוד שחכמתנו בכל יגיעתנו לא תשיג חכמת האל ולכל אלו הענינים יש ראיות בפסוקים.

[6]) נראה שענין אלו המלות הוא וכן המעשים שיוחל אדם בהם לעזרת האל.

[7]) ביאור: רוצה לומר אל תבטח בסוסיך כי אם בשם ואין לך להכין הסוסים אלא לפי שהם לפעמים סבת התשועה ביד השם. וכן הסוחר והאומן לא יבטחו במחירותם אלא בעזרת השם הנותן להם את מחיתם באמצעות מלאכתם. — [8]) בכ״י ללאבלאל

[9]) אפשר שצ״ל דכרתהא = זכרתים ולפי זה הגאון מזכיר פירושו לקהלת.

[10]) ביאור: טעמי יתרון שם טוב על העושר נזכרים בפרשת טוב שם וכו׳ והגדול שבכולם שהממון אובד ושם טוב קיים.

2 אדא תפאגא אלגני ואלפקיר יגב אן יעלמא אן אללה כלקהמא[1]:

פיגוד אלגני עלי אלפקיר אד ידכר אן אללה קאדר אן יגעלה פקירא פכאן יטלב אלפצל פיחב לה כנפסה ולא יחסד אלפקיר אלגני אד ידכר אן אלכאלק לו כאן געלה הו אלגני לם ירץ לנפסה אן יחסדה אחד פלא יסתחסן דאך פי גירה[2]).

3 אלנהיץ ירי אלשר פינסתר[3]) ענה ואלגפל ימרון פינכבון:

לנא עוניש גראמה ועוניש נכבה. תחת הדא אלקול מעאן כתירה מנהא שר ילאקי אלחס מתל אלנאר ואלתלג ואלהגר ואלהדיד וסאיר אלמודיאת אלתי יתוקאהא אלעאקל ויגפל ענהא אלגאהל פתולמה. תם אלאדויה אלתי קד תקתל אדא לם תחכם עלי מא ינבני פי אלכיפיה ואלכמיה ואלסן ואלזמאן ואלמזאג מתל שרב אלכרבק ואלפרמיין ואלבלאדר וגיר דלך. תם אחואל אלדניא מן רכב אלבחאר ואלמסיר פי אלמפאזאת וכדמה אלסלאטין ומא שאכל דלך אלתי תהלך מן לא יתחרז מנהא. תם אלאמר ואלנהי אלדי גמלתה תרי״ג שריעה מנהא עקליה ומנהא סמעיה אלתי תהלך מן לא יקים בהא ותכלץ מן יקים בהא כמא קאל כי ישרים דרכי ה׳ וצדיקים ילכו בם ופושעים יכשלו בם (הושע י״ב י׳)[4]).

4 גזא אלכשוע ומכאפה[5]) אללה אלגנא ואלכראמה ואלחיוה:

אלכשוע הו אלתעבד אן יפעל אלאנסאן מא אמר ואלתקוי הי אלכשיה אן ינתהי עמא נהי וגזא אלגמיע עושר וכבוד וחיים פי דאר אלדניא באלאיה ופי דאר אלאכרה באלאסתחקאק[6]).

5 אמסאל[7]) ופכאך פי אלטריק[8]) אלעסר מן חפט נפסה תבאעד ענהא:

אלאמסאל תולם לוקתהא ואלפכאך תקתל אלנפס. פי אלטריק אלמשהור קד תכון אלנבך ואלכדי ואלחגארה וסאיר אלמעאתר והי מחתאגה אלי עקל יחיד אלאנסאן ענהא. ופי אלטריק אלמערוף עלמא קד תכון חיל אלנאס פי אלמעאמלאת לאכד

---

1) בכ״י ב׳ וג׳ כאלק אלגמיע רב אלעאלמין.

2) ביאור: ראוי לעשיר לחון את הדל שיאהב לו כנפשו בזכרו שאם היה הוא העני היה צריך לבקש צדקת מאחרים וכן העני לא יראה בעין רעה את העשיר בזכרו שאם הוא היה עשיר לא היה רוצה שיקנא בו זולתו.

3) בכ״י פינהגב.

4) ביאור: מלת עונש תורה על עונש ממון ועל הרעות שהערום מתרחק מהן והפתי יפול בהן ובזה ענינים רבים מהן הרעות שהחוש מרגיש בהן כמו האש והשלג והאבן והברזל וכיוצא בהן. ומהן הרפואות המזיקות אם אינן מתוקנות כפי איכותם וכמותם ושני חיי החולה ומזגו. ומהן עניני העולם כמו הפלגה בים והליכה במדבר ועבודת המלכים. ומהן הצווי והאזהרה שהן תרי״ג מצוות בין שכליות בין שמעיות שהעובר עליהן יאבד והמקיים אותן יצליח.

5) בכ״י ב׳ וג׳ תקוא (וצ״ל ותקוא).

6) ביאור: אמרו ענוה ענינו שיכניע אדם את עצמו לעשות מצוות עשה וענין יראת ה׳ שיירא מלעבור על מצוות לא תעשה ובשכר זה ימצא עושר וכו׳ בעולם הזה על פי נס ובעולם הבא כפי זכותו.

7) בכ״י ב׳ וג׳ מסאל.

8) בכ״י ב׳ וג׳ טריק

מאל ופי אלגנאיאת לאלזאם חכם[1]) ואלעאקל יחתאל פיתכ̇לין מנהא. ופי אלטרי
אלמעלום כ̇ברא את̇אם עקובתהא אלחד ומעאין עקובתהא אלקתל ופי חכם אלל
אצלא נאר גהנם ומן עקל תכ̇לץ מנהא ותוקאהא[2]).

6 סם אלצבי עלי קדר סנה פאנה אן שאך̇ לם יזל ען תלך אלסיאסה

געל אלאדב האהנא אגזאא יעטי מנה אלחרת̇ פי כל סן חסב אחתמאלו
לקולה על פי דרכו וגא פי אלאת̇אר[3]) אנה מן כ̇מס סנין אלי עשר יראין פי אלקרא
ואלי כ̇מס עשרה פי אלפקה ואלי ת̇מאני עשרה פי אלתחריר ואלי עשרין אלתזוי
ומן ת̇ם פמא בעד פי אמור אלחרב[4]) וסאיר אלאעמאל[5]).

7 וכמא יתסלט אלמוסר עלי אלפקיר כד̇אך ינבגי אן יכון אלמקתרי באלעבד ללמקרץ̇:

אלאול הו אלוגדאן קאל ראית אלפקרא יגעלון אלמיאסיר מתסלטין עליהם אכ̇תיארא
פכ̇דלך יגב באלחק אן יכון אלמקתרץ̇ למקרצ̇ה כעבד ילטף בה וידאריה אד̇ לה מקאל[6])

8 מן זרע גורא חצד גלא ופני קציב עברתה:

נחן נעלם אן אלגור לא יזרע ולא יחצד ולכן אלמת̇ל קד געל אלפעל כאלזרע
ואלגזא באלחצאד תקריבא ללטבע ועלי מא קאל אלנבי זרעו לכם לצדקה קצרו לפי
חסד (הושע י׳ י״ב) פאנכם טאל מא חרשתם רשע עולתה קצרתם אכלתם פרי כחש
(שם י״ג). ומעני ושבט עברתו יכלה יעני סטותה עלי אלנאס וחדתה ללט̇לם[7]) תפני
אמא במותה אלטביעי או במותה אלאכ̇תיארי או בקצור יד יחדת̇ עליה או במא
אשבה ד̇לך עלי תאויל שבר ה׳ מטה רשעים שבט מושלים (ישעיה י״ד ה׳)[8]).

9 אלסכ̇י הו אלד̇י יבארך לה אד̇א אעטי מן טעאמה ללמסכין:

יברכה אלנאס פי אלארץ̇ מן אחסן אליה שכרא לה ומן לם יחסן אליה סרורא
בה ויברכה אללה מן אלסמא פי אלדניא עלי סביל אלאיה̇ ופי אלאכ̇רה̇ ד̇את אלגזא[9]).

---

[1]) בכ״י חכמא.

[2]) ביאור: הצנים מכאיבים לשעתם והפחים ממיתים. ואם נפריש מלת דרך עקש לפי פשוטו אז הצנים והפחים הם ההרים והגבעות והאבנים ושאר המכשולים ואם נפרשנה הדרך הידועה בשכל אז הצנים והפחים הם תחבולות האדם במשאו ומתנו וריבו ואם נבאר מלת דרך שהיא הדרך הידועה על פי הקבלה אז הם עבירות שענשן מלקות וחטאים שענשן מיתה ובמשפט האל שרפת אש של גיהנום והחכם ישמור את נפשו מכל אלו.

[3]) עיין אבות ה׳ כ״א. — [4]) נראה שצ״ל אלחרף = האומנויות.

[5]) ביאור: אמרו על פי דרכו ר״ל שהלימוד נחלק לחלקים שילמדם הנער לפי שני חייו וכן אמרו חכמינו שמחמש שנים עד עשר שנים ילמד הנער מקרא ועד חמש עשרה משנה ועד שמונה עשרה שנה תלמוד ועד עשרים ישא אשה ומכאן ואילך יעסוק במלחמה ושאר המלאכות.

[6]) כן בלשון התלמוד (ב״מ י״ד א׳) לאו בעל דברים דידי את. ביאור: תחלת הפסוק מדברת במה שהוא במציאות וסופו במה שראוי להיות שצריך שיהיה הלוה כעבד למלוה ויכנע תחתיו שהוא בעל דבריו.

[7]) בכ״י ללמ̇אלם

[8]) ביאור: זריעה וקצירה משל לפועל אדם ולגמולו. ואמרו ושבט וכו׳ ר״ל שעברת הרשע על בני אדם תכלה בין שימות לפי טבע בין שימות ברצונו בין שתקצר ידו.

[9]) ביאור: אמרו יבורך ר״ל שמי שהיטיב לו מבני אדם יברכוהו להודות לו ומי שלא היטיב לו לפי שישמח בראותו טוב עין וגם השם יברכהו בעולם הזה על פי נס ובעולם הבא יתן לו עצם הגמול.

10 אטרד אלדאהי יכ֗רג֗ אלצכ֗ב ותעטל אלמכ֗אצמה֗ ואלהואן:

אד֗א כאן אלצאחב דאהיא פהו לדהאיה לא ידע אלחואדת תסיר מסירהא בל יחתאל הו עליהא פמהמא הו מקים פאלצכ֗ב מוג֗וד לאנה יקד֗ר אנה אן לם יצאכ֗ב לם יטמע כשי ויזול אלצכ֗ב אלי אלמכ֗אצמה֗ ופי האל מנאט֗רתה ימתהן[1]) בכ֗צמה תם יסתכ֗ף פאד֗א טרדתה יהדא אלג֗מיע סוא פי ד֗לך כאן הד֗א אלעשיר זוג֗ה֗ אם גיר ילך מן אלמעאמלין והד֗א משאהד אן אול חילה֗ אלמתעדי איקאע אלשגב חתי יקול אלנאס פאצטלחו פתד֗כ֗ל דג֗ל אלבאטל מע אלחק[2]).

11 מן אחב֗ נקא אלקלב פלנטקה חט֗א ואלמלוך אצחאבה:

אלאנסאן אד֗א ערף באלצדק אלד֗י ת֗מרה נקא אלקלב כאן לנטקה ענד אלנאס חט֗א יעני אנהם יקבלון קולה אפצ֗ל ממא יקבלון כלאם אלמלך לאן קבולהם לכלאם אלמלך כ֗ופא ורהבה֗ וקבולהם כלאם אלצאדק סכונא וארכאנא ולד֗לך לם יקל והוא רעה המלך פיג֗על אלמלך פוקה בל קאל רעהו מלך ג֗על אלמלך דונה[3]).

12 ענאיה֗ אללה תחפט֗ אהל אלמערפה֗ ויזיף כלאם אלגאדרין:

פי אלדניא עלי סביל אלאמר ובאלפעל עלי נחו אלאיה֗ ופי אלאכ֗רה֗ עלי סביל אלתרתיב ואלאמאזה֗ ג֗מיעא[4]).

13 תרי אלכסלאן יקול פי אלסוק אסד ופי וסט אלרחאב אכ֗אף אן אקתל:

עלי ט֗אהרה תג֗ד אלכסלאן יוקע כל כ֗וף וכל בלא יחתג֗ בה חתי לא יפעל שיא לא יפעל אלצנאיע אלנאריה֗ לכ֗ופה אלחרק ולא אלמאויה֗ לכ֗ופה אלגרק ולא יסאפר לכ֗ופה קטע אלטריק ואלוחוש ולא יתג֗ר לילא יכ֗סר. ומן אלבאטן לא יצום לילא ימרץ֗ ולא יצד֗ק לילא יפתקר ולא יתעלם לילא ינסי והד֗ה כלהא מנה תעליל ותבריד ליס קצדה אלא אלראחה֗ מן אלתעב[5]).

14 אלהותה֗ אלעמיקה֗ אקואל אלמג֗תנבאת ידם֗ אללה מן יקע הנאך:

---

[1]) בתוך הספר ימתהן בחי״ת ובגליון הגיה הסופר וכתב באותיות ערביות ימתחן בח״א.

[2]) ביאור: אם תתחבר עם לץ יבקש בכל המאורעות תחבולות עד שיהיה לו ריב ומדו עמך ולפני בית דין יהרף ויגדף אותך ואם תגרשהו יחדל כל זה בין שיהיה זה החבר אשתך או זולתה. וידוע שהמריב בתחלה ירים את קולו עד שיאמרו בני אדם השלימו ביניכם מבלין שיודע למי האמת ולמי השקר.

[3]) ביאור: מי שהוא ידוע באמונתו שמפריה טהרת לב שומעים בני אדם לדבריו יותר מלדברי המלך לפי שמקשיבים לקולו בנחת וברצון ולקול המלך ביראה ופחד ולפיכך לא אמר והוא רעה המלך אלא המלך רעהו שהמלך תחתיו.

[4]) ביאור: בעולם הזה על דרך צווי (ר״ל שהשם מצווה את בני אדם לנצור אנשי דעת ולהרחיק את הבוגדים) או במעשה (שהשם בעצמו נוצרם) על דרך כופת ובעולם הבא ישים השם את אנשי דעת ואת הבוגדים כל אחד מהם במדרגתו ויבחין בינתם.

[5]) ביאור: העצל יבקש תמיד תואנות כדי שלא יעשה כלום ולכן יעזוב מלאכות הצריכות לאש ביראתו שישרף וכן הצריכות למים בפחדו שיטבע וכיוצא בהן וזה פירוש הפסוק על דרך נגלה. ועל דרך נסתר לא יצום פן יחלה ולא יעשה צדקה פן יעני וכל זה התנצלות בדברים שמה בכך ואינו מבקש כי אם מנוחה.

זעימה ד̇ם מת̇ל קול בלעם מה אזעם לא זעם ה׳ (במדבר כ״ג ח׳) ואקואל אלמנתנבאת הי אלקד̇איף ואלשתימה̈ מן יפעל הד̇א באלנאס ידמה אללה עלי ד̇לך כמא קאל כי נבל נבלה ידבר וגו׳ (ישעיה ל״ב ו׳)[1].

15 אלג̇הל אלמנעקד פי קלב אלצבי יבעדה ענה קצ̇יב אלאדב:

ליס הד̇א אלאנעקאד ללג̇הל פי אלקלב מן אצ̇לאק ענצר אלנפס אלממיזה̈ לאן מח̇ץ̇ כ̇לקהא אלחק ואלצדק כמא קדמנא ולכן הד̇א אלג̇הל ינעקד ללאחראת̇ ממא ירונה ויסמעונה פי צגרהם קבל אן יקוי תמייזהם פיבאדרון אן יתמסכו בה חתי יחול אלאדב בינהם ובינה צ̇גרא. ואן קיל הד̇א איצ̇א עלי קותי אלנפס אלאכ̇רתין אלגצ̇ב ואלשהוה̈[2]) אלתי אלעקל יסקמהא ויצלחהא חתי תד̇ען תחתה ותקבל מנה אסתקאם ד̇לך[3]).

16 ומן יג̇שם פקירא ליסתכת̇ר לנפסה או ליעטיה למוסר פאנמא אלג̇מיע לנקץ:

יקול למן יט̇לם פי חכם יחכם בה או שהאדה̈ או מעונה̈ סוי עליך ט̇למת פאכ̇ד̇תה לנפסך או צאר אלי גירך פאלג̇מיע לנקץ מנך יא ט̇אלם לנפסה או ט̇אלם לגירה[4]). ואתבע הד̇ה אלאמת̇אל אלמנת̇ורה̈ בפצל ג̇מע פיה כ̇מסה̈ אצול אלחכמה̈ והי אלשאהד ואלעקל ואלמכתוב ואלמנקול ואלאסתנבאט ובדא באלמנקול לאנה יג̇מע אשיא שתי.

17 מיל אד̇נך ואסמע כלאם אלחכמא ורד באלך אלי מערפתי:
18 אנה לל̇ד̇יד̇ אן תחפט̇הא פי צדרך ויתבת ג̇מיעהא פי נטקך: 19 ויכון
באללה מית̇אקך ערפתך אליום אנת איצ̇א: 20 אליס קד כתבת לך
מלוכא במשוראת ומערפה̈: 21 לתערף אקואל אלקסט ואלחק ותרד
אקואל חק עלי ראסליך:

מחץ̇ שלישים קואד לאנה מן עלמי אן אלעבראניין רבמא לקבו אלכל באלג̇זו. ומעני שלחיך האהנא מסתפתייך עלי מעני אנהם בעת̇ו בך פי רסאלה̈ מסלה̈ מאד̇א ג̇ואבהא. אבתדי מן אלכ̇מס מעארף בעלם אלנקל אלד̇י ינקלה אלעלמא טבקה̈ בעד טבקה̈ גיר מכתוב ולא אלעקל ידל עליה ולא ימנעה פקאל פיה הט אזנך וגו׳ וקולה לדעתי ולם יקל לדעתם עלי תאויל אנה אחדהם ואנהם מת̇לה פי נוע אלחכמה̈ ואן כאנת אלכמיה̈ מכ̇תלפה̈. ת̇ם עלם אלחואס אלתי יודיהא אלסמע ואלבצר אלי אלקלב

---

[1]) ביאור: זעימה לשון גערה ופי זרות הן דברי חרפה וקללות ואמר החכם שהמגדף את רעהו השם יזעום אותו.

[2]) עיין בפירוש על ספר יצירה פרק א׳ הלכה ד׳.

[3]) ביאור: האולת הקשורה בלב אדם איננה מיסוד הנפש המבחנת מפני שיסודה האמת והאמונה כמו שהקדמנו (למעלה כ׳ י״א) אבל האולת תכנס בלבו בעת קטנותו במה ששומע ורואה קודם שיחזק שכלו ובפעולת המוסר יקוין הנער באולת. ואם נפרש שהאולת היא שני כוחות הנפש האחרונים הכעס והתאוה שינהגם ויתקנם השכל גם זה אמת.

[4]) ביאור: ר״ל שהעושק את הדל בין במשפטו בין בעדותו בין בעזרתו אם לתועלת עצמו או לתועלת אחר כל זה לחסרונו.

פתנחפט פיה אלי וקת אלחאגה פינטק אללסאן בהא פקאל כי נעים כי תשמרם בעד קולה הט אזנך ושמע. תם עלם אלתמייז אלדי ראסה ומקדמה ואישרפה אלמערפה באללה אד ליס ימכן אן יחס בחאסה קאל פיה להיות בה׳ מבטחך. תם עלם אלמכתוב קאל פיה הלא כתבתי לך שלשים. תם עלם אלתחריר אלדי הו מולף מן תלך אלארבע מעארף קאל פיה להודיעך קשט לאן אלחגה פיה תטהר ופיה יקע אלאסתנבאט יטתאר אלמהתג אצלח אלטרק ללכלאם לילא יאכד טריקא תכרגה אלי אלטען ליס אנה יבדע מדהבא בל אנמא יבדע מא יחוט בה אלמדהב אלחק. ועלי מא נקדרה קד כאן אלאולי אן ירתב הדה אלכמסה פנון עלי מא צדרנא אן יכון אלשאהד אולא תם אלמעקול תם אלמכתוב תם אלמנקול תם אלחגה לכן ליעטם ענדנא מא נקלה אלצאדקון רתבה אולא ואיצא לאן אלארבעה ינמעהא אלנקל אלצחיח[1]).

22 לא תגצב אלפקיר לאנה פקיר ולא תצטהד אלמסכין פי
אלמחאל: 23 לאן אללה יכצם כצומהם[2]) ויפית באלסיהם נפוסהם:

ליס אנה אבאח טלם אלגני ולכן געל טלם אלפקיר אשנע אד הו אחוג וליס אנה יטלמהם אדא הם סרקו מאלא פאפאתהם נפסא לאן דלך אלמאל הו קואם אנפסהם כמא קדם יצפנו לנפשתם (משלי א׳ י״ח)[3]).

24 לא תצאחבן דא גצב ומע די אלחמיה לא תדכל: 25 כילא
תתעלם מן מדאהבה פתאכד לנפסך והקא:

עלי אלטאהר אן אלמר אדא ראפק דא אלחדה ואלנזק יכאד אן יאכד מן סגאיאה ויתגיר טבעה. ועלי אלבאטן אן מן כאן בעל אף מסלוט עליה מן ענד אללה פלא תראפקנה פאנה מוקש כמא קאל ען שבעה גוים לא ישבו בארצך וגו׳ כי יהיה לך למוקש (שמות כ״ג ל״ג) וכמא עלמונא עלמאונא אל תהי חבר[4]) לרשע (אבות א׳ ז׳)[5]).

---

[1]) ביאור: השלישים הם השרים וענינו כאן המלכים (והוא בלשון ערבית ספרים יותר יקרים) מפני שהעבריים קוראים כלל הדבר בשם חלקו ואמרו שולחיך ענינו שואליך ששולחים אליך שאלה לידע תשובתה. והנה אחר המשלים הנפרדים הביא החכם פרשה אחת ובה חמשה מקורי הידיעה והם החושים והשכל והכתוב והקבלה והתולדה והתחיל במה שידענו בקבלה והוא מה שמוסרים החכמים דור אחר דור על פה ואינו כתוב והשכל לא יורה עליו ולא ימנעהו וזה אמרו הט אזנך וגו׳ ואמר לדעתי ולא לדעתם לפי ששלמה גם הוא אחד מהחכמים. ואחר זה הזכיר מה שידענו בחושים והוא מה שהשמע והראייה מביאים אל הלב ואל הלשון וזה אמרו כי נעים וכו׳. ואחר זה מה שידענו בבחינה בשכל שראשיתה דעת האל שאינו מושג בחוש וזה אמרו להיות בה׳ וגו׳. ואחר זה מה שידענו בכתוב והוא אמרו הלא כתבתי וכו׳. ואחר זה מה שידענו בהבנת דבר מתוך דבר והיא מחוברת מארבע אלו הידיעות ובה יבחר אדם הדרך היותר טובה שלא תביאהו לטעון ולמצוא דעה חדשה כי אם לקיים בראיות הדשות הדעה האמיתית. והיה לחכם לסדר החמשה ידיעות כמו שרשמנו בתחלת זה הביאור אלא שהתחיל בקבלה כדי שתיקר בעינינו ועוד שהקבלה האמיתית כוללת ארבע הידיעות האחרות.

[2]) בכ״י ב׳ וג׳ כצומאתהם.

[3]) ביאור: לא התיר לגזול את העשיר אלא שיותר רע לגזול עני שהוא חסר כל והשם אינו עושה עול כשממית העשירים תחת אשר גזלו לפי שהגוזל ממון העני לוקח את נפשו.

[4]) בנוסחתנו: אל תתחבר.

[5]) ביאור: על דרך נגלה בעל אף הוא רגזן ואמר אל תתחבר עמו פן יפסיד את טבעך ועל דרך נסתר בעל אף הוא מי שחרה בו אף האל ואל תתחבר עמו מפני שהוא מוקש לך.

26 לא תכן מע מסאפקי אלכף וצ̇מנא אלנסיאת: 27 פאנך אן לם
יכן לך מא תסלם לא יאכ̇ד̇ פראשך מן תחתך:

נהי ען ד̇כול אלמר פי מא לא יעניה וג̇על אלצ̇מאן אחדהא[1]) ומת̇לא להא והד̇א מן צפאת אלעאקל לא יתכלף מא עפי ענה ולא יצ̇יע מא תולאה ולא יחד̇ת̇ מן לא יסתמעה ולא יזור מן יסתת̇קלה ולא יסתעין במן יכ̇ונה פי אלמעונה̈. וקולה למה יקח משכבך מתחתיך יעניה אן לם תצ̇מן לם יאכ̇ד̇ פראשך ולא ילזמה השב תשיב לו את העבוט (דברים כ״ד י״ג) לאן ד̇אך אנמא הו רסם אלמסתקר̇ץ̇ נפסה[3]).

28 לא תזג תכ̇ם אלדהר אלד̇י צנעה אבאוך: 29 אד̇א ראית
רג̇לא מאהרא פי צנעתה יקף בין ידי אלמלוך ולא יקף בין ידי אלרעאע:

יקול אלחכים אן האהנא אצטלחאת פי אלמעאיש ואלמכאסב לם תשרע פיהא אלשריעה̈ שיא אלא אנהא רד̇ת ד̇לך אלי מא יצטלח עליה אלנאס פאד̇א וג̇דת אבאך קד אתפקו עלי אן אלבזאזין להם יום אלאחד וללעטארין אלאת̇נין וללולויין אלת̇לת̇א וללצפארין אלארבעא פלא תכ̇אלפן ד̇אך פאנה יקום מקאם אלחכם. וכד̇לך אן אתפקו עלי אן פלאנא חריף אלמלך ופלאנא לוזירה ופלאנא מעאמל אלאמרא ופלאנא ללקואד כאן ג̇מיע ד̇לך גאיז[א] לא יג̇וז אלתעדי פיה ולד̇לך יצל בה הזית אלי אן יתפקו אתפאקא אכ̇ר ויצטלחון עלי גירה[3]).

כג

1 ואד̇א ג̇לסת אלי טעאם אלמלוך פאפהם מא בין ידיך: 2 וצ̇יר
סכינא פי חלקך אן כנת ד̇א רגבה̈: 3 ולא תשתה אלואנה פאנה
טעאם מקצר:

פסרת לעך חלקך מן לגה̈ אלתרגום ובעל נפש [ד̇ו] רגבה̈ מפרד וכזבים מקצר מת̇ל אשר לא יכזבו מימיו (ישעיה ל״ח י״א). וגר̇ץ̇ הד̇ה אלקצה̈ אלנהי ען תעוד אלנפס מא לא ידום מת̇לא כמן דעאה אלמלך אלי טעאמה לא יסתכת̇ר מן אלטעאם לילא יאלפה פאד̇א הו קצר ענה טלבה מן גיר ג̇התה וכד̇לך אן הם[4]) אסתעמלוה לא יסתכת̇ר מן אלטעאם (הם) להד̇ה אלעלה̈ וכד̇לך כל לד̇ה̈ מנקטעה̈ ליס ינבגי אן תתבע ואחרי

1) מלות אחדהא ולהא מוסבות על מא = אשיא (דברים).

2) ביאור: הזהרה לאדם שלא יכניס את עצמו בדבר שאינו שלו ונשא משלו מן הערב והנבון לא יטריח את עצמו במה שהוא פטור ממנו ולא יפסיד מה שניתן תחת ידו ולא ידבר עם מי שאינו שומע אליו ולא יבקר האנשים שאינם רוצים בו ולא יבקש עזר ממי שיונהו בעזרו. ואמרו למס יקח וגו׳ לפי שהמלוה אינו חייב להשיב את המשכון אלא ללוה עצמו (ועיין למעלה כ׳ ט״ז).

3) ביאור: בענין המלאכות ומשא מתן יש מנהגים שהסכימו עליהן בני אדם ושאין לסור מהם כגון אם נקבע יום ראשון למוכרי בגדים ויום שני למוכרי בשמים ויום שלישי למוכרי פנינים ויום רביעי למוכרי נחושת אין ראוי לעבור על זה המנהג. וכן אם הסכימו שיהא זה אומן המלך וזה עושה מלאכת הרוזנים או השרים או השלישים ראוי שיעמוד כל אחד על משמרתו ולפי זה שני הפסוקים דבקים זה בזה.

4) ר״ל המלכים.

לדׄלך אמור אלדניא ענד אלאכׄרה̈. הדׄא סוי מא ילחק מן אפאת אלמלוך מן חסדהם ותקלבהם ותעקבהם ומא אשבה דׄלך[1]).

4 ולא תתעב תטלב אן תוסר אנתה מן פׄהמך הדׄא: 5 פאנה
מהמא עינאך תמקלה חתי ליס הו בל יציר לה אגׄנחה̈ כנסר יטיר פי
אלסמא:

נהאנא ען אלחרץׄ עלי אלדניא פאן גׄמיע יסאריהא וגׄנאהא לא ידום כמא מתׄלה באלנסר לאנה אעלי אלטאיר ואסרעהא טיראנא ולאנה אעטׄמהא פמוצׄע אלעטׄם אן אלכׄאזן יאכׄד יסירא יסירא והו ידׄהב גׄמלה̈ ומוצׄע אלסרעה̈ אנה יאכׄד פי מדר וידׄהב מנה פי וקת ואחד ומכאן אלעלו עטׄם אלוזר ואלבליה̈ עליה. וקולה מבינתך חדל אנקץׄ מן הדׄא אלפהם זד פי גירה יעני אבואב אלבר ואלצאלחאת אלתי תתׄבת פלא תזול בל תתגׄדד כריש אלנסר וקוי ה׳ יחליפו כח וגו׳ (ישעיה מ׳ ל״א)[2]).

6 לא תטעם טעאם שחיח ולא תשתה אלואנה: 7 פאנה כמא קדר
פי נפסה כדׄאך הו יקול לך כל ואשרב וקלבה ליס מעך: 8 פאדׄא
אכלת כסרתך אקאתהא פתכון קד אפסדת אמורך אלהניה̈:

נהי ען אכל טעאם אלשחיח ואכׄבר באן אלנפס להא מאכׄד לטיף אנהא לא תקבל טעאמא מן גיר ניה̈ כל תקׄפה בעד דׄלך אלגׄדׄב ואדׄא כיח אלטעאם מן צדק ניה̈ הנא וכדׄלך אלקול אדׄא הו קיל מן ניה̈ קבלה אלסאמע והדׄה מן כׄצאל אלנפס אלשריפה̈[3]).

9 בחצׄרה̈ אלאחמק לא תתכלם במא יזרי באלמעקול מן כלאמך:

לם ימנע אלכלאם בחצׄרה̈ אלגׄאהל כתׄה̈ ולכנה קאל ינבגי אן יכון לך צׄרוב מן אלכלאם תתׄבתה מע אלעקלא בחית̈ יפהמון ותבסטה מע אלגׄהאל בחית̈ יבלג פכרהם וכמא אנך אן אכׄדׄת מע אלעלמא פי אלבסיט אזרו בה כדׄאך אן אכׄדׄת מע מן ליס בעאלם פי אלעמיק לם יקף עליה[4]):

[1]) ביאור: לע הוא גרון בלשון ארמית ובעל נפש הוא המתאוה לאכול ואין לו חבר. וטעם לחם כזבים מה שסופו לחסר. וענין הכתוב שלא ירגיל אדם את עצמו במה שלא יתמיד כגון אם קרא אותו המלך לאכול עמו או אם הוא בעבודת המלך אינו ראוי שיאכל יותר מדאי שאם הוא חסר אחרי כן יבקש המאכל שלא בדרך הגונה ועוד שתקרה לו רעה מהקפדת המלך ותהפוכותיו ועונשיו. וכן בכל התענוגים העוברים וכל שכן שלא ישתקע בדברי העולם הזה בזכרו העולם הבא.

[2]) ביאור: הזהרה לאדם שלא ייגע בדברי העולם שכל עשרו אינו קיים והמשילו בנשר שהוא עולה למעלה מכל העופות והוא הקל במרוצתו והיותר חזק וכן העושר יביא לידי חטאים גדולים וצרות קשות ויאסף בזמן רב ויאבד ברגע אחד ויתקבץ מעט מעט ויכלה כולו ביחד. ואמרו מבינתך חדל ר״ל המעט הבנתך בעושר והרבה אותה בצדקה שהיא קיימת ומתחדשת כנוצת הנשר.

[3]) ביאור: הזהרה שלא לאכול לחם הכילי לפי שבטבע האדם שיקיא האוכל הניתן לו בעין רעה ואם ניתן לו בעין טובה נהנה ממנו וכן מקבל האדם השומע מה שנאמר לו באמונה וזה מן מדות הנפש היקרות.

[4]) ביאור: לא הזהיר מלדבר עם כסיל כלל אבל אמר שאין ראוי לאדם לדבר עם הכסיל כמו שמדבר עם חכם שלא ירבה את דבריו עם החכם אבל יפרש את דבריו עם הכסיל בא״פ שיבינם לפי שהחכם יבזה דברים פשוטים והכסיל דברים עמוקים.

10 ולא תזג תכמא מן אלדהר[1]) ופי ציעה יתאמי לא תדכל:
11 לאן וליהם שדיד והו יכצמך[2]) כצומתהם:

הדא אלתכם[3]) אלחדוד ואלאצוא אלתי תגעל ללאקרחה ואלמזארע נבה עלי תגייר שי מנהא לידכל אמר מן ציעה גירה אלי ציעתה כמא קאל ישעיהו הוי מגיעי בית בבית שדה בשדה יקריבו (ישעיה ה׳ ח׳) תם קאל פכיף אן כאנו יתאמי פאלעקובה ענהם אצעב לאן אללה וליהם יכצם ענהם. וכאן קד קאל אנה יכצם ען כל פקיר פי פצל אל תגזל דל (משלי כ״ב כ״ב) ולכן אליתים ועלי אנה גני אללה יכצם לה[4]):

12 מיל קלבך אלי אלאדב ואדנך אלי אקואל אלמערפה: 13 ולא
תמנע מן אלצבי אלאדב ואן תצרבה באלקציב לא ימות מנה: 14 פאנך
תצרבה בקציב ותכליץ נפסה מן אלהלאך:

מעני הביאה האהנא מעני תמייל למשארכה אזנך. ולעלמה אן האהנא כלקא יקאל לה אלשפקה וסימא מן אלאב עלי ולדה אתבת האהנא מא יקאומה פקאל אן כנת תכאף אן תצרבה לתודבה פימות פלך אלאמאן מן חאפט אלנפוס אן אלאדב לא יקתלה ואן כנת תשפק אן תראה מולמא פאנך תסתדפע בהדא אלאלם אלדי יזול אלאמ[א] לא תזול מן עקובאת אלנאס לילא יקתל ויסרק ויפסק פיצרב באלסוט ויחבס ויקתל ויצלב ומן עקובאת אללה לילא יעציה פיבליה פי אלדניא באלאפאת איה ויכלדה[5]) פי אלאכרה[6]).

15 יא בני אן תחכם קלבך פרח קלבי אנא איצא: 16 וסרת בואטני
אדא תכלמת שפתאך מסתקימא:

רנ״ב ולדה ומן יקימה מקאמה פי אלעלם איצא באן קאל לה תעלם אן לי עליך חקוקא אחדהא אן תטיב בנפסי ותסרני ואלעלם הודא אקול לך אנה אפצל סארי פאצף אלי אלוגוה אלתי להא תענא באלעלם הדא אלוגה איצא. ויקול לה מעני אכר אדא כנת אנא אלמברך[7]) כדא אסר פכיף אנת יגב אן תפרח אצעאף דלך[8]).

---

1) בכ״י ב׳ וג׳ תכם אלדהר.

2) בכ״י ב׳ וג׳ יכצם.

3) בכ״י אלתחכם.

4) ביאור: זה הגבול הם הציונים המבדילים בין שדה לשדה והזהיר מלהסיגם כדי שיבוא אדם משדה חברו אל שדהו וכל שכן בשדה יתומים. וכבר אמר למעלה שהשם יריב ריב עני ואמר כאן שיריב ריב היתום אפילו אם הוא עשיר.

5) נראה שחסר כאן אלנאר או פי אלנאר.

6) ביאור: הביאה כאן לשון הטיה לפי שהוא מחובר עם אזנך. והחכם תיה יודע שמטבע האב לחמול על בנו לפיכך אמר לו אל תירא מליסרו פן ימות כי השם הבטיח שלא ימות ועוד שבצער עובר תצילנו מצער עומד שאם ישאר בלא מוסר יגנוב וירצח ובני אדם יענשו אותו וימרוד בשם ויפרע ממנו בעולם הזה על פי נס ובעולם הבא באש של גיהנום.

7) בכ״י מכרך ועיין למטה סוף פירושו לפסוק כ״ה.

8) ביאור: האב אומר לבנו או הרב לתלמידו אתה חייב לשמחני ולכן למד חכמה שאין לי שמחה גדולה מזאת. ועוד ענין אחר שאם אשמח אני האב לפי שמברכין אותי על חכמתך כל שכן שאתה תשמח עצמך כפלים.

17 לא יגר קלבך עלי אלכ̇טאין אלא פי תקוי אללה טול אלזמאן:
18 פאנה מוג̇וד לך עאקבה̈ ורג̇אוך לא ינקטע:

עלם אן אלצאלח אלמכ̇אבד[1]) אפ̇כ̇ארה אלכ̇אטם עלי ג̇צ̇בה אלמאנע נפסה שהואתהא אד̇א הו שאהד מן יבסט פי אהוא נפסה ולא ימנעהא שיא מן אלדואעי יגאר עליה ויכאדה אן ינפסד פצ̇ברה וקאל לא תנט̇ר אלי סאעתך תלך אלתי תנקצ̇י לד̇תהא ויבקי וזרהא אנט̇ר אלי דאר אלבקא ואלעאקבה̈ אלתי לא תנקטע כיף ידהב אלתעב ויחצל אלת̇ואב כל אד̇א ראית צאלחין יתסאבקון פי אלכד גר עליהם לקולה כי אם ביראת ה׳ כל היום[2]).

19 אסמע אנת יא בני ותחכם וארשד פי אלמד̇אהב קלבך:
20 ולא תכן מן אלמפרטין פי אלכ̇מר ולא מן אלמסרפין פי אללחם:
21 לאן אלמפרט ואלמסרף יפתקראן וכת̇רה̈ אלנום ילבס אלכ̇לקאן:

עאד אלי אלתחד̇יר מן אלאנהמאך עלי אלאכל אלכת̇יר ואלשרב אלכת̇יר ואלכ̇בר באן עאקבה̈ ד̇לך אלפקר ובעד אלפקר יוטן אלמר נפסה עלי אלנקב ואלסרק[3]) ואלצ̇רב ואלחבס ואלקתל ואלצלב וקאל ואלד̇י יכסל ען אלעמל ויכת̇ר מן אלנום כיף תראה וקד לבס אלכ̇לקאן ממא לם יבק לה שי. אלחכים אנמא יתכלם עלי בניה̈ אלעאלם אנהא לא תחתמל מת̇ל הד̇א אלבד̇ך ליס עלי אלפראד מן אלנאס אלד̇י נעמתה ליסת מן כסבה ולא תעבה והי תחתמל אסראף אלאכל ואלשרב בל יג̇ב אן ירג̇ע הד̇א אלפראד אלי מא רסמתה אלחכמה̈ לג̇מיע אלנאס[4]).

22 אקבל מן אביך אלד̇י אולדך ולא תזרי באמך אד̇א שאכ̇ת:
23 אשתר חקא ולא תבע אלחכמה̈ ואלאדב ואלפהם: 24 סרורא יסר
אבו אלצאלח וואלד אלחכים יפרח בה: 25 אד̇א קיל לה יפרח אבוך
ואמך ויסר אג̇דאדך:

למא אסתג̇נת אלאם אן יעטף עליהא ותג̇ל יולדתך עטפתה עלי מא פוקהא. ולנא פי אללג̇ה̈ זה אלד̇י קולה הר ציון זה שכנת בו (תהלים צ״ד ב׳) אל מקום זה יסדת להם (שם ק״ד ח׳). קולה ואל תבוז כי זקנה אמך הו מא יקולה אלנאס אן אלשאב ועלי אנה אופר דמאג̇ מן אלשיך̇ פיג̇ב אן יקבל מן אלשיך̇ ולא יזרא בה לאן אלשיך̇ יוציה ממא קד ג̇רבה ואלדרבה̈ תפעל אכת̇ר ממא תפעל אלחד̇ה̈. וקול אמת קנה ואל תמכר לם יען אנה יביעה בת̇מן ולכנה יקול לה לא תבע אלחכמה̈ בלא

---

[1]) בכ״י אלמכאבר.

[2]) ביאור: החכם יודע שהצדיק הכובש את יצרו ואת תאוותיו כשהוא רואה שהרשע ימלא את כל חפץ נפשו כמעט יקנא בו וישחית את דרכו וצוה אותו ואמר לו אל תבט אל עונג השעה לפי שהוא עובר וישאר העון כי אם הבט אל גמול הצדיק בעולם הבא וקנא תמיד ביראי השם כשאתה רואה אותם עמלים.

[3]) נראה שיש כאן חסרון.

[4]) ביאור: החכם ישוב להזהיר האדם מלאכול ולשתות יותר מדאי מפני שזה מביאו לידי עניות ואחר זה לידי גזל וסופו ללקות וליהרג. והחכם אינו מדבר אלא בנוהג שבעולם וגם העשיר אף על פי שלא יפול בעניות אם יאכל וישתה הרבה צריך שיתנהג בזה כפי מה שהחכמה מצווה את כל בני אדם.

שי אי תתרכהא פלא תתעלמהא. ואנמא יפרח אלרגל באבנה אלחכים לאנה מע אלחכמה קד אמן עליה שר אלדניא ושר אלאכרה וכדלך אלנאס איצא אנמא יבארכון לה עלי הדא אלמעני[1]).

26 רד יא בני באלך אלי ועינאך תחפט טרקי: 27 פאן אלזאניה
הותה עמיקה ואלגריבה כביר ציקה: 28 והי איצא כאלוסואס[2]) תכמן
ותזיד פי אלנאס גדארין:

למא כאנת הדה אלמעציה אולהא אלנטר ואלתאני לפקאן אלקלב קדם אלחכים פי וצאתה אן יעטיה מסתמעה קלבה ועיניה חתי לא תזיגה[3]) עמא יאמרה ועלי מא קאל אללה פי אלתוראה ולא תתורו אחרי לבבכם ואחרי עיניכם (במדבר ט״ו ל״ט). ומעני תמתילה ללזאניה בביר והותה לאן אלוקוע פי אלביר סריע כדלך הדא אלפעל יכון שביה[א] בלמח אלבצר ואיצא לאן אלצעוד בעיד כדלך אלכלאץ מנהא בעיד ורבמא לם יתכלץ בתה כמא אן אלביר רבמא לם ימכן אלצעוד מנהא. תם קאל אף היא כחתף והי איצא תעאקב עלי מא יוסוס פי צדרהא מן אלכמון ללנאס לתזידהם כפרא וגדרא לאן אכתר[4]) בגידה פי הדא אלכתאב כפר וקד כאן שרח כמון אלזאניה פי אול אלספר[5]).

29 למן אלויל ולמן אלעיל ולמן אלצכב ולמן אלהדיאן ולמן
אלשגג מגאנא ולמן סכנה אלעיון: 30 ללמגתבקין עלי אלכמר
ואלמקבלין לאסתברא אלמזאג: 31 לא תר אלכמר אד יתחמר ויעטיך
פי אלכאס לונה ויסלך מסתקימא: 32 פאן אכרתה[6]) ילסע כאלתעבאן
ויסם כאלרקש[7]) מנהא: 33 עינאך תרי אלמגתנבאת וקלבך ידרס
אלאנהפאכאת: 34 ותכון כנאים פי קער בחר או כנאים עלי ראס דקל:
35 תקול צרבוני פמא מרצת הבגוני פמא עלמת מתי אסתיקט אעוד
פאטלבה אבדא:

פסרת שיח הדיאן לאנה כדאך אדא קארן אלוגע. וליס פי אלמקרא לשון

---

[1]) ביאור: טעם יולדתך כאן אבות האבות שכבר הזכיר את האם. ויש בלשוננו מלת זה בענין אשר וממנו דוגמאות במקרא. ואמרו כי זקנה ר״ל שאף על פי שמות הנער גדול ממות הזקן לא יבוז הנער את הזקן מפני שנסיון זה יועיל יותר מחריצות זה. ואמרו אל תמכור אין ענינו שלא ימכור את החכמה במחיר אלא בלא כלום ר״ל שלא יעזבנה. והאב ישמח בחכמת הבן לפי שהיא מצלת את הבן מן הרעה בעולם הזה ובעולם הבא ועל זה מברכים בני אדם את האב.

[2]) נראה שהגאון פירש חתף מן התף בלשון ערבי והוא קול נשמע מבלי שיראה המדבר.

[3]) בכ״י יזוגה.

[4]) בכ״י אכתרה.

[5]) ביאור: הזכיר החכם הלב והעינים מפני שהן סירסורי החטא. והמשיל הזונה בשוחה ובבאר לפי שאדם נופל בהם במהרה וקשה לעלות מהם ולפעמים לא יעלה כלל. ואמרו אף היא רוצה לומר שהיא גם כן תענש על מה שיתעורר בלבה לארוב לבני אדם ולהטותם לעשות מהם כופרים. ובגידה על הרוב בספר הזה טעמו כפירה. וכבר דבר החכם (למעלה ז׳) על מארב הזונה בחלק הראשון מן הספר.

[6]) בכ״י ב׳ וג׳ עאקבתה.

[7]) בכ״י ב׳ ג׳ כאלארקש.

חכלילות אלא את̇נין חכלילי עינים (בראשית מ״ט י״ב) אזוראר והאהנא סכ̇נה̈ אלעין[1]) מת̇ל נט̇ראיה. ואלגבוק הו וצל שרב אלליל באלנהאר כמא אן אלצבוח הו וצל שרב אלנהאר באלליל ויקאל להד̇א מאחרי כמא יקאל לד̇אך משכימי (ישעיה ה׳ י״א). ואמא אבוי עויל. יפריש יסם. חבל דקל פהי מפרדאת. אוי כמא נאל אלפלשתים מן קבל אלסכר. אבוי כמא נאל אמנון מן קבל[ה]. מדינים כמא נאל רחבעם מן הילדים אשר גדלו אתו (מ״א י״ב ח׳)[2]). שיח כמא נאל בן הדד והוא שתה הוא והמלכים בסכות (שם כ׳ ט״ז)[3]). פצעים כמא נאל בלשאצר מן אלשרב. חכלילות עינים כמא נאל אחשורוש אד̇ קתל ושתי ועלי אנה ימכן אן יכון לכל לפט̇ה̈ מן הד̇ה אלסת̇ה̈ כ̇אציה̈. ווצף אלכ̇מר באלת̇לת̇ צפאת אלתי בהא יכ̇דע בלונה וראיחתה וטעמה פאלראיחה̈ קאל פיהא לחקר ממסך ימתחנה ואללון אל תרא יין ואלטעם יתהלך במישרים וקאל אן עאקבתה̈ כסם אלחיה̈ וחאצל הד̇א אלמת̇ל לאנה ידב פי אלבדן קלילא קלילא ופסר אן הד̇א אלסם אנמא הו קלב אלאנסאן עו גוהרה ותגירה עו אכ̇לאקה חתי יציר כל מא כאן יג̇אנבה ענדה מסתחסנא הו קולה עיניך יראו זרות ותראה יתכלם בכלאם גיר מחצל מרה̈ יקול כד̇י ומרה̈ יקול כד̇י אלשי וצ̇דה והו קולה ולבך ידבר תהפוכות. ומת̇ל אצ̇טראב אלסכראן בשיין אחדהמא אלמא ואלאכ̇ר אלריח אמא אלמא פקאל פיה והיית כשכב בלב ים תצ̇רבה אלאמואג ואלריאח קאל פיהא וכשכב בראש חבל תחרכה אלריאח. ולקולה הכוני בל חליתי [וגו׳] מעניאן אחדהמא נעת[4]) אלשרב נפסה יקול אלשארב ען אלד̇ין אסכרוה לקד צ̇רבוני צ̇רבא מד̇אללא ולם אשער בה ואלאכ̇ר וצף חאלה בעד שרבה יקול צ̇רבוני והבגוני פלם אעלם בהם מן שדה̈ אלסכר ועלי אלחאלין יכון (מתי) מעני מתי אקיץ כאנה יקול לא עדת[5]) אבדא אטלבה. בסט מן מד̇מומאת אלסכר הד̇ה אלאמור אלצעבה̈ ליקאום בהא מא קדם אולא מן גרוראתה אלתי יגת̇ר אלנאס בהא יקול לא תגרך הד̇ה ראיחתה פאנהא תקלבך עו גוהרך חתי תעמל אלנבראת ואלפואחש פיחול טיב ראיחתך פי נפסך ולא יכ̇דענך לונה פאנה ילונך צ̇רובא שתי באכ̇תלאף אלאמואג ואלריאח ולא יכ̇לבנך טעמה פאנה יד̇יקך מן אנואע אלצ̇רב ואלהבג טעומא מכרוהה̈ געל עיניך יראו באזא לחקר ממסך והיית כשכב באזא אל תרא יין הכוני בל חליתי מקאבלה̈ יתהלך במישרים ואעלם אן אלאוצאף כלהא באלמקאטע וכד̇לך אלעמל[6]) באלכ̇ואתם[7]).

---

[1]) הפירוש הזה הובא בביאור שמואל בן חפני על בראשית מ״ט י״ב ונראה משם שענין מלת אזוראר יופי ומנחם ואבן פרחון הלכו אחר דעת אונקלוס שתרגם יסמקון.

[2]) לא מצאנו בשום מקום שרחבעם שתה יין עם הנערים.

[3]) הגאון לא הזכיר הכתוב כלשונו.

[4]) בכ״י בעת. — [5]) נראה שצ״ל לו אסתיקט̇ת לעדת

[6]) ר״ל שהתארים כולם תלויים בסופם וכן המעשים תלוים בחתימתם והמאמר השני הובא במשלים ערביים (Freytag I. p. 211, 441) ואפשר שצ״ל אלאעמאל במקום אלעמל.

[7]) ביאור: שיח הוא דבור בטירוף דעת אם הוא מחובר עם ענין כאב. ולשון חכלילות שנים במקרא האחד חכלילי עינים והוא יפי העינים וכאן טעמו חמימות העינים. והמאחרים על היין הם השותים כל היום עד הלילה והמשכימים הם השותים כל הלילה עד היום. מלות אבוי יפריש חבל אין להן אח ורע. ואמרו אוי כמו שאירע לפלשתים מחמת שכרותם ואבוי כמו שקרה לאמנון ומדינים כמה שגרמו לרחבעם הנערים אשר גדלו אתו ושיח כמו שקרה לבן הדד ופצעים כמו שהוכה בלטשצר במשתה היין וחכלילות עינים כמו שאירע לאחשורוש בשהמית ושתי. ואפשר גם כן שרמז בכל אחת משש המלות אל אחת מפעולות היין. ותיאר היין בשלשה

כד

1 לא תגר עלי אהל אלשר ולא תשתה אן תכון מעהם: 2 לאן
קלובהם תדרס אלנהב ושפתאהם תתכלם בדגל:

והדנא פי אלאגתמאע מע אלאשראר באן מא לא בד מנה אן יוצפו[1]) בה אנהם תרכו אלחכמה ומא תאמר בה ותערו מנהא ולזמו אצ׳דאדהא פצארו אעדאהא פכפא בהם אן אלנהל קד גמרהם פכיף ועליהם מע דלך ריבה אלנאס ופזע אלסלטאן ואעט̇ם מן אלכל עקאב אללה[2]).

3 בחכמה תבנא אלביות ובפהם תת̇בת: 4 ובמערפה תמלא
אללדור כל מאל עזיז הני:

בנא אלביות ואלדור פי דאר אלדניא עלי ט̇אהרה כמא תשאהד אלחכים ילטף כסבה ומעאשה חתי ינאל אלאמור אלגלילה ופי דאר אלאכ̇רה בנא אלביות (אל)מת̇ל ותאוילהא אלחיוה אלדאימה ואלסעאדה אלתאמה[3]).

5 יא רגל חכים בעז ודו מערפה מאיד אלקוה: 6 אעלם אנך
תצנע אלחרב במדאראה[4]) ואלמגותה בכת̇רה אלמשורה:

אזאל בהדא והם מן יתוהם אן אלחרב בקוה אלגסם ומנאעתה וקאל לא בל הו באללטף ואלחילה עלי מא כנא שרחנא[5]) פמן כאן רגלא בחכמה פהו אלעזיז ומן כאן דא מערפה פהו אלמאיד בקוה[6]).

תארים אשר יפתח בהן והם מראהו ריחו וטעמו וזה מה שאמר לחקור וכו׳ אל תרא וכו׳ יתהלך וכו׳. והמשיל אחרית היין בארס הנחש המתפשט מעט מעט בגוף האדם ומקלקל את טבעו עד שיאמר רע לטוב ולטוב רע והוא אמרו עיניך יראו זרות וידבר פעם כזה ופעם הפכו והוא אמרו ולבך וגו׳. והמשיל עוד המיית היין בהמיית גלי הים ובתנועת הרוחות והוא אמרו והיית וגו׳ וכשוכב וגו׳. ואמרו הכוני וכו׳ ענינו שהיין עצמו מכה את השותה ויחלהו או שהמשכרים אותו הכוהו אחר השתייה ולא הרגיש ועל שני פנים ענין מתי אקיץ אם איקץ אוסיף לשתות עוד. ובשלשה הכתובים האחרונים הרחיב החכם לדבר בגנות היין ואמר אל יפתוך ריחו פן תבאיש את ריחך בהשחיתו את טבעך ואל יסיתך מראה ופן ישתנה מראה פניך כהשתנות הגלים והרוחות ואל ישיאך טעם היין פן תרגיש בטעם המכות.

[1]) בכ״י יצפו.

[2]) ביאור: הזהירנו מלהתחבר עם הרשעים לפי שבהכרח יאמרו עליהם שעזבו את החכמה וצוויה ונעשו שונאיה ולא די שטובעו בסכלות אלא שהם חשודים אצל בני אדם והמלך מפחידם והשם יענשם.

[3]) ביאור: זה ברור על פשוטו בעולם הזה ובעולם הבא הוא משל לחיי העולם ולהצלחה השלמה.

[4]) בכ״י א׳ וג׳ באלמדארא בלא ה׳ ובכ״י ב׳ באלמדארה בלא א׳ ונראה שלפעמים הסופרים החסירו אחת משתי אלו אותיות כי מצאנו דברים ל״ב מ״א בהעתקת מלת שלם אלמואפאה במקום אלמואפאה. — [5]) לעיל כ׳ י״ח.

[6]) ביאור: הסיר החכם טעות החושב שהמלחמה נעשית בגבורת אדם ובכחו ואמר שהיא צריכה לתחבולות ורוב יועץ והגבר החכם הוא עזוז ואיש דעת הוא מאומץ בכח.

7 ירי אלגֿאהל אלחכמהֿ מרתפעהֿ ענה פהו פי אלמחאֿל לא יפתח פאה:

פי אחואל כתֿירהֿ יראהא[1]) מרתפעהֿ אולא פי וקת אלתעלם יקדֿר אנה לא יצל אליהא פלא יענא בה תֿם פי וקת אלמסלהֿ פכיף פי וקת אלגֿואב חתי וקת אלאסתמאע אלדֿי הו אסהל אלאשיא לא יצבר לדֿלך פהו בין אלנאטקין כאלאכֿרס[2]).

8 וכם מן מפכר פי אלשר ואלנאס יסמונה דֿא אלהמם:

הדֿא באב פי אלדהאהֿ ולים הו עאם בל כֿאין יקול כתֿיר מן אלנאס יכון קצדהם וטויתהם סוא ושרא ואלעאמהֿ יקימונהם מקאם אצחאב אלפכר אלצחיח לאן מזמה ומזמות ענדה מחמודהֿ יקול אלאן לא תגתר במא תסמע אלעאמהֿ יקולונה פיה חתי תחצלה אנת[3]).

9 אלגֿהל פאחשהֿ וכֿטיהֿ ואלדהאהֿ מכרוההֿ ללאנסאן:

ועלי אן אלגֿהל נפסה לים הו דֿאת אלפאחשהֿ ולא דֿאת אלכֿטיהֿ אלא אנה [סבבהמא] ומאדתהמא אדֿ כאן זלל אלעאלם אנמא יכון סהוא ואנפאלא. וכרה אלדהאהֿ אלעאם אלואסע לאן צאחבהא יקול בפיה מא לים פי קלבה פנפסה תנכר דֿאך עליה ועקלה אשדֿ אנכארא ואלנאס איצֿא ישנֿונה ורב אלעאלמין יבגֿצה[4]).

10 אן אסתרכֿית פי יום אלשדהֿ צֿאק קואך: 11 כֿלץ אלמקדמין
ללאמאתהֿ ואלממילון ללקתל ינגֿי[5]) אן תצדֿהם: 12 פאן קלת מא
נערף הדֿא אלא אן מהיי אלקלוב הו יפהם וחאפטֿ נפסך הו יעלם פיכאפי
אלאנסאן עלי[6]) פעלה:

יום צרה אלדֿי יצפה לים הו יום צרה ללסאמע ואנמא הו יום צרה לגירה פאמרה אלחכים אדֿא ראית אכֿאך אלמומן פי שדהֿ פכֿלצה ואומי אלי אעטֿם אלשדאיד והו כֿטר אלנפס ושרחה הצל לקחים למות לקחים מקדמין מתֿל ואקחה פת לחם (בראשית י״ח ה׳) פאלממילון אלדֿין תכאד אן תצֿרב אענאקהם ואלמאכֿודֿון הם אלמחרקון או אלמרגֿמון פי חכם אלתוראהֿ או אלממאתון בגיר הדֿה אלאנואע פי גיר חכמהא. פאמר בכֿלאץ מן הו פי כטֿר אלמות אמא בשהאדהֿ תערפהא לה תשהד בהא פתכֿלצה מן יד אלחאכם או באכֿדֿ ידה מן ביר או חריק או סבע או טאלב קתלה פתאכֿדֿ בידה או בפתיא ואיצֿאח תוקפה בה עלי מא אמרה אללה או נהאה

[1]) ביאור: האויל חושב בשעת הלימוד שלא יוכל להגיע אל החכמה ולא ייגע בה וגם בעת עריכת השאלה וכל שכן בשעת התשובה ואפילו בשעת השמיעה והוא כאלם בין בני אדם.

[2]) ביאור: הכתוב מוסב על הלצון ואיננו כללי כי אם פרטי כלומר יש הרבה בני אדם שבקרבם הוות והחמון יחשבם לתמימי דעות. ומלות מזמה ומזמות בספר הזה הם לשבח ואמר החכם אל תתפתה במה שיאמר ההמון על הליץ עד שתבחנהו בעצמך.

[3]) ביאור: האולת איננה זמה וחטאת בעצמה כי אם סבתם לפי שבעולם אין כשלון כי אם בשגגה. והלצון הוא תועבה לכל מפני שהלץ אינו אומר מה שבלבו ונפשו ושכלו יקוצו בזה ובני אדם יתרעמו עליו והשם ישנאהו.

[4]) בכ״י ב׳ וג׳ לאכן כֿאלץ.

[5]) בכ״י ב׳ וג׳ יגֿב.

[6]) בכ״י ב׳ עלי קדר = כפי פעלו.

פתכ̇לצה מן אלעקובה̈ או במא סוי ד̇לך מן אנואע אלב̇לאיץ. וקולה אן אסתרכ̇ית צ̇אק קואך קול תהדד יעני אנך אן תכאסלת ותראכ̇ית ען כ̇לאץ אכ̇יך טלבת קו̇תך לנפסך לתכ̇לצהא פלם תגדהא. ולקולה כי תאמר הן לא ידעתי מעאן מנהא מא ישיר אלי אלמחתאג אן יכ̇ליץ יקול אן כאן גריבא לא תקל לא אכ̇לצה לאני לא אערפה פאן אללה אלד̇י ערפה יג̇אזיך כ̇ירא. ומנהא מא ישיר אלי אלחילה̈ אלתי בהא יכ̇ליץ יקול לא תקל כיף אחתאל פי כ̇לאצה וליס לה ענדי וג̇ה פאן אללה עאלם באלתדביר יהדיך וירשדך ומנהא מא ישיר אלי אלג̇זא יקול לא תקל כיף אצ̇יע מאלי וסעיי פי כ̇לאץ הד̇א וליס אעלם מקדאר מא אשתריה בהא מן אלת̇ואב פאן אללה לה מקדא[ר] לא יעלמה אלא אללה מן כת̇רתה כמא קאל עין לא ראתה אלהים זולתך יעשה למחכה לו (ישעיה ס"ד ג')[1]. וצאר בעד הד̇א [אלי] אלתרג̇יב פי אכתסאב אלמערפה̈ פקאל .

13 כמא אנך יא בני תאכל אלעסל לאנה טיב ואלשהד לאנה
חלו פי חנכך: 14 כד̇אך אערף אלחכמה̈ פאנהא לנפסך ואן וגדתהא
וגדת אלעאקבה̈ ורג̇אוך לא ינקטע:

למא כאנת אלחאסה̈ תחס בחלאוה̈ אלעסל צ̇רורה̈ וכאנת שהוה̈ אלגד̇א מע ד̇אך תנשט אליה אפצ̇ל מן סאיר אלטעום לעלה̈ אן אלכבד אלתי שהוה̈ אלטעאם מרכבה̈ פיהא מזאגהא חאר רטב וכאנת אלחלאוה̈ משאכלה̈ פי אלמזאג למזאג אלכבד ולד̇לך צאר אלאשתיאק אלי אלטעאם אלחלו פי אלנאס אכ̇ת̇ר מן גירה שבה אלחכים אלחכמה̈ באלעסל סימא באלשהד מנה לקולה דבש ונפת תקריבא אלי אלמתעלמין יקול כמא יחס גסמך לד̇ה̈ לחלאוה̈ אלעסל [כד̇לך] אלחכמה̈ [לד̇ה̈ ללנפס] למשאכלתהא להא אד̇ אלנפס סראג אלבדן ואלחכמה̈ סראג אלנפס וכמא תגד אלגמיע פי אלכתאב קד סמי אור. בל אפצ̇ל מן אלעסל ללגסם כמא קאל ומתוקים מדבש ונפת צופים (תהלים י"ט י"א) לאן אלנפס אלתי הי נור אלגסם למא כאן אלעקל ינירהא צאר אלמת̇ל באן חלאוה̈ אלעלם תחלו חלאוה̈ אלעסל ומן שרף אחדי אלחלאותין עלי אלאכ̇רי אן אלעסל ללגסם יסתחיל פיציר מעאדה̈ ללשחם ואלעט̇ם ואלג̇לד ואללחם וגירהם ואלחכמה̈ מאדה̈ ללעדל[2] ואלאנצאף ואלטהר ואלתדביר ואלתקרים ואלאצלאח ואלסיאסאת ולד̇לך קאל לנפשך ואיצ̇א אן אלעסל וסאיר אלאג̇דיה̈ לא תנפע פי אלדאר אלת̇אניה̈ ואלחכמה̈ תנפע פי אלדארין גמיעא ולד̇לך

[1]) ביאור: אמרו ביום צרת ר"ל אם אחיך מן המאמינים הוא בצרה וזאת הצרה היא היותר גדולה ר"ל סכנת נפש ואמרו מט"ם ר"ל היוצאים להרג והנק ולקוחים הם היוצאים לשריפה וסקילה על פי דין תורה או למיתות אחרות על פי דין אחר. וצוה החכם להצילם בין מיד שופט בעדות שיעידו להם לפני בית דין או להחזיק בידם ולהוציאם מבור או למלטם מן השריפה או מיד רוצח או לתורתם מה שצוה השם ומה שהזהיר ממנו כדי שימלטו מן העונש וכיוצא בהן מדרכי ההצלה. ואמרו צר כחך ר"ל אם חדלת מלעזור לאחיך לא תמצא כחך להציל את עצמך כשתהיה אתה בצרה. ואמרו לא ידעתי ר"ל אל האמר איני יודע את האדם הצריך לעזרתי או באיזה תחבולה אעזור לו או מה יהיה שכרי אם אצילהו אבל השם ידע את האדם הזה והוא יישירך למצא התחבולה והוא יודע שיעור הגמול אשר ישיב לך. ואחר זה עורר החכם את האדם לבקש דעת.

[2]) בכ"י ללעכל.

קאל ויש אחרית ואיצא אן אלעסל וגמיע אלאגדיה סריעה אלזואל ואלחכמה תאבתה אלבקא ולדלך קאל לא תכרת[1]).

15 לא תכמן עלי מאוי אלזכי פאנך טאלם לה ולא תנהב מחלה:
16 פאן אלצאלח לו וקע כתירא לקאם ואלטאלמון יעתרון פי אלשר:

הדא אלכמון אלדי נהי ענה הו חילה אללצם אלדי יטלב אן יטלמה כמא קאל רבצו[2]) בל ינבגי לה אן יקול דעואה וחגתה עלי צאחבה ולא יחרף כלאמה יטלב אלגלבה. וקולה כי שבע אראד בה אלכתרה כמא תקדם מן שבעה ועשרה ומאה ואלף לאנהא חסאב מגבור ומשהור. וגמיענא קד שאהד אן אמתנא וקעת מרארא כתירה תם ארתפעת כמא קאל פעמים רבות יצילם וגו׳ (תהלים ק״ו מ״ג) וסאיר אלאמם מתל מצרים ופלשתים ושבעה גוים מנד וקעו לם ירתפעו וכדלך צח ענדנא אן אברהם יצחק ויעקב ויוסף ואליהו ואלישע ודניאל ומרדכי דלו ועזו מרארא כתירה וכמא קאל פי אלפראד איצא רבות רעות צדיק וגו׳ (שם ל״ד כ׳) וגירהם מן אפראד אלכפאר וקע פלם ירתפע[3]). תם נהי ען אלשמאתה בקולה

17 ואדא וקע עדוך לא תפרח בה ואדא נכב לא יסר קלבך:
18 כילא ירי דלך אללה פיסו ענדה פירד ענה גצבה אליך:

קולה אל תשמח באלכלאם וקולה אל יגל לבך פי אלנפס. וזדת פי אלתפסיר אליך פקלת והשיב מעליו אפו עליך ליכון תחדירה חין חדר אלשאמת אנמא הדרה מן חלול אלעוקבה אד לם יגב אן יחדרה מן אעפא עדוה מן מציבתה ואקאלתה עתרתה פיכון אנמא אמרה חיניד אן יתאר דואם אלעקובה לעדוה פלא ישמת בה חתי לא תזול[4]).

19 ולא תגתבט[5]) באלאשראר ולא תחסד אלטאלמין: 20 פאן
אלשריר לא תבקי לה עאקבה וסראג אלטאלמין סיטפא[6]):

אל תתחר לא תכן מתלהם באלפעל ואל תקנא באלאעתקאד ומרעים ורשעים

---

[1]) ביאור: החוש מרגיש במתיקות הדבש ותאות האוכל שהיא בכבד תרוץ אליו יותר מבשאר המאכלים לפי שמזג הכבד חם ולח כמזג הדבש לכן המשיל החכמה לדבש ובפרט לנופת שהיא עונג לגוף וכן החכמה עונג לנפש לפי שהנפש נר לגוף והחכמות נר לנפש. ויש יתרון לחכמה על הדבש שהדבש משתנה ונעשה חלב ועצם ועור ובשר והחכמה היא חומר לצדק ומשפט ולטהרה לשררה ולהנהגה וזה אמרו לנפשך ועוד שהדבש והמאכלים אינם מועילים בעולם הבא והחכמה תועיל בשני עולמות וזה אמרו ויש אחרית ועוד שהדבש והמאכלים יאבדו מהרה והחכמה תקום לעולם וזה אמרו לא תכרת.

[2]) אפשר שצ״ל רשע.

[3]) ביאור: אמרו אל תארוב רוצה בו תחבולת בעל ריב להרשיע את הצדיק והראוי לבעל ריב לבאר את טענתו נגד רעהו ושלא יסלף אמריו בבקשו הניצוח. ואמרו שבע ענינו הרבה ואנחנו ראינו כי אומתנו נפלה כמה פעמים וקמה ולא כן אומות העולם ונתאמת לנו שאברהם ויצחק ודומיהם נבזו ואחר כן נתכבדו ולא כן הכופרים שלא קמו אחר נפילתם.

[4]) ביאור: אל תשמח בדיבור ואל יגל לבך בנפש. והוספתי בסוף הפסוק עליך שאי אפשר שהזהירנו החכם שלא נלעג לאויבנו כדי שלא יסור העונש מעליו כי אם כדי שלא ישיב השם אפו עלינו.

[5]) כן תרגם בתהלים ל״ז א׳. — [6]) בב״י ב׳ יכמד

גמיעא יקאלאן עלי מן יחיד ען ואגב רבה וואגב אלנאס ואיאהמא גמיעא עני בקולה אן ליס להמא עאקבה̈ פי אלאכ̇רה̈ באלחכם וסראגהם יטפא פי דאר אלדניא עלי סביל אלאיה̈ עלי מת̇ל מא קלת פי שמע בני מוסר אביך (משלי א׳ ח׳) אן אלאסמין מוצ̇ועאן ואלחכמין מחמולאן עלי כל ואחד מנהמא[1]).

21 את̇ק אללה יא בני ואלכ̇ליפתה ולא תכ̇אלט אלמשרכין: 22 לאן אלתעם מנהם יקום גפלה̈ ואלוכם מן כליהמא מן דא יערף וקתה:

אלמשרכון עלי צ̇רבין אמא באללה פיעבדון את̇נין כאלת̇נויה̈ או יעתקדון טינה̈ קדימה̈ כאצחאב אלהיולי או יג̇זונה ת̇לת̇ה̈ אג̇זא כאלנצארי או יג̇עלון אלמדברין סבעה̈ או את̇נין עשר[2]) ואכת̇ר מן ד̇לך כאלדהריין ואמא בכ̇ליפה̈ אללה כמן יעתקד טאעה̈ ללשראה̈ אלכ̇וארג̇ ומא סוי (ד̇לך) אלסלטאן אלט̇אהר אלדולה̈. פכ̇וף אלגמיע בסרעה̈ חלול אלעקובה̈ מן אללה ומן כ̇ליפתה פיהם אד̇ קאל כי פתאם יקום אידם ולם יען בקולה אידם ופיד שניהם אן תכון אלמציבה̈ ואלתעם חאלה̈ באלמד̇כורין לאסתחאלה̈ ד̇לך פי אלקדוס[3]) ואנמא יעני[4]) אנהא תחל מנהמא פי מכ̇אלפיהמא ואלמשרכין בהמא פאנמא נסב איד ופיד אלי י״י ומלך לאנהמא אלפאעלאן להמא. וקד יג̇וז אן נפסר עם שונים אלמג̇יירין מן ישנא הכתם הטוב (איכה ד׳ א). וקד יג̇וז אן יצרף איצ̇א מן ולא שנה לו (שמואל ב׳ כ׳ י׳) ולא אשנה לו (שמואל א׳ כ״ה ח׳) אללד̇ין המא מעאודה̈ פיקול לא תכ̇אלט אלמעאודין לא תכן אד̇א אדבך רבך וסלטאנך תעאוד ד̇נבך. ויג̇וז איצ̇א מע אלמחכיין מן ושננתם (במדבר ו׳ ז׳) יעניה לא תכן ממן יקולון מא לא יפעלון[5]).

23 אהד̇ה[6]) איצ̇א מן שאן אלחכמא אתבאת[7]) אלוגוה פי אלחכם לא כ̇יר פיה: 24 לאן אלקאיל ללט̇אלם אנת זכי תהג̇וה אלשעוב ותד̇מה אלאחזאב:

קולה גם אלה קול תעג̇ב עלי סביל הגם אלה ועלי אנה ליס פיה הא מזאד פהו מת̇ל קול בעץ̇ אלקום שאול ימלך עלינו (שמואל י״א י״ב) תעג̇בא בלא הי. ולם

---

[1]) ביאור: אמרו אל תתחר אל תהי כמוהם במעשיך ואמרו אל תקנא באמונתך ואין הפרש בין מרעים ורשעים שאלו ואלו אינן יוצאים ידי חובותיהם נגד אלהים ואדם ואין להם אחרית בעולם הבא על פי דין וגרם יכבה בעו״לם הזה על פי נס ושני הנושאים מוסבים על שני הנשואים כמו שאמרנו למעלה בפסוק שמע בני.

[2]) ר״ל השבע כוכבים והשנים עשר מזלות.

[3]) בכ״י אלקדים.

[4]) בכ״י איני.

[5]) ביאור: השונים בדבר האל הם המשתפים לו אל אחר כמו השניים או המאמינים בחומר הקדמון או המחלקים אותו לשלשה חלקים כמו הנוצרים או המודים בשבעה מנהיגים או בשנים עשר או יותר מזה כאנשי קדמות העולם ובדבר המלכות הם המשתפים לה רשות אחרת כמו השומעים למורדים או למי שאינו מזרע המלוכה ואפשר שמלת שונים מענין שנוי וחילוף והם הממירים טוב ברע או אפשר שהשונים הם החוזרים לטעותם מגזרת ולא שנה לו או המספרים מה שאינם עושים מגזרת ושננתם. ואמרו אידם ופיד שניהם רוצה בו האיד והפיד הבאים מאת השם והמלך לפי שאי אפשר שיתולו איד ופיד על הקדוש ברוך הוא.

[6]) בכ״י ב׳ וג׳ והד̇א.

[7]) בכ״י א׳ ואת̇באת.

אלמחאבאה בתלאתה (אנואע) אבואב אן אללה ידמהא והו קולה בל טוב עלי נסבה הטוב בעיני ײ (דברים ו׳ י״ח) תם אלנאס אלמגאר עליהם ידמונהא כמא קאל יקבוהו עמים ואצעב מן (הדא) דלך אן אלקום אלדין חאבאהם אלחאכם אנפסהם ידמונה פי דלך כמא קאל יזעמוהו לאמים. אעתבר מן איזבל באנהא אסתאגרת שאהדין לישהדו[1]) עלי נבות בגנאיה יסתחק בהא אלקתל והי נפסהא תסמיהם פגרה כמא קאלת והושיבו [שנים] אנשים בני בליעל נגדו (מלכים א׳ כ׳ י׳) פכפא בדלך לאהל אלגור דלא והואנא פאסתפטע אלחכים הדה אלחאל ללעלמא פקאל גם אלה לחכמים ידמהם רבהם ואלנצמאן גמיעא[2]). תם קאל

25 וללואעטין ינעם ותחל בהם ברכה אלכיר: 26 לאן מן ירד
כלאמא צואבא כמן יקבל אלשפתין:

באזא הדה אלתלאתה אלאחואל אלמדמומה מן אלמחאבי תלאתה משכורה ללצאדק אלנאצח קולה ינעם אלנעמה ללה בקולה ויהי נעם ײ אלהינו עלינו (תהלים צ׳ י״ז) וקולה תבוא ברכת טוב מן אלמחכום לה בחק לאנה ידעו למנצפה ויברכה כמא קאל איוב ברכת אובד עלי תבא (איוב כ״ט י״ג) וקולה שפתים ישק מן אלמחכום עליה קאל יגב אן יכון כלאם קאיל אלחק ענד סאמעה ועלי אנה ימצה כמן יקבל פאה מחבה וליס כמא יתוהם בעץ אלעאמה אן תפסיר שפתים ישק אנה מן קאל אלצואב ינבגי אן יקבל עלי פמה לאנה לם יקל יושק ואנמא קאל ישק הו אלדי יקבל פא[3]) אללצם אלמחכום [עליה] באצטנאעה אליה אלמערוף בכלאצה מן אלטלם. וקד מתל דויד עטה אלואעט ענד אלצאלח באלדהן עלי אלראס כמא קאל ויוכיחני שמן ראש (תהלים קמ״א ה׳) חתי צרבה ללמועוט הו מנה פצל ואחסאן כמא קאל אולא יהלמני צדיק חסד ויוכיחני (שם)[4]).

27 אצלח[5]) פי אלסוק צנאעתך ואעדהא פי אלציעה לך בעד דלך
אבן ביתך:

טאהר הדא אלקול אלמשורה עלי מן יקצד תזוי[ה] באמראה אלא יבהדי בדלך חתי יעד לה מכסבא ויעלם אן פימא ידלל עליה מן מכסבה מא יקום בהא ובולד או באתנין לעלהמא אן יכונא לה. פאדא תזוג עלי הדה אלשריטה ולם יבק

[1]) בכ״י לישהדון.

[2]) ביאור: גם אלה בלשון תמיהה ועניני הגם אלה יאותו לחכמים וגנה הכרת פנים במשפט בשלשה דברים ואמר שהיא תועבת השם ועוד שהזכאי שהרשיעו השופט יקוב אותו וגם הרשע בעצמו שהצדיקו יזעום אותו כמו שאתה רואה מאיזבל ששכרה שני אנשים להעיד נגד נבות וקראה להם בני בליעל.

[3]) בכ״י פי.

[4]) ביאור: נגד שלשה הענינים המגונים שהזכיר בהכרת פנים הזכיר כאן שלשה ענינים משובחים באיש ישר ונאמן והם נעם השם עליו והוא אמרו נעם וברכת הזכאי והוא אמרו ברכת טוב וכו׳ וגם החייב ירצה בדברי דובר אמת אף על פי שהם נושכים אותו כאילו נשקו על שפתיו לפי שהצילו מלעשות חמס ולא כמו שמפרש ההמון שבני אדם ישקו שפתי המשיב דברים נכוחים שאז היה צריך להיות יושק ולא ישק. וכבר המשיל דוד תוכחת אמת בשמן ראש ואפילו מכות המוכיח לגמילות חסד.

[5]) בכ״י ב׳ אתבת.

אלא דואם מכסבה ותק באללה אן ידימה לה פיכון בית פי הדה אלעבארה זוגה. ומן באטנה אן יבתדי אלמר בנואיב אלדניא אלצרוריה קבל אלאכרה אד כאן לא יצל אמור אלאכרה אלא בחאגה אלטבע מן אלקות ואלסתר ואלכן אעני אלטעאם ואלכסוה ואלמנזל[1]) ואיצא אצלאח אלמזאג ואלחרכה בתדביר ואלסכון בתקדיר אעני אלנום פאן הו תרך אלענאיה בהדה אלאשיא ואקבל עלי אלצום ואלצלוה לם ילתם דלך ולם יתם פיכון בית פי הדה אלעבארה דאר אלאכרה. וכדלך אלעלם לא יתם אלא בכפאיה. ומן סראירה אן ללחכמה אבתדאאת הי כאלדהליז ללמנאזל לא תצל אלי דלך אלגז אלחכמי חתי תקדמהא קבלה אד הו יפתחהא ואליונאניה תסמי אלמדכל אלי כל עלם מן מנטק ונגום והנדסה וטב איסאגוני. פאן סבק אלמתעלם באלכתאב בעינה קבל אלמדכל אליה לם יפהמה. וכדלך ללטאעאת מבאדי הי מפאתיח להא לא ינתפע אלעבד בבעצהא דון בעץ ושרח דלך אן אלשראיע אלסמעיה מתל אלסבת ואלעיד ואלצום ואלחג ואלפטיר לא ינפע אלעבד אלתמסך בהא דון אן יקדם קבלהא אלשראיע אלעקליה אלחק ואלעדל ואלאנצאף ותרך אלקתל ואלזנא ואלסרקה ומא אשבה דלך מן אלכבאיר פיכון אלמעני אצלח מעאמלתך מע אלנאס ובעד דלך בינך ובין רבך לא תסרק ותצדק מנה ולא תזן ותצום באזאיה[2]).

28 ולא תכן שאהד מגאן לאכיך תכדעה[3]) בנטקך: 29 ולא תקל כמא צנע בי אצנע בה ארד אליה כפעלה:

נהי בהאתין אלאיתין ען נוע מן אלנפאק והו אן יישהד אלמר עלי צאחבה בפצאיל ליסת פיה יכאדעה בדלך. תם אטבק עלי הדא אלקול אלמקארצה ואלופא והו אן יכון אחד אלאתנין ינעת אלאכר ויצפה בגודה[4]) גזאא למא תקדם לה מנה מתל דלך אן אבתדי ליכאפיה הו איצא במתל דלך. ופי טי הדה אלמכאפאה אלממנועה אלתי הי באלכיר מנע מכאפאה אלשר באלשר בל דלך אוכד[5]). תם כסי מעני יעלמה אלחכים אנה כדאך כלאמא געלה כאנה כבר כאן פקאל

---

[1]) עיין למעלה דף 3 ושם הזכיר גם כן אלו השלש מלות ופירשם אחר כן ועיין עוד אמאנאת דף 288, 313.

[2]) ביאור: על דרך נגלה לא ישא אדם אשה ויוליד בנים אלא אחר שהשיגה ידו לפרנסם ולפי זה בית ענינו אשה ועל דרך נסתר פירושו שיתעסק אדם תחלה בצרכי העולם הזה והם המזון והלבוש והמושב ובבריות גופו וכיוצא בהן ואחר כך בתפלה ובצום וכל עניני העולם הבא ובזה הפירוש בית הוא עולם הבא. וכן אי אפשר לאדם שישלם לימודו אם אין לו די מחיתו. ומנסתרות הפסוק שיש לחכמה התחלות שהם כמו הפרוזדור לטרקלין והיונים קוראים איסגוגי לפתיחות החכמות כמו חכמת ההגיון ומלאכת הכוכבים וההנדסה והרפואה ובלי אלו ההתחלות אי אפשר ללמוד החכמה. וכן יש למצות מבוא ומפתח שאין תועלת לאדם בקיום המצות השמעיות כגון שבת ומועדים וכיוצא בהן כי אם אחר שקיים מצות השכליות כגון צדק ומשפט ונזהר מן הגניבה והרציחה ודומיהם ולפי זה טעם הפסוק שיכין האדם מעשיו בינו ובין אדם ואחר כך בינו ובין השם שלא יגנוב ויעשה בו צדקה ולא ינאף ויצום כנגד זה.

[3]) בכ״י א׳ תבאיעה.

[4]) בכ״י בגירה.

[5]) ביאור: בשני אלו הפסוקים דבר החכם באחד ממיני החניפה והזהיר שלא ישבח אדם את חבירו במדות טובות שאינן בו לפתותו וכן לא יהלל את רעהו כדי לשלם לו גמול השבח ששבח אותו בו קודם לכן וכל שכן שלא ישלם רעה תחת רעה.

30 למא גזת עלי ציעה רגל כסלאן וכרם אנסאן נאקץ אלעקל:
31 ואדא קד נבת אבתרה קריצא וגטא וגהה אלחרשף והגארה גדארה
קד אנהדמת: 32 פאד ראית אנא דלך רדדת אליה באלי ואד נטרתה
אתכדתה אדבא: 33 עז קליל מן אלסנאת ואלנומאת ולזום אלאיאדי
ללאצטגאע: 34 חתי יקבל פקרך באלסאיר[1] ועוזך ברגל די תרס[2]:

קד קדמת מעני הדא אלמתל וקלת אן אלחכים ליס ילזם צרורה אן יכון קד מר בציעה כסלאן פאדאהא קד אנבתת חרשפא וקריצא ולכנה עלם דלך בעקלה פוצעה מתלא כאלכבר אד כאן אלאעתבאר במא כאן הו אצעב. פחדר אלמתכאסל באנה אן אדמן אלכסל צאר פי אחואלה אלי תלאת מנאזל כמא אן אלציעה תנקסם תלאתה אקסאם אדונהא ואוסטהא ואקואהא. פאול מא יבתדי אלכסלאן באלתואני באלגז אלאדון מן ציעתה פינאלה והנה עלה כלו קמשונים. תם יציר אמרה אלי אלתואני פי אלגז אלאוסט פינאלה כסו פניו חרלים לאן וגה אלציעה אגוד. תם יאלף אלכסל פיסתעמלה פי אקוי מא פי אלציעה והי אלחגארה אלמבניה פילחקהא וגדר אבניו נהרסה. פעלי הדא אלצנאיע ואלתגארת ואלעלום ואלדיאנאת תנקסם תלאתה אקסאם וכל מתואן יבתדי פי ארונהא תם אוסטהא תם אגלהא אול מא יאבד[3]) אלכסלאן פי אלאול תם פי אלתאני תם פי אלתאלת. אקסאם[4]) אלצנאיע הבאתהא ואגרתהא ועמלהא. ואקסאם אלתגארת אלארבאח ואלחילולה ורוס אלאמואל. ואקסאם אלעלום אלאסתנבאט ואלתחפט ויקאל אלפצול ואלאבואב ונפס אלכתאב. ואקסאם אלדיאנאת אלנואפל ואלסמעיה ואלעקליה אול מא יתואנא אלמתואני פי אלנואפל אלמחמודה מן צום וצדקה וצלוה תם יתואנא פי אלשראיע אלסמעיה תם יציר אמרה אלי אלכבאיר פידע אלעקליה איצא. וקולה ואחזה אנכי ערפנא אן אלתחדיר עלי תלאתה צרוב אצעפהא אן יקול אלנאהי ללמנהי לא תפעל הדא ויסכת ואקוי מנה אן יקול לה לא תפעל הדא לילא תהלך ואקוי מנהמא אן יקול לה לא תפעל הדא לילא תהלך כמא הלך פלאן פמאל אלחכים אלי הדא אלקסם אלאעטם מן אלתחדיר פקאל על שדה איש עצל עברתי וגו' ואחזה וגו'. ואלקול פי מעט שנות וגו' ובא מתהלך רישך וגו' חסב מא קדמת פי תפסירהמא אלאול (משלי ו' י'—י"א)[5]).

תם אלגז אלתאני מן תפסיר כתאב טלב אלחכמה ואבתדי

---

[1]) כ"י א' כרגל סיאר.

[2]) כ"י א' כדי מגן. — [3]) נראה שצ"ל יואבד. — [4]) כ"י אקסם.

[5]) ביאור: כבר ביארתי בפתיחה ענין זה המשל ואמרתי שהחכם מספר לפעמים מה שראה בשכלו כאילו ראהו בעיניו כדי שישבר המוסר אזני השומע. והזהיר את העצל ואמר שאם יעמוד בעצלותו תביאהו לשלש מדרגות כמו שהשדה מתחלק לשלשה חלקים החלק הנקלה והוא נפסד מיד והבינוני הנקרא פני השדה לפי שהוא טוב מהראשון ויפסד אחר כך והיותר חזק והם אבני הגדר שיהרסו גם הם בסוף. וכן האומנות והתגרות והידיעות והתוריות מתחלקות לשלשה חלקים חלקי האומנות הם המתנות והשכר והמלאכה עצמה. וחלקי התגרות הרווח ותשומת יד והקרן. וחלקי ידיעות התולדה והשמירה והלמידה ובספרים הפרקים והשערים וגוף הספר. וחלקי התוריות דברי רשות וחובות שמעיות וחובות שכליות ובכל אלו ההפסד הולך וגדל לפי החלק שיתעצל בו האדם. ואמרו ואחזה וגו' יורה שההזהרה היא על שלש דרכים שיאמר המצוה למצווה רק לא תעשה או לא תעשה פן תאבד או לא תעשה פן תאבד כמו שאבד פלוני ובחר החכם בדרך השלישית.

נשלם החלק השני מספר דרישת החכמה והתחיל

אלגז אלתאלת מנה

קאל פי אולה

כה

1 והדא איצא מן אמתאל סלימן אלתי נקלהא קום חזקיה מלך יהודה:

קול אלכתאב הדא ידלנא עלי אן אלבארא כתירה אקאם אבאנא יתנאקלונהא מדה מן אלזמאן גיר מכתובה תם אנהא כתבת בעד דלך אד פצח באן הדה אלאמתאל שלמה קאלהא ואקאמת זמאנא גיר מדונה חתי דונהא קום חזקיה וכמא שרח ירמיהו אן אללה אמר אבאנא פי וקת כרוגהם מן מצר ולא תוציאו משא מבתיכם ביום השבת (ירמיה י״ז כ״ב) כדאך אסתקאם ללאבא אן ינקלו אן מצות כתירה סמעוהא מן משה ולם יתבתוהא אלי וקת כתבה אלמשנה ווקת כתבה אלתלמוד. אבתדו בהדה אלאתני עשר פסוקא פי תדביר אלמלך וגלסא אלמלך ומן יחצר ללחכם ואלמחאכמה בין ידיה פקאלו אולא[1]).

2 כרם אללה מן כפי אלאמור וכרם אלמלוך מן נהאיה אלאמור:

להדא אלקול מעאן מנהא אן אללה עז ותברך כמא אן נהאיה כרמה לא תדרך אד הי מן אלאמור אלכפיה ענא כדאך אלמלוך יגב עלינא אלא נגאהי כראמתהם בל נגעל נאיתהא לא תלחק פאלאול הו מעזום באלבניה ואלרסם ואלתאני באלאכתיאר אן נגעל[2]) אלמלוך פוק גמיע אלמנאזל. ומנהא אן כרם אללה יערף פי אלאמור אלמסתורה כיף יכלק שיא לא מן שי וכיף יחיי וימית וירזק ויפקר ויסעד וישקי בל יפעלה כפיא ואלמלוך פאנמא תפעל גמיע מא תפעלה טאהרא מן רפע וחט וגנא ופקר פכלמא אטהרת כאן נעתהא ליטהר עזהא כמא אן אלבארי כלמא

[1]) ביאור: זה הפסוק יורנו שהרבה דברים היו מקובלים בידי אבותינו ולא נכתבו על ספר עד אחר זמן וכן אמר ירמיה בפירוש שאיסור הוצאה בשבת ניתן לישראל בעת יציאת מצרים וכן מצוות הרבה ששמעו אבותינו מפי משה נשארו בקבלה עד שנכתבו במשנה ובתלמוד. והתחילו אנשי חזקיהו בשנים עשר הפסוקים האלו על הנהגת המלך והיושבים לפניו והבאים למשפט לפניו.

[2]) בכ״י נגל.

כפי כאן דלך נעתה ווצפה. ומנהא אן אללה עז וגל יעלם אלאמור אלכפיה פאדא
אלתה והבא או צפחא פאצמר פאן דלך ירגעה ואמא אלמלוך פאנהם לא יעלמון
לא אלאמור אלטאהרה דואת אלנהאיאת פאדא סאלתהם שיא פאשרח ובין[1]).

3 וכמא אן אלסמא פי גאיה אלרפע ואלארץ פי גאיה אלעמק
דאך ראי אלמלוך לא נהאיה לה:

קולה הדא יוגב אן יכון ראי אלמלוך לא ראי פוקה כמא אן אלסמא לא עלו
יקהא אד לא ענצר אעלי מן אלנאר ואלארץ לא ספל תחתהא אד לא טביעה תחת
לתראב כדלך ינבגי כל יגב אן יכון תדביר אלממלכה לא אגוד מנה פאן כאן
למלך אלמנצוב יפי בדלך ראיה ואלא פיגב אן תכון אלחאשיה תפי בדלך חתי
רג אלתדביר פי אגוד אלגודה אלממכנה אמא באלמלך אלמפרד או בה ובקומה[2]).

4 וכמא אנך אדא נחית[3]) אלזיף מן אלפצה כרג ללסבאך אנא
יד: 5 כדאך אדא נחית אלטאלם מן בין ידי אלמלך תתבת כרסיה בעדל:

לאאם קולה הדא אלקול אלאול אן אלמלך אד[4]) כאן רכנ[א] מן ארכאן
לעאלם וכאן אלסמא לא תחיט ואלארץ לא תסתחיט אלא באעתדאל מן אלטבע
אלחרכה כאן אלמלך איצא לא יתבת מלכה אלא בעדל ואעתדאל פי סיאסתה
חכמה פיגב עלי הדא אן יזאל כל טאלם מן חצרתה לילא יפסד עלי אלמלך אלתדביר.
אלאעתבאר פי דלך אן אלמלוך תשדד פי חפט דור צרב אלדראהם ואלדנאניר
ילא תפסד נקוד אלנאס בדכול אלזיף פיהא פכדאך ינבגי אן תשדד פי חפט מתוליי
אלנש ואלרסום[5]) לילא תפסד אלסיאסה בדכול אלטאלמין פיהא בל באוכד מן דלך
אן אלאול פי כטר אלאמואל ואלתאני פי כטר אלארואח[6]).

6 ולא תתבאה בין ידי אלמלך ופי מוצע אלאגלא לא תקף:
7 פאנה אצלח אן יקאל לך ארתפע האהנא מן אלסאסך בחצרה נביל
כמא קד ראת עינאך:

אלתבאהי בין ידי אלמלך פי אלטאהר יורת חסדא וחטוטא ופי אלבאטן ידמה

---

[1]) ביאור: יש בפסוק הזה ענינים רבים האחד מהם כמו שאי אפשר בתכונתנו להשיג
את כבוד האל יתברך כן ראוי שלא נבקש לשום גבול וקץ לכבוד המלכים כאילו לא נוכל לחקרו.
השני שכבוד השם נודע לנו רק במעשיו הנסתרים שהוא בורא יש מאין ומחיה וממית ומעשיר
מוריש וזהו תואר לו ומעשי המלכים גלוים לכל כשמגביהים ומשפילים וזה תארם שיראו
גבורתם. והשלישי שמכבוד השם שלא יאריך האדם בשאלותיו שהשם יודע תעלומות לבו אבל
לפני המלכים צריך אדם לבאר ולפרש בקשותיו.

[2]) ביאור: הפסוק יחייב שיהא לב המלך למעלה מלבות כל בני אדם כמו שהשמים
בתכלית הגובה שטבעם אש והארץ בתכלית העומק שטבעה עפר ולכן ראוי וגם צריך שינהיג
המלך מלכותו היטב ובדרך ישרה בין לבדו בין הוא ויועציו.

[3]) כן תרגם הגאון ישעיה כ״ז ח׳.

[4]) בכ״י אדא.

[5]) נראה שרצה לומר הממונים להרחיק העול ולשמור החוקים או אפשר שצ״ל אנשא אלרסום.

[6]) ביאור: המלך הוא אחד מעמודי העולם וכמו שהשמים והארץ הם שקולים זה כנגד
זה בטבעם ובתנועתם כן לא יכון כסא המלך כי אם בצדק וביושר ועל כן צריך להרחיק הרשעים

אללה אד לם ירע חק מסיחה ובאלחרי אלתבאהי בין ידי אללה בפעל אלצאלחאת אדא כאנת אד לא מנה למבתדא עלי מבתדיה פכיף אן כאנת אלאעמאל סיאת פהו אשד ואמר. ואלוקוף פי מוצע אלאגלא הגומא יורת פי אמור אלדניא אלכגל ואלטרד פאלאצלח ללמסתחק אן ירפע מגלסה אן יצבר חתי ירפעה מאלך אלמחל. ואדם מנה פי אלעאקבה אלהגום פי אמר אלדין[1]) אמא בפתיא פלעל אלבציר בהא ירדהא או בצמאן אגאבה דעא לקום ען אללה ולעל אלמגיב לא ישא דלך. ובאלחרי אן כאן אלסאיל לא יסתחק אלאגאבה כמא כאן באלחרי אן כאן אלמרתפע לא יסתאהל תלך אלמרתבה. ומן אבעד אלבעד אן יכון אלמצמון ענה אלאגאבה לא יקדר עליהא כמא פעלו נביאי הבעל וכמא אנה מן אבעד אלבעד אן תכון אלמרתבה נפסהא קד נצבת לגיר מסתחק אעני צאחב אלמגלס נפסה[2]). הדה אלפואסיק פי גלסא אלמלוך תם קאל פי אלכצום אלדין יקפון ללחכם

8 לא תכרגן אלי כצומה סריעא כילא מא תצנע פי אלעאקבה
אדא אכזאך צאחבך: 9 טאלב צאחבך מטאלבתך ולא תכשפן סרא
אכרא: 10 כילא ימקתך סאמעך ושנאעתך לא תרגע:

טאהר הדא אלקול פי אלמתנאזעין פי מאל או עקאר בחצרה חאכם ינהי כל ואחד מנהמא ען אלכרוג ען חד אלמנאטרה אלתי הי אלדעוי ואלגואב אלי חד אלספה ואלשתם. וירועה בתלאתה אשיא אלאול לילא יפלג עליה כצמה באשתגאל פכרה הו פי אלסב ואלקדף ואעמאל דאך פכרה פי נפס אלמנאטרה פקאל בהכליב אתך רעך. ואלתאני לילא ינהרה אלחאכם ויסתכף בה קאל פן יחסדך שומע וינצרף הדא אלאסם אלי אלחאכם כמא קאל שמוע בין אחיכם (דברים א׳ ט״ז). ואלתאלת לילא יקאבלה כצמה באקבח ממא קדפה בה פלא ימכנה אסתרגאע מא קד קיל פיד לדלך קאל ודבתך לא תשוב. ובאטנה פי אלמתנאזעין פי נטר פי [אל]דין או גירה מן אלעלום נהי כל ואחד ען אלכרוג מן חד אלמנאטרה אלתי הי טריק לזום אלנטר ומקאבלה שי[3]) במתלה ואגרא חכם אלעלה פי אלמעלול אלי אחד תלאת מנאזל אמא אן יכרג מן אעתלאל אלי אעתלאל גירה באנה יוגב שי[א] לשי מרה בסבב ומרה בסבב אכר או[4]) יעטי אלשי לכצמה באלאקראר פאדא תבין עאקבה מא

מפניו. והמשל בזה שכמו שישגיח המלך על בתי המטבעות שלא יזייפו המעות שזה סכנת ממו כן צריך שישגיח על הממונים על שמירת דתותיו שלא תשחת הנהגתו הטובה על ידי הרשעים שזה סכנת נפש.

[1]) בכ״י אלדניא.

[2]) ביאור: לפי הפשט המתהדר לפני המלך מקנאים בו ומשפילים אותו ועל דרך נסתר השם יקבנו לפי שאינו עושה מה שהוא חייב למשיחו וכל שכן שלא יתפאר אדם לפני השם בפעולותיו הטובות שאין לנברא לתבוע שכרו מבוראו ועל אחת כמה וכמה אם פעולותיו רעות. והנבהל בהמוניות להתיצב לפני גדולים יבואהו בוז וקלון וטוב לאדם שימתין עד שיגביהנו ראש המעמד אל המעלה הראויה לו. ומגונה מזה בתוריות הממהר לדון בדבר הלכה ואפשר שיסתור חכם את דבריו או המבטיח בני אדם שתפלתו בעדם נשמעת ואפשר שהשם לא ירצה בה. וכל שכן אם השואל אינו ראוי שיענהו השם וזה כמו המעלה את עצמו למדרגה שאינו ראוי לה. ועל אחת כמה וכמה אם מי שנשאל ממנו אינו יכול לקיים הבטחת השואל כמו שעשו נביאי הבעל וכן הוא בראש המעמד שאינו ראוי למעלתו.

[3]) בכ״י אלי. — [4]) בכ״י אן.

ילומה מנה עאר עליה בנפי וגחד או יכאבר פי בעץ אלמחסוסאת אלטאהרה והדה אלתלאתה הי צרוב אלאנקטאע. פרועה ען אלתקלב פי אעטא אלעלה בקול בהכלים אתך רעך לילא יכבתה לצמה ויקול ליס כדא קלת ולופה מן גחד מא כאן קד אקר בה בקול פן יחסדך שומע לילא יעיבה אלדין חפטו עליה קולה וזגרה ען גחד אלעיאן ואלשאהד בקול ודבתך לא תשוב לילא ישנע עליה אנה מתגאהל[1]. פאכד הדה אלתלאתה פנון מן אלאנקטאע אלא אלסכות פאנה אצלח(הא) אן יכון אלמר אדא לזמה אלכלאם סכת ואצלח מנה אלרגוע אלי אלחק באלקול ואלעמל גמיעא[2].

11 כתפאפיח מן דהב פי מזכרפאת מן פצה אלכלאם אלמקול עלי גהתה[3]:

למא לם יך ממא יצאג שי[4]) הו אגל מן אלדהב ואלפצה מתל בהמא אלכלאם אלמנטום עלי גהתה וגעל אלדהב לגלאלתה הו אלמחמול ואלפצה אלחאמלה לקולה תפוחי זהב [וגו]. ונטאם אלקול עלי גהתה עשרה צרוב מנהא תלאתה פי אלכתאב ותלאתה פי אלקול וארבעה[5]) פי אלתמייז וגוד אלאשיא פי אנפסהא אלדי הו אלצרב אלראבע לא ידכל פי הדה אלאקסאם אד ליס דאך באלכתיאר פיקע עליה חמד או דם בל אנמא יקעאן עלי אלכט ואלקול ואלפכר אלדי יכתאר אלמר אלענאיה בהא או אלתרך[6]). ושרח אלתלאתה אלתי פי אלכתאב אן יכתב אלחרוף עלי צחה ולא ילזק מא ליס סבילה דאך ואגאד אלעבראניון פי דלך אד ליס שי מן חרופהם ילזק בתה תם אן אלכלמאת מתפרק בעצהא מן בעץ באכתר מן תפרק אלחרף מן אלחרף ופי הדא איצא אגאד אלעבראניון תם אן תכון לאואיל אלמעאני פצול מפצלה חתי יקף אלקארי עלי רווס אלמעאני כמא וקף עלי אואיל אלכלמאת ואבתדא אלחרוף פהדה אלתלאת פי גהאת אלכתאב פאן כלטת אלפצול פכיף[7]) אן כלטת אלכלמאת [פכיף אן כלטת אלחרוף אפסד אלמעני. ואלתלאת גהאת אלתי פי אלקול הי אן יפרק בין אלכלמאת][8]) אלתי אן הי אתצלת אפסדת אלמעני כמן יריד אן יגיב צאחבה בקול לא פיקול לא אעזה אללה[9]) פיפסד אלמעני. ואן תצם כל גמאעה מן

---

[1]) עיין אמאנאת דף 69.

[2]) ביאור: על דרך נגלה הזהיר מי שיש לו ריב לפני הדיין שלא יצא מגדר הטענה והתשובה ויבא לחרף ולקלל את בעל דינו. והפחידו בשלשה דברים האחד שמא יגבר עליו בעל ריבו בשומו את לבו על גוף הדין בזמן שהוא עסוק בקללותיו והוא אמרו בהכלים וגו׳ ועוד שמא הדיין יגער בו וזה אמרו פן יחסדך שומע רצה לומר הדיין ועוד שמא יחרפהו בעל דינו בדברים יותר מגונים שלא יוכל הוא לבטלם וזה אמרו ודבתך לא תשוב. ועל דרך נסתר הזהיר את התכמים המתוכחים בדבר תורה או באחת מן החכמות שימנעו עצמן משלשה דברים שלא יצאו מהוכחה להוכחה אחרת ויטענו פעם בראיה אחת ופעם בראיה אחרת ושלא יכחשו במה שכבר הודו בו אחר שיכירו מה שיולד מהודאתם ושלא יכפרו במה שהוא מוחש וגלוי לכל. ולא הזכיר השתיקה שהיא טובה מכל זה וטוב יותר שישוב האדם אל האמת בדבריו ובמעשיו.

[3]) בכ״י ב׳ וג׳ אלמנטום עלי גהתיה = מסודר על שני צדדיו ואין אנו יודעים מה ענין לשון שנים כאן.

[4]) בכ״י שיא וכן למטה. — [5]) בכ״י וג׳.

[6]) עיין ספר יצירה ד׳ 22 (42).

[7]) בכ״י או כיף.

[8]) מלאנו החסרון כפי השערתנו.

[9]) אם תחובר מלת לא עם מה שאחריו תהפך הברכה לקללה.

אלכלאם אלי צמה עלי מא תוגבה אלמעאני פאן צמת עלי כלאף דלך אפסדתהא
נטיר קול אלכתאב מי תכן את רוח ה׳ (ישעיה מ׳ י״ג) פאדא צם אלקאיל אלארבע
כלמאת עלי חדה ואלכאמסה עלי חדה צאר מי תכן את רוח מסלה וה׳ גואב[1]) ואן
הו צם כלמתין עלי חדה ואלתלאת עלי חדה צארת אלמסלה מי תכן את רוח ה׳ מן
כלק רוח אללה וכאן דלך כפרא וכדלך קולה שרפים עומדים ממעל לו (שם ו׳ ב׳)
אדא צם תלאת כלמאת עלי חדה ואלראבעה עלי חדה כאן אלקול אן לה מלאיכה
פי אלסמא ואן הו צם אתנין עלי חדה ואתנין עלי חדה פקאל שרפים עמדים תם
קאל ממעל לו צאר דלך כפרא אד יגעל אלמלאיכה פוק כאלקהא ומתל הדא כתיר
מן כלאם אללה ומן כלאם אלנאס לא אטול. ואן ינתקי מן אלכלאם מא ירפע
אלאשתבאה ען אלסאמע באגהר מא ימכנה לילא יקול כאנת לפלאן עין חסנה פבעץ
אלסאמעין יטנהא חדקתה ואכר יתוהמהא עין מא ואכר יחסבהא סכאא והדא אלדי
תרי פי אלתוריה בעץ אלמצות בלפט מתשאבה מתל ונתנו בני אהרן הכהן (ויקרא
א׳ ז׳) מוצע ובערו[2]) ממחרת השבת (שם כ״ג ט״ו) מוצע המועד אנמא צאר דלך
חכמה לאנה לם ידפע אלא למן לא תדכל עליה שבהה אד קד וקעת לה אלמשאהדה
ללרסול כיף צנע פדלך פי גאיה אלאחכאם. ושרח אלארבע אלתי פי אלסכר פהי
גאילה פי כל כתב אלעלום ואלקבהא באלמכתצרה ואלמנתשרה ואלצאעדה ואלהאבטה.
פאמא אלמכתצרה פהי אלתי תכתצר עלי דאת ואחדה פתשרח כלמא פיהא ועלי אן
אגזאהא מכתלפה כמן יקצד מן אלעלום אלדיאניה אלי שריעה מועד פסח פישרח פיהא
זבח פסח וביעור חמץ ואכילת מצה ומרורים וחג ועומר וכלמא אנצם אלי דלך אלאואן.
ומן גיר אלדיאניה כמן יקצד אן יצף תשריח אלעין פהו יצף [אל]אעצאב ו[אל]ערוק ו[אל]חגב
ו[אל]רטובאת ו[אל]אגפאן ומא שאכל דלך ועלי אן צורהא מכתלפה אלא אן גאמעהא
אנמא אכתצר עלי צפה אלעין פקט ולדלך סמית הדה אלגהה אלמכתצרה. ואמא
אלמנחשרה פהי אלתי תמתד פי אצול כתירה לתצם מן כל אצל שעבא ישאבה
בעצהא בעצא ומתאל דלך מן אמור אלדיאנה כמן אראד אן יחצי כריתות אנהא ל״ו
פהו יחשר מן אלקדשים ומן אלעריות ומן אלטמאות ועלי אן אלאצול מכתלפה אלא
אן אלשעבה אלתי אראדהא מן תסאוי אלכרת פהי שאיעה פי אלכל. ומן גיר
אלדיאניה כמן אראד אן יעד אלחרכאת אנהא סתה פהו יגמע ממא הו פי אלגוהר
אתנתין והמא חרכתא אלכון ואלפסאד וממא הו פי אלכם אתנתין והמא חרכתא
אלרבא ואלאצמחלאל וממא הו פי אלכיף אתנתין והמא חרכתא אלנקלה ואלסכון ולא
יבאלי אן תכון אלאצול מכתלפה אד יגד אלחרכה מנתשרה פי כלהא ולדלך לקבתהא
באלמנתשרה או אלשאיעה. ואמא אלצאעדה ואלהאבטה פהמא אצדאד ושרח אלצאעדה
אן יבתדי באלאקסאם אדא כאנת מן אלאצעף פאלאצעף חתי ירתפע אלי אלאקוי
ואלהאבטה אן יבתדי מן אלאקסאם מן אלאגל פאלאגל חתי ינתהי אלי אלאדון ומתאל
אלצאעדה פי אמור אלטב כמן יבתדי פי וצף אלעלאג מן אלאצעף פאלאצעף פאן אסתגני
בה וזאלת אלעלה ואלא פבאקוי מנה חתי ירתקי אלי אקוי אלעלאג ואלהאבטה פי תעדיד
אלאמראץ מן אלמרץ אלאצעב תם מא הו אקל מנה חתי ינתהי אכר אלנז או
אלכתאב אלי איסר כטר פי דלך אלמרץ. ומתאל אלצאעדה מן אמור אלגדל הו אן

[1]) כן תרגם הגאון מי תכן את הרוח הוא ה׳ וכן ולו שרפים עומדים ממעל. ואם תחבר רוח עם מלת ה׳ או ממעל עם מלת לו יהיה חירוף וגידוף.

[2]) עיין הערתנו שם.

בתדי אלמר פי אלאחתגאג לנפסה באסהל אלחגג ענדה בעד אן תכון צחיחה פאדא הו בין וגובהא אתבעהא בחגה אקוי מנהא תם אתבעהמא בחגה אקוי מנהמא אלי אן בלג אלי אקוי חגה לה ולא יאתי באלחגה אליסירה בעד אלקויה פתרי צעיפה וכאנהא בארדה בל ירבי אלחגה תרביה. ואלהאבטה הי אן יבתדי אלמר פי נקץ חגה כצמה באקוי שבהה לה פיזילהא תם יתבעהא באלתי הי דונהא פיחלהא חתי יבלג אלי אצעף שבהה לכצמה פכלמא אזדאדת שבהה כצמה צעפא אזדאד טענה עליהא דחצה להא קוה ולא יבתדי באלצעיפה פינקצהא באלקול אלקוי תם יאכד פי נקץ אלקויה בקול הו אצעף מנה פיצטרב אלכלאם. ועלי הדא תגרי אמור אלפקה אלדיאני אן תבתדי פי מוצע אלאתבאת מן אלאצעף תם תקול וכל שכן ופי מוצע אלסלב מן אלאקוי תם תקול ואין צריך לומר. פאדא אחכמת הדה אלעשרה פנון כל ואחד עלי גהתה כאן דבר דבור על אפניו. ולואצעי אלכתב ולמולפיהא גהאת אכר ארק מן הדה מערפה ואגל כטרא יסתעמלונהא פי סוק אלכלאם פי כתבהם כיף יסוקונהא ישול שרההא ולא תחוט בהא אקסאם כלאמה אד הי אנמא הי מבניה עלי גרץ מולף אלכתאב פעלי קדר מקצודה יפתתח כלאמה ויקוד אלכלאם קודא אלי מא אראד אלא אן ממא יעם אלכתאב אן יכון צדרה מוצחא ען גרצה ואן אמכן אן תקדם גמל מנה או כלהא פי צדרה פהו אתקן ואנטם[1]):

---

[1]) ביאור: המשיל הדבר המתוקן כראוי לזהב וכסף מפני שאין דבר יקר משניהם והזהב שהוא יותר יקר הוא הנשוא והכסף הוא הנושא. ותיקון הדברים על עשרה אופנים שלשה בכתיבה ושלשה בדיבור וארבעה בשכל ואין לנו עסק במציאות הדברים בעצמם לפי שאינה תלויה בבהירתנו ואין השבח והגנאי נופלים עליה. ושלשה אופני הכתיבה הם האחד שיכתוב הסופר כל אות ואות היטב ושלא יחבר האותיות שאין מדרכן להיות דבוקות והשני שיעשה בין מלה ומלה רוח גדול מהרוח שבין אות ואות ובשניהם מעלה יתירה למכתב העברים והשלישי שיפריד בין פרק לפרק כדי שיכיר הקורא תחלת כל ענין ואם עירבב הפרקים וכל שכן המלות וכל שכן האותיות יפסד הענין. ואופני הדיבור הם האחד שלא יחבר המדבר שתי מלות נפרדות. והשני שיבדיל חלקי המאמר כפי הראוי שאם ישנה חיבור המלות בפסוק אחד יוכל להיות ככופר. והשלישי שיזהר מלהשתמש במלות משותפות כדי שיבין השומע כוונת מאמרו ומה שנאמר בתורה ונתנו בני אהרן במקום וביערו וממחרת השבת במקום המועד הוא לפי שהשומעים הבינו ענין המצוות ממה שעשה הנביא לעיניהם. והארבעה אופנים שבשכל נוהגים בכל ספרי החכמות ואני קורא אותם המתקצר והמתפזר והעולה והיורד. והמתקצר הוא שיעסוק אדם בעיקר אחד ויבאר כל הענינים הנכללים בזה העיקר כגון שיעסוק במועד פסח ויכלול בו זבח פסח ומצות ומרורים וכו׳ וכן מי שהוא עוסק בניתות העין ומבאר כל חלקיה כמו הגידים והערקים והעפעפים וכו׳. והמתפזר הוא שיאסוף אדם מכמה עיקרים ענף אחד הנמצא בכולם כגון שימנה תשלשים וששה כריתות ויאסוף אותם מקדשים ועריות וטמאות וכן הרוצה למנות השש תנועות ימצא שתים בעצם והם ההויה וההפסד ושתים בכמות והם הגידול והפירוד ושתים באיכות והן ההעתקה והמנוחה. והעולה הוא שיעלה מן היותר רפה אל היותר חזק והיורד הוא הפך זה ושני האופנים נמצאים במלאכת הרפואה שיתחיל הרופא בסמים היותר קלים ויעלה אל הסמים היותר קשים או שידבר בתחילה על החליים היותר קשים וירד אל היותר קלים. וכן יש שני דרכים בויכוח העולה הוא שיתחיל להביא ראיה קלה ואחר כך יביא ראיה חזקה והיורד שיתחיל לסתור טענת המתוכח הקשה ואחר כן יסתור טענתו הקלה וכן בדברי הלכה מתחילים בחיוב דבר קל ואומרים וכל שכן ומתחילים בשלילת דבר חמור ואומרים ואין צריך לומר. ומחברי הספרים יש להם עוד אופנים אחרים יותר דקים ויקרים הנוגעים בסידור הספר וחילוקו ואין להאריך בביאורם לפי שהם תלויים ברצון המחבר ובכוונתו אלא שבכל ספר ראוי שיגיד המחבר בפתיחה כוונת הספר ואם יכול יקדים בה מקצת עניני ספרו או כולם.

12 וכשנף מן דהב וחלי מן פצוץ ואעט חכים עלי סמע קאבל:

געל אלעטה קסמין אחדהמא מתלה בנזם זהב והו מא יעט אלואעט בפן ואחר אמא בתרגיב דניא או ברהבה מנהא או בתרגיב אכרה או ברהבה מנהא או במסלה או בגבר או כחיא או במא שאכל דלך כל ואחד מפרדא כמא אן שנף אלדהב הו מן דהב פקט ליס ישובה גירה והדא אלבאב מן אלעטה יקנע אדא כאנת אלחאדתה אלמועוט להא יסירה ואלרגל לין אלעריכה וקד ובך יצחק לאבימלך ויפתח לשיוך גלעד באלאכגאל פקט ועזרא לקומה באלתרגיב וריסא בני אפרים[1]) באלתכויף פקט. ואלאכר שבהה בחלי כתם חלי פיה פצוץ כתירה מן אנואע כתירה והו מא יעט בה אלואעט באקואל מגתמעה מן סעאדה אלדארין למן יקבל מנה ושקא פיהמא למן יכאלפה ויקול בחיותי ויקול לא בד גזמא ויקול אפלא תסתחי ומא נחי הדא אלנחו יחתאג אלי גמיע הדא אדא כאנת אלחאדתה אלתי תריד אן תזול עטימה וכאן אלמועוט צעב אלקיאד כמא עלמת מן אלאנביא יעטונא בפנון כתירה מכתלפה[2]):

13 כברודה מן אלתלג פי יום אלחצאד אלספיר אלאמין לראסלה ובאנה ירד נפס מולאה:

כמא אן אלאנסאן יחמא פי יום חר פאדא חס בברודה אלתלג רגעת נפסה אליה כדלך ראסל אלרסול יחמא ויקלק ללגואב פאדא הו אגאבה במא יצלח כאנה ירד קלבה ונפסה. בל הו ירדהא עלי אלחקיקה לאן מאו[א]הא אלקלב פכאן קלק אלראסל לתוקע אלגואב קד אטאשהא ען מרכזהא פלמא סכנהא חסן אלגואב עאדת אלי מכאנהא. וליס עלי אלרסול אן יתם מא ארסל פיה ואנמא עליה אלצדק ען באעתה ואללטף במן בעת אליה ובהמא ינעת[3]).

14 כסחאב וריאח וליס גית רגל ימתדח בעטא באטל:

האהנא צרוב כתירה מן אלכלא ואלפראג כאן לה אן ימתל בהא ולכן אלאטמאע פי אמר אלמטר אגלטהא פלדלך שבה בה מן לא יפי במא יקולה. וקד יכון קלה ופאה ללה אצעב חסב גלאלה ועזה וקד יכון קלה ופאה ללנאס אצעב חסב פקרהם ואחתהם[4]).

---

[1]) אפשר שחסרה מלת ליפתח.

[2]) ביאור: המשיל בנזם זהב שהוא ממין אחד את התוכחה שהיא באופן אחד וזאת התוכחה ראויה למוכיח על דבר קל איש רך הטבע וזה שיפחיד המוכיח את השומע לדבריו בין מעונש העולם הזה בין מעונש העולם הבא או שיבטיח לו שכרו באחד משני עולמות או שיוכיחהו בלשון שאלה או בלשון הכרח או שיביישהו כמו שבייש יצחק את אבימלך ויפתח את זקני גלעד ועזרא (ט׳ י״ב) הבטיח את עמו וראשי אפרים הפחידו את יפתח. והמשיל בחלי כתם שהוא מורכב מכמה מיני אבנים את התוכחה המורכבת ממינים הרבה והיא ראויה למוכיח על דבר חמור איש קשה עורף כמו שהוכיחו הנביאים את ישראל.

[3]) ביאור: ביום החום יחם לאדם ובצנת השלג תשוב אליו נפשו כן השולח שליח יתחמם ויחרד עד שיביא לו תשובה על שאלתו ואז ינוח כאלו נפשו תשוב אליו. ולא עוד אלא שנפשו תשוב אליו באמת לפי שהנפש שוכנת בלב וכשהאדם חרד תצא ממרכזה וכשהוא שקט תשוב אל מקומה. ולא על השליח להצליח את שליחותו כי אם לדבר אמת בשם שולחו ובנחת למי שהוא שלוח אליו וזה תואר ציר נאמן.

[4]) ביאור: יש הרבה דברים שהיה החכם יכול לישא משלו מהם אבל הקשה שבהן העבים שאין בהם מטר ולפיכך המשיל להם מי שאינו שומר הבטחתו. ומתת שקר היא לפעמים יותר רעה נגד השם בעבור כבודו וגדולתו ולפעמים נגד בני אדם מפני עניותם וצרכיהם.

15 בטול אלמהל יכדע אלמדבר ואללסאן אללין יכסר אלעטם מתלא:

אראד כסר אלחרה וגעל אלעטם מתאלא לצלאבתה. וקד עלמת מן יהודה כיף אטאל רוחה מע יוסף מקדרא אנה בעץ אלמלוך אלגרבא מנה ועלמת מן עבדי מלך ארם חין לטפו באחאב כיף אסתבקא מולאהם[1]).

16 כמא אנך אדא וגדת אלעסל אכלת מנה כפוך לילא תסתכתרה פתתקיאה: 17 כדאך אעז רגלך מן בית צאחבך כילא ימלך פישנאך:

לם ימתל אלסרף פי דכול מנאזל אלנאס באלטעאם אלמודי ולא באלמתוסט[2]) כל אלטיב ליעלמנא אנה לם ינה ען דלך פי אלצדיק אלדני[3]) ולא אלמתוסט בל אלגליל לא תטאועה אלי תוסט מנזלה כתירא לאן פי אכלאק אלנפס מלקא יקאל לה אלמלל רבמא גלב עלי אלצראקה ואלרעאיה[4]) וכדלך כל אצעב פי מסלתהם אלחואיג[5]).

18 וכטברזין וסיף וסהם מסנון כדאך מן ישהד עלי צאחבה שהאדה באטלה:

הדה אללפטה פי תלאתה מואצע מפיץ וחרב מפץ אתה לי כלי מלחמה (ירמיה נ״א כ׳) ואיש כלי מפצו בידו (יחזקאל ט׳ ב׳). וקולה הדא תרהיב ללשאהד אלזור יקול לה לא תתוהם אנך אנמא תקולת עלי אכיך כלאמא פקט בל אעלם אנך אנמא אכדת סהמא או סיפא או טברזינא פצרבתה בה פאן כאנת אלשהאדה פי גלד פהי כאלטברזין[6]) ואן כאנת פי קתל פהי כאלסיף ואן כאנת פי גרם פהי כאלסהם וכדלך הי מנעכסה עלי אלשאהד כמא קאלת אלתוראה ועשיתם לו כאשר זמם לעשות לאחיו (דברים י״ט י״ט)[7]).

19 וכסן מצטרבה וקדם זאילה כדאך מיתאק אלכאפר פי יום שדה:

למא כאנת אלשדה עלי צרבין פי אלדניא ואלאכרה מתלהא בשיין אחדהמא אצעב מן אלאכר פאמא שדאיד אלדניא פשבההא באלסן אלמתקלקלה אלתי לא בד להא מן אלקלע ולכנהא רבמא אכלפת פי האל אלצבא כדלך אלכאפר אדא

---

[1]) ביאור: מלת גרם היא משל לחמה מפני שהעצם קשה. וכבר ידעת שיהודה האריך אפו עם יוסף בחשבו שהוא מלך נכרי ועבדי מלך ארם דברו בנחת אל אחאב וחמל על אדוניהם.

[2]) בכ״י אלתוסט.

[3]) בכ״י אלדין.

[4]) בכ״י אלדעאוה.

[5]) ביאור: החכם ציוה שלא ילך אדם יותר מדאי אל בית רעהו אם הוא אחד מן הגדולים פן יקוץ בו רעהו לפי שהקיצה גוברת על האהבה והרעות לפיכך המשיל זה באכילת דבש יותר מדאי אף על פי שהדבש אינו דבר מזיק כי אם מתוק וטוב.

[6]) בכ״י באלטברזין, באלסיף, באלסהם.

[7]) ביאור: לשון מפיץ נמצא שלש פעמים במקרא. והחכם רצה להפחיד את עד שקר באמרו לו אל תחשוב שעדותך אינה כי אם ביטוי שפתים בלבד אלא שהיא גורמת מלקות והיא כמפיץ או מיתה והיא כחרב או הפסד ממון והיא כחץ. וכן ישובו אלו העונשים על ראש עד זומם.

קאל אללה לא בד מן אן אחל בה שדה[1]) פי אלדניא לם יך בד מנהא ולכנה רבמא תאב בעד דׄלך פנפעתה תובתה ללאכׄרה ואמא עקאב אלאכׄרה פשבהה בזואל אלקדם אלדׄי יוקע אלאנסאן פי אלהלאך אדׄ יזול גמיע גסמה כדׄאך עקאב אלאכׄרה לא בד מן כונה פי אהלה ולא כׄלאץ ולא תובה בעדה. ואמא אלצאלחון פאן אללה מיתׄאק להם פי דאר אלדניא כמא קאל ותשועת צדיקים מה' (תהלים ל"ז ל"ט) ופי דאר אלאכׄרה איצׄא קאל ה' עזי ומעזי ומנוסי ביום צרה (ירמיה ט"ז י"ט)[2]).

20 כנאזע תׄובה פי יום קר וכׄל עלי נטרון[3]) כדׄאך מן יגני בגנא
עלי קלב מגתם:

לפטׄה מעדה נאזע מתׄל מהעדא מלכין (דניאל ב' כ"א) מן אלתרגום. וצאחב הדׄא לב רע לים הו דׄו אלגם אליסיר לאן אללחון תצרף דׄלך אליסיר ולכנה צאחב אלגם אלכתׄיר אלדׄי קד בלג אלנהאיה פאן אללחון קד תזידה גמא וקלקא אדׄ כאשרתה פבגתתה פיגד לצותהא כרבא כתׄירא פהי לא תנפעה כמא אן נאזע תׄובה פי יום קר לא ידפא בל תצׄרה כשארב כׄל מע נטרון פהו ילקא חמוצׄה ומלוחה מכׄתלטין. ויכון לב רע איצׄא פי אלגהל ולים יקצד בה אלגאהל אלבסיט אלגהל לאן דׄאך כלאם אלחכמה אלמשבה באללחון יעמל פיה ולכנה יריד אלגאהל אלמבאלג פכׄלאמך[4]) יא עאלם לא יבלג מנה כמא לא ידפא נאזע תׄובה בל יזידה גׄהלא ככׄל ונטרון יקול אנמא הדׄא הו מקדאר כלאם אלאדבא. ויכון לב רע איצׄא פי אלכפר ולם יזד איצׄא אלמקצר ולא אלעאצי בל קצד אלכאפר אלגרק פי כפרה לא ינפע פיה כלאם אלמומנין כנאזע אלתׄוב בל קד יזידה כפרא ככׄל ונטרון וכמא עלמת מן יהויקים אנה חין קרית עליה אלמגלה אחרקהא ולא תסל ען גירה מן מלוך אלאמם אלכפאר. ואנמא אלוׄגה פי אלמגתם ואלגׄאהל ואלכאפר אן יקצד מסתצלחהם אן ינקלהם ען חאלהם קלילא קלילא פי כל גׄז מן אלזמאן גׄז מן אלתחריך להם חתי ינתקלון וינצלחון[5]).

21 אן גׄאע שאניך אטעמה טעאמא ואן עטש אסקה שראבא[6]):
22 פאנך תחתו גׄמרא עלי ראסה בדׄלך ואללה יכאפיך:

לם יאמר אלמשנו בהדׄא אלפעל ליזיד בה שאניה בליה בל אמרה באלאחסאן

[1]) בכ"י חדה.

[2]) ביאור: הצרות על שני פנים והן הצרות בעולם הזה הנמשלות לשן רצוצה לפי שבהכרח תעקר אלא שלפעמים תחליף בימי נערות כן החוטא כשגזר עליו השם צרה בעולם הזה יענש בהכרח אלא שתשובתו מועלת לו לעולם הבא. והצרות בעולם הבא נמשלו לרגל מועדת שהיא סבה לכליון הגוף כולו ואין הצלה מהן ואין תשובה בעולם הבא. אבל מבטח הצדיקים הוא השם בשני עולמות.

[3]) בכ"י א' נטר. — [4]) בכ"י פי כלאמך.

[5]) ביאור: אמרו מעדה ענינו מפשיט מלשון תרגום. ואמרו לב רע ירצה בו לב נדכא מאוד מפני שאז השירים לא ישקיטו את אנחתו כמו שהמסיר בגדו ביום קרה לא יחם לו אבל יוסיפו עליו מכאוב כמו שהשותה חומץ עם נתר ירגיש בחמיצות ומליחות יחד. וירצה גם כן בלב רע איש שאולתו גדולה מאוד עד שלא יקבל מוסר מן החכמים וזה כמעדה וכו' כי אם יוסיף על כסילותו כחומץ עם הנתר. ויהיה גם כן לב רע כופר גמור שדברי המאמינים לא יועילו לו וזה כמעדה וכו' כי אם יוסיפו על כפירתו כחומץ עם הנתר. וכן ידעת שיהויקים כשקראו לפניו המגלה שרף אותה ואין צריך להזכיר כפירת מלכי אומות העולם. ולכן ראוי לנחם את הנדכאים וללמד את הכסיל ולהוכיח את הכופר בנחת ובמתון.

[6]) העתיק הגאון מים במלת שראב וענינו כל משקה ובפרט יין.

ואלצפח קבלה ואנמא יציר אחסאנה בלאא עלי עדוה בסו אכׄתיאר עדוה או יכון הו יחסן אליה ודׄאך יעתקד לה אלשר. וקד עלמת כיף פעלת אסתר בהמן עלי אנה ליס רעב[1]) ואלישע בגנד מלך ארם עלי אנהם ליס רעבים פכיף אלמחתאגין[2]).

23 כמא אן ריח אלשמאל תרדע אלמטר כדׄאך אלכלאם אלרפיק ללוגה אלבׄטים: 24 ולדׄלך אלגׄלוס עלי זאויה̈ מן סטח אצלח מן אמראה̈ צכׄאבה̈ דׄאת נקאר:

רדעה̈ אלמטר תסכינה. וגׄעלת מוצׄע לשון סתר אלכלאם אלרפיק לאנה יעמל באלסר ומכאן נזעמים אלבׄטם והו אלעבסה̈ פי אלוגה. ובאב תאליף הדׄין אלפסוקין מן אלעכס יקול אולא אן ריח אלשמאל כמא תראהא תבדד אלגים ותפרקהא ותסכן אלמטר כדׄאך אלסר ואלכלאם אללטיף יסכן אלגׄצׄב ויבסט אלוגה אלמעבס וכמא אן ריח אלגׄנוב תרקי אלגים ותנזל אלמטר כדׄאך אלכלאם אלכׄשן ואלנקאר יעבס אלוגה ויכלחה פלדׄלך לא תכונן מע זוגה̈ מנאקרה̈ ולא רפיק מנאקר פאן אלגׄלוס פי זאויה̈ מן סטח מע צׄיק אלמוצׄע וכׄטר אלסקוט ואחתמאל אלחר ואלברד אהון מן תלך אלמעאשרה̈[3]):

25 כאלמא אלבארד עלי נפס לגבה̈ כדׄאך כׄבר צאלח מן בלד בעיד:

תמתׄילה הדׄא מתׄל תמתׄילה כצנת שלג ביום קציר לאן מן לה כׄבר פי בלד בעיד פקלבה מתעלק בה ונפסה לקלקהא תברז קותהא אלי טׄאהר אלגׄסם לתטאלע מא יכון פתחמי טׄאהרה פאדׄא סמעת מן אלכׄבר מא יסרהא סכנת ותראגׄעת אלי מוצׄעהא וזאל דׄאך אלחמא אלמפרט כמא אן אללגב תעלו אלחראר̈ה טׄאהר גׄסמה למא עדם מן רטובה̈ אלמא פאדׄא שרבה גׄאז̈ מן אלחראר̈ה אלגׄז אלמסרף ועאדת אלי אעתדאל[4]).

26 כמעין מנכבס ומגׄרא מנפסד כדׄאך צאלח ימיל בין ידי אלטאלח:

אדׄ ליס יגׄוז הדׄא פי אלאכׄרה̈ פהו פי אלדניא עלי צׄרבין[5]) אמא באכׄתיאר אלצאלח אן יתדׄלל ללטאלח פהו כמן (אן) יכׄבט אלמא ויכדרה ויעכרה וקד אסׄי

[1]) עיין מגילה ט״ו ב׳.

[2]) ביאור: אמרו כי אתה חותה וגו׳ אין ענינו שצוה החכם את האיש תשנוא ליתן לחם ומים לשונאו כדי להוסיף על צרתו אלא להיטיבו ולסלוח לו קודם זה והטובה לא תהפך על האויב לצרה כי אם ברוע בחירת האויב או שהשונא יחשוב את הטובה שקיבל לרעה וכמו שעשתה אסתר להמן ואלישע לחיל ארם אף על פי שלא היו רעבים וכל שכן ברעבים.

[3]) ביאור: תחולל ענינו בערבי תרדע ר״ל תמנע ותפסיק. ואמרו לשון סתר ענינו מענה רך שהוא בקול נמוך וענין נזעמים זועפים. ושני הפסוקים דבוקים בענין הזעף ואמר החכם כמו שרוח צפון תפזר העבים כן מענה רך ישקיט חרון האף ויצהיל הפנים וכמו שרוח דרום תוריד הגשם כן דבור קשה מחשיך את הפנים ולכן טוב לשבת על פנת גג אף על פי שהיא מקום צר ויש בו סכנה ליפול וסובלים שם הקור והחום מלהתחבר עם אשת מדנים.

[4]) ביאור: המשל הזה דומה למשל של מעלה (פסוק י״ג) לפי שהמיחל לשמועה מארץ רחוקה ידאג לבו ויצא כח נפשו אל שטח הגוף לדעת מה יהיה והוא מתחמם וכששמעת שמועה טובה תשקט הנפש ותשוב למקומה ותסיר החמימות הגדולה כמו שהעיף תעלה החמימות אל שטח גופו מחסרון המים וכשישתה יסור מותר החמימות ותשוב אל שוויה.

[5]) ר״ל שהכנעת הצדיק היא כמעין נרפש או במקור משחת.

אלי נפסה. הד׳א אד׳א פעל אלצאלח לרג׳א כמא צנע יהושפט באחאב ואחזיה ואמא אן צנע ד׳אך לכ׳ופה מנה פלא ג׳נאח עליה כמא צנע יעקב בעשו. ואמא בבסט יד מן אללה ללטאלח פד׳לך לה אסתדראג׳[1]) וללצאלח מחנה והי ענד מן יעקל מציבה לא אן יג׳ור אלקצ׳א לכן ליתוג׳ע ויחמד עלי ד׳לך[2]).

27 כמא אן אכ׳ל אלעסל כת׳ירא לא כ׳יר פיה כד׳אך לנהאיה אכראמהם אכראם:

לם ימת׳ל האולי אלאצדקא באלעסל אלא לאנהם ג׳ואין פקאל לא תקבל מן ג׳ואין אצדקאיך כלמא ינילונך מן אלבר פאנה אד׳א אנתהת ג׳מלה מן ברהם טלבו מנך אלמג׳אזאה עליהא וחקר כבודם כבוד מן ענדך פאן לם תג׳אזהם ד׳מוך ורבמא אנקלבו פעאדוך[3]).

28 וכקריה מתג׳ורה בג׳יר סור כד׳אך אמר ליס מחצול לראיה:

כמא אן אלקריה בלא סיאג׳ מן אראד אן ידכ׳ל דכ׳ל ומן אראד אן יכ׳רג׳ כ׳רג׳ כד׳אך אלאמר אלמתקלב ישיר עליה ראובן בשי פיקבלה ושמעון בשי אכ׳ר פיקבלה ולא נעמה מחצל ולא לאה מחצל וקד עלמת אן שאול כאן מתקלבא פי כלאמה לדויד וצדקיה פי אמרה מע ירמיהו ונחן מרה[4]) פי אמורנא מע רבנא ואלכל מד׳מום[5]).

כו

1 כאלת׳לג׳ פי אלציף וכאלמטר פי אלחצאד כד׳אך מעטי אלג׳אהל אלכראמה[6]):

שבה אלחכים אלמנכר פי אלפעל באלמנכר פי אלזמאן וד׳אך אן אלמטר ואלת׳לג׳ ליס פי אלציף וקתהמא ולו חדת׳א פיה לם ינפעאנא אד׳ ליס אלארץ׳ ואלנאס מתעלמין לד׳אך כד׳אך אלבר ואלכראמה ליס אלג׳אהל אהל[א] להמא ואן אנילהמא לם ישבהאה ואסתוחש להמא וג׳על אלמקדאר מן אלאנכאר מקדארין אחדהמא אעט׳ם

---

[1]) ענין מלה הזאת הוא הצלחת הרשע שאחריתה צרה גדולה.

[2]) ביאור: אין הפסוק מוסב אלא על העולם הזה והוא על שני פנים האחד שהצדיק יכנע ברצונו לפני הרשע והוא כמי שמכה את המים ועוכרם וזה כשיש לו תוחלת מן הרשע כמו שעשה יהושפט עם אחאב ואחזיהו אבל אם יעשה זה מפני שירא ממנו כמו שעשה יעקב עם עשו אין עליו עון. והשני שהשם ישליט הרשע על הצדיק וזה מכשול לרשע ונסיון לצדיק ובעיני המשכיל היא צרה לא שיתרעם נגד גזרת השם כי אם יתעצב בלבו וישובח על זה.

[3]) ביאור: נתן משלו בדבש לפי שהוא מדבר על האוהבים היותר טובים ואמר אל תקח אפילו מהם מתנות יותר מדאי מפני שחקר כבודם כבוד ממך ר״ל שאחר שכלו לכבדך סופם לתבוע גמולם ואם לא תתן להם יגנוך ולפעמים ישנאוך (ועיין לעיל הפסוקים ט״ז וי״ז).

[4]) אפשר שצ״ל מרה̈ ען מרה̈ = פעם אחר פעם.

[5]) ביאור: המשיל לעיר שאין לו חומה ובני אדם באים ויוצאים בה לרצונם האיש שאינו עומד בדיבורו כמו שאול עם דוד וצדקיה עם ירמיה ואומתנו עם השם והכל מגונה.

[6]) בכ״י ג׳ לא יחסן באלג׳אהל אלכראמה̈ וזה מסכים עם הפסוק שלפנינו ובכ״י א׳ וב׳ החליפו פסוק זה עם פסוק ח׳ וכבר מצאנו כעין זה עיין למעלה ט״ז י״ח.

מן אלאכ̇ר כמא אן אלת̇לג̇ אעט̇ם מן אלמטר כד̇לך אלבר אלכת̇יר קביח באלג̇אהל
כל אלקליל איצ̇א סמג̇ בה[1]).

2 וכעצפור ינוד וכדרי[2]) יטיר כד̇אך אללען אלמג̇אן לא יציב:

ושבה איצ̇א אללענה̈ אלתי ילען בעץ̇ אלנאס בעצ̇הם בהא בשיין אחדהמא אכת̇ר חרכה̈ מן אלאכ̇ר לאן אלטיראן אסרע מן אלנוד כד̇לך מן ילען צאחבה בג̇יר אסתחקאק אמא אן תזול ען אלמשתום ולא תרג̇ע עלי אלשאתם כטיראן אלדורי אלד̇י יבעד מן רג̇ועה [או] אן יכון מע זואלהא ען אלמסבוב תעוד אלי אלסאב̈ כנוד אלעצפור אלי מוצ̇עה כמא עלמת מן ג̇לית ולענה דויד בג̇יר אסתיהאל פאנעכס אלאמר עליה כל בלעם קצד כד̇אך פי ישראל פאנקלב אליה[3]).

3 וכאלסוט ללפרס ואלמקרעה̈ ללחמאר כד̇אך אלעצא לט̇הור
אלג̇האל:

שבה אלג̇האל באלבהאים וקאל כמא אן אדב אלדואב̈ עלי ג̇התין מנהא באלסוט ומנהא באלמקרעה̈ ואחדהמא אצעב מן אלאכ̇ר כד̇אך אלג̇האל ינבגי אן תג̇עלהם[4]) עלי צ̇רבין אלואחד ברפק ואלאכ̇ר בצעובה̈ עלי קדר נרקהם פי אלג̇הל. והד̇א אלתאדיב קד יכון מן אלאסתאד̇ למן יג̇הל[5]) אלצנעה̈ ומן אלחכים למן יג̇הל אלעלם ומן רב אלעאלמין למן יג̇הל אמרה ונהיה[6]).

4 לא תג̇ב אלג̇אהל חסב חמאקתה פימא תכ̇אף[7]) אן תסאויה אנת
איצ̇א: 5 בל אג̇בה ען חמאקתה פימא תכ̇אף אן יכון חכימא ענד נפסה:

אלמסאיל ואלג̇ואבאת קסמאן אחדהמא פי אמור אלעאמה̈ ואלאכ̇ר פי אמור אלכ̇אצה̈ פאד̇א עארצ̇ך אלג̇אהל פי אמור דניאך באסמאע או קד̇יפה̈ פלא תג̇בה עלי ד̇אך במא תסאויה פתדכ̇ל פי מת̇ל מא אנכרתה. ואד̇א עארצ̇ך פי אמר דינך וטען פי אמאנתך או כ̇אלפך פי אלשראיע אלסמעיה̈ פרץ̇ עליה לילא יתוהם אנה קד אתי בחג̇ה̈ ואן קולה חק פמן ג̇ה אלפסוקין יתבין אנהמא ליסא מתנאקצ̇ין[8]).

---

[1]) ביאור: המשיל מה שלא יאות מן המעשה למה שלא יאות מן הזמן שהשלג והמטר אין עתם בקיץ ואין מועילים בו לפי שהארץ ובני אדם אינם מוכנים לזה כן הכסיל אינו ראוי לכבוד. ונתן שני משלים השלג והמטר והראשון יותר קשה מן השני לומר שהוא מגונה ליתן לכסיל כבוד בין הרבה בין מעט.

[2]) בביאור נמצא דורי ובהעתקת תהלים פ״ד ד׳ בכ״י אחד דוריה̈ ובכ״י אחר דריה̈ ועיין דוזי בהוספה שלו.

[3]) ביאור: המשיל גם כן קללת חנם לשני מיני תנועות שהאחת קלה מן האחרת ולפיכך אמר תנוד ותעוף שהצפור ישוב למקומו וכן קללת חנם תשוב לפעמים על המקלל כמו שאירע לגלית שקלל את דוד וגם לבלעם שהיה רק ברצונו לקלל את ישראל והדרור הוא רחוק מלשוב וכן קללת הנם כשלא תשוב על המקלל.

[4]) אפשר שצ״ל תעלג̇הם. — [5]) כ״י יגעל.

[6]) ביאור: יש שני דרכים ליסר הבהמות האחת יותר קשה מן האחרת והם תשוט והמתג וכן צריך ליסר הכסילים הנמשלים לבהמות פעם בנחת ופעם בקושי כפי גודל אולתם והכסיל הוא מי שאינו יודע אומנותו או חכמתו או מצות השם.

[7]) בכ״י ב׳ וג׳ ינכר.

[8]) ביאור: השאלות והתשובות הן משני מינים האחד בדברים המוניים והשני בדברים

6 בקאץ̇ אלארג̇ל ושארב אלט̇לם מן יבעת̇ ברסאלה̇ ביד אלג̇אהל:

גרץ̇ הד̇ה אלאיה̇ תכליף̇ מא ליס פי אלטאקה̇ יקול מן כלף̇ אלג̇אהל רסאלה̇ יודיהא פקד ג̇אר עליה ועלי נפסה ושבה ג̇ורה עלי אלרסול במן יקץ̇ רג̇לי אנסאן ויקול לה אנהץ̇ וסר ושבה ג̇ורה עלי נפסה הו במן ישרב אלט̇לם פיט̇לם נפסה בד̇לך. וג̇על תכליף̇ אלרסאלה̇ מן לא יטיק תאדיתהא נמודג̇א לסאיר אלכלף̇ אלתי לא יטיקהא אלמכלפון וחכם באן מכלפהא[1]) יג̇ור עלי נפסה ומאמורה ג̇מיעא[2]).

7 וכמא ארתפע אלמשי מן אלמקעד כד̇אך ארתפעת אלחכמה̇ מן פואה[3]) אלג̇האל:

הד̇א אלקול איצ̇א פי אלמנרקין פי אלג̇הל יקול כמא אן אלמקעד בעד נפאף̇ אעצאבה או אסתרכ̇איהא ג̇יר מטמוע לה במשי כד̇אך לא יטמע להם בעלם. ויתצרף̇ דליו ארתפאע מן ארוממך ה' כי דליתני (תהלים ל' ב') אלד̇י הו שיל. ויכון שקים משי כמא כאן שפתים נטק ולב חכמה̇ עלי מא קדמת אן אלעבראניין יסמון אלפעל באסם אלעצ̇ו אלד̇י מן שאנה אן יפעלה[4]).

8 וכחג̇ר ג̇והר פי מרג̇מה̇ כד̇אך מעטי אלג̇אהל אלכראמה̇:

יסמי אלחג̇ר אלצג̇יר באלשאם צרארא ואלמרג̇מה̇ הי מוצ̇ע יכון פיה חג̇ארה̇ מג̇תמעה̇ מת̇ל תל או רג̇ם. קאל אלחכים כמא אן מן טרח חג̇ר ג̇והר פי מא בין חג̇ארה̇ וג̇נאדל פקד צ̇יעה כד̇אך מן אנאל אלכראמה̇ ג̇יר אלעלמא קד צ̇יעהא. והד̇א נט̇יר מא קאל אולא אן אלמכלף̇ מא לא יטאק יג̇ני עלי אלמאמור ועלי נפסה הו כד̇אך מן אכרם ג̇אהלא יג̇ני עלי אלג̇אהל ועלי אלכראמה̇ נפסהא פכ̇טאוה עלי אלכבר אנה צ̇יעה ועלי אלג̇אהל אנה אוהמה אנה יכרם לת̇באתה עלי אלג̇הל פילזמה[5]).

9 וכשוך תעלק פי יד סכראן כד̇אך שי מן אלחכמה̇ פי פואה אלג̇האל: 10 תראהם ירדעון בה אלכל ויסד̇ונה עמ̈ן יג̇הלה וען אלמארה̇:

ערפנא בהד̇א אלקול אן אלג̇אהל אד̇א וקעת לה כלמה̇ מן אלחכמה̇ תראהא

סגוליים ולכן אם יחרף. הכסיל את החכם בדברי העולם לא ישיבהו גם הוא בחירופים אבל אם יטעון הכסיל בדברי אמונה או יחלוק עמו במצוות השמעיות חובה על החכם להשיבו דבר כדי שלא יחשוב הכסיל שהאמת עמו ומן הפסוקים עצמם ברור שאין סותרים זה את זה.

1) בכ"י מכלפהמא.

2) ביאור: הפסוק הזה הוא הזהרה שלא להטריח אדם במה שאין בכוחו לעשות ונתן משל מהשולח דברים ביד כסיל שהוא חומס שלוחו כאילו הוא מקצץ רגלי אדם ואומר לו קום ולך וחומס נפשו כאילו הוא שותה חמס ועושה רע לעצמו.

3) בכ"י ב' פאה ובכ"י ג' אפואה.

4) ביאור: הפסוק הזה מוסב גם כן על הנשקעים באולתן ואמר שאין תקוה שיחכמו כמו שאין תקוה שילך הפסח. ואמרו דליו מלשון דליתני ר"ל נשאתני. ושוקים ענינם הליכה כמו שענין שפתים דבור וענין לב חכמה מפני שהעבריים נוהגים לקרות המעשה בשם האבר שיעשה בו.

5) ביאור: אבן קטנה נקראת בארץ ישראל צראר ומרגמה הוא מקום שבו נקבצו אבנים הרבה. ואמר כמו שהמשליך אבן טובה בשאר אבנים אבד אותה כן הנותן כבוד לכסילים חוטא נגד הכבוד שהוא משחיתו ונגד הכסיל שיחשוב שהוא מכובד מפני כסילותו וידבק בה וזה דומה למה שנאמר בשולח דברים ביד כסיל שגורם חטא לעצמו ולשלוחו.

נכרה מעה יתלבט בהא ולא יעקלהא[1]) כסכראן תעלק בידה שוך פהו ינלסה תשבת בה. קאל ומע דׄאך פתגדה ישהׄ בתלך אלכלמהׄ אליסירהׄ אלתי קד סמעהא מנעהא מן יגהלהא חתי מארהׄ אלטריק ויצול בהא ויתצלף. והדׄא משאהד פי כל ליל אלעלם פכיף אלגאהל. ואשתקאק ושוכר כסיל מן ויסכרו מעינות תהום בראשית ח׳ ב׳)[2]).

11 ככלב ראגע אלי קיה כדׄאך גׄאהל יעאוד חמאקתה:

אמא אן כאן יסי אלי אלנאס פחלף אנה לא יעאוד פעאוד כמא קאל שאול דוד כי לא ארע לך עוד (שמואל א׳ כ״ו כ״א) או כאן ידׄנב לרבה פעאהדה תׄם קץ אלעהד כמא כנא נצנע פי איאם אלשופטים עדאד מראת. ואמא נפס אלתמתׄיל כלב עאד פשרב קיה אן אלעקובהׄ תמתׄל בשרב אלכׄמר אלמסרף חתי יסכר ויקיי מא קאל ירמיהו שתו ושכרו וקיו ונפלו ולא תקומו (ירמיהו כ״ה כ״ז) פאדׄא עאוד נבה עאודתה תלך אלכאס פאסכרתה אלתׄאניהׄ[3]).

12 אדׄא ראית רגׄלא חכימא ענד נפסה פאעלם אן ללגׄאהל רגׄאא אכתׄר מנה:

הדׄא שרח מא כנא קדמנאה אן אלגהל גהלאן גהל בסיט וגׄהל מרכב אלבסיט הו אן יכון אלמר יגׄהל שיא ויעלם אנה יגׄהלה פהו ירגׄא לה ואלמרכב הו אן יכון אלמר יגׄהל שיא ויגׄהל אנה יגׄהלה פלים ירגׄא לה אן יעלמה ולדׄלך קאל תקוה לכסיל ממנו[4]).

13 תרי אלכסלאן יקול פי אלטריק שבל ובין אלרחאב אסד:
14 וכמא ידור אלמצראע עלי צירה כדׄאך אלכסלאן ידור עלי סרירה:
15 ולו גמס אצבעה מתׄלא פי גׄצארהׄ לעגׄז אן ירדׄהא אלי פיה: 16 ומע
דׄאך פהו ענד נפסה אעקל מן וזרא כתׄירין:

קד בנת שרחת אן אלעבראניין יחבון אלכתׄיר בשבעה ועשרה ואלף פלדׄלך פסרת משבעה משיבי טעם וזרא כתׄירין ולעל אלאולין קד כאן מן רסמהם אן יסתוזר אלמלך מנהם סבעהׄ וזרא כמא קאל עזרא ארתחששתא כל קבל די מן קדם מלכא ושבעת יעטוהי (דניאל ז׳ י״ד). פלמא כאן קדם אן אלעאקל ענד נפסה לא ירגׄא

1) בכ״י יעלקהא.

2) ביאור: אם עלה חוח ביד שכור לא יסירנו כי אם יתחבתו בידו כן הכסיל אם לכוד דבר מועט מן החכמה הוא זר אצלו כי לא יבינהו ועם כל זה ירים את קולו ויתגאה בו ותרע עינו בו ולא ילמדנו לאחרים ואפילו לעוברי דרכים. ומלת שוכר נגזרה מן ויסכרו (ועיין הגהות מכלל יופי שהביאו פירוש רב סעדיה).

3) ביאור: החכם מדבר בעושה הרע לחבירו ונשבע שלא להרע לו עוד ואחר זה ישוב וירע כמו שעשה שאול עם דוד או כחוטא לשם ואומר שלא יחטא עוד ואינו מקיים את דברו כמו שעשינו בימי השופטים כמה פעמים. והמשיל את החוטא לכלב שב על קיאו מפני שהעונש נמשל לשתיית יין הרבה עד שישכר בו האדם ויקיא ואם ישוב ויחטא ישתה כוס שנית וישכר עוד.

4) ביאור: כבר אמרנו (למעלה כ״ה כ׳) שיש שני מיני כסילות הכסילות הפשוטה שנעלם מאדם איזה דבר והוא יודע שנעלם ממנו ולו יש תקוה והכסילות המורכבת שיחשוב אדם שהוא יודע מה שאינו יודע והוא לא יחכם לעולם.

צלאחה קאל עלי דלך ואלכסלאן תגרה יסתגהל כל מן יתעב וישקא פילגיה ענבה בראיה אלי אן יתצור אלבאטל מן דואם אלאפאת אלמהלכה כמא קאל שחל בדרך ואלי מלאזמה אלנום אלדי הו כבסארה מן אלחיוה פיתקלב עלי סרירה ולא יזול מנה כמא ידור מצראע אלבאב עלי עקבה ולא יפארקה חתי אנה לא יתנאול לקמה מן גצארה ולא בעד גמסה ידה פיהא ואלשרח עלי מא כנת קדמת פי מתל הדא אלפסוק כל באוכד לקולה נלאה להשיבה אל פיו כאן אולא מבתארא תם צאר עאגזא למא אלף אלכסל פי אמור אלדין ואלדניא גמיעא[1]).

17 וכמאסך באדן כלב מאר בדאך אלמחתד פי בצומה ליסת לה:

שבה מן ידבל פימא לא יעניה במן יתעלק בשי מאר לים לה מעה צנע פאן כאן דבולה כדאך פי בצומה פהו מתעלק בכלב מאר לא ינתפע בה בל ילחקה מן[2]) בסתה אלבאס חמיתה ומן וסבה תלות ידה ומן כלביתה אלעץ [ו]אלנהש וסן נבאחה אלקרע ואלצראע[3]).

18 וכמאזח ירמי במודיאת וסהאם ממיתה: 19 כדאך אנסאן ימאכר
צאחבה ויקול אנמא אנא לאעב:

יפעל הדא אלמנאפקון ידברון עלי מן יקצדונה אלסו פאן הו פטן בהם קאלו מאזחנאך ואלא בלגו פיה אלמראד וכמא צנע אבנר[4]) אלאעראבי פי הדם אלבית אלתאני מע טיטום[5]).

20 כמא אנה מן כלו אלחטב תטפא אלנאר כדאך מן כלו אלמחרש
יסכת אלצבב: 21 וכמא אן אלפחם מאדה ללגמר ואלחטב ללנאר
כדאך דו אלצבאיב לאשעאל נאר אלבצומה: 22 וכלאמה כאלמזאח[6])
וקד וצל אלי כדור אלקלב:

למא לם יך אעלי תצאעד מן אלנאר שבה אלבצומה בהא ושבה איצא מוארהא במוארהא וגעל למאדה אלנאר שיין כמא אן אלתחריש עלי צרבין פמנה

---

[1]) ביאור: אמרו שבעה במקום הרבה כמו שכבר ביארנו או אפשר שמדרך המלכים הקדמונים להועץ בשבעה יועצים כמו שמצאנו בארתחששתא. ואחר שאמר שאין תקוה למ שהוא חכם בעיניו דבר כאן בעצל שבעיניו הטורח והעמל הם כסילות וזה יביאהו לצייר בנפש תמיד סכנות שאינן נמצאות ולישן תמיד והוא כממעט את חייו וליסוב על מטתו כדלת על צירה וגם אם טמן ידו בצלחת ליטול פרוסה אין כח בידה להשיבה אל פיו כמו שפירשנו למעלה (י״ט כ״ד) וכאן הדבר יותר קשה ששם לא היה רוצה להשיב את ידו וכאן אין לו עוד כוח לזה מפני שהורגל בעצלות.

[2]) בכ״י מנה.

[3]) ביאור: המכניס את עצמו במה שאינו שלו כאילו אוחז בדבר העובר לפניו שאין לו עסק בו ואם נכנס בריב שאינו שלו דומה למחזיק באזני כלב עובר שלא ימצא בו תועלת כי אם יבזה בו את כבודו והכלב מלכלכו ונושכו וגורם לו לחוש בראשו בעבור ניבוחו.

[4]) עיין מדרש איכה רבתי א׳ ה׳ וצריך להגיה שם אבגר במקום פנגר.

[5]) ביאור: החנפים מבקשים לעשות הרע לאדם ואם הוא מכיר בהם אומרים משחקים אנחנו ואם לא יכיר עושים מה שכוונו לעשות וכמו שעשה אבגר הערבי כשהלך עם טיטוס להחריב את בית שני.

[6]) בכ״י א׳ כאלמאזח וכן למעלה י״ח ח׳.

א יכון פי אלסר כאלנאר פי אלפחם לא צות ולא עלו להא ומנה פי אלטאהר כאלנאר פי אלחטב להא צות ועלו. וקד יסתקים אן נקול אן אלתחריץ ללמנאטרה פי אלחכם כאלנאר פי אלפחם ליס תתעאדאה וללמחארבה כאלנאר פי אלחטב תסעי מנה אלי נירה. ותצאעף אלמתל באלמוגוד ואלמעדום לחאגתנא אליהמא לאן אלנאר פי] וגודהא תחרק ותפני כדאך אלכצומה והי מוגודה פאדא אנטפאת לם יבק להא אתר כדאך אהל אלשר ואלכצאים. ואעאר דברי נרגן לינבה אלעאקל עלי אן כלאם אלמחריץ לא יכפא עליה אנה מנה תחריץ בל תצל מערפתה אלי קלבה אמא בתאמל פי אלכלאם כמא סעי שפטיה בן מתן וגדליה בן פשחור בירמיהו או בנסק גנאיאת מרתצפה כמא חרץ המן אחשורוש עלי ישראל או ברפיעה דעוי עואקב סו כמא יפע רחום בעל טעם ושמשי ספרא פי זרבבל ודויה או במא אשבה דלך[1]). ואיד אלחכים מא וצפה מן מחנה אלמגרי בקולה בעד הדא

23 וכפצה זיף או[2]) מטליה עלי כזף כדאך שפתאן תשתעל בבלאם
ואלקלב רדי: 24 בשפתיה יתנכר אלשאני ופי קלבה קד געל אלמכר:
25 פאדא יחנן צותה לא תאמנה פאן כתירא מן אלמכארה פי קלבה:
26 תנסתר ענך שנאתה פי אלכלוה ויתכשף לך שרה פי אלגמאעה:

אלתנכר הו אלתטאהר בכלאף מא פי אלחקיקה כירא כאן אם שר[א] כמא קאל אחיה לאמראה ירבעם למה זה את מתנכרה (מלכים א׳ י״ד ו׳). וימכן אן יתצרף דלקים איצא מתראדפין יעני אנה יתכלם כלאמא מתואתרא מתל כי דלקת אחרי (בראשית ל״א ל״ו). ועלי אן האהנא אשיא כתירה טאהרה[א] בכלאף באטנהא אלא אן אלאחק ואלאולי אן ישבה אלעדו אלמטהר צדאקה באלפצה אלזיף אן כאנת אלצורה בצורה דרהם או באלמנשא עלי אלכזף אן כאנת אלצורה צורה אניה ודלך אן אלמרכב הדה אלנשוש אן כאנת טלאא או מפרנא או כאנת אכסירא קצד בהא אעלאן[3]) פי אלטאהר צד מא פי אלבאטן לנפע יגתלבה מן ערץ אלדניא וכדלך אלגאש פי כלאמה עלי צרבין מנהם מן יעזז כלאמה ויקול באלמכתצר פהו כאלדרהם אלזיף קליל אלוזן ומנהם מן ימיל אלי אלסעה פי אלקול ואלאנבעאת פהו כאנא כזף מטלי פצה אלתקיל אלוזן. ושפתים דלקים עלי אלאשתקאק אלאול ילאאם כסף ועלי אלתצריף אלתאני ילאאם חרש לכתרתה אלא אן עלי אלחאלין גמיעא ולב רע. פלמא וצע הדא אלמתל קאל בשפתיו ינכר כדאך אלעדו יריך נפסה פי תיאב צדיק ליטלב

---

[1]) ביאור: המשיל המריבה לאש שאין דבר עולה למעלה ממנה. וכמו שיש שני מיני אש האחד בפחם שאינו נשמע ואינו עולה והאש בעצים שנותנת קול ולהבתה עולה כן יש שני אופנים לחרחר ריב בסתר ובגלוי. וגם אפשר לומר שהמגרה ריב לפני השופטים דומה לאש הפחם שעומדת במקומה והמגרת מלחמה דומה לאש העצים המתפשטת. ונכפל המשל במציאות האש והעדרה מפני שהאש שורפת כל זמן שהיא נמצאת וכשתכבה אין לה עוד שום רושם וכן עושי הריב. וחזר לומר דברי נרגן לעורר הנבון שאין נעלם מן הנרגן שדבריו דברי נרגן כי אם לבו יודע פעולתם אם שהוא חוקר ומדקדק בדברי איש צדיק כמו שעשו שפטיה בן מתן וגדליה בן פשחור בירמיה (ירמיהו ל״ח א׳) או ישים עליו פשעים רצופים כמו שעשה המן לפני אחשורוש נגד ישראל או מפיל חשד על תכלית מעשהו כמו שעשו רחום בעל טעם ושמשי ספרא בזרובבל וחבריו.

[2]) כ״י ב׳ וג׳ חסר או.

[3]) אפשר שצ״ל אעלאנא או אעלאנה.

שיא מן ערץ אלדניא קאל פלא תגתר במא תראה מן טאהרה פאן ליס במקדארה מן אלשר פי קלבה בל באצעאפה לקולה כי שבע ודאך כמא אטהר יואב לאבנר ועמשא חתי קתלהמא וכמא נאפק ישמעאל בן נתניה גדליה בן אחיקם חתי קתלה. וקד צרבת אלעלמא להדא אמתאלא אכר כתירה מנהא באלנאר אלכאמנה פי אלחגר אלצלד אלדי כארגה בארד ודאכלה חאר ומנהא באלעסל אלמשוב בסם קאתל טאהרה חלאוה ובאטנה מהלכה ומא אשבה דלך. ומעני קולה תכסה שנאה יקול ומן אלמתדללין מן יכצע לך בינך ובינה פאדא חצר אלמלא כאשפך באלעדאוה פאחדרה. פאן קאל קאיל וכיף אערף מן הו בהדה אלצורה ואלחכים אלדי הו מעלמי לם יחד[1]) פיה חדא קלנא אנה מסתגן ען אן יחד לה חדא לאנה קד אמר והו יאמר דאימא באכתסאב אלחכמה ואנמא כל מכאטבתה מע מכתסבהא פמן אכתסבהא[2]) פליס יכפא עליה הדא אלאמר לאנה שי יערף בדאתה מתל אלשבע ואלגוע ואלועד ואלתואעד ואלרצא ואלסכט אלדין לא חדוד להם ואנמא יערפון באנפסהם בל במתלה אלאול אלדי צרבה כסף סיגים כמא יערף אלנאקד אלגיד מן אלרדי בגודה אלבצר ואלתאמל כדאך יערף אלמנאפק. ואדא כאנת הדה אלמדמומאת פי מן ינאפק אלנאס פבאלחרי מן ינאפק רבה ודאך באן ידעוה אלדעא אלכתיר בעד מא יוחדה ויסבחה אלתסביח אלגליל וישכרה אלשכר אלואסע וליס [פי] קלבה מן אלגמיע שי או יכון אלבעץ פי ניתה ואלבעץ לא כמא דם קומא קאל פיהם ויזכרו כי אלהים צורם וגו׳ ויפתוהו בפיהם וגו׳ ולבם לא נכון עמו (תהלים ע״ח ל״ה—ל״ז) פקולה ויזכרו ליס הו פי אלנפס בל פי אלקול דכרו בין ידיה כאנהם מסבחון אנה צורם וגואלם תם דעוה ואבתהלו והם עלי אחרי חאלין אמא ולבם לא נכון עמו פהו אלתקציר או לא נאמנו בבריתו פהו אלכפר[3]).

27 מן כרא הותה סיקע פיה ומן דחרג חגרא סירגע עליה:
אליו האהגא מקאם עלין. במא אן אלמתל מנקסם אלוגראן לאן מן חפר הותה

[1]) בכ״י יחד. — [2]) בכ״י אכתסאבהא.

[3]) ביאור: המתנכר הוא המראה ברו שלא כתוכו בין לטוב בין לרע כמו שקרא אחיה לאשת ירבעם מתנכרה. ואמרו דולקים (שתרגם הגאון מלשון הדלקה ר״ל בשלהבת האהבה) יוכל גם כן להיות מלשון דלקת אחרי שידבר החנף הרבה (כאילו דבריו רודפים זה אחר זה). והמשיל החנף בפרט לכסף המזויף או לכלי חרס המצופה בכסף מפני שהמזייף על איזה אופן שיהיה כוונתו תמיד להראות הפך מה שבמציאות כדי שירויח בזה וכן המסלף את דבריו פעם יקצר את דבורו ואז הוא דומה למעות כסף מזוייפות שמשקלן מועט כפירוש הראשון של מלת דולקים ופעם יאריך בדיבורו ואז הוא דומה לכלי חרש מצופה בכסף שמשקלו כבד כפירוש שני של דולקים. ואמרו שבע תועבות בלבו ר״ל שמדת הרע שבקרבו יותר גדולה ממדת הטוב שבשפתיו וכן היה יואב עם אבנר ועמשא וכן ישמעאל בן נתניה עם גדליה בן אחיקם. וכבר המשילו החכמים את החניפה לאש טמונה בחלמיש שחוצו קר ותוכו חם ולדבש המעורב בסם מות שבתחלה הוא מתוק ובסוף הוא ממית. ואמרו תכסה שנאה ענינו שיש מן המחליקים שיפתוך כשהם עמך לבדך ויגלו את שנאתם כשיהיו בקהל. ואם יאמר אומר איך נוכל להבחין בין האוהב הנאמן והחנף והחכם לא נתן גדר בזה נשיב שהחכם יעורר תמיד לקנות את החכמה והיא מספקת להבדיל ביניהם כשם שהשובע ניכר מן הרעב וההבטחה מן היעוד והרצון מן חרון האף. ואם החניפות מגונה בין אדם לחברו על אחת כמה וכמה בין אדם לשם וזה כמתפלל הרבה ואומר שמע ומזמורים ותמודה לאלהיו בלי שום כוונה או מקצתו בכוונה ומקצתו בלא כוונה כמו שגינה הכתוב בני אדם המזכירים את השם בפיהם ולא בלבם לפי שאין להם כוונה כאמרו ולבם לא נכון להם או לפי שהם כופרים וזה אמרו לא נאמנו בבריתו.

רבמא וקע פיהא ורבמא לם יקע אד̇ כאנת פי אלכולאם[1]) מן אלארץ̇ אעני אלצלבה
יקד יחכם באנה ואקע פיהא לא מחאלה אד̇א כאנת פי אלרמל לבעד[2]) צעודה מנהא
ומן דחרג חג̇רא רבמא רג̇עת[3]) עליה ורבמא לם תרג̇ע אד̇א כאנת פי בעץ̇ קותה וקד
חכם באנה לא בד מן אן ירג̇ע עליה אד̇א כאן פוק קו̇תה כד̇אך אלבאגי ואלסאעי רבמא
יד̇ אללה כיודהמא פי נחורהמא ורבמא לם ירד פי דאר אלדניא כמא עלמת אן
סרכיא ואחשדרפניא אצחאב דניאל קצדו טרחה ללאסד ואנקלב עליהם ואלכסראניון
קצדו אחראק חנניה מישאל ועזריה ולם ינץ̇ אלעקאב עליהם[4]). ואמא פי דאר אלאכ̇רה
פבאלחכם ישרד אללה אלעקאב עלי כל סאע ובאגי סו כמא קאל מה יתן לך ומה
יוסיף לך לשון רמיה חצי גבור שנונים עם גחלי רתמים (תהלים ק״כ ד׳—ה׳). ויתג̇ה
אן יכון ג̇על אלמת̇ל מת̇לין שחת ואבן באזא קסמי אלנאס אלג̇ליל ואלוציע ואלעאמי
אלכ̇אצי[5]).

28 דו אלקול אלבאטל ישנא חתי צעפאה ואלקול אללין יצנע
אלמדחא:

ערפנא אן אלנמ̈אמין ואלכד̇אבין מעהם קסוה̈ לא יסתקים אמרהם אלא בהא
פהם לא ירחמון אחדא קויא בל לא צעיפא גריבא בל לא צעיפהם הם אלד̇י יערפונה
כמא קאל ישנא דכיו וינצבון אלמראחי ללנאס כלהם בגיר שפקה̈[6]).

כז

1 ולא תמתדח בגד פאנך לא תעלם מא יהדת̇ פיה:

יתנאזע הד̇ה אלאיה̈ אמור שתי אחדהא פי אלחדת̇אן והו אקרב אלי אלנץ̇
מן באב פעלך יקול ולא תקל אפעל גדא כד̇י ואצנע כד̇י פאנך לא תעלם הל יהדת̇
מות או לצומה̈ תמנעך ד̇לך וכמא קאל סנחריב בן אעשה לירושלים ולעצביה
(ישעיה י׳ י״א) פחדת̇ת אלאפה̈ פזאל ד̇לך. ואיצ̇א פי אלחדת̇אן מן באב פעל אללה
אמא בדעוי נבוה̈ כמא קאל נביאי השקר לא תראו חרב ורעב לא יהיה (ירמיה י״ד י״ג)
וכמא קאל חנניה בן עזור בעוד שנתים ימים (שם כ״ח ג׳) וחדת̇ת אלאפאת ואזאלת
ד̇לך או דעוי בצר בהיה̈ אלפלך ומא יקצ̇י עלי כל חאל מן חרכתה כמא אד̇עו אהל
באבל חין וצפהם אים איפה חכמיך (ישעיה י״ט י״ב) ואבטלת אלמצאיב כל ד̇לך.

---

[1]) בלשון פרסית כלאם ענינו אדמה עבה וקשה.

[2]) אפשר שצ״ל ויבעד ר״ל ואחר שנפל בשחת יקשה עליו לעלות ממנה.

[3]) נראה שהשתמש כאן הגאון בלשון נקבה מפני שאבן לשון נקבה.

[4]) לפי זה המלשינים לא נשרפו כי אם האנשים אשר אסרו חנניה מישאל ועזריה. והוא
ירוש קטל המון (דניאל ג׳ כ״ג) וזה סותר למה שאמר הגאון למעלה כ״א י״ח.

[5]) ביאור: אליו במקום עליו. והחופר שחת באריך קשה אפשר שיפול בה ואפשר שלא
יפול ואם יחפור בחול יפול בלי ספק וכן הגולל אבן שאינה כבדה מאוד אפשר שתשוב עליו
או לא ואם לא יספיק כוחו תשוב עליו על כורחו. כמו כן עושה בערמה אפשר שיענש בעולם
הזה כמו שאירע לשונאי דניאל או לא יענש כמו שלא נכתב במקרא עונש הכשדאים אשר הלשינו
חננית מישאל ועזריה אבל בעולם הבא יענש בלי ספק. ויתכן שרמז בשני משלים שחת ואבן
על נכבדים גדולים ואל המון השפלים.

[6]) ביאור: המלשינים והמכזבים הם אנשים קשים ולא יחוסו גם על הנדכאים ואפילו
על חבריהם הנדכאים ונותנים מכשולות לפני כל בני אדם בלי חמלה.

ואיצא פי אמור אלטאעאת מן תעלם עלם[1]) או צום או צלוה לא תסוף בה אלי גד ובעד גד לאנך לא תאמן מא יחדת פישגלך ומנה קאל אלעלמא אל תאמר לכשאפנה אשנה שמא לא תפנה (אבות ב׳ ד׳). ואיצא פי אלאמתדאח באלצלאח ולו בלגת סבעין סנה או תמאנין פי צלאח לא תתחקק באן אלאכרה לך פאנך לא תעלם איה מעציה או זלה תחדת מנך פתנתקל מרתבתך והו קולהם איצא אל תאמן בעצמך עד יום מותך (שם)[2]).

2 ימדחך אלאגנבי לא פוך אלגריב לא שפתאך:

יחתמל מעניין אחדהמא אן יכון מנע אן ימדח אלמר נפסה לאסתקבאחה, דאך ומע דלך לם ילזמה אן ימנע אלנאס מן אן ימדחוה בל געלהא חאלא מתוסטה לילא יטן בעצנא אן מנע אלמדיח כלה אצלח אד דלך באב מן אלכשוע או קולה מן צאחבה ומן גירה צואב לירגב אלנאס פי אלבר. ואלאכר אמר באסתעמאל אלנפס פי מא יכון אלאנסאן בה מחמודא ענד נפסה וענד אלנאס גמיעא כאנה קאל יהללך זר איצא ולא פיך פקט נכרי ואל שפתיך פקט. והדא איצא קולהם אי זה היא דרך ישרה שיבור לו האדם כל שהיא תפארת לעושיה ותפארת לו מן האדם (אבות ב׳ א׳) ומעני קולנא יכון פכרא ענד נפסה נעני בינה ובין רבה[3]).

3 אן אלחגר לתקיל ואלרמל לרזין וגיט אלגאהל אתקל מן כלידהמא: 4 אד אלחמיה חנק ואלגצב גרק ומן יקף בין ידי אלגירה:

אלכד פי האתין אלאיתין אן יצף אחדי אלקוי מן אלתלאת אלתי הי ללנפס. פקסמה תלאתה אקסאם חמה ואף וקנאה תלקא אלתלאתה צרוב מן קוה אלנצב אעני אנהא תכון אמא אלי אלזיאדה או אלי אלנקצאן או אלאעתדאל פסמי אלנאקץ מן אנזאיהא חמה והו יורת אלחנק אלא יבאלי אלמר במא יחדת פי אלזמאן עלי מן הו חנק עליה לכן לים יבאשר הו באדאיה וסמי אלמעתדל אף והו יורת אלגרק אן יבטש אלמר במן הו נצבאן עליה פינרקה וסמי אלזאיד קנאה ולם יגעל למא יורתה מקדארא בל קאל ומי יעמד אד לא תערף כמיה דלך. קאל פאדא כאנת הדה אלתלאת מנאול מן אלגיט פי אלמתוסטין מן אלנאס פכיף אלגהאל אחרי אן תכון הדה אלדרגאת פי אכלאקהם אתקל מן אלרמל ואלחצא. ויגוז אן יכון תשביהה בהדין אלשיין לאן אלגהאל פי אכלאקהם עלי צרבין מנהם מן יתבת עלי כלך ואחד פהו

---

[1]) נראה שהוא מדבר כאן בחכמת התורה.

[2]) ביאור: יש בזה הרבה ענינים אחד מהם והוא היותר קרוב שלא יאמר אדם מחר אעשה כן והוא אינו יודע מה תהיה מחרתו כמו שאירע לסנחריב באמרו כן אעשה לירושלים. ומהם שלא יאמר מחר יעשה השם כן בין שיאמר זה מדרך הנבואה כמו שעשו נביאי השקר וחנני בן עזור בימי ירמיה בין שיחשוב שהוא מבין באותות השמים כמו שעשו חכמי בבל. ומהם שלא יאחר לעשות מצווה הבאה לידו כמו תלמוד תורה וצום ותפלה מפני שנעלם ממנו אם יוכל לקיימה מחר. ומהם שלא יתהלל בצדקתו אפילו בעת זקנותו שמא יחטא למחר וירד ממעלתו.

[3]) ביאור: פתרון זה הפסוק על שני פנים האחד הזהרה שלא ישבח אדם את עצמו מפני שזהו דבר מגונה אבל אינו חייב להיות עניו עד שימנע בני אדם מלהלל אותו או טוב הוא שישבחו אותו אחרים כדי שיתאוו בני אדם לעשות הטוב כמוהו. והשני שיתנהג אדם במעשיו באופן שיהיה משובח אצל עצמו ואצל אחרים יחדו כאלו אמר יהללך זר גם הוא ולא פיך לבדו נכרי גם הוא ואל שפתיך לבדן ואמרנו משובח אצל עצמו נרצה בו בינו ובין השם.

כאלחגר ומנהם מן יתפנן פי צרוב מן אלגיט פהו כאלרמל. ויתגה אן יכון תצדירה בהדה אלאמור אנמא קצד בה אלנהי ען מכאלטה אלגאהל פי מגאורה או מעאמלה או מצאהרה או מנאדמה או מנאטרה[1]).

5 ולעטה מכשופה כיר מן מחבה מסתורה:

לה וגהאן אחדהמא אן תצדק צדיקך אצלח מן אן תסאתרה ועלי מא קאלת אלתוראה הוכח תוכיח את עמיתך (ויקרא י״ט י״ז) פאן סאתרתה אכטאת עליה ועלי נפסך איצא. ואלאכר אן אלעטה ועלי אנהא מולמה פאד הי לטאעה אללה וימכן אטהארהא ינבגי אן תכון אסר ללמועט[2]) מן מחבה ליס לטאעה אללה ולא ימכן טהורהא בל תבקא מכתומה[3]).

6 ושגג אלמחב מאמונה וקבל אלשאני מסתרפה[4]):

ונעתרות יתצרף מן קול יחזקאל והעתרתם עלי דבריכם (יחזקאל ל״ה י״ג) ואסרפתם. ממא הו צחיח אן אלמחב לא יולם אלא לאצלאח ואלשאני לא ילדד אלא לאפסאד עלי גמיע אלפנון פי אפעאל אלשאני ואלמחב גמיעא. וקד עלמת אן כלאם משה רבינו ממרים הייתם (דברים ט׳ ז׳) הו אסר אלינא מן קול בלעם[5]) מה טבו אהליך יעקב וגו׳ (במדבר כ״ד ה׳) ועלי אן דלך מן ענד אללה עלי פיה. וכדלך אדא אעתקדנא אן אלבארי גל גלאלה מחב צלאחנא יכון כל מא יחלה בנא מאמונא ענדנא גיר מסתגש[6]).

7 תרי אלנפס אלשבעי תבשם אלשהד ואלנפס אלגאיעה כל מר ענדהא כחלו:

פי ט׳ הדא אלקול אנה מן קנע במא רזקה רבה מן חלה עאפת נפסה כל מאל גזיל מן אלחראם ומן כאן רגיבא פי דלך פכל חראם ענדה כחלאל. וכאלקול

---

[1]) ביאור: החכם מדבר באחד משלשה כוחות הנפש (והוא כח הכעס) והזכיר שלשת חלקים אף וחימה וקנאה כנגד שלשת מיני הכעס והם המין הפחות והוא החימה המביאה לידי אכזריות שלא יתן אדם את לבו על הצרות הבאות על מי שהתעבר עליו והבינוני והוא האף והוא שיקום על שונאו וישטפנו והיותר חזק הוא הקנאה ואמר שאין ביכולת אדם לשער כמותה. ואם הוא כן בכל בני אדם כל שכן באוילים שכעסם כבד מחול ומאבן. ואפשר שהשתמש בשני דמיונים לפי שלפעמים כעס האויל הוא ממין אחד ואז הוא דומה לאבן או ממינים שונים והוא דומה לחול. ואולי התחיל באמרו כובד וכו׳ להזהיר שלא להתחבר עם הכסיל להיות שכנו או שותפו או להתחתן בו או לאכול משולחנו או להתוכח עמו.

[2]) בכ״י ללמועט.

[3]) ביאור: יש לפסוק הזה שני פירושים האחד שטוב לאדם שיוכיח את חברו ויאמר לו האמת משיעלים את עיניו מחטאיו. והשני שהתוכחה אף על פי שהיא מכאבת אם היא לשם שמים ואפשר לגלותה ראויה להיות חביבה על המוכח יותר מאהבה שאינה לשם שמים ושצריך להסתירה.

[4]) בכ״י ב׳ וג׳ מסתפטעה.

[5]) עיין תענית כ׳ ע״א.

[6]) ביאור: נעתרות נגזר מן והעתרתם שענינו הרביתם יותר מדאי. ופירוש הפסוק שהאוהב יכאיבך להצלחתך והשונא ישמח אותך לרעתך וכן היתה תוכחת משה רבנו חביבה לנו מברכת בלעם אף על פי ששמה השם בפיו וכן לפי שהשם יחפוץ בטובתנו יהיו יסוריו בעינינו נאמנים ובלי עול.

פי אלמאל כד̇לך פי אלמאכ̇ל ואלמשארב ואלמנאכח אלחראם. ופי אלעלום אלמחרם אסתעמאלהא כאלזג̇ר ואלפאל ואלתבכ̇ית[1]) ומא ג̇רי נחו ד̇לך[2]).

8 וכטאיר נאיד מן וכרה כד̇אך אמר נאיד מן מוצ̇עה:

בסיט הד̇א אלמת̇ל אשאר באן לא נפני אלאעמאר פי אלספר פאן פיה וחשה̈ וכ̇טר ונקץ̇ פי אלחאג̇את וג̇יר ד̇לך ממא נמלתה תנאל אלטאיר אלמפארק וכרה. ויג̇וז איצ̇א אן יכון אמר באלשפקה̈ עלי אלג̇ריב אד̇ הו בהד̇ה אלחאל ולו כאן מלכא כמא עלמת מן דויד מלך ישראל חין כ̇רג הארבא מן בין ידי אבשלום[3]).

9 כמא אן אלדהן ואלבכ̇ור אוכד לפרח אלקלב מן אחדהמא כד̇אך משורה̈ אלצאחב אחלא מן משורה̈ אלנפס וחדהא[4]):

אמר האהנא במשאורה̈ בציר (צאדק) צדיק נאצח וקד כנא בינ̇א אן אלבציר הו מן קאם לה אלדליל באנה בציר בד̇לך אלאמר אלד̇י תריד תשאורה פיה דיאניא כאן אם צנאעיא אם תג̇אריא ואלצדיק הו מן קד אנכשפת לך חאלה באלמפאנאה̈ בג̇יר חד להא[5]) ואלנאצח הו אלד̇י תראה לא ישיר חתי יחיט באקטאר מא פיה תשאורה פמא חד̇ת̇ה מנה אג̇אד אסתמאעה ומא תרכתה טאלבך בשרח ד̇לך[6]).

10 צאחבך או צאחב אביך לא תתרך ובית אכ̇יך לא תדכ̇ל פי יום נכבתך וג̇ארך אלקריב אנפע מן אכ̇יך אלבעיד:

הד̇א אלפסוק ת̇לת̇ה̈ אבואב אלבאב אלאול רעך ורעה אביך אל תעזב יקול ליס מן אלחט̇ לך אן תתרך צאחבך לאן תרכך לה לא יכ̇לו מן אן יכון עלי אחד ת̇לת̇ה̈ אבואב אמא לאחסאן חד̇ת̇ מנה פקטעה [פתרכך לה] הינ̇יד̇ ג̇ור או לסיה̈ חד̇ת̇ת פינכני אן תצפחהא אד̇ הו צדיקך או לא לשי חד̇ת̇ פמן פעל לא לעלה̈ כאנת ולא תכון באעת[7]). וקד יקום צדיק אביך מקאם צדיקך אד̇ נאב צדיקך. ואלת̇אני ובית אחיך אל תבא ביום אידך אחרז[8]) אלא תט̇הר אכ̇אך כ̇אצה̈ עלי נכבתך ולד̇לך תפסיראן אחדהמא יכ̇צץ̇ אכ̇אך כ̇אצה̈ כאנה לם ירד אן תג̇ם אכ̇אך בוקופה עלי

---

[1]) המלה הזאת נגזרת ממלת בכ̇ת שענינה מזל טוב.

[2]) ביאור: מתוך זה הפסוק נלמד שהשמח בחלקו מן הממון המותר יבזה כל הון יקר מן האסור ואוהב כסף כל איסור מותר בעיניו וכן במאכל ובמשתה ובעריות ובחכמות האסורות כמעשי המכשף והידעוני.

[3]) ביאור: לפי פשוטו הפסוק הזה הוראה שלא נאבד חיינו בהליכת דרך לפי שבה יש בדידה וסכנה וחסרון צרכינו כמו שיארע לצפור הנודדת מקנה. ויתכן גם כן שהוא צווי לחמול על האורח לפי שהוא בזה המצב ואפילו אם הוא מלך כמו שהיה דוד בברחו מפני אבשלום.

[4]) „כמו שהשמן והקטרת ראויים לשמח לב יותר מאחד מהם כן עצת הרע מתוקה יותר מעצת הנפש לבדה״.

[5]) המלות האלו קשות להבין והעתקנום כפי ההשערתנו בביאורנו. ועיין למעלה כ״ו כ״ו.

[6]) ביאור: החכם צוונו לשאול בעצת איש נבון ואוהב ונאמן וכבר ביארנו שהנבון הוא המבין בדבר אשר תשאלהו עליו והאוהב הוא מי שנגלה לך לבו מיד כשתפגשנו ואין ליתן גדר בענין הזה והנאמן הוא היועץ אחר דרישה וחקירה ושומע למה שאתה אומר ושואל על מה שלא בירורת.

[7]) אין אנו מבינים ענין המלה הזאת והעתקנוה כפי השערתנו.

[8]) בכ״י אחרץ.

נכבתך ואלאכ̇ר יבאלג פי אלאמר יקול חתי אכ̇וך ואן כאן אבן אמך ואביך פלא תט̇הרה עלי נכבתך בל כתמאנך לאמורך אצלח לך. ואלת̇אלת̇ טוב שכן קרוב מאח רחוק ולה מעאן מנהא אן גארך אלחאצ̇ר אנפע לך מן אכ̇יך אלגאיב פלא תפאסדן[1] הד̇א להד̇א ומנהא אן גארך אלמאיל אליך אנפע לך מן אכ̇יך אלמנחרף ענך פיכון רחוק וקרוב האהנא באלאעתקאד כמא כאן פי אלאול באלשכ̇ץ ומנהא אן גארך אלקריב אלי אללה בברה̈ אצלח מן אכ̇יך אלבעיד מן רבה במעציתה פיכון קרוב ורחוק פי הד̇א אלתכ̇ריג̇ אלת̇אלת̇ פי אלדין[2].

11 תעלם[3] יא בני ופרח קלבי וחתי ארד̇ עלי מעי̈רי קולא:

קד כאן רג̈ב תלמיד̇ה אולא פי אלתעלם ליסרה̈ אד̇ סרורה אחד אלחקוק אלואג̇בה̈ עלי אלתלמיד̇ והאדה האהנא תרגיבא אכ̇ר פקאל וחתי מן עירני בכ̇לאל מן כ̇לאלך רדדת עליה גואבא [ו]כסרת מא בה יטען עליך[4].

12 ותרי אלנהי̈ן אד̇א ראי אלשר̈ אחתג̇ב ענה ואלג̇פ̈ל ימרון בה
פינכבון: 13 חתי אן חכמא יקאל פיה[5] כ̇ד̇ ת̇ובה למא צ̇מן אג̇נביא
וען אלגריב רהנה: 14 פכם מן דאע לצאחבה בצות עאל פי דלג̇ה מן
אלגדאה̈ והי מחסובה̈ ענדה פריה̈:

קולה הד̇א באלנהאיה̈ פי תוקי̈ אלחכם אי אנה מן שדה̈ חד̇רה לא יד̇כ̇ל פימא לא יעניה חתי אלצ̇מאן אלד̇י אנמא עאקבתה אן [יוכ̇ד̇ ת̇ובה פבין̈ פימא עאקבתה אן] תוכ̇ד̇ רוחה פבין̈ פימא עאקבתה אן יג̇לד פי אלנאר. ולמא ד̇כר אלצ̇מאן קאל ועלי מת̇ל הד̇ה אלחאל כם מן מברך רעהו וגו׳ יעני אלמצ̇מון ענה ידעו ללצ̇אמן קאצ̇יא לד̇מאמה ולו כאן אפתרי עליה ולם יצ̇מנה כאן ענדה אסהל או מת̇לא במת̇ל פבין̈ אן הו קדם נפסה ללכ̇טר דונה[6].

---

[1]) בכ״י תפאסרן.

[2]) ביאור: בפסוק הזה שלשה חלקים האחד אמרו רעך וכו׳ ועניינו אל תעזוב את רעך שאם היטיב לך וחדל אחר כך אז תוא חמס ממך לעזוב אותו ואם הרע לך עליך לסלוח לו לפי שהוא אוהבך ואם אין לך סבה לעזוב אותו אז אתה כשוטה. ורעה אביך לפעמים יעמוד במקום רעך אם רעך אינו עמך. והשני אמרו ובית אחיך וכו׳ הערה שלא תגלה את צרתך לאחיך שלא תעציבנו או לא תגלה אפילו לאחיך אף על פי שהוא בן אמך ואביך טוב לך להסתיר ממנו את עניניך. והשלישי אמרו טוב וכו׳ יש בו כמה ענינים מהם שהשכן היושב עמך טוב מאח שהוא רחוק ממך ואל תתבאש עם הראשון מפני השני ועוד ששכן שלבו דבק בך טוב מאח שלבו סר ממך ועוד ששכן הקרוב אל השם בצדקתו טוב מאח הרחוק מהשם בפשעיו.

[3]) בכ״י ב׳ תחכם.

[4]) ביאור: אחר שאמר שחובה על התלמיד לשמח את רבו (למעלה כ״ג ט״ו) העיר כאן עוד את התלמיד ואמר לו חכם כדי שאוכל להשיב דבר למי שיחרפני במרה ממדותיך.

[5]) „עד שיגזר עליו הדין לומר״.

[6]) ביאור: אמרו ערום וכו׳ ר״ל שהערום נשמר מלבוא במשפט ולכן לא יתעסק במה שאינו שלו עד שלא ירצה להיות ערב כדי שלא יקחו את בגדו וכל שכן במה שיביא את חייו בסכנה ועל אחת כמה וכמה במה שיענש עליו באש של גיהנום. ואמרו מברך רעהו וכו׳ עניינו שלפעמים יברך הלווה מי שערב בעדו לשלם את הטובה שגמלו ואילו קיללו ולא עשהו לערב היה יותר נוח לו או הברכה בעיניו שוה לקללה ואין צריך לומר במביא את עצמו בסכנה תחת אחר.

15 אלוכף אלמתתאבע פי יום זמהריר ואלאמראה אלצ̈אבה
תסאויא: 16 מן ד̇כרהא פקד ד̇כ̇ר אלריח וג̇הד[1]) ימינה ילקא:

שבההא באלוכף לאנה יאתי מן אלמא מן וכף[2]) אלמתתאבע מנה לכת̇רה̈ כלאמהא ת̇ם שבההא באלריח אלתי לא יטיק אחד אן יצ̇בטהא קאל פמן ט̇ן אנה יטיק אן יען או יקצר צ̇כ̇ב אלאמראה̈ אלשרירה̈ פקד ט̇ן אלבעיד בל אלמחאל. וימינה אלתי יתוהם אנה יקודהא בהא ויענהא כמא יען אלדאבה̈ אנמא תלקא ג̇הדא ותעבא[3]).

17 כמא אן אלחדיד באלחדיד ינחד̇ כד̇אך אלמר ינחד בחצ̇רה̈ צאחבה:

ט̇אהר ד̇לך אלמבאראה̈ אלמוג̇ודה̈ בין אלנאס פי אלאבניה̈[4]) ואלגרוס ואלאלאת ומא אשבה ד̇לך. הד̇א עלי סביל אלוג̇דאן וכ̇אצה̈ אלמת̇ל פי אלג̇דל אן[5]) אלתקא עאלמין פי אלמצאף̇ מן מג̇אלס אלנט̇ר אלמחיץ̇ ישחד̇[6]) כל ואחד מנהמא פכר אלאכ̇ר שחד̇א בינא ויחצ̇ר לה מן כ̇אטרה אבואבא לם תך ענדה קבל ד̇לך ויסתפיק אלי אלרד עלי מטאען כאן לא יעלמהא אנהא עליה ומא שאכל ד̇לך. ואנמא קלת אלנט̇ר אלמחיץ̇ לאן כת̇ירא מן אהל זמאננא הד̇א ליס יתכלמון ליעלמו ואנמא יתכלמון לינלבו פלים אלמג̇לס מחיץ̇ ללנט̇ר[7]).

18 כמא אן מן חפט̇ אלתינה̈ אכל מן ת̇מרהא כד̇אך מן חפט̇ מולאה יכרם:

אמא אלשג̇רה̈ אלמת̇מרה̈ עלי אנהא כת̇ירה̈ וכל מן חפט̇ ואחדה̈ מנהא אנתפע בת̇מרהא פאנה קצר אלתינה̈ לכ̇אציה̈ פיהא אנהא לא תלקט דפעה̈ ואחדה̈ בל פי כל יום קליל ופי וקת מן אליום כ̇אצה̈ פמן[8]) אג̇אז ד̇לך בוקוע אלשמס עליהא או בגירה פסדת כד̇אך מן יחפט̇ צאחבה וירעא חקה יג̇ב אן ילזמה פי כל וקת הד̇א אלקול[9])

---

1) טעמו עמל ויגיעה ולא ידענו איך העתיק הגאון מלת שמן כן ואפשר שהשמן הוא משל לבריאות הגוף ולכחו.

2) יש כאן חסרון ומלאנוהו בביאור כפי השערתנו.

3) ביאור: המשיל אשת מדנים לדלף לפי שהוא בא מן המים (שלא יוכלו להיות צרורים בשמלה) והוסיף לומר דלף טורד לפי שהיא מדברת תמיד והמשילה עוד לרוח שאי אפשר לאדם לאספו בחפניו וכמו כן הוא דבר רחוק או נמנע להשקיט את אשת מדנים ואם יחשוב הבעל שינהג אותה בימינה כמו שינהג את הבהמה לא תמצא ידו כי אם עמל ויגיעה.

4) בכ"י כאלאבניה.

5) אפשר שצ"ל אי.

6) בכ"י ישחד וכן שהדא.

7) ביאור: לפי פשוטו הכתוב מדבר בקנאת האומנים זה בזה להיטיב לבנות וליטע ולעשות כלים. וסגולת המשל לשני חכמים הנושאים ונותנים בבית המדרש להוציא אמת על בוריו שיחדד כל אחד מהם שכל חברו ויוציא לו מבינתו חידושים ויעיר אותו להשיב על טענות שלא הרגיש בהן עדין. ואמרנו להוציא אמת על בוריו לפי שיש אנשים רבים בזמננו זה שאינם מתוכחים אלא להתגבר איש על רעהו ולא ללמוד זה מזה.

8) נראה שצ"ל פאן.

9) נראה שצריך להוסיף פי אלנאס פכיף ר"ל וזה המאמר בבני אדם וכל שכן אם האדון הוא השם.

אן כאן אלצאחב הו רב אלעאלמין כמא חפט̇ו בני צדוק וקאל פיהם והכהנים הלוים בני צדוק אשר שמרו את משמרת מקדשי בתעות בני ישראל (יחזקאל ד׳ ט״ו)[1].

19 כאלמא אלמוג̇ה לוג̇וה כד̇אך קלב אלנאס ללנאס:

למא כאן אלמא מן בין אלארבעה̈ ענאצר הו אלד̇י יחתמל אן תמילה כיף שית אד̇ כאן אלתראב ת̇קילא ואלריח ואלנאר[2]) לא תמלכהא שבה אלחכים תמייל אלקלוב בה. פאן קלת כד̇אך קלוב אלנאס בעצ̇הם לבעץ̇ אן שאו מילוהא ואן שאו אחאדוהא כאן אלקול כ̇אצא ואן קלת כד̇אך קלוב אלנאס כל ואחד לנפסה כיף שא מילה פי טאעה̈ אללה או צנאעה̈ או תג̇ארה̈ או עשרה̈ קום כאן ד̇לך עאמא והו אלאחק אן יכון אלא אנה עלי אלוג̇הין ג̇מיעא ינפי מא יתוהמה אלנאס אנהם מג̇בורון[3]).

20 וכמא אן אלת̇רי ואלאבאדה̈ לא תשבע מת̇לא כד̇אך עינא אלנאס לא תשבע ג̇ילא:

נהי בד̇לך אלקול ען את̇באע אלתמני פאנה לא תדרך גאיתה אד̇ כאן אלאנסאן מא וצל מנה אלי חאל אלא ותמנא פיהא חאל[א] אכ̇רי וקד עלמת אן קין כאן מוהלא לנצף אלארץ̇ פלם יקנעה פקתל הבל ליחוז אלכל או למא אשבה ד̇לך[4]).

21 וכמא אן אלמסבך ללפצ̇ה̈ ואלכור ללד̇הב כד̇אך ינבגי אן יכון אלמר עלי קדר מדיחה:

זאד פי אלחת̇ עלי טלב אלעלם בבאב אכ̇ר קאל ומן ד̇אע לה אסם פימא בין קומה באנה קד בלג פי אלעלם אלי חאל ואנמא הו עלי אלחקיקה̈ עלי בעצ̇הא פינבגי אן יענא בנפסה חתי יציר בחית̇ יצפונה וחתי אד̇א אמתחן כ̇רג עלי עיאר מא והל לה כאלד̇הב פי אלכור ואלפצ̇ה̈ פי אלמסבך. ומת̇ל ד̇לך בשיין אחדהמא אעו̇ מן אלאכ̇ר חסב תפאצ̇ל אלעלום פי אג̇נאסהא ואנואעהא. וכאלקול פי אלעלם כד̇אך פי אלצלאח ואלבר וכד̇אך פי אלמהארה̈ ואלחרץ̇ פי אלצנאיע וכל פן מן הד̇ה איצ̇א לה מנאזל[5]).

---

[1]) ביאור: יש אילנות רבים נושאים פרי אלא שהתאנה צריכה שמירה יתרה לפי שאין מלקטים את פריה בבת אחת כי אם מעט מעט בכל יום בעת מיוחדת מן היום ואם עברה העת יפסדו התאנים וכן צריך העבד לשמור את אדוניו בכל עת וזה בבני אדם וכל שכן אם הארון הוא השם.

[2]) בכ״י אלמא.

[3]) ביאור: המשיל לב האדם למים מפני שהאדם יכול להגיר את המים לכל צד כפי רצונו מה שאינו כן בשלושה יסודות האחרים לפי שהעפר כבד והרוח והאש אינם נתפסים. ואמרו כן וכו׳ אם תפרשהו שאדם יכול להטות את לב אדם ורעהו אל דבר אחד או להשיבו ממנו אז המאמר פרטי ואם תפרשהו שכל אדם יכול לנהג את לבו כפי רצונו הן למצוות הן לדברי העולם הזה המאמר הוא כללי. ועל כל פנים הכתוב מעיד נגד החושבים שהאדם מוכרח.

[4]) ביאור: הזהרה לאדם שלא ילך אחר תאותיו לפי שאין להן סוף ואם מלא תאוה אחת יבקש אחרת כמו שקין זכה להצי הארץ והרג הבל לאחוז את הארץ כולה או לסבה אחרת דומה לזה (ועיין בראשית רבה על בראשית ד׳ ח׳).

[5]) ביאור: החכם הוסיף להעיר לדרישת החכמה מטעם אחר והוא שיש בני אדם שיצא להם שם יותר גדול ממה שראויים לו וחובה עליהם להשתדל בחכמה כדי שתהא חכמתם שוה

22 ולו דקקת אלגאהל מתלא פי מדק או פי וסט אלבאסנה[1]
באלהראוה לם יזל ענה גהלה:

קולה הדא פי אלגאהל אלמתנאהי והו אלדי לא יצדק באן [פי] אלדניא עלמא כאלסופסטאייה קאל לו צרבתה למצרה לה או לצלאח לם ינפע דלך שיא פאלמצרה לה אלצרב אלדי שבה במכתש ואלצלאח הו צרב אלאדב ישכהה בתוך הריפות אלדי לצלאח כמא יצרב אלסמסם ולדלך נהי אלגואץ אן יגאשרו אלמתנאהלין ואנמא יצרבון ליתאדב גירהם בהם[2]).

23 ינבגי אן תעלם חאל מקדמי גנמך ותרד באלך פי סאיר
קטועהא: 24 אנה לים ותאקהא אלי אלדהר ולא תאגהא אלי גיל בעד
גיל: 25 ואנמא אדא תגלא אלחשיש וטהר אלכלא ואגתמעת אעשאב
אלגבאל: 26 צאר מן אלנעאג לבאסך ומן תמן אלציעה פי מואעזך:
27 ומן כפאיה לבנהא פי טעאמך וטעאם מנזלך ועיש צביאנך:

אלמחיט בגמלה הדה אלמקאלה הו אנה כמא כאן קאל לרב אלדהב ואלפצה לא תתק בדלך הו קולה אל תיגע להעשיר (משלי כ״ג ד׳) כדאך קאל האהנא לרב אלמאשיה לא תתק במאשיתך לאנה אנמא קואמהא באלכלא ואלנבאת מן אלארץ ואלכלא נפסה פלו כאן דאימא להא לכאנת אלתפאסיד[3]) אליהא כמא הי אלי סאיר אלחיואן פכיף והו רבמא לם ינבת פבאלחרי אן לא תתכל עלי מעלול במעלול. וגעלהא קסמין מתאדוהא קאל פיהם פני צאנך והי וגוההא כמא קאל ען יעקב ויתן פני הצאן אל עקוד (בראשית ל׳ מ׳) ואלבאקי קאל פיה לעדרים ועטף עלי[4]) אלמדכורין אלירא בקול חסן ועלי אלמוצופין אולא בקול גור אד הם כאלתאג לסאיר אלגנם. ווצף מאכלהא בתלתה אשיא חציר ודשא ועשב אסמא אלחב ואלורק ואלחשיש ויגתדא מנהא תלאתה אשיא מא יכתסי בה לקולה ללבושך ומא יתאדם בה קאל פיה ללחמך ומא יבאע ויתעיש מנה אי בתמנה קאל פיה וחיים לנערתיך. וקצד בקולה הדא אן אלתכלאן אלתאם אנמא הו עלי אלכאלק עז וגל [אלדי] הדה כלהא מעלולה בה אלחיואן באלנבאת ואלנבאת באלמטר ואלמטר במשיה אלבארי וקאל אקצד אלאצל אלקאים בהדה כלהא כמא קאל משה פי אלתוראה פי קצה כי הארץ אשר אתה בא שמה לרשתה לא כארץ מצרים (דברים י״א י׳) אלקצה אלי אכרהא[5]).

לשבחם וכשיבחנו אותם נמצא ערכם אמת. ונתן משל בשני דברים שהאחד מהם יקר מהשני לפי שיש מעלות רבות בחכמות וכן יש מדרגות במעשי החסד והצדקה וכן באומניות וביוצא בהן.

[1]) עניגו שק גדול ועבה ונותנים בו השומשמין ומכין עליו במקל כדי להוציא שמנם.

[2]) ביאור: החכם מדבר בכסיל גמור שאין מודה שיש בעולם ידיעה והוא הנקרא סופיסט ואומר אם תכתישהו במדוכה להזיקו או אם תכהו במקל ליסרו לא יועיל לו ולכן הזהיר שלא להתוכח עם כסיל כזה ולא יכו אותו כי אם כדי שיראו אחרים וילמדו.

[3]) בכ״י אלתפאסיר.

[4]) בכ״י אלי.

[5]) ביאור: כמו שאמר למעלה שאין לבטוח בכסף ובזהב אמר כאן שלא ישען האדם על רוב מקנהו מפני שאין קיומו אלא בדשא הארץ ואפילו יצמח תמיד הדשא אפשר שיארע לצאן שום הזק כמו לשאר הבהמות כל שכן שלפעמים לא יצמח הדשא ולכן אין ראוי לבטוח במה

כח

1 יהרב אלטאלמין ולא טאלב להם ואלצאלחון באלצראגמה מטמאנון:

קולה רשע יריד רשעים עלי מא יגוז מן תפריד אלגמע. הדא הלהרב פי אלדניא עלי סביל אלאיה. כמחנה פלשתים מרתין בימי שאול ומחנה ארם בימי אחאב ובימי יהורם. ופי אלאכרה פהו הרב אלי מכאן אלעקאב אלאלים אלדאים[1]).

2 בדנב אלבלאד יכתרון רוסאהא ובראים ואחד פהם עאלם כדאך תטול מדתהא[2]):

הדא מן אלמעקול אן אלתדביר אלתאם אנמא הו לואחד ואלגמאעה לאכתלאפהם לא יתם להם תדביר וכמא עלמת אן סרכיא והם אתנאן ואחשדרפניא מאיה ועשרון אלדין כאנו מע דריוש לם יכן יתבת להם אמר ובדניאל וחדה כאן יתבת כמא קאל ארין דניאל הוה מתנצח (דניאל ו׳ ד׳). וקולה בפשע ארץ רבים [שריה] ליס הו עקובה מן אללה להם בל אנמא וצף אחרי מעאציהם כמא אן [מן] אלמעאצי כתרה אלמעבודאת וכתרה אלהיאכל כדלך כתרה אלרוסא. ולא תשבה הדה אלקצה קצה שרי אלפים ושרי מאות לאנקיאד גמיעהם אלי משה וכדלך עלי טול אלזמאן ואד קד כתר אלריסא פלא בד מן אן ינקאדו אלי ואחד[3]).

3 רגל פקיר יגשם אלצעפי יכבה אלמטר פלא יבקא לה טעאם:

קטע עדר מן יעתדר באן אלדי חמלה עלי אלטלם פקרה וקלה גנתה בל תועדה באן אלקליל אלדי לה מן טעאם תמחוה אפה מגרקה באלמטר או יתעדר באן מן הו אעלי יד מנה כמא טלמה כדאך יטלם הו איצא מן הו דונה בל תועדה באן אפה סמאויה כאלמטר אלדי הו אעלי מן אלכל תפני ישיה אליסיר ותשבה אלאפאת באלמטר נטיר קול יחזקאל ען אלה פי דאר אלסלם היה גשם שטף ואתנה אבני אלגביש תפלנה (יחזקאל י״ג י״א)[4]).

שהוא עלול בדבר עלול שהצאן הוא עלול בדשא והדשא במטר והמטר ברצון הבורא אבל הבטחון השלם הוא בשם שהוא עילת כל העילות. ואמר פני הצאן רצה לומר המיבחרים שבהם וקרא שאר הכבשים עדרים וכינה אותן בשם חוסן ופני הצאן בשם נזר מפני שהם ככתר לשאר הצאן. ורצה באמרו חציר ודשא ועשב שמאכל הצאן משלשה מינים והם תגרגרים והעלים והחשש. ואמר שהצאן יועיל לשלשה דברים ללבוש ולמזון ולפרנסת בני הבית במחיר מה שימכר מן הצאן.

[1]) ביאור: רשע במקום רשעים מפני שמשתמשים בלשון יחיד במקום רבים. וזאת המנוסה היתה בעולם הזה על פי נס כמחנת פלשתים שתי פעמים בימי שאול ומחנה ארם בימי אחאב ובימי יהורם. ובעולם הבא הרשעים נסים אל מקום העונש הקשה והתמידי.

[2]) „יאריכו ימי הארץ" ר״ל בשלוה.

[3]) ביאור: מן המושכל שההנהגה השלמה אינה אלא במנהיג אחד וכמו שידעת שהסרכיא שנים והאחשדרפנים מאה ועשרים ולא קמה מלכות דריוש אלא בעצת דניאל. ואמרו בפשע הארץ וכו׳ אינו רוצה בו שרוב מספר השרים עונש מאת השם כי אם הוא אחד מפשעי הארץ שיהיו לה שרים רבים כמו שהוא חטא שיהיו לה אלהים רבים ומקדשים רבים. ואין זה דומה לפרשת שרי אלפים ושרי מאות לפי שהיו כולם שומעים לקול משה וכן בכל הדורות כשהיו ראשים רבים בהכרח היו תחת הנהגת איש אחד.

[4]) ביאור: העושק את הדל ומתנצל ואומר שעניותו הכריחה אותו לזה יפחידהו החכם

4 ואן מדח[1] **אלטאלם תארכו אלשראיע פינבגי להאפטיהא אן יתחרשו בהם:**

יעני לא יהולהם מריח גירהם לה ולא יקולון גירנא יתקרב אליה ונחן נעאדיה[2]).

5 **אהל אלשר לא יפהמון אלחכם וטלאב אללה יפהמון אלכל:**

אמא לאנהם לם יתעלמוה קצדא חתי לא יקפון עלי מא יגב או תעלמוה אלא אנהם לא יגודון אלאסתמאע מן אלכצום לילא יפהמו אלחק עלי מן[3]) הו או יסתמעון ויערפון אלחק ויתגאפלון כאנהם לם יפהמוה ואלצאלחון בעכס דלך כלה יתעלמון ויסתמעון ויגודון אלתפכר ויפהמון[4]).

6 **ולפקיר יסלך בצחתה כיר מן עסר אלטריק והו מוסר:**

ימכן אן יכון מענאה פי דרכים טריק ואחד אלא אנה נסבה באלמתני אד' כאנת אלרגלאן תסלכה וימכן בעד דלך אן יכון אראד מן אמור אלדניא אלשרא ואלביע ואלאכד ואלעטא ומן אמור אלאכרה אלאמר ואלנהי[5]).

7 **ואלאבן אלפהם יחפט אלתוראה ומן צאחב אלמסרפין יכזי אבאה:**

געל אלנטירין לא יתשאבהאן ליוגב עכסין אכרין לקציתה פיכון נוצר תורה יהדר אביו אד' הו עכס יכלים אביו ורעה זוללים בן כסיל לאנה עכס בן מבין ועלי הדא תעבר כל נטירין לא יתשאבהאן[6])

8 **מן כתר מאלה מן אלעינה או אלרבא פיגב אן יגמעה לראפה אלצעפי:**

הדא מן באב אלפקה קאל מן גמע מאלא מן גיר חלה מתל אלעינה אלתי הי דרהם בדרהם ודנק או מן אלרבא אלדי הו אלמקאבלה פי אלאתמאר פיגב עליה אדא הו תאב ולם יערף לה צאחב ירדהא עליה אן יכרגה פי מצאלח אלצעפי

ויגיד לו שיאבד ממנו גם המועט אשר לו בצרה שוטפת כמטר וכן המתנצל ואומר שהוא עושק מי שתחתיו כמו שעשקו מי שלמעלה ממנו יפחידהו שתבוא עליו צרה מן השמים כמטר שהוא למעלה מן הכל. והצרות נמשלות למטר כמו בנבואת יחזקאל על ירושלם.

[1]) בכ״י ב׳ וג׳ מאדחי.

[2]) ביאור: לא ייראו שומרי תורה ממה שזולתם מהללים את הרשע ולא יאמרו איך נתקומם נגדו וזולתנו מתקרבים אליו.

[3]) אפשר שצ״ל מא.

[4]) ביאור: אנשי רע אינם רוצים ללמוד משפט או למדים ואינם שומעים טענות בעלי דינים או יודעים את האמת ומראים עצמם כאילו לא ידעו אותה והצדיקים הפך זה שהם למדים ושומעים ומשכילים ומבינים.

[5]) ביאור: אפשר שאמרו דרכים ירצה בו דרך אחד והשתמש בלשון שנים מפני שתי הרגלים ההולכות בדרך וגם יתכן שכיון אל הלקיחה והמכירה והנטילה והנתינה בדברי עולם הזה והצווי וההזהרה בדברי עולם הבא.

[6]) ביאור: שני חציי הפסוק שונים זה מזה כדי שיהא לכל אחד מהן הפך אחר נוצר תורה יהדר אביו והוא הפך מכלים אביו ורועה זוללים בן כסיל והוא הפך בן מבין וכן תפרש כל פסוק שחציו הראשון אינו דומה לשני.

וחמלת אלאת׳אר אן יצרפה פי מסאקי מא ואצלאח אלטרק כמא קאלו ושאין מכירין יעשה בהם צורכי צבור[1]) (בבא קמא צ״ד ע״ב)[2]).

9 מזיל סמעה ען אסתמאע אלתוראה̈ צלותה איצ׳א מכרוהה̈:

יקול לא תסל ען דעאיה אלד׳י יתנפל בה פאנה גיר מסתג׳אב לה חתי צלותה איצ׳א אלתי הו אלפריצ׳ה̈ תכון גיר מקבולה̈ והד׳א מן אכל מא יוג׳בה אלמעקול עבד לא יסמע מן מולאה כיף יסמע מנה מולאה[3]).

10 מצ׳ל אלמסתקימין פי טריק אלסו פי הותתה[4]) הו יקע ואלאצחא ינאלון כ׳ירא:

ט׳אהר הד׳א אלאצ׳לאל פי אמר אלדניא כמן ישיר עלי אכ׳יה אלמומן במא יעוד עליה בפסאד סוי פי ד׳לך עאדת תלך אלמשורה̈ עלי אלמשיר בצלאח אם לא. ובאטנה מן יפתי פי אלדין בגיר מא יג׳ב סוי פי ד׳לך כאן לה סבב מן דואעי אלדניא חמלה עלי ד׳אך אם לא. פאן כליהמא יקעאן פי תלך אלהותה̈ אלתי בהא אצ׳לו אמא פי שי מן גנסהא אנה מהלך פי דאר אלדניא או פי עקובתהא פי אלאכ׳רה̈. ומן יצחח משורתה אלדניאיה̈ ואלדיאניה̈ ינאל כ׳ירא ענד אללה וענד אלנאס צאר מעני ותמימים פי אלמשורה̈ וצאר ינחלו טוב אמא מן גנס מא אשארו בה פי אלדניא או מן ת׳ואבה פי אלאכ׳רה̈[5]).

11 תרי אלמוסר חכים ענד נפסה ואלפקיר אלפהם יסתבריה:

הד׳א מוג׳וד פי אלנאס מן בלג פיהם מנזלה̈ מא יתוהם אנה ימכנה אן יבלג גמיע אלמנאזל פאן מנחה אללה מאלא קצד אן יקבל אלנאס פתיאה. וכד׳לך אן כאן בצירא בעלם מן אלעלום תעאטא גירה או כלמא כאן סואה והד׳א כ׳טא בל קד יגד[6]) מן הו אפצ׳ל אכל מנה פימא פצ׳ל הו בה פיסתבריה פי ד׳לך אלפן אלד׳י תעאטאה והו בה קליל אלבצר לכת׳רה̈ מערפה̈ אלמסתברי בה פלא יפי פיג׳לה בל אלואג׳ב אן ינתחל מא קד פצ׳ל בה וידע אנתחאל גיר מא הו פיה[7]).

---

[1]) בכ״י בור.

[2]) ביאור: הפסוק הזה הוא דבר הלכה שמי שהעשיר בנשך ובתרבית (עיין ב״מ פ״ה מ״א) חייב לעשות בהן צרכי צבור והם חפירת בורות ותקון דרכים אם אין יכול להחזיר הממון לבעליו.

[3]) ביאור: אמרו גם תפלתו ר״ל לא די שתפלת רשות שלו אינה נשמעת אלא גם תפילת חובה אינה מקובלת שעבד שאינו שומע לקול רבו כל שכן שרבו אינו שומע אליו.

[4]) בכ״י א׳ הותה.

[5]) ביאור: אמרו משגה בדרך נגלה ר״ל נותן עצה רעה בדברי העולם בין שתהיה לטובת היועץ או לא. ובדרך נסתר המשגה הוא חכם המורה הוראה שלא כדין בין שתהא לתועלתו או לא. ושניהם יפלו בשחת אשר כרו בין שתארע להם רעה בעולם הזה כרעה שחשבו להביא על אחרים או שיענשו בעולם הבא. ואמרו תמימים ירצה בו נותני עצת הגונה בהמוניות או בתוריות והטוב אשר ינחלו יהיה דומה למה שיעצו בעולם הזה או יקבלו שכר על זה בעולם הבא.

[6]) בכ״י יגוד.

[7]) ביאור: זה דבר מצוי בין בני אדם שמי שעלה למדרגה אחת חושב שהוא יכול להשיג כל המדרגות ואם הוא עשיר רוצה שיקבלו הכל את הוראתו. וכן אם הוא בקי באחת מן החכמות רואה עצמו כאילו הוא בקי בזולתה או בכולן ולפעמים ימצא איש שאינו בקי כמוהו בדבר הידוע לו אבל יש לאיש הזה יתרון עליו בדברים הנעלמים ממנו ויחקרנו עליהם ויביישהו ולפיכך צריך שיורה כל אדם רק מה שהוא בקי בו.

12 ובסרור אלצאלחין יכת׳ר אלאפתכ׳אר ובקיאם אלט׳אלמין יטלב אלנאס פלא יצאבון[1]:

הד׳א אלקול עלי אלוג׳דאן אן אלצאלחין אד׳א כ׳אנת להם דולה׳ תג׳ר אלנאס יפתכ׳רון באמואלהם ויתבאהון בהא לאמנהם[2]) מנהם עלי אנפסהם ואמואלהם ואד׳א צארת אלדולה׳ ללט׳אלמין אנטמר אלנאס ואט׳הרו אלפקר כ׳ופא עלי אנפסהם ומאלהם. ועלי אלאמר איצ׳א יקול כמא יג׳ב אן יתבאהא אלנאס פי דולה׳ אלצאלחין כד׳אך ינבני אן ינסתרו עלי עהד אלט׳אלמין לילא יעט׳ה[ם] רונהם[3]).

13 מגטי ד׳נובה לא ינג׳ח ואלמקר̄ בהא אלתארך להא ירחם:

והד׳א ענד אלנאס וענד אללה. פי אלג׳מיע פהו באלקול יעני בה אלג׳חוד [ואלאקראר]. פאמא ענד אלנאס מן אלאקראר פכמא אקר אבימלך ואחוזת מרעהו ופיכ׳ל ליצחק ואכ׳וה׳ יוסף לה וזקני גלעד ליפתח וצפחו להם וענד אללה פכמא אקר דוד ורחבעם ומנשה ללה וגפר להם[4]). ואמא עכן ושאול אללד׳ין אקר̃א פלם יצפח ענהמא פי אלדניא[5]) בל קד גפר להמא פי אלאכ׳רה׳ ואנמא אלזמא עקובה׳ פי דאר אלדניא פקט למוצ׳ע חתם תקדם מן אללה. ואמא אלג׳אחד פמטאלב פי אלדניא ואלאכ׳רה׳ כמא קאל הנני נשפט אותך על אמרך וגו׳ (ירמיה ב׳ ל״ה)[6]).

14 טובא אנסאן יפזע דא׳ימא ומצעב קלבה יקע פי שר̄:

פי אמור אלדניא כמא תוקא יעקב פבעת׳ ודארא עשו ות׳לט׳ף וכמא צעב קול אמציה מלך יהודה פחארבה יואש ווקע. ופי אמור אלאכ׳רה׳ כמא פזעו אנשי נינוה וכ׳אפו פתכ׳לצו וכמא לם יפזע יהויקים ממא ועט׳ בה פהלך חתי אלצנאיר מן אמור אלדניא יג׳ב אן תחד׳ר מת׳ל קמצא ובן קמצא אללד׳ין בסבבהמא כ׳רב אלבית אלת׳אני[7]).

15 וכאסד ינהם ודב̃ מתלט̃ סלטאן ט׳אלם עלי שעב צעיף:

אלאקרב אן יכון למא שבה אלמלך באלאסד שבה איצ׳א וזירה באלדב. ותכון

---

1) „ולא ימצאו״ ובכ״י ב׳ וג׳ יוג׳דון.

2) בכ״י לאמהם.

3) בכ״י דונהם. ביאור: חחכם דבר במה שנמצא שבני אדם מתפארים בעשרם אם הממשלה בידי צדיקים ויסתירו את ממונם אם המושל הוא רשע. ודבר גם כן על דרך צווי שהאדם חייב להתפאר אם המושל הוא צדיק ולהסתר תחת ממשלת רשע כדי שלא ירע לחם בחמסו

4) בכ״י אנה יגפלהם.

5) בכ״י אלאכ׳רה̈.

6) ביאור: הכיחוש והוידוי על הפשעים בין אדם לחבירו ובין אדם למקום הם בדיבור. והוידוי בין אדם לאדם כמו שהודו אבימלך ואחוזת מרעהו ופיכול ליצחק ואחי יוסף ליוסף וזקני גלעד ליפתח. והוידוי בין אדם למקום כמו שהתודו דוד ורחבעם ומנשה את פשעיהם ונסלח להם. ועכן ושאול אף על פי שהתודו נענשו בעולם הזה ונסלח להם בעולם הבא אבל המכחש והוא המכסה פשעיו ואומר לא חטאתי יענש בשני עולמות.

7) ביאור: זה בדברי העולם הזה כמו שירא יעקב מן עשו ושלח לפייסו וניצל ואמציה דבר קשות עם יואש ונפל ברע. ובדברי העולם הבא כמו שיראו אנשי נינוה וניצלו ויהויקים לא פחד מן התוכחה ואבד. וראוי שיפחד אדם גם מפני דבר קטן שבעבור קמצא ובר קמצא נחרב בית שני (עיין גיטין נ״ה ב׳).

אלפאידה מן הדא אלמתל אן יסתרפע[1]) איקאע אלערץ מן ענד אללה חתי לא ימלך אלנאירין בסבבה באמתתאל טאעה אללה ובעד אלתמליך באלאנתקאל ען גוארה פאן לם ימכן פבמדאראתה כמא אנתקל דויד ען שאול אלי אכיש ודארא אכיש[2]).

16 ומדבר כתיר אלמגאשם פהו נאקץ אלפהם ושאני אלטמע
תטול איאמה:

אלקציתאן גמיעא יגבאן בחכם אללה אן יסמי אלגאשם נאקץ אלפהם ואן יטיל איאם אלעדל פי נעים אלגנה. וינבני פי חכם אלנאס אן[3]) יזרי אלמלך וינקץ במן כאן מן כלפאיה טאלמא ואן יקר אידי אלמנצפין מנהם. וקד יתפקאן פי דאר אלדניא מן ענד אללה עלי נהה אלאיה[4]) יזיל עקול אלגאשמין באפאת ויטיל אעמאר[5]) דוי אלעדל וקד צח לך אנה אזאל פהם שאול לתעדיה הו וזאד פי עמר יחזקיהו אד יקול הנני יסיף על ימיך וגו׳ (ישעיה ל״ה ה׳)[6]).

17 תרי אנסאן מגשום בדם יהרב אלי אלחבס ולא ידעמה אחד:

הדא מן אלחכים אנכאר מא וגד אלנאירין עליה מן אנהם אדא קצדו אן ינשמו אנסאנא במטאלבה דם אמא אן ירידו קתלה הו פיקדפוה[7]) כבעץ אלגנאיאת אלכבאר או ידעון עליה אלקתל פיהאסבונה[8]) ויעדבונה ולים לה מן דאעם ולא סנד. והדה אלאיה תנחפט[9]) מע אלתי קבלהא מן ורב מעשקות ומע אלתי בעדהא[10]).

18 ויגב למן סלך בצחתה אן יגאת ועלי מן עסרת עליה טריקאן
אן יקע פי אחדהמא:

אמא מנותה אלעפיף אלתי אמר בהא אן כאן לסלאמה פאחיתה[11]) רבמא תהיאת עליה אלאמור אלחאדה פהו אן יולד בידה אמא בנצרה טאהרה ללחם[12]) או בתלקינה חגה יתכלץ בהא או במדאראה ענה במאל או בוסילה או במא אשבה דלך.

[1]) אפשר שצריך להוסיף אלאנסאן.

[2]) ביאור: אחר שהמשיל המלך לאריה נראה שהמשיל משנהו לדוב. ותועלת המשל היא שיבקשו בני אדם בעשיית מצוות השם להרחיק הפגע הבא מאתו עד שלא ימליך עליהם מתוך זה מלך רשע ואם המליכו השם ירחיקו עצמם משכנותו ואם אי אפשר להם יחליקו עליו כמו שברח דוד מפני שאול ותחליק על אכיש.

[3]) בכ״י אד. — [4]) בכ״י אלגאיה.

[5]) בכ״י אעתמאר.

[6]) ביאור: בגזרת האל רב מעשקות יקרא חסר לב ויאריכו ימי הצדיק בגן עדן. וכן לפי משפט בני אדם ראוי שימאס המלך במנהיגים העושקים וירחיקם ויחזק ידי המנהיגים הטובים. ויארעו שני הדברים האלה בעולם הזה על פי נס שהשם יסכל דעת העושקים כמו שעשה לשאול ויאריך ימי חיי אנשי צדק כמו שעשה ליחזקיה.

[7]) בכ״י פיקדפה.

[8]) אפשר שצ״ל יחאבסונה.

[9]) אפשר שצ״ל תנתטם.

[10]) ביאור: החכם מדבר נגד אנשי חמס המבקשים נפש אדם אם שיהו אומרים שהוא חטא חטא משפט מות או שיענו שהוא רוצח ונותנים אותו בבית האסורים ואין סומך לו. וזה הפסוק דבק בפסוק שלפניו ושלאחריו.

[11]) אפשר שצ״ל לסלוכה בצחתה.

[12]) בכ״י ללחק.

וסירה ונעקש דרכים הו מא יקולה דוו אלאדב מן וקע פי מא בין שיין פליכתר אכפהמא ודלך אנה ליס מן דאתה תחדת[1]) פיונד להא ונה מן אלתדביר תכון גמיע חואשיה צאלחה לא ישובהא גם בתה בל ולא כד מן נם מא יכון פי גהה מנה אלא אנה יכון באלאכתר ובאלאקל. ולדלך ראו[2]) אלעלמא ואלבצרא אן יכתארו מא ליס פיה צרר כתיר לילא יורע אלאמר מרסלא פיכתאר גיר אלבציר מא פיה אלצרר אלאעטם. פלדלך קאל שלמה יפול באחת ועלי אנה לם ישרה איתהמא הי פלא שך פי אנה ותק אן אלעלמא בל אלתלאמיד לא יסון בה אלטן פיתוהמון אנה אמר באכתיאר אשרהמא. ולסעה הדא אלבאב אמתל מן כל פן ואחדא מן אלמכאסב כמא קד תסתעמל אלכסארה פי אלתנארה ליסתדפע אכתר מנהא ופי אלמנאטרה יצבר עלי כלמה אסתמעת לילא יסמע אנלט מנהא ובאלתדביר כמא אכתאר דויד אלהרב מן בין ידי אבשלום לילא תכרב מדינה אלסלם ופי אמר אלדין כמא אכתאר אברהם יצחק ויעקב ויהונתן וירמיהו תגייר אלקול עלי תסביב קתל אלנפוס[3]).

19 **מן פלח ארצה שבע טעאמא ומן כלב אלפראג אסתכתר מן אלפקר:**

הדא איצא מן אלנטירין גיר אלמתסאויין טוא פי דרגהמא אלעכסין אן עבד ארץ מלחה לא ישבע לחם או הו עכס עבד אדמתו ישבע לחם ואן יכון מרדף שועים ישבע הון לאנה עכס ומרדף רקים ישבע ריש ואלארבע קצאיא גמעהא פי אמור אלדניא פי מן יתרך חרפתה ומעישתה ויקבל עלי מא לא יעניה ולא יגדי עליה נפעא ופי אמור אלאכרה מן יתרך עבאדה אללה ויקבל עלי אלאותאן או אלתוחיד פימיל אלי אלאתנין או אכתר מן דלך או אסתמאע אלגיב מן אלאנביא ויציר אלי אלמנגמין ואלזגארין ואלטיארין ואלמתפאלין או מא נקלה אלאבא ויתבע אצחאב אלראי ואלמכאלפין[4]).

---

[1]) מלות מן דאתה תחדת אינן ברורות.

[2]) בכ״י ראד.

[3]) ביאור: אמרו הולך וכו׳ ר״ל שלפעמים יש מאורעות קשות הבאות על הצדיק וראוי לבני אדם לעזור לו אם בעזרה הנראית לעינים או בטענות שילמדוהו ויציל את נפשו בהן או במתנות שיפייסו בהן את רודפיו. ואמרו ונעקש דרכים הוא כמו שאמרו חכמי המוסר אם יש לפני אדם שני דרכים יבחר ביותר קל מהם וזה אם אי אפשר לחדש עצם הדברים עד שימצא מה שיצלח לו מכל צדדיו וצריך שיבחין בין היותר קשה והיותר קל. ולפיכך ראו אנשי שכל ובינה לבחור במה שאין בו רעה גדולה והכסילים בוחרים בדבר היותר רע. וזה מה שאמר שלמה יפול באחת ולא ביאר באיזה משתי הדרכים לפי שהיה בוטח שהחכמים וגם התלמידים לא יחשבו שיעץ לבחור ביותר קשה. וזה מצוי אצל התגרים שסובלים הפסד מועט כדי שלא יפסידו הרבה וכן המתוכחים סובלים נאצה קלה כדי שלא ישמעו קשה ממנה וכמו שברח דוד מפני אבשלום כדי שלא תחרב ירושלם וכמו ששינו האבות ויהונתן וירמיה את דבריהם מפני פיקוח נפש.

[4]) ביאור: שני חלקי הפסוק הזה גם כן אינם מקבילים זה אל זה ולכן יש להבין מתוכם שעובד ארץ מלחה לא ישבע לחם והוא הפך עובד אדמתו וכו׳ ומרדף שועים ישבע הון והוא הפך מרדף ריקים וכו׳. והפסוק מוסב בדברי העולם הזה על העוזב אומנותו ועושה מה שאין לו עסק בו ואין מועיל לו ובדברי העולם הבא על עוזב עבודת השם לעבוד אלהים אחרים או האחדות להיות כבעלי שנים או יותר ואל מי שאינו שומע לדברי סתר מן הנביאים ופונה אל האובות והידעונים ואל המואס בדברי הקבלה לידבק בהולכים אחר דעותם ובמתנגדים.

20 ד̇ו אלאמאנה̈ כ̇תיר אלברכאת ואללאח̈ פי אלאיסאר לא יברו:

יקול לא יט̇ן אלאמין אן אמאנתה תחרמה מאלא כ̇תירא או תכ̇סרה[1]) בל הי
אלתי תכ̇ת̇ר מאלה אד̇ אללה אלמבארך ולא יט̇ן אכ̇ד̇ אלחראם אנה יגניה בל יפקרה
אד̇ אללה הו אלמאחק והד̇א מן אלחכים חכאיה̈ מא פי קדרה̈ אללה אן יפעל כמא
קאל פי אלמחק והנה למעט (חגי א׳ ט׳) ופי אלברכה̈ כמא פעל ללצרפית פי אלדקיק
ואלדהן ולזוג̇ה̈ אלנבי פי אלדסת[2]).

21 לא כ̇יר פי מחאבאה̈ אלוג̇וה ולא אן יכפר אלמר עלי כסרה̈
מן אלכ̇בז:

קולה אלאול לא טוב ינוב ען אלקסם אלת̇אני ועל פת לחם ג̇על אלאעט̇ם
אלמחאבאה̈ פאנכרה בקול לא טוב ת̇ם צ̇ם אליה אלמיל אלד̇י ימיל אלנאס בעצ̇הם
בעצ̇א פי חאל אלמואכלה̈ ואלמשארבה̈ פקאל לא טוב איצ̇א אן יכון על פת לחם
יפשע גבר חבאה באחקר אלאג̇זא[3]).

22 יבאדר אלי אלמאל אלרג̇ל אלשחיח[4]) ולא יעלם אן נקצא
יאתיה[5]):

שראיע הד̇א אלקול כ̇תירה̈ מן אמור אלדניא ואלאכ̇רה̈ אלסרקה̈ ואלכ̇יאנה̈
ואלכסר עלי אלסלטאן ואללת̇ [ואכ̇ד̇] אלחראם ואכ̇ד̇ אלמסתגני אלזכאה̈ ואלצדקאת
ואכ̇ד̇ אלמחתאג̇ להא מן אלכפאר ואלגבן ואלרבא ואלרשא וקלה̈ אלאנצאף ללמסאכין
פי אלעשר ואלזכואת ומא יסבל פי אלצ̇יאע ואלאקרחה̈ ונקץ̇ כל ואחד מן הד̇ה עלי
קדרה וחסב אמכאנה[6]).

23 מן יעט̇ אנסאנא לטאעתי יג̇ד חט̇א ענדה אכ̇תר מן אלמלין
לה לסאנה:

עברת לפט̇ה̈ אחרי פי הד̇א אלמוצ̇ע טאעה̈ מת̇ל קולה פי יהושע וכלב כי מלאו
אחרי [ה׳][7]) (במדבר ל״ב י״ב) יקול אללה תבארך לעל אן יט̇ן אלנאס אן אלמסהל[8])

---

[1]) בכ״י תכסבה.

[2]) בכ״י אלדסתע. — ביאור: אל יחשוב האיש הנאמן שאמונתו המנעהו מלהעשיר ותפסיד את ממונו שהשם הוא הנותן ברכה ואל יחשוב הנוטל דבר אסור שיעשיר בזאת שהשם הוא הנותן קללה והחכם סיפר מה שביכולת השם לעשות וידוע מה שנעשה לצרפית בקמח ובשמן ולאשת הנביא בפך השמן.

[3]) ביאור: אמרו לא טוב מוסב גם כן על החלק השני ועל פת לחם שהחכם דבר תחלה בהכרת פנים שהיא היותר קשה ואמר עליה לא טוב והוסיף עליו שהאדם נוטה אל דעת חבירו כשהוא אוכל ושותה עמו ואמר לא טוב גם כן שיפשע גבר על פת לחם שהוא השכר היותר גבוה.

[4]) כן הוא בכ״י ב׳ וג׳ וענינו הכילי. וכן תרגם הגאון ורעה עינך באחיך (דברים ט״ו ט׳) ותשח עלי אכ̇יך ובכ״י א׳ כל אמר סי אלנט̇ר.

[5]) בכ״י ב׳ וג׳ מן אין יאתיה אלנקץ.

[6]) ביאור: זה המאמר כולל דינים רבים בדברי העולם ובדברי האמונה שהזהיר את האדם מלגנוב ולרמות ולמנוע מס המלך ולכחש בחובו ולמעול ולקבל צדקה אם אין צריך לה או לקבלה מן הכופרים ולהונות וליתן בנשך וליתן שוחד ולמעט מתנות העניים מן המעשר ולקט ושכחה. והחסר הבא על עושי אלה יהיה מדה במדה.

[7]) עיין תרגום הגאון שם. — [8]) בכ״י אלמסתל.

לצאחבה פי דינה ואלמחסן לה אלקביח יכון ענדה מחטוא כלאף מן יעטה ויסתבריה וליס אלאמר כדאך בל אלצארק אלואעט הו אלמחטוט ענד אלעאקל מן אלנאס באלואגב כקול חזקיה לישעיהו טוב דבר ה׳ אשר דברת (מלכים ב׳ כ׳ י״ט) וכמא קאל בעץ אלצאלחין למלך [סאלה] כיף עלמה פיה פקאל תגמע אלאמואל מן גיר חלהא ותצרפהא פי גיר וגוההא פקד [טן] מן חצר אנה יבטש בה פותב פעאנקה וקבלה וקאל פדית מן לם תאכדה פי אללה לומה לאים. ומן גהל דלך פקד יחדת אללה איה לואעטה חתי יגעל לה בהא הוארה כמא קאל גם האיש משה גדול מאד וגו׳ (שמות י״א ג׳)[1].

24 מן יגצב אבאה ואמה ויקול לא דנב לי פהו צאחב אלאמר אלמפסד:

נהי בקולה הדא ען כיאנה אלקרבה מתל אלואלדין וגירהמא ועלי אנהם יתנאפלון לכאינהם דלך מן[2]) יכון צאחבה עאזמא אן ירדה עליה בעד וקת פהו מן דיואן אלטאלמין ליס יכרג[3]).

25 אלואסע אלבטן יחרש אלצכב ואלמתוכל עלי אללה ידסם:

הדא אלצכב ליס הו מע אלנאס בל מע אללה קאל אלחכים מן כאן ואסע אלנפס רגיבא פהו אבדא יצאכב רבה פלמא אנאלה שיא טלב מא פוקה עלי מא כאן קדם ועיני האדם לא תשבענה (משלי כ״ז כ׳) כמא קאל המן וכל זה איננו שוה לי וגו׳ (אסתר ה׳ י״ג). ולכן ובוטח על ה׳ ידשן מתל יעקב אלדי קאל ונתן לי לחם לאכל ובגד ללבש (בראשית כ״ח כ׳)[4])

26 אלואתק בראיה הו גאהל ואלסאלך בחכמה הו יפלת:

הדא איצא מן אלנטירין אלגיר מתסאויין ויוגבאן עכסיהמא. ואלתקה באלארא אלמדמומה פי אמור אלדין ואלדניא וכדלך אלמסיר פי אלחכמה אלדניאיה [ואלדיאניה] גמיעא[5]).

27 מן יעטי אלצעיף לא ינקצה דאך ומן יגבי עינה בתיר אלמחק:

עלי סביל אלאיה יכונאן גמיעא כמא קאל מלאכי במארה אתם נארים ואתי

---

[1]) ביאור: אמרו אחרי רוצה בו אחר מצוותי והפסוק הוא מאמר בפי השם והוא אומר לא יחשוב האדם שהמחליק לשונו לחברו ומשבח את המגונה ימצא חן בעיניו בהפך מי שמוכיחנו כי אם צריך שימצא המוכיח הנאמן חן בעיני המבינים. ומעשה במלך אחד ששאל צדיק אחד מה אתה יודע בי והשיב לו אתה מקבץ הון באיסור ומפזר אותו שלא כראוי והשומעים חשבו שהמלך יקפוץ עליו אבל המלך נשקו על ראשו ואמר אהיה פדיון מי שלא אחזו שום גנאי בדברי השם. ולפעמים מוצא תמוכיח חן אף בעיני הכסילים על פי נס כמו שאירע למשה עם המצריים.

[2]) נראה שצ״ל כמן.

[3]) ביאור: הזהיר בזה המאמר מלהונות אביו ואמו וקרוביו אף על פי שאין מקפידים עליו אם הונה אותם והוא כמונה את חבירו ובדעתו להחזיר לו את האונאה שאינו יוצא מכלל המשחיתים.

[4]) ביאור: אמרו מדון אין ענינו עם בני אדם אלא עם השם שמי שתאוותיו רבות יריב תמיד עם השם ואם קיבל איזה דבר יבקש יותר ממנו כמו המן. ואמרו ובוטח וכו׳ כמו יעקב.

[5]) ביאור: שני חלקי הפסוק אינם מקבילים זה לזה ומחייבים גם הפך כל אחד מהם (ר״ל בוטח בלבו יאבד והולך בחכמה הוא נבון) ושניהם בהמוניות ותוריות.

אתם קובעים וגו (מלאכי ג׳ ט׳) וקאל הביאו את כל המעשר אל בית האוצר (שם י׳) [וכד׳לך] פי אלצדקאת[1]).

28 בקיאם אלט׳אלמין ינחג׳ב אלנאם ובאבאדתהם יכת׳ר אלצאלחון:

יסתקים אן יכון הד׳א תרגיבא ללמלך פי אן יקלד אעמאלה מן מעונה ואסתכ׳ראג׳ וקצ׳א ללצאלחין מן אלנאם אד׳ בהם יצלח אלבלד לא ללט׳אלמין אד׳ בהם יסתתר אלנאם כ׳ופא[2]).

כט.

1 אלמצעב רקבתה מן אלתוביך׳[3]) ינכסר בגתה פלא שפא לה:

אן כאנת צעובה אלרקבה פי שי מן אמר אלדניא פלם יקבל מן מודבה או מן טביבה או אסתאד׳ה או סלטאנה כאן אלכסר מן ד׳לך אלנוע ואן כאנת פי שי מן אמר אלאכ׳רה פלם יקבל מן רבה או נביה או אלנאקלין אליה כאן אלכסר (מן ד׳לך אלנוע) באפה מן ענד אללה פי אלדאר אלעאג׳לה[4]).

2 ובשרף אלצאלחין יג׳ב אן יפרח אלקום ובתסלט אלט׳אלמין ינבגי אן יתנהדו:

לכי תתשאכה אלקצ׳יתאן צרפת ברבות מן לגה אלתרגום פפסרתה שרפא קאל ואן לם תכן להם חילה [עלי] אלסלטאן אלט׳אלם פליגתמו ויתנהדו פאן להם אג׳ר[א] עלי תוג׳עהם כמא קאל אללה ללמלאך בחצ׳רה יחזקאל והתוית תו על מצחות האנשים [הנאנחים] וגו׳ (יחזקאל ט׳ ד׳)[5]).

3 ואמר מחב אלחכמה יפרח אבאה ומצאחב אלזואני יצ׳יע מאלה:

ליס הד׳א פקט הו ממא ידם בה אלאבן אלפאסק כמא ליס ד׳אך פקט הו מא מדח בה אלאבן אלחכים ולכן הד׳א בעץ׳ והד׳א בעץ׳[6]).

4 אלמלך באלקצ׳א יתבת אלבלאד וד׳ו אלרפאיע יהדמהא:

יריד באלרפאיע אלאנזאל ואלוט׳איף וטרחהא עלי אלבלד חתי יכ׳רבה וד׳אך בען יקל[7]) אהלה באלאנתקאל ענה או יקל מאלהם בנקלה [אלי] מאמנה וד׳א סאסהם בקסט וקצ׳א תבתו פיה בתבאת אלמאל[8]).

---

[1]) ביאור: זה יארע על פי נס כמו שאמר מלאכי שמי שאינו מוציא כל המעשר יואר וכן בצדקה.

[2]) ביאור: יתכן שזה הפסוק הערה למלכים שיפקידו הפרנסה והוצאת המסים והמשפט בידי הצדיקים ולא בידי הרשעים.

[3]) בכ״י ב׳ וג׳ ד׳ו אלתוביך׳.

[4]) ביאור: אם יקשה אדם ערפו בהמוניות שאינו שומע לקול מוכיחו או רופאו או רבו או מלכו יהיה שברו ממין הדבר שהקשה בו את ערפו ואם בתוריות שהוא ממרה את פי השם או הנביאים או הקבלה ישבר במכה הבאה בידי שמים בעולם הזה.

[5]) ביאור: פירשתי ברבות בענין שררה מלשון תרגום כדי שידמו שני חלקי הפסוק זה לזה ואמר החכם שאם אין לעם תחבולה נגד מושל רשע יאנחו ויקבלו שכר על זה

[6]) ביאור: אין שמחת האב אלא מקצת מה שישובח בו הבן החכם ואין אבוד הון אלא מקצת מה שיגונה בו הבן הרועה זונות.

[7]) בכ״י יקול.

[8]) ביאור: אמרו תרומות ירצה בו המתנות והמסים שאם יקח אותם המלך תמיד

5 אמר מלין אלכישן[1]) לצאחבה פהו באסט אלשרך עלי קדמיה:

אלתליין[2]) ואלשרך פי אלגמיע מבסוט ללדארע ואלמדרוע גמיעא לאחתמאל עטפה פעמיו עליהמא פתליין אלעסר מן אמר אלדניא הו מן ישיר באלהגום אלי אלאהואל ואלאקדאם עלי אלכטר פהו טלאח[3]) ללמשאר עליה [ו]בעקבה ללמשיר ותליין אלעסר מן אמר אלאכרה אן מן יפתי בתחליל אלחראם ותבדיל אלקדס ותטהיר אלנגס פהי שבכה ללמפתא בדלולה פי מא נהאה רבה וללמפתי אד יעאקבה אללה עלי דלך אמא לאזאלתה אלחק במערפתה או לתערצה מא לא עלם לה בה[4]).

6 בדנב אלמר ינאלה שר והק[5]) ואלצאלח ירנן ויפרח:

פי אלדארין גמיעא איה פי אלדניא וחאצל פי אלאכרה[6]):

7 יעלם אלצאלח חכם אלצעפא ואלטאלם לא יפהם אלמערפה:

עלי מא פסרת פי אלגמאעה אלמתקדמין אנשי רע לא יבינו משפט (משלי כ״ח ה׳) כדאך אעאד האהנא פי אלפראד יודע צדיק רשע לא יבין פאמא אן לא יתבין אלחכם בתה או יתבינה ויחיד ענה ואלצאלח בכלאף דלך יקצד אלתפהם ויעמל במא יפהם[7]).

8 דוו אלדהאה יכיבון אהל אלבלד ואלחכמא ירדון אלגצב ענה:

הדא נטיר מא כאן קאל פי מא תקדם מגורת רשע היא תבואנו (משלי י׳ כ״ד) פי אלקסם אלאול מן אלפסוק ותאות צדיקים יתן פי אלתאני כדאך קאל האהנא אנשי לצון יפיחו קריה ולם יקל לא ישיבו אף לאנהם גיר מטמוע להם אן יזילו אפה ואנמא הם יכיבון אלקום מן גיר ירגונה[8]) וקאל פי נצף אלפסוק אלתאני וחכמים ישיבו אף ולם יקל וחכמים לא יפיחו קריה לאנהם גיר מתכוף מנהם אן יציעו מצלחה ואנמא הם ידפעון ען קומהם אלמצאר כמא פעל פינחס ורד אלגצב ען אלקום אד יקול השיב את חמתי מעל בני ישראל (במדבר כ״ה י״א) ופעל אלמרגלים וקטעו רגאהם[9]).

יתמעטו יושבי הארץ לפי שיעזבו אותה או יתמעט ממונם לפי שיביאוהו אל מקום נאמן ואם הוא מושל בצדק ישב העם בארץ ויניחו שם את ממונם.

[1]) הוסיף הגאון מלה זאת ר״ל הדבר הקשה וכן ענין מלת עסר שבביארו.

[2]) נראה שחסרו כאן איזה מלות ואולי הן: אלתליין הו תליין אלעסר פי אמור אלדניא ואלאכרה == ההחלקה כאן היא החלקת דברים קשים מדברי העולם הזה ומדברי העולם הבא

[3]) בכ״י צלאח.

[4]) ביאור: אמרו פעמיו ירצה בו שהרשת פרושה תחת רגלי המפתה והמפותה לפי שהמביא את חברו לידי סכנה בהמוניות מפיל אותו ברע ונענש הוא על זה ובתוריות המתיר האסור והמחלל קודש והמטהר טמא מחטיא את חבירו והוא נענש בין שהוא ידע את האמת והעלים אותה או שהוא דן במה שאינו יודע.

[5]) בכ״י א׳ ווהק.

[6]) ביאור: בעולם הזה על פי נס ובעולם הבא הוא על פי גזר דין.

[7]) ביאור: החכם דבר למעלה (כ״ח א׳) על הרבים וכאן על היחיד ואמר שהרשע לא יבין את הדין בין שלא יתבונן בו או שיבין אותו ויסור ממנו והצדיק בהפך זה יבקש להבין ויעשה על פי מה שהבין.

[8]) בכ״י לא ירגונה.

[9]) ביאור: כמו שהשתמש למעלה (י׳ כ״ד) בלשון חיוב בשני חלקי הפסוק ולא בלשון שלילה כן אמר כאן בחלק הראשון מפיח קריה ולא אמר לא ישיבו אף מפני שאין תקוה

9 תרי אלרג̇ל אלחכים אד̇א הו חאכם אלג̇אהל אן חרד או צ̇חך לם יג̇ד ענדה ראחה̈:

הד̇א פי אלט̇אהר אד̇א הו נאט̇רה או[1]) לטף בה או כ̇אשנה לא ינתפע בה כמא עלמת אן בני אפרים לטף בהם גדעון ואן יפתח כ̇אשנהם ולם ינפע פיהם שיא ופי אלבאטן אן אלעבד אלעאצי סואא עליה אסעדה רבה או אשקאה לא יומן אלא תרי אן אחז אט̇פר אללה בה אעדאה אהל דמשק פעבד אצנאמהם כמא קאל ויזבח לאלהי דרמשק המכים בו (ד״ה ב׳ כ״ח כ״ג) ואמציה אט̇פרה אללה באעדאה בני ארום פסג̇ר לאות̇אנהם כמא קאל ויהי אחרי בוא אמציהו (שם כ״ה י״ד)[2]).

10 תג̇ד ד̇וו אלמעאצי ישנון אלצחיח ואלמסתקימון יטאלבונה:

בקשת נפש פי הד̇א אלמוצ̇ע ליסת ללקתל כקול אליהו ויבקשו את נפשי לקחתה (מלכים א׳ י״ט י׳) לכנהא ללצון ליכונו מעה ויראפקוה אד̇ כל שי יח̈ן אלי שכלה וקד קאל דוד חבר אני לכל אשר יראוך (תהלים קי״ט ס״ג) וקאל אליהוא וארח לחברה עם פעלי און (איוב ל״ד ח׳)[3]).

11 ותג̇ד אלג̇אהל יכ̇רג̇ כל ג̇יט̇ה ואלחכים באלעאקבה̈ יהדי[4]) ד̇לך:

עלי אני קד רסמת פי אלג̇ץ תפסיר אחור אלעאקבה̈ פהו[5]) יקע איצ̇א עלי מא תקדם מן אלזמאן כמא יקע עלי מא יאתי מנה כמא קאל הגידו האותיות לאחור וגו׳ (ישעיה מ״א כ״ג) ומא מצ̇י פקד צאר כ̇לף אלנאטקין פאלג̇אהל לא ינט̇ר אד̇א הו עאקב פי מא מצ̇י פיעלם כם אלג̇נאיה̈ וכם תסתחק מן אלתקוים ולא אלי מא יסתאנף ממא יתולד מן עקובתהא תלך אלא יפעל ג̇זאפא בג̇מיע חרדה. ואלעאקל ינט̇ר פי אלאמרין ג̇מיעא ועלי מא תצ̇מנת אלאת̇אר[6]) אן אלחכאם לם יכונו יחד̈ון אחרא או יקד̈רו כם יחתמל[7]).

12 ואד̇א כאן אלסלטאן יצג̇י אלי אלקול אלבאטל כאן ג̇מיע כ̇ד̈אמה ט̇אלמין:

אונב עלי כל ר̈ים אן יתהדא ויתוקא אלולל אכת̇ר מן אלעאמ̈ה̈ לאנה בפסאדה

שיסירו אנשי לצון רעה ובחלק השני ישיבו אף ולא אמר לא יפיחו קריה שאין לירא שיאבדו הצדיקים טובת בני אדם וידוע שפינחס הסיר את המגפה ושהמרגלים כרתו תקות בני ישראל.

[1]) נראה שצ״ל סוא.

[2]) ביאור: על דרך נגלה החכם הנשפט עם האויל בין שידבר עמו קשות כמו יפתח עם בני אפרים או בנחת כמו שעשה גדעון עמהם כל זה לא יועיל. ועל דרך נסתר הממרה עם השם בין שייטיב עמו או שירע לו לא יאמין כמו אחז שאחר שניצחוהו אנשי דמשק עבד את אלהיהם ואמציה אחר אשר הכה את בני אדום השתחוה לגלוליהם.

[3]) ביאור: אמרו יבקש נפשו אין ענינו כאן להמיתו כי אם לשמרו ולהיות בחברתו ולחננו שכל דבר יאהב את הדומה לו.

[4]) עיין תרגומו תהלים ס״ה ח׳ ופ״ט י׳ ושרשי אבן גנאח בערך שבח.

[5]) בכ״י פיה.

[6]) מכות ג׳ י״א.

[7]) ביאור: אף על פי שתרגמתי מלת אחור מה שעתיד להיות יתכן גם כן שתפול על מה שקדם מן הזמן שמה שעבר הוא מאחורי בני אדם והנה הכסיל כשהוא שופט בני אדם אינו

תפסד חאשיתה ובפסאד חאשיתה יפסדון תבאעהם חתי יעם ד֗לך גמיע אלרעיה֗ וכמא כאן מן חאל אלמלוך אלעצאה֗ כלהם מת֗ל פרעה וסנחריב וגירהם לא אטיל אלשרח פי ד֗לך. וכד֗לך בצלאחה תצלח אלחאשיה֗ ובצלאחהא ינצלח תבאעהם חתי ינצלח גמיע אלרעיה֗ כמא כאן מן חאל מלוך בני אסראיל אלצאלחין וכאלקול פי אלמלוך כד֗אך פי כל ריס לאהל בלדה או ביתה או אולאדה או תלאמיד֗ה יג֗ב אן יסתעט֗ם אלזלה֗ אליסירה֗[1]).

13 אלפקיר ואלמתוסט מן אלרג֗אל אד֗א תפאג֗יא יג֗ב אן יעלמא אן אללה אלמצ֗י עיונהמא:

צרפת תככים מן תוך אלד֗י הו וסט כאן קד קדם אולא עשיר ורש נפגשו (משלי כ״ב ב׳) פתקצי פי ד֗לך אלמעני האהנא וקאל ליס עלי אלמוסר פקט תג֗ב הד֗ה אלקצ֗יה֗ בל עלי אלמתוסט אלחאל אלא יבכ֗ל עלי אלצ֗עיף וליס ללמוסר פקט יג֗ב עלי אלצ֗עיף אלא יחסדה בל ללמתוסט איצ֗א[2]).

14 מלך יחכם ללצ֗עפא באלחק֗ כרסיה ית֗בת אלי אלדהר:

עלי מא כאן קדם איצ֗א פי אול אלכתאב אן אלארץ֗ כמא אן מסתקר֗הא בעדל ואעתדאל מן אלחרכאת וכד֗לך סאיר אלענאצר כד֗אך גמיע אלאסבאב אנמא ת֗תבת בעדל ואעתדאל פאלממלכה֗ אג֗להא. וזאד האהנא קולה כסאו לעד יכון וישיר בד֗לך אלי כ֗לפה אלמסמין כסא אד֗ יקול לדויד גם בניהם עדי עד ישבו לכסא לך (תהלים קל״ב י״ב)[3]) [ו]קולה מפרי בטנך אשית לכסא לך (שם י״א) כאן֗ חסנאת אבאיהם תא֗דהם[4]).

15 אלקצ֗יב ואלעט֗ה֗ יעטיאן אלחכמה֗ ואלג֗לאם אלמכ֗לא יכ֗זי אלי ואלדיה֗[5]):

נעל אלאדב האהנא צ֗רבין מנה באלצ֗רב אד֗א כאן אלולד פי חאל אלטפוליה֗ ומנה באלכלאם אד֗א הו צאר אלי חאל אלשבאב. ולעמרי אן האהנא ארבא באלקתל לכנה ליס הו אדב ללמקתול ואנמא הו אדב אעתבאר ללחאצ֗רין כמא קאל וכל העם

מתבונן במה שעשו לענוש אותם כפי חטאם ולא במה שיולד מהעונש אשר יענשם בו והחכמים בהפך זה כמו שאמרו רבותינו שמי שהוא חייב מלקות שמין אותו כמה יוכל לסבול.

[1]) ביאור: צריך המושל לילך בדרך ישרה להזהר מן החטא יותר מכל בני אדם שאם הוא חוטא מחטיא את שריו ושריו מחטיאים את הגלוים עליהם עד שיפסד כל העם כמו שראינו בפרעה וסנחריב ודומיהם. ובהפך זה אם המושל צדיק יהיו שריו ועבדיהם והעם כולם צדיקים כמו שראינו במלכי ארץ ישראל הצדיקים וכן צריך כל אדון אצל אנשי עירו או ביתו או בניו או תלמידיו שיהיו בעיניו עבירות קלות כחמורות.

[2]) ביאור: גזרתי תככים מן תוך. ולמעלה (כ״ב ב׳) דבר ברש ועשיר והפליג כאן ואמר שהובת גם על האיש הבינוני (ר״ל שאינו עשיר ולא רש) שיחמול על העני ועל העני שלא יקנא בו.

[3]) גם בתרגום הגאון שם העתיק מלת כסא כ֗לפא.

[4]) ביאור: זה כמו שאמר בראש הספר (ב׳ כ״א) שכמו שהארץ ושאר היסודות יכונו בשווי התנועות כן כל הדברים יכונו בצדק ובשווי והמלכות היא הדבר היותר יקר שבהם. ואמרו כסאו רוצה בו בניו ובני בניו הנקראים כסא ואמר שהם יכונו לעד בזכות אבותם.

[5]) „אביו ואמו״.

ישמעו וייראו (דברים י״ז י״ג) ואמא אלצרב ואלכלאם פהמא אדב ללמצרוב ואלמכלם פאן תעדי[1]) אלגלאם מנהמא אסי אלי ואלדיה פי אלדין ואלדניא[2]).

16 בריאסה אלטאלמין תכתר אלדנוב[3]) ואלצאלחון ירון וקועהם:

עבארה ברבות איצא האהנא מן לגה אלתרגום. אפאדנא פי הדא אלפסוק אן אלצאלחין אדא לם ימכנהם אן יגירו עלי אלטאלמין מא יפעלונה פי איאם דולתהם פיקול[4]) מא יגב עליהם אן ידעו אלי רבהם באזאלה ידהם ותגייר דולתהם כאנה אצמר פי קולה במפלתם יראו ישועו לראות במפלתם[5]). תם עאד אלי אלתרגיב פי אדב אלולד פקאל

17 אדב אבנך יריחך ויעטי נפסך אלמלאד:

אלראחה פי אלדניא מן אלגנאיאת ואלכסאראת ואלמטאלבאת מתל מטאלבה אלסלאטין ופי אלאכרה מן מטאלבה אללה לואלדיה עלי מא לם יודבאה. ובעד אסתדפאע אלמצרה יתבדל מבאנהא נעמה ולדה פי אלדניא בבר ולדה לה[6]) באלטעאם ואלכסוה ואלכרמה ופי אלאכרה בתואב אללה אלעטים אלואסע עלי חסן עגאיתה בולדה[7]).

18 מן גיר וחי ינהתך אלקום פהאפט אלשריעה טובאה:

ערפנא אלחכים אן ליס כל אלמצאלח מגרוסה פי עקול אלנאס פלדלך יחתאגון אלי מעלמין ומבצרין יפהמונהם ען רבהם אלשראיע אלסמעיה וליס כמא יקול בעץ אלתארכין אנה לא חאגה ללכלק[8]) אלי רסול והם אלבראהמה ומן יקול בקולהם. תם קאל פאדא כאן הדא אמר[א] לא בד מנה פטובא מן יחפט אלשראיע אלתי אוחי בהא אלי אלאנביא מתל אלסבת ואלעיד ואלצום ואלטהארה ואלמוארית[9]).

---

[1]) בכ״י תעדי.

[2]) ביאור: המוסר הוא על שני פנים האחד בשבט לילד הקטן והשני בתוכחת לנער הגדול. ובאמת יש מוסר אחר בעונש מיתה (לבן סורר ומורה) אבל אינו מועיל למומת אלא לרואים ושומעים אבל המוסר בשבט ותוכחת מועיל לנער ואם אין מיסרים אותו בהם ירע לא״ו ולאמו בתוריות והמוגיות.

[3]) בכ״י א׳ אלרייב.

[4]) בכ״י פאקול.

[5]) ביאור: טעם ברבות מלשון תרגום כמו למעלה (פסוק ב׳). והחכם הורנו בזה הפסוק מה יעשו הצדיקים בימי מלכות הרשעים אם אינם יכולים לעורר קנאה נגדם ואמר שצריך שיתפללו אל השם כדי שיסיר ממשלתם וכאילו אמר ישועו לראות במפלתם.

[6]) בכ״י לא.

[7]) ביאור: אמרו ויניחך ירצה בו הן בדברי העולם שיהיה האב נקי מן העונשים ואבוד ממון ושלא יבא למשפט לפני המלך על אדות בנו ובעולם הבא שלא יתן חשבון לפני השם על שהתרשל מליסרו. ואז לא בלבד ינצל מן הצרה אלא שבהפך זה יתן לו בנו מעדנים בעולם הזה שיספיק לו כל צרכיו והשם יתן לו שכר בעולם הבא על אשר נתן לבנו מוסר טוב.

[8]) בכ״י באלכלק.

[9]) ביאור: זה הפסוק יורה שלא כל מה שאדם צריך להצלחתו נטוע בשכלו ולפיכך הוא ילמד מן חכמים ונבוגים המצוות השמעיות וזה נגד הברהמים ודומיהם האומרים שאין צורך לבני אדם בנביא. ואחר זה אמר לפי שנצטרך לנביאים אשרי מי שישמע למה שצווה השם על ידם כמו הלכות שבת ויום טוב ותענית וטהרה ודיני ירושה.

19 ובאלכלאם פקט לא יתאדב אלעבד אויפהם[1]) מן גיר מנטק:

הד׳א עכס אלכלאם אלאול קאל וכמא אן אלעבד לא בד להם [מן אלסמעיאת כד׳אך לא בד להם] מע אלסמעיאת איצ׳א מן שראיע יכון אסתחסאנהא ואסתקבאחהא מגרוסא פי עקולהם לאנהם לא יתאדבון באלכלאם פקט וכיף יפהמון מן גיר מנטק ותמייז ועקל. פקד וג׳ב אן תתקדם אלשראיע אלכ׳בריה׳ אלשראיע אלמנטקיה׳ אלעדל ואלחק ואלאנצאף ואחבב לגירך כנפסך כאלמת׳אל אלד׳י יקאל איצ׳א מאי דסני בך[2]) בחברך לא תעבד (שבת ל״א א׳) פהו מא אסתקבחתה לנפסך פלא תפעלה פי גירך[3]). והו אן נרגע אלי אלכלאם אלאול לינתסק אלקול פאד׳א אג׳תמע אלקסמאן כמלת אלטאעה׳[4]):

20 ואד׳א ראית רג׳לא ילח̈ פי אמורה אעלם אן ללג׳אהל רג׳א אכת׳ר מנה:

אלקולאן ג׳מיעא מכ׳צוצאן קולה איץ בדבריו ליס פי אמור מסתחסנה׳ בל פי אמור מנכרה׳ וקולה תקוה לכסיל ממנו ליס הו כל ג׳אהל בל אלג׳אהל אלבסיט אלד׳י יעלם באנה יג׳הל ד׳לך אלשי פהו ירג׳א מנה אן יכון אד׳א כשף לה מא פיה רג׳ע ענה. ואמא מן קד כשף לה או קד תבין לה כ׳טא מא הו עליה והו׳א ילח פיה פבעיד אן ירג׳א לה אלאקלאע ענה וליס ינקטע אלרג׳א מנה ולכן אלאול ארג׳א[5]).

21 מן ידלל עבדה פי צבאיה יציר פי אלעאקבה׳ מתסיטרא עליה:

עלי אלט׳אהר חד׳ר מן אן תג׳על לולדך פכיף חאשיתך פכיף עבדך דאלה׳ עליך פאנה יתדרג׳ מן שי אלי שי חתי יציר אלי מא לא תחתמלה. ובאטנה לא תמלך אלשהואת נפסך פאנך תציר עבדא להא לא תסתטיע כ׳לאצהא אלי אן תכ׳רג׳ך מן חדוד אלדין ואלמרוה׳ ג׳מיעא ולכן אקצד פי אלאמור קבל אלתוחל פיהא[6]).

22 ד׳ו אלג׳צ׳ב מחרש אלכ׳צומה׳ וד׳ו אלחמיה׳ כת׳יר אלד׳נוב:

מקרון באלחדה׳ אכדא כ׳טא עלי אלנאס באלאסמאע ואלקד׳ף ואלכ׳צומה׳ ואלחרב

---

[1]) בכ״י או יפהם שתי מלות אבל לפי דעת הגאון מלת כי משמשת בלשון תמיהה לפיכך תרגם בדברים בלבד וכו׳ תכי יבין וכו׳.

[2]) בנוסחא שלנו דעלך סני.

[3]) הגאון פירש כאן ואהבת לרעך כמוך על פי מאמר הילל מאי דסני וגו׳ ועיין גם תרגומו על ויקרא י״ט י״ח ואפשר שצ״ל והו כאלמת׳ל במקום כאלמת׳אל.

[4]) ביאור: הפסוק הזה הפך הפסוק שלפניו וזה שכמו שעבד השם אי אפשר לו בלא מצוות שמעיות כן הוא צריך עם השמעיות לשכליות ר״ל שיצווה על דברים שהכרת טובתם או גנותם נטועה בשכלו לפי שלא ייוסר אדם בדברים בלבד ואיך יבינם אם אין לו מענה ובחינה ושכל. וצריך שיקדמו לשמעיות השכליות והן הצדק והאמת והיושר וצווי ואהבת לרעך כמוך והוא כמשל שאמרו מאי דסני בך לחברך לא תעביד ועניינו מה שהוא מגונה בעיניך לעצמך לא תעשה אותו לחברך. ולפי זה נשוב אחרי כן אל הפסוק הראשון כדי שיהיו הדברים על סדרן ואם נתחברו שכליות עם שמעיות יהיה האדם חסיד גמור.

[5]) ביאור: אמרו בדבריו אינו רוצה בו כל הדברים כי אם הדברים המגונים וכן אמרו כסיל לא ירצה בו כי אם הכסיל הפשוט שהוא יודע שהדבר הזה נעלם ממנו ויש תקות שימלא חסרון ידיעתו כשתתגלה לו מהות הדבר אבל האץ בדבריו והוא העומד בדעתו אחר שנגלה לו או נתברר לו שגיונו יותר רחוק לקוות שישוב מדרכו אף על פי שאין להתיאש ממנו.

[6]) ביאור: בנגלה הפסוק הזה הוא הזהרה לבעל הבית שלא יתן רשות לבנו ולבני ביתו

כמא קאל ויחר אף יעקב ברחל ויאמר התחת אלהים אנכי (בראשית ל׳ ב׳) ואיצא ויחר אף שאול וגו׳ (שמואל א׳ כ׳ ל׳) ואיצא ויחר אפס מאד ביהודה וגו׳ (ד״ה ב׳ כ״ה י׳) ויחר להם מאד כי נבלה עשה בישראל [וגו׳] (בראשית ל״ד ז׳) ואיצא ויחר אף אליהוא בן ברכאל הבוזי וגו׳ (איוב ל״ב ב׳). ומן אלחאכם פיה אלחד לחאל כי יהיה ריב בין אנשים ונגשו אל המשפט וגו׳ (דברים כ״ה א׳) ואלגרם לחאל וכי יריבון אנשים והכה איש את רעהו וגו׳ (שמות כ״א י״ח) ואלקתל לחאל וכי ינצו אנשים ונגפו אשה הרה (שם כ״ב) ומן ענד אללה אמא אן יחלף פיחנת או ידע שיא מן דינה אעתיאר קלה אלחרד יזיל הדה אלאפאת גמיעא[1]).

23 אקתדאר אלאדמי ממא[2]) יצע בה ואלמתואצע ממן ידעם אלכראמה:

כמא אן האהנא אשיא כתירה תצע מן אלאנסאן אלצלף אחדהא כדאך האהנא אשיא כתירה תוגב לה אלכראמה אלכשוע אחדהא וקד עלמת אן קרח דתן ואבירם טלבו אלכהנה פהבט בהם ואלדד ומידד לם יטלבו אלוחי פשרפו בה ואכרמו[3]).

24 מקאסם אלסארק באגץ נפסה וכדלך מן יסמע אלחרג ולא יכבר:

שרכה אלסארק[4]) תכון עלי צרוב אמא אן ישיר בה עליה או יחסנה לה קבל אלפעל או יראה פלא ישהד עליה או יחצר בין ידיה פלא יחכם עליה באלחק ועלי אן האולי כלהם לם יאכדו שיא ממא אכד אלסארק פאנהם שרכאה למא עאונוה או נאפקוה. וכדלך אלשאהד עלי קרצה או ודיעה ויחרג עליה ולא יודיהא פהו שריך אלנאחד או אלכאין עלי מא קאלת אלתוראה אם לא יגיד ונשא עונו (ויקרא ה׳ א׳)[5]).

25 רבמא כאן קלק אלאנסאן לה והקא ואלואתק באללה יחגב:

יקול לא תנהץ אלי כל מא ראית נפסך תקלק אליה פאנה רבמא לם תך פיה אלכירה בל אערצה עלי מא אמרך רבך או נהאך פאן וגדת לה מפתאחא פי דלך פאמתתלה ואלא אכליץ ניתך אלי רבך ואפעלה פתכון עלי אלחאלין גמיעא קד ותקת בה[6]).

וכל שכן לעבדו לצחק עמו מפני שסופם לעשות מה שלא יוכל לסבול. ובנסתר הוא הזהרה לאדם מלהמשיל תאוותיו בעצמו עד שיוציאוהו מן האמונה והצדק אבל הוא צריך להזהר בדברים קודם שישתקע בהן.

[1]) ביאור: הרון האף בין אדם לחבירו הוא סבת החטא לפי שהוא מוליד נאצה וגידוף וריב ומלחמה. והדיין יענוש בעלי חימה בין במלקות בין בממון בין במיתה. והשם יפרע ממנו אם ישבע לשקר או יעזוב דבר מאמונתו. והמרגיל עצמו שלא להתעבר ימלט מכל אלו הצרות.

[2]) „ממה" ר״ל מן הדברים אשר וכן „ממן" ר״ל מן האנשים אשר ועיין ביאורו.

[3]) ביאור: כמו שיש דברים הרבה המשפילים את האדם והגאוה אחד מהם כן יש דברים רבים המגביהים אותו ואחד מהם הענוה ראה מה שאירע לקרח ולעדתו שבקשו את הכהונה וירדו שאולה ומה שקרה לאלדד ומידד שלא בקשו את הנבואה ונתכבדו בה.

[4]) אפשר שצריך להוסיף כאן פי אלסרק שאם לא כן לשונו אינו מדוקדק.

[5]) ביאור: המסית את הגנב לגנוב או האומר לו שטוב לגנוב או הרואה אותו ואינו מעיד עליו והדיין שאינו שופט את הגנב כפי האמת כל אלו הם חברי גנבים אף על פי שלא לקחו כלום מן הגניבה. וכן מי שהוא עד במלוה או בפקדון ושמע קול אלה ולא הגיד הוא שותף המכחש או הרמאי.

[6]) ביאור: אל תמהר ללכת אחרי כל מה שראית לבך חרד אליו כי אם הנהג עצמך כפי

26 כת׳ירון יטלבון וג׳ה אלסלטאן ומן ענד אללה חכם כל רגל מנהם:

יקול ליס כל מן יצל אלי אלסלטאן אג׳אזה כמא אנה ליס כל מן את׳ר רבח ולא כל מן אולד רבא ולא כל מן עמר עמ״ר[1]) פיה כל מנהם אלסעיד ומנהם אלשקי וכל בעדל וחכם. ומה׳ משפט איש עלי מא קאל אסף כי אלהים שופט זה ישפיל וזה ירים (תהלים ע״ה ח׳) פלא תסארען איצ׳א אלי אחד הד׳ה אלמראג׳י אלא בעד אלתכלאן עליה ואלתסלים לה ותוטן נפסך עלי אלרצ׳א במא יקצ׳יה לך[2]).

27 כמא יכרה אלצאלחון ד׳וי אלג׳ור כד׳לך יכרה אלט׳אלמון אלמסתקימין אלטריק:

קולה הד׳א תקדמה׳ לכ׳בר אלי מן ידעוה אן יכון צאלחא יקול לה לא תט׳ן אנך אד׳א אצלחת אחבך אלנאס אג׳מעין בל כמא יחבך אלבעץ׳ ישנאך אלבעץ׳ אלאכ׳ר פעלי הד׳א תקדם וכמא קאל בעץ׳ אלאדבא לולדה יא בני אכת׳ר ממא תתעג׳ב מן ג׳הל אלג׳אהל תעג׳ב אלג׳אהל מן עקלך ואנמא קדם אליה הד׳א אלקול לילא ירי קומא יקלונה פיזהד פי עלמה פקאל לה כמא אנה מן נעתך אן יחבך אלצאלחון ואלעקלא כד׳אך מן וצפך אן ישנאך אלג׳אהל ואלטאלח[3]).

ל[4])

1 כלאם אג׳ור בן יקה פי צ׳רב אלאמת׳אל[5]) קאל אלרג׳ל ען איתיאל איתיאל עלמני ד׳לך[6]):

בסיט אלנץ׳ אלד׳י תסמיה עלמאנא פשוטו של מקרא אן יכון רג׳ל יקאל לה אג׳ור ולה אסתאד׳ יקאל לה איתיאל פנקל הד׳א אלתלמיד׳ ען אסתאד׳ה הד׳ה אלאקואל אלמסתאנפה׳ כמא נקל קום חזקיה ען שלמה אלאקואל אלתי מצ׳ת וכמא ירוי למואל ען ואלדתה אדבא אדבתה בה והו כאן משהורא בין אלאמה׳. וימכן איצ׳א אן יכון מא יקאל אן אג׳ור ואיתיאל ולמואל אלקאב לשלמה צחיחא עלי מעני אנה אועא אלחכמה׳ פלקב אג׳ור מצרפא מן אג׳רה בקציר מאכלה (משלי ו׳ ח׳) וכאן

מה שציוך השם או הזהירך ממנו ואם אין בדבר צווי והזהרה כוון את לבך לעשות הטוב בעיני השם ועל שני האופנים תגלה בבטחונך בו.

[1]) בכ״י עַמַר עֻמְר.

[2]) ביאור: המושל אינו מטיב לכל מבקשי פניו כמו שלא כל סוחר ירויח ולא כ׳ מוליד בנים יגדלם ולא כל עובד אדמה יתקיים בה אבל יש מי שמצליח ויש מי שהוא בצרה והטובה והרעה באות מאת ה׳ על בני אדם בצדק ובמשפט לפיכך אל תמהר אל אחד מאלו הדברים שיש בהן תקוה כי אם אחר שבטחת בשם וקבלת עליך באהבה מה שיתן לך.

[3]) ביאור: זהו הקדמה מאת החכם למי שיעוררהו להיות צדיק ויאמר לו אל תחשוב שאם תעשה טוב יאהבוך כל בני אדם אבל יש מי שיאהבך ויש מי שישנאך ועל פי זה לך ושמור את דרכך. וכן אמר אחד מחכמי המוסר לבנו יותר ממה שתתמה על סכלות הכסילים יתמהו הם על שכלך ופתח לו זה כדי שלא יקוץ בחכמתו כשיראה אנשים מבזים אותו ואמר לו כמו שיאות לך שיאהבוך הצדיקים והנבונים כן יאות לך שישנאוך הכסיל והרשע.

[4]) נראה שהשמיט הסופר כאן: נשלם החלק השלישי וזה תחלת החלק הרביעי.

[5]) בכ״י כ׳ וג׳ אלמת׳ל. — לפי דעת הגאון משא מלשון וישא את משלו.

[6]) „איתיאל למדני זה״ נראה שאלו השלש מלות העתקת לאיתיאל ואכל ר״ל שבעזרת רבו היה לו יכולת ללמוד חכמה ולפי הפירוש האחר אוכל הוא שם עצם פרטי.

דאוד אבוה אלג̇אמע אלאמה̈ פלקבה [יקה] משתקא מן ויקהל (שמות ל״ה א׳) בסקוט אללמד מת̇ל קולה בחל יזרעאל (מלכים א׳ כ״א כ״ג) הו בחלק יזרעאל באסקאט אלקוף̇. והו איצ̇א מעה אלטאקה̈ ללחכמה̈ ואלאסתטאעה̈ פלקב באנה איתיאל עלי אשתקאק מן אילותי (תהלים כ״ב כ׳) ואוכל מן יכלת (במדבר י״ד ט״ז). והו איצ̇א אלמואזי כל קול בקול יחתמלה פלקב לד̇אך למואל עלי אנהא לפט̇ה̈ תתצרף מן מול אלד̇י הו אזא ונחו ועלי אנה מפ̇לם באלף̇ כתפ̇לים והזניחו וכונה והאזניחו ומא מאת̇לה אלא אן הד̇ה אלת̇כ̇אריג̇ ואן אסתקאמת ואמכנת פאני ארי תרך אלאסמא עבראניה̈ בחאלהא ולא אג̇רי[1] עלי אנהא כלהא לסלימן ואכ̇ד̇ בבסיט אלנץ̇ פיכון אגור ירוי ען איתיאל מעלמה אנה עלמה מא יצפה[2].

2 פיקול[3] ערפניה[4] בעד מא כנת ג̇אהלא מן אלרג̇ל ולא פהם אלנאס לי:

יקול אני אולא כנת אג̇הל מא עלמניה איתיאל ולא אקף̇ עליה וקוף̇ אלכ̇אצה̈ הו קולה מאיש ולא וקוף̇ אלעאמה̈ אלד̇י הו אדון הו קולה אדם וד̇לך אן אלעאמה̈ כמא קד תערף̇ אלחסאב לא דקיקה ואלמסאחה̈ לא דקיקהא כד̇אך תקף̇ עלי טרף̇ מן אלנט̇ר ואלתמייז לא עלי דקיקה וכ̇פיה פיקול אגור אני אולא כנת אג̇הל אלנט̇ר אלכ̇אצי ואלעאמי ג̇מיעא חתי אבתדי אסתאד̇י פערפני אלעאמי ת̇ם אלכ̇אצי פעלמתהמא[5].

3 ואד̇ עלמניה איצ̇א[6] פלים אעלם כל אלחכמה̈ ולא מערפה̈ אללה ערפהא:

קאל ועלי אני קד וצפת לכם אן איתיאל עלמני אלעלום אלעאמיה̈ ת̇ם אלכ̇אציה̈ פקד תבקת חכמה̈ לם יעלמניהא לא אנה כאן יערפהא ובכ̇ל עלי̈ בהא בל הו איצ̇א לם יכן יערפהא ולים איתיאל וחדה אלד̇י כ̇פית ענה הד̇ה אלחכמה̈ בל ג̇מיע אלנאטקין לא ימכן אן יעלמוהא בונה בתה̈ פלד̇לך קאל ולא למדתי חכמה ת̇ם ודעת קדשים פיציר מענאה ולא דעת קדשים. פיכון קדשים אסם אללה עלי מעני קדוש וכמא קדמת אולא אן אסם אלהים עלי מעני אלוה וכמא קדמת אן יום כפרים

---

[1] בכ״י אגד.

[2] ביאור: לפי פשוטו של מקרא אגור הוא שם איש שהיה מפורסם אצל אומתנו ושם רבו איתיאל ושזה התלמיד העתיק בשם רבו אלו הדברים הבאים כשם שאנשי חזקיהו העתיקו משלים בשם שלמה ולמואל בשם אמו. ואפשר גם כן שכל אלו השמות בינויים לשלמה ונקרא אגור לפי שאגר את החכמה ונקרא דוד יקה מפני שהקהיל את העם והלמד חסרה במלת יקה כמו הקוף במלת חל שהיא במקום חלק ונקרא שלמה איתיאל שעמו הכח ללמוד חכמה ונקרא אוכל מלשון יכולת וכן נקרא למואל מלשון מול בהוספת האלף כמו שנמצא והאזניחו במקום והזניחו לפי שהיה משיב דבר כנגד דבר כראוי ואני רואה שלא להוציא מקרא מידי פשוטו ולפי זה אגור מספר בשם איתיאל רבו מה שיאמר.

[3] בכ״י ב׳ וג׳ יקול.

[4] ר״ל ויאמר אגור הודיעני זה איתיאל.

[5] ביאור: אמרו כי בער אנכי ר״ל קודם שלימדני איתיאל רבי לא היתה לי לא ידיעת נבונים וזה ענין מאיש וגם לא ידיעת המון העם וזה אמרו בינת אדם לפי שבכל הידיעות כמו החשבון והמדידה המון העם אינו יורד אל תכליתן ואחר שלימדני איתיאל ידעתי ידיעת ההמון ואחר זה ידיעת הנבונים.

[6] „וגם כאשר למדני זה“.

(ויקרא כ״ג כ״ח) גפראן מפרד וליל שמרים (שמות י״ב מ״ב) חפט מפרד ואיל המלאים (שם כ״ט כ״ב) כמאל פראד כדאך אלהים אללה פראד ואדנים סיד פראר וקדשים קדוס פראד. פכשף ען הדה אלחכמה אלכפיה אלתי לא יצל אליהא אחד אנהא חכמה אללה עז וגל אלתי תפרד בהא וחכמתה אבדאע שי לא מן שי וטבע כל שי עלי מא נראה. וקד כאן איוב איצא דכר אן הדה אלחכמה לא ילחקהא אחד מן אלנאטקין ולא מן גירהם כמא קאל פי פצל והחכמה מאין תבא וגו׳ (איוב כ״ח כ׳) והחכמה מאין תמצא וגו׳ (שם י״ב) עלי מא כנת פסרת הנאך[1]) וכמא שרחת אנה פי אכר אלקצה וצף אלענאצר אלארבעה אלמא ואלהוא ואלנאר ואלתראב ובין אן אלחכמה אלתי לא תדרך הי אכתראע הדה אלענאצר לא מן שי ורסם כל ענצר מנהא בטבע יכצה דאך קולה כי הוא לקצות הארץ יביט וגו׳ (שם כ״ד) לעשות לרוח משקל ומים תכן במדה (שם כ״ה) דכר ארץ ושמים ורוח ומים ווצף ארץ באלתספל בקולה יביט ואלסמא באלעלו בקולה תחת ואלריח באלהבוב בקולה משקל ואלמא באלמיע לקולה במדה. כדאך קול אגור האהנא אן אלחכמה אלתי לא תדרך הי חכמה אלארבעה ענאצר ואנשאהא וטבעהא. וכמא רד איוב אלעלם בדלך אגמע אלי אלבארי תקדסת אסמאה בקולה אלהים הבין דרכה (שם כ״ג) כדלך קדם אגור אן אלעלם בדלך אגמע ללה עז וגל כמא קאל ודעת קדשים אדע. ולכן ליס אלסבב אלדי דעי איוב אלי [אלקול] אן האהנא עלמא לא יעלמה אלא אללה הו אלסבב אלדי דעי אגור אלי קול דלך בל סבבאהמא מכתלפאן לאן איוב אנמא לגאה אלי אלאסתשהאד בהדא אלקול אלמנאזעה אלתי כאנת בינה ובין אצחאבה פי אסעאד אלנאטקין מן ענד אללה פי דאר אלדניא ואילאמהם וכאנו הם יקולון לא יסעד אלא אלמטיען ולא יולם אלא אלעאציין והו יקול לא בל קד ינעם עלי אלכאפר וקד יבלי אלצאלח לכלאל יעלמהא הו לא נקף נחן עליהא וכאן יקול להם [פאן קלתם לי] והל האהנא עלומ(א) לא ילחקהא אלצחיח אלעקל מן אלנאס אקול לכם נעם אליס תקרון אן חכמה אכתראע אלאצול ואלאסתקסאת ליס פי מכנה אלמחדתין אן ילחקוהא כדאך אקול אנא פי חכמה אלסעאדה ואלשקא פאנמא הרב איוב אלי וצף הדה אלארכאן אלארבעה ליגעלהא מתלא ויטבק עליהא מא כאן ידעיה וקד כנת שרחת אלרד עליה הנאך שרחא שאפיא. ואמא אגור פלם יכן לה מנאזע[ה] פי שי קאלה פיסתשהד באבדאע אלענאצר ואנמא כאן קצדה תעריף טאלב אלחכמה כיף ישלבהא ומא אלאמור אלתי יתפכר פיהא פיקף עליהא ומא אלאמור אלתי לא וקוף לה עליהא ליקל תעבה ויקצר מקצודה. ודלך אן אלנאשי אדא אבתדי ליטלב אלחכמה יפרג אליהא והו צאר חאד פכלמא לאח לה שי אכר אכד אן יסל ענה מקדרא אנה מא מן שי יסל ענה אלא ולה גואב [פקאל לה אגור לא תסל ען הדה אלאמור אלתי לא וקוף] עליהא ואד לא גואב ענהא פליסת מסאיל בתה אלא באלאסם לא באלמעני פלא תלג פיהא פאנך לא תלחקהא. ואצרב להדא מתלא ואקול כמן קצד אן יוקף תלמידה עלי טלב אלהלאל כיף ישלבה פלעלמה אנה אן תרך אלתלמיד ישלבה עלי רסלה לעלה אן יחיר בצרה פי גיר מוצע אלהלאל וינזוי ען מוצעה פלא יראה יתקדם אליה ויקול אמא אלתלת אלגהאת אלמשרק ואלגנוב ואלשמאל לא תשלבה

[1]) בפירוש איוב שבידנו לא נמצא כי אם מעט מזער מות הביאור אבל הוא בפירושו לספר יצירה ועיין שם פרק א׳ הלכה א׳.

[פיהא] וכדלך איצא פי שביה באלנצף מן אלמגרב ממא ילי אלשמאל לא תטלבה איצא תֿם. ולכן אטלבה פי שביה באלנצף מן אלמגרב ממא ילי אלגנוב וליכן טלבך לה פי כל שהר עלי תנקל פי אמאכן מן הדֿא אלנצף פמן אטול יום פי אלסנה אלי אקצרה תראה מתנקלא מן נצף אלמגרב אלי טרף מהבֿ אלגנוב ומן אקצר יום אלי אטולה תוקעה מנתקלא שהרא שהרא מן ימנה אלגנוב אלי אלנצף מן אפק אלמגרב. פאדֿא פתח לה הדֿה אלטרק תרך מא לא יטמע בה וקצד מקצודה וטפר במטלובה. כדֿאך צנע אגור קאל ללמתעלם לא תטלב אלחכמה מן בדעה אלארכאן כיף אבדעת ולא מן טבע כיף טבע אצרף הדֿין ען באלך פאנה ללה לא ללנאס לילא תתקסם קוי פכרך בשגלך פיה ואקצד בגמלה קוה פכרך אלי מא ימכנך אן תקף עליה ממא הו ללנאטקין[1]). תֿם שרח אלחכמה אלאלהיה מא הי פקאל

4 מן ארתקא אלי אלסמא פנזל או גֿמע אלריח פי חפניה או צֿר אלמא פי מנדיל או אקאם גֿמיע אקטאר אלארץ פמא אסמה ומא אסם נשוה[2]) הל תעלם.

דֿכר עיון אלארבעה ענאצר אדֿ קאל שמים ורוח ומים וארץ. ולעל אלחכים למא[3]) וקף ענד גֿ מא לם יגז אן יכון עאלמא במא וראה אדֿ לא סביל אלי אלבעיד

[1]) ביאור: אמרו ולא למדתי חכמה ודעת קדושים אדע עניינו ולא דעת קדושים ארע. ר״ל אחר שלימדני איתיאל חכמת המון העם ואחר כן חכמת הנבונים נשארה חכמה אחת שלא מסרת לי לפי שהוא בעצמו לא ידע אותה והיא נעלמת מכל בני אדם והיא דעת קדושים ר״ל דעת האל הקדוש וכבר נמצא בהרבה מלות לשון רבים במקום יחיד כמו אדונים אלהים בפורים שמורים מלואים. וזאת החכמה היא לאל לבדו והיא חכמת בריאת יש מאין וחכמת טבע כל דבור כפי מה שאנחנו רואים אותו. וכבר הזכיר איוב גם כן שאלו שתי החכמות ר״ל חכמת הבריאה וחכמת הטבע אי אפשר למדברים ולזולתם להשיגן וזה בפרשת החכמה מאין תמצא וכמו שפירשתי את כל זה שם וביארתי שבסוף הפרשה הזכיר איוב הארבעה היסודות ואמר שאין אדם יכול להבין איך נבראו מאין ואיך נהיה להם טבע מיוחד באמרו כי הוא לקצות וכו׳. ואיוב ואגור שניהם מיחסים אלו החכמות אל השם לבדו אבל כוונת איוב במאמרו אינה כוונת אגור במאמר הזה והוא שאיוב היה מתוכח עם חבריו בענין הטוב והרע הבאים על בני אדם והם היו אומרים שהטובה לצדיקים והרעה לרשעים והוא אומר שכבר נמצא צדיק ורע לו ורשע וטוב לו והשם יודע סבת זה ולא אנחנו והביא ראיה לדבריו מבריאות היסודות וטבעם להורות שיש ידיעה הנעלמת מכל אדם והשם לבדו יודעה. אבל אגור לא היה לו ויכוח כלל ולא כיוון אלא להורות את דורש החכמה איך יבקשנה ומה הם הדברים שיוכל להשיגם ומה הם הדברים שלא יוכל להשיגם. וזה שהנער המתחיל לדרוש החכמה הוא שוקק בלימודו וכאשר יראה דבר חדש ישאל עליו וסובר שיש תשובה על שאלתו ולפיכך אמר לו אגור במופלא מבני אדם אל תחקור ואל תשאל על מה שאין עליו תשובה מפני ששאלות כאלו אין להן ענין. ואתן לך משל על זה ואומר שהרב הרוצה ללמד את תלמידו איך יבקש לראות את הלבנה בחידושה יודע שאם יבקשנה התלמיד מבלי שיורה לו הדרך לא ימצא אותה ולפיכך יאמר לו לא תמצא הלבנה לעולם לא במזרח ולא בדרום ולא בצפון ולא בכמו חצי המערב מצד צפון אבל בקש אותה בכמו חצי המערב מצד דרום מפני שהלבנה מתהלכת בכל חודש וחודש במקומות מזה החצי ומן היום הקצר עד היום הארוך מתהלכת מחצי המערב עד קצה רוח דרומית ומיום הקצר עד יום הארוך תשוב מימין הדרום עד חצי המערב ואחר שפתח הרב זאת הדרך ימצא התלמיד את מבוקשו וכן עשה אגור והזהיר את תלמידיו מלדרוש בחידוש היסודות וטבעם ומלפזר כוחות שכלו עליהן לפי שזאת החכמה היא לשם לבדו ולא לאדם.

[2]) בכ״י ב׳ וג׳ נסלה.

[3]) נראה שחסר כאן מלות עלם אן מן.

אלא באלקריב תרך אן ינהא אלמתעלם ען אלמסלה כיף אדתרע אללה אלענאצר אלארבעה לא מן שי ותרך איצא אן ימנעה ען אלמסלה כיף געל טבע אלנאר תעלו ואלריח לא תצבט ואלמא מאיע ואלתראב ראסב ועלי אן הדה אלמסלה דרגה תאניה בעד אלאולי. ואלד פי אן ימנעה מן דרגה תאלתה ויקול לא תסל ען אלנאר לם לא כאנת ראסבה ספלא כטבע אלתראב חתי תציר מכאנא ללחיואן ליצעד עליהא וינזל בקולה מי עלה שמים וירד ולא ען אלריח לם לא כאנת כתיפה כאלתראב איצא חתי יגמעהא אלאנסאן פי כפיה בקולה מי אסף רוח בחפניו ולא ען אלמא לם לא צאר מסתכתפא חתי לא יסיר מן אלטרוף אלמתכלכלה מתלא אדא צב פיהא כאלתיאב ואשבאההא בקולה מי צרר מים בשמלה ולא ען אלתראב לם לא כאן נאהצא מתחרכא [חתי לא יכון] לה קואם ואסתלקא בקולה מי הקים כל אפסי ארץ פאן הדה אלאקואל מנך ליסת במסאיל ולא עליהא גואב אד ליס הו פי טאקה אלנאטקין אן יעלמוהא. פכיף מא ורא דלך כאן תסל לם צארת אלנאר מרתקיה צערא ואלריח הבאבה לטיפה ואלמא מאיעא לא יקום בנפסה אלא פי ועא ואלתראב סאכנא ירסב תחת אלכל פכיף מא ורא דלך כיף כלקת אלנאר לא מן נאר ואבדע הוא לא מן הוא ואנשי מא לא מן מא ואדתרע תראב לא מן תראב פבאלחרי אנך לא תקף עלי שי מן דלך אד האתאן אלמסלתאן ורא אלמסלה אלתי ערפתך אן אלנאס לא יעלמונהא פמא וראהא אבעד ואסחק. ולו סיל אבלג אלנאס ען הדה אלעלה להדה אלענאצר וטבעהא לם יכן לה גואב אכתר מן אן יקול כדי רסמת וטבעת. ואראד בקולה מה שמו ומה שם בנו כי תדע אנה אן טן אן קד כאן פי בעץ אלזמאן אלמאצי לכתרה אלעלמא פיה ובלאגתהם ועלוהם פי אלעלום חכים כאן יקף עלי הדה אלמעאני או בעצהא כאן דלך טנא כטאא לאנא נחן מעאשר אלעלמא בקול אגור בן יקה קד חכמת לנא עקולנא אן הדה אלפנון לא תדרך וליס יגוז אן יכון אלעאקל ידרך מא קד חכם הו בה אנה גיר צחיח [1]) מדרך ואיצא לו כאן אלאמר כמא תוהם אלמתוהם לכאן קד בקי אתר מן אתאר דלך אלחכים ומן כתבה ואקואלה ומתעלמין מנה ומא אשבה דלך כמא קאל מה שמו ומה שם בנו ולם יקל מה שמו ומה שם אביו לאנה קצד אלאת[א]ר אלבאקיה בעד אלסלף. וכמא לא גואב ען הדה אלארכאן ואלענאצר הו אכתר מן אן יקאל כדי כלקת וכדי טבעת כדאך אלגואב איצא ען אלאותאד מן אלאשיא [אלסמויה] מתל אגראם אלכואכב ומקדאר דאת כל ואחד מנהא ומסאחה אפלאכהא ואבעאדהא אפלאכהא ומא כאן מנהא מרכזה מרכז אלארץ ומא כאן כארג אלמרכז וחרכתהא אלמסאויה ואלמכאלפה באכתר מן [אן] תקול אלעלמא כדי כלקת וכדי וגדנאהא וכדלך אלאותאד אלארציה מן אלגבאל ואלבחאר ואלאנהאר וכדלך אלגואיאת מן צנוף אלחגארה עזיזהא והינהא ואנואע אלנבאת ואלחיואן ואשכאצהא כלהא ועלי אן אלעלמא לא יחיטון באחצא אשכאצה כל לא באנואעהא אלמחצה אלתי תלי אלאשכאץ אד ליס. אלגואב ען כל דלך אלא אן יקול אלבאלג פי אלחכמה כדי הו וכדי עלמנאה. וכמא קאל פי הדה אלאציל כדאך אלקול פי אלגואיאת מן אלחיואן ופי אנואע אלאעצא וכיפיה אלתרגיב יכמיה אלנואחין ומא גרי פי הדא אלמגרי פאנה לא תוגד חילה מן באב אלחנה תזיל כים אלזיאדה פיה או אלנקצאן אן תקול בה אכתר מן אן יקאל כדי כלק ועלי הדא

[1]) נראה שצריך למחוק כאן צחיה או להוסיף אחריה ולא.

בני כל פי אלעדד ממא לה גדר ומא ליס לה גדר אלאחתגאג פי דלך אגמע ואחד והו אן יקול אלחכים כדי סביל הדא אלשי ועלי הדא בניתה. ואנמא אלפחץ ואלבחת וקוע אלמסאיל אלחקיקיה אלתי להא אלאגובה אלצחיחה בעד תסלים הדה אלאציל כלהא באן תגעל קולא תאבתא לא תטלב עליה עלה לם צאר כדי פחינייד ינסאג אלסואל עמא בעד הדה ואיאה טלב אלטאלבין ופיה אנשית אלכתב ועליה תכלם אלמתכלמון והו אלמדרך. ואמא אגור פאנה [למא] ראי הדה אלגזיאת לאחקה ללענאצר אלארבעה פי מעני אנה לא יגוז אן תטלב עליהא עלה לם תרך אן יחכיהא כלהא ותרך אן יקול איצא אן אלמסאיל תסתקים עמא בעד דלך מן אלמוגודאת אתכאלא עלי אן אלתלמיד אלפהם יקף עלי דלך באן יכון כל מא ראה באלאצל ואלרכן משאבהא ללענאצר אלארבעה תרך אלמסלה ענה ואלכון פיה ומא ראה אנה בעד דלך ואספל מנה [סאל ענה ובאין] פיה. יאקבל אגור בעד דלך אלי אלשראיע [אלעקליה ו]אלסמעיה [אעני אלתי] יסתדל עליהא בעקלה מן גיר סמאע ואלתי לא עלמהא או סמעהא פקאל לה והדה איצא חכמה תלחק פאטלבהא פאנך תגדהא מן אגל אנה כלמא גרס אללה פי עקול אלנאס חסנהא או קבחהא פהו מעלום יקף עליהא כל צחיח אלעקל וכל מא שרעה עליהם מן גהה אלכבר פקד וקפו עליה ועלי עלה אלגמיע אנה אנמא שרע עליהם אלקסמין גמיעא ליערצהם אלי אלתואב ועלי אנהם לא יקפון עלי עלל ואחדה ואחדה מן בעץ אלסמעיאת פי נפסהא באצה אלא אנהם קד עלמו אן אלגמלה אנמא כאנת ליערצהם אללה אלי אלתואב [1]). פקאל

---

[1]) ביאור: הזכיר שמים (שהם מאש) רוח מים וארץ שהם הארבעה יסודות. והחכם ידע שמי שנתעכב אצל חלק אחד (מן הידיעה) אינו יכול לידע מה שאחריו (ר״ל מה שלמעלה ממנו שאין דרך להגיע אל הרחוק אלא מן הקרוב ויתכן שלפיכך לא הזהיר את התלמיד שלא ישאל עד בריאת יש מאין שהיא המדרגה הראשונה ולא הזהירו גם כן שלא ישאל למה אש עולה ורוח אינה נתפסת בידים והמים נִגרים והעפר שוקע שהיא המדרגה השנית והתחיל למנוע אותו מלשאל לאיזה סיבה האש לא תשקע כמו העפר עד שיעלו עליה בעלי חיים וירדו ולמה הרוח אינה עבה כמו העפר עד שיאספנה אדם בידיו ולאיזה סיבה המים אינם מתעבים עד שלא יזובו מן הכלים המחולחלים בשמלה ולמה העפר אינו מתנועע באופן שלא יהיה לו קיום והתדבקות לפי שאלו השאלות אף על פי שהן למטה מן המדרגה השנית והראשונה אין להם תשובה ואפילו החכם היותר נבון אינו יכול לומר כי אם כן תכונתם וכן בריאתם. ואמרו מה שמו ומה שם בנו ירצה בו שאם יחשוב אדם שאחד מהחכמים הראשונים שהיו רבים ונבונים היה יודע אלו הדברים או קצתם הוא טועה לפי שבמאמר אגור בן יקה נתאמת לנו שאין אדם יכול להשיגם ואילו היה חכם כזה מקודם היה נשאר לנו איזה דבר מספריו ומאמריו או נמצאו אנשים שלמדו ממנו לפיכך לא אמר מה שמו ומה שם אביו שכיון אל מה שנשאר לנו מקבלת החכם הקדמון הזה. וכמו שאין לאדם תשובה בענין היסודות כן אי אפשר לו להשיב על השאלות בענין טבע הכוכבים לידע למה נבראו גופיהם ומרחקיהם ותנועותיהם וכיוצא בזה כמו שהם וכן נעלמה ממנו סבת טבע ההרים והימים והאבנים וכיוצא בזה וכן סבת טבע החיות ואבריהם ותאוותיהם וכן אין לנו לשאול למה נבראו כולם במספר הזה ולא פחות ולא יותר והמספר בעצמו לא ידענו למה יש שורש למספר הזה ואין שורש למספר אחר מפני שהחכם היותר מופלא לא יוכל להשיב כי אם זה תכונתם וזה טבעם. ואין חקירה ודרישה אמתית כי אם אחר שהוכחם שאין לשאול על כל אלה העיקרים הנזכרים אבל על הדברים הבאים אחריהם יש לשאול ולהשיב ועליהם נתחברו ספרים ויתוכחו המדברים. ואגור לא דבר בפרטי הדברים האלה שהם נמשכים אחר היסודות ולא אמר גם כן שכל הנמצאים למטה מהארבעה יסודות אפשר לשאול עליהם לפי שהיה בוטח שהתלמיד ימצא כל זה ויבחין בכח שכלו בין הדברים הדומים ליסודות הארבעה ובין הדברים שהם אחריהם ולמטה מהם. ואחר זה אמר אגור לתלמידו:

5 גמיע אקואל אללה מסבוכה והו מגן ללמסתכנין אליה: 6 פלא
תזד עלי כלאמה שיא לילא יובכך פתנקטע:

פסרת ונכזבת אנקטאע מתל קולה וכמוצא מים אשר לא יכזבו מימיו (ירמיה ט״ו י״ח) ואיצא כמו אכזב מים (ישעיה נ״ח י״א) ואשבאההם. וגמע פי קולה כל אמרת אלשראיע אלעקליה ואלסמעיה גמיעא וקאל עליהא אנהא כאלמסבוך ומעני אלסבך אלתחריר לאן אלעאקל אדא אגאד אלתפכר וגד עקלה יקצי בפעל אלחק ואלצדק ואלעדל ומא שאכל דלך ותרך אלגור ואלטלם ואלבאטל ומא אשבה דלך והדאן אלאצלאן ינצם אליהמא אכתר אלשראיע. ואמא מא בקי מן אלשראיע ממא לא יחיט בה הדאן אלקסמאן אלא אן קד צח אן אלבארי קד אמר בה או נהי ענה כאלאמר באלחג ואלנהי ען אלעמל פי אלסבת פאן אלעקל יוגב קבול דלך אד כאן אלחכים לם יאמר בה עבתא וקד געל עליה אלתואב אלגזיל פקד אגתמעת אלשראיע כלהא פי אן אלעקל יוגב פעלהא. ולמא כאן פעלהא לא ידרך אלא במסאיל ותעלם ותדכר וחפט קאל אגור יגב אן תסתעמל גמיע דלך. ופי טי קולה אל תסף על דבריו וגוב אלעלם ואלעמל במא קאל כאצה לאנה לא ינהא ען זיאדה עלי שי אלא בעד איגאב אלעלם בה ואלעמל. תם אכבר אן ללמתעלם ואלפאעל דלך תואבא עטימא הו קולה מגן הוא לכל החסים בו וגעל אלתשביה במגן למא עלמנא מן אלתרס אנה יכן ויוקי. ופי טי קולה אן אללה יוקי אלצאלחין אלשר וגוב אנה ינעם עליהם לאסתחאלה חצול מנעהם אלכיר ואלשר גמיעא פלא יכונו חיניד מוגודין. תם אכבר אן לתארך דלך עקאבא אלימא הו קולה פן יוכיח בך ונכזבת קאל אן זדת עלי שראיעה ובכך במא[1]) בה ינטוי תחת אלקול אנך אדא לם תעלם או תעמל מא שרע עליך פבאלחרי אן יובכך במא יולמך עלי סביל קל וחומר אלתי כנת שרחתהא פי ספר ויקרא. ואלאנקטאע אלדי יודב כה פהו עלי וגוה אמא במרץ פינקטע ען חרכאתה ושהואתה כמא קאל והוכח במכאוב על משכבו וזהמתו חיתו לחם ונפשו מאכל תאוה (איוב י״ט כ׳) או באלאם תקטעה ען אלגמאעה כמא קאל פי עזיה כי נגזר מבית ה׳ (ד״ה ב׳ כ״ו כ״א) או בפרקה [פ]יפרק בינה ובין אצדקאיה כמא קאל ודל מרעהו יפרד (משלי י״ט ד׳) או באלמות אלאקצי[2]) פיפרק בין רוחה ובין גסדה או בעקאב אלאכרה פיקטעה ען זמרה אלצאלחין כמא קאל פי אלתוראה פי מואצע שתי והכרתי ונכרתה עלי קדר עצם אלדנב. ובעד מא קאל אגור הדא אלקול אלגליל פי ארכאן אלדניא וארכאן אלדין אתי בסתה[3]) מעאן כל ואחד מנהא פיה ארבעה אשיא יסתפיד אלמתעלם מן כל מעני פאידה או פואיד[4]). אלמעני אלאול פי אהם מא ינבגי אן יסל אלעבד רבה קאל

שידרוש במצוות השכליות מפני שהבורא נתן לאדם דעת כדי שיבחין בשכלו הזך בין הטוב ובין הרע והמצוות השמעיות שכל אדם יוכל להבין מה שנצטוה מאת השם בקבלה ואע״פ שלא יוכל אדם להכיר טעמי כל המצוות כולן בכל זאת הוא יודע שהאל צונו בהן כדי שנקבל שכר עליהן.

[1]) נראה שחסר כאן תנקטע.

[2]) אפשר שצ״ל אלארצי.

[3]) בכ״י בסבע והוחלף ו׳ בז׳.

[4]) ביאור: פירוש ונכזבת ונכרת מלשון יכזבו מימיו. ואמרו כל אמרת כולל המצוות השכליות והשמעיות. וענין צרופה מזוקקת מפני שבעל שכל כשיתבונן היטב ימצא ששכלו מחייבו לעשות צדק ואמת ולעזוב חמס ושקר ורוב המצוות תלויות באלו שני השרשים. והצווים והתזהרות הנשארים כמו הראיון וביטול המלאכה בשבת ברור לנו שהשם צונו עליהן ולפיכך השכל מחייב

7 אסלך כ̇לתין לא תמנעהמא[1] מני אלי אן אמות: 8 קול אלזור
ואלכ̇דב אבעדהמא עני באן[2] פקרא כת̇ירא[3] או גנאא לא תעטיני בל
ארזקני מן אלטעאם קותי: 9 כילא אסתגני פאכפר ואקול מן אללה
וכילא אפתקר פאסרק ואמתהן אסם רבי:

הד̇ה אלמסלה̈ ועלי אן אלמלפוט̇ בה ארבעה̈ אשיא שוא ודבר כזב וראש ועשר ואלעבד יסל אצראף ארבעתהא ענה פאן אלמחצול מנהא את̇נאן ואלאת̇נאן אלאכ̇ראן המא ת̇מרהמא ואלמתולדאן ענהמא בעאדה̈ אלאכ̇תיאר. ואלאת̇נאן אלאצלאן המא ראש ועשר יקול אלחכים מן אלאצלח ללעבד אלא יכון פי גנאיה חאל תורת̇ה אלבטר חתי יכפר ויג̇חד כמא קאל פן אשבע [וגו'] וכמא צח לך אן סנחריב ופרעה ונבוכדנצר ומלך צר קאל כל ואחד מנהם מת̇ל ד̇לך עלי מענאה ואן אכ̇תלפת אלאלפאט̇ וכאן סבב בטרהם אלנעמה̈ והד̇א הו שוא אלד̇י יג̇ב אן יסל אלעבד אבעאדה ענה. וכד̇לך כת̇רה̈ פקרה תחלה עלי אלסרקה̈ או אלכ̇יאנה̈ חתי יכ̇ון ויחלף עלי ד̇לך כמא קאל ופן אורש [וג'] יעני אחלף באסמה כאד̇בא והד̇א הו דבר כזב אלד̇י ינבגי אן יסל פי אצראפה ענה ועלי מא צח לך אן אנשים רקים ופחזים (שופטים ט' ד') אנמא תבעו אבימלך לג̇ועהם ופקרהם. ואלאצלח ללעבד אן יכ̇ון מתוסטא פי נעמתה כמא סאל הטריפני לחם חקי[4]). ואלמעני אלת̇אני פי אתבאע אלנאשי מד̇הב אבאיה פימא נקלו אליה וצורתה בצורה̈ אלחק קאל

10 לא תסע באלעבד אלי מולאה כילא ישתמך פתאת̇ם: 11 יא
ג̇יל שאתם אבאה ולא יבארך עלי אמה: 12 ג̇יל טאהר ענד נפסה ולם

אותנו לקבלם גם כן לפי שהבורא לא צוה בלי סבה והשם יתן שכר עליהן. ולפי שאין מעשה בלא תלמוד והתלמוד צריך זכירה ושמירה חייב האדם לדרוש ולחקור בהן. ובאמרו אל תוסף וכו' נכלל חיוב ללמוד המצוות ולעשותם מפני שלא יתכן להזהיר מלהוסיף על דבר אם אין חייב האדם ללמוד הדבר בעצמו ולעשותו. ויש שכר טוב לאדם הלומד ועושה אותם כאמרו מגן הוא וגו' ר"ל שהשם הוא כמגן לשומרו מכל רע ובאמרו שהשם יגן על הצדיקים מן הרע נכלל גם כן שהוא ייטיב להם מפני שאי אפשר שימנע מהם הטוב וגם הרע יחד כי אז לא ימצאו (הצדיקים) כלל. ואמר אגור אחר זה שמי שאינו למד ועושה יכרת וזה יוצא מקל וחומר שאם יענש המוסיף על המצוות כל שכן העוזב אותן כמו שפירשנו בספר ויקרא. וזאת הכריתה על פנים רבים כפי גודל החטאים אם בחולי המונע את האדם מן התנועה והתאוה או במכאובים שיעצרוהו מלכת בתוך הקהל או בפירוד מן אוהביו או במות שהוא מפריד בין הנשמה והגוף או בעונש בעולם הבא שיכרת מקהל הצדיקים. ואחר שדיבר אגור על יסודות העולם ועל יסודות האמונה הביא ששה ענינים שכל אחד מהם כולל ארבעה דברים ויש תועלת בכל אחד מהם לתלמידים.

[1]) בכ"י א' תמנעניהא ובכ"י ג' תמנעהא מני.

[2]) בכ"י ב' וג' מוסף יכון.

[3]) „ראש גדול".

[4]) ביאור: הענין הראשון מה שראוי לאדם לשאול מהשם קודם כל דבר. ואף על פי שהזכיר ארבעה דברים שהם שוא ודבר כזב וראש ועשר לא שאל באמת אלא שנים והשנים האחרים הם פרים הרגיל להולד מהם בבחירת האדם. והעקרים השנים הם ראש ועושר ואמר החכם שהיותר טוב לבני אדם הוא שלא יהיו עשירים יותר מדאי עד שיבאו לידי כפירה כמו סנחריב ופרעה ונבוכדנצר ומלך צור שכל אחד מהם כחש בשם וזהו אמרו שוא. וכן שלא יהיו עניים יותר מדאי עד שיבואו לידי גזל ורמאות ולסוף ישבעו לשקר וזה אמרו דבר כזב וכבר ידעת שאנשים רקים ופוחזים נאספו עם אבימלך לפי שהיו רעבים ודלים והיותר נאות להצלחת האדם שיהא בינוני לא דל ולא עשיר וזה אמרו הטריפני וכו'.

יג̇תסל מן ג̇איטה: 13 ג̇יל מא ארפע עיניה ואסנא מקלותה: 14 ג̇יל
אסנאנה באלסיוף ואניאבה באלסכאכין ליאכל אלצ̇עפי מן אלבלאד
ואלמסאכין מן בין אלנאס: 15 פאן ללעדם קסמין[1]) יקולאן מת̇לא
האת האת ולהמא ת̇אלת̇ פלים יישבע[2]) וראבע פלים יקול[3]) בס: 16 הם
אלת̇רי והבס אלרחם וארץ̇ לא תרוא מאא ונאר לא תקול בס: 17 כד̇אך
עין[4]) תהזי באביהא ואמהא ותזרי באג̇מאעהם ינקרהא מת̇לא גראביב[5])
אלואד ויאכלהא בנו אלנסור:

פסרת אל תלשן לא תסע מן באב אלמחל ואלסעאיה מת̇ל קול דוד מלשני בסתר (תהלים ק״א ה׳). לעלוקה אלעדם. הון בס אלפאט̇ מפרדאת. ועלי אן אלחכים קד נסק הד̇ה אלת̇מאניה פואסיק עלי מא הי מנצוצה פאן אלאקרב ענד אלעבארה אן נקדם פיהא בעצ̇א עלי בעץ̇ ונקול ערפנא אנור אן ללעדם וג̇הין אחדהמא אלא יכון אלשי ואלאכ̇ר אן יפנא בעד כונה ולמא כאן קצדה פי הד̇א אלנאס ג̇על אלתמת̇יל מן אלחיואן ואלנבאת אד̇ לא קואם ללחיואן אלא באלנבאת פקאל אן לעדם אלחיואן וג̇הין אחדהמא אלעקם והו אלא יולד אלחיואן בתה ואלת̇אני אלמות אן יכון בעד אן יולד ימות ד̇אך קולה שאול ועצר רחם. ולעדם אלנבאת איצ̇א וג̇האן אחדהמא אלג̇דב וד̇אך כאן לא תרוא אלארץ̇ מאא פלא תת̇מר הו קולה ארץ לא שבעה מים. ואלאכ̇ר אלפנא יפנא אלנבאת אלמשהור באחראק אלנאר ד̇אך קולה ואש לא אמרה הון סוא פי ד̇לך אחראק אלנאר אלתי פי אלחיואן לה באלאכל ואחראק אלנאר אלט̇אהרה עלי אלארץ̇ צאר אלג̇מיע ארבעה וגוה יג̇על אלחכים אחצאהא ת̇לאת̇ה צ̇רוב את̇נין בקו׳ שתי בנות ואלת̇אלת̇ בקולה שלש הנה ואלראבע בקולה וארבע. וד̇לך אנה קצד אלי עדם אלחיואן אד̇ כאן אנמא וצפה ליג̇עלה עקאבא לקום כמא יסתחקון פיג̇דה את̇נין אלקבר ואלעקם שאול ועצר רחם ת̇ם ראי אן האהנא סבבא ת̇אלת̇א כה יעדמון והו אלא תנבת אלארץ̇ פג̇עלהא ת̇לת̇ה ת̇ם ראי אנה רבמא אנבתת איצ̇א וכאן נבאתהא סבבא לעדם אלחיואן ד̇לך כאן יחרקה בעץ̇ אלניראן פג̇עלהא ארבעה. פפצל הד̇א אלבאב אלראבע אעני אש מן אלת̇לת̇ה לאנה ליס בבסאטתה אוג̇ב עדם אלחיואן בל בתרכיבה אעני נבאת ואחראק ופצלהמא ג̇מיעא מן אלבאבין אלאולין לאנהמא ליסא פי ד̇את אלחיואן בל פי גירה וקאל ען אלארבע[6]) הב הב יעני באנהם יקולון[7]) האת האת ובאנהם לא ישבעון לקולה לא תשבענה ובאנהם לא יקולון[8]) בס לקולה לא אמרו הון. ותרתיב ד̇לך מנעכס מן אלאכ̇יר אלי אלאול יקול באנהא לא תקול בס בל מע ד̇לך לא תשבע פי נפסהא בל מע ד̇אך תקול האת האת מרה בעד אכ̇רי. וכד̇י תשאהד הד̇ה אלארבע יחמל

[1]) בכ״י ב׳ וג׳ מוסף כאנהמא.
[2]) בכ״י א׳ ישבעון.
[3]) בכ״י ב׳ ויקולון ובכ״י ג׳ יקולאן.
[4]) בכ״י א׳ עיונא.
[5]) כן הוא בכ״י א׳ וג׳ ולא מצאנו זה בספרי האוצר ובכ״י ב׳ גראב.
[6]) בכ״י אלראבע.
[7]) בכ״י כאנהמא יקולאן.
[8]) בכ״י וכאנהמא לא יקולאן.

אלי אלמקאבר אלכת̇יר מן אלנאס ותקרע אלעאקר באלכת̇יר מן אלזרע ויבאר
פי אלארץ̇ אלעטשי אלכת̇יר מן אלבזר ותטעם אלנאר אלכת̇יר מן אלחטב
ובלהא לא תשבע כל באנהא תקול הדני איצ̇א למן יעטיהא. וקבל אן ישרח
אלחכים הד̇ה אלארבעה̈ אשיא קדם ד̇כר חאל מן יסתחק אן יציר אליהא פקאל יציר
לעלוקה מן גחד אלאכ̇באר אלצאדקה̈ וד̇לך אן אלעקל יקצ̇י באן אלכ̇בר אלד̇י יכ̇לץ̇
מן תעמד אלכד̇ב ומן תוהמה גמיעא פהו חק לא מחאלה̈ והאהנא אכ̇באר יאתין בהא יקע
פי אלאנפס אלקאצרה̈ אלחק אנהם לם יתעמדו פיהא אלכד̇ב ולם יתוהמוה פמן
רד̇הא כאן מעאנדא ואסתחק עקובה̈ מן ענד אללה אד̇ תציר לה בד̇לך ארבעה̈ אחואל
מד̇מומה̈ אולהא[1]) אלתואטו עלי נקל אלכד̇ב פיצרח בלענהם כמא קאל דור אביו
יקלל ואמא נסאוה[ם] אלתי הן ענדה תאבעאת מגרוראת ולם יקצדן אלכד̇ב פלא
ילענהן ולא יבארך עליהן כמא קאל ואת אמו לא יברך. ת̇ם ירא אעתזאל מד̇אהבהם
[אל]טאהרה̈ אד̇ יעתקדהא נגסה̈ כמא קאל דור טהור בעיניו וגו'. ת̇ם ילתג̇י אלי
ראי נפסה ויציר לכ̇אטרה ענדה חאל גלילה̈ לא ירי פוק ראיה ראיא כמא קאל דור
מה רמו עיניו וגו'. ת̇ם יסתקל[2]) מן אלנאס כל מן ליס הו עלי מד̇הבה ומאלה
פיתגאוז אלמעקולאת איצ̇א כמא קאל דור חרבות שניו וגו' והד̇א אלתנקל פי אלישר
מן חאל אלי אכ̇רי מוגוד עלי טול אלזמאן פי כל מן לא יצדק באלאכ̇באר. פלמא
וצף הד̇ה אלאפעאל אלסו אכ̇בר באלעקאב פקאל לעלוקה וגו'. וקבל אן יצף אלחכים
הד̇ה אלארבעה̈ אחואל ויקול אנהא ינאל מן פעלהא אלעדם קדם קבל ד̇לך אלנהי
ען תכד̇יב אלצאדקין אד̇ פי תרתיב אלחכמה̈ יגב אן יסבק אלאמר ללועד ואלועיד
כמא קאל אל תלשן וגו'. ואלעבד פי הד̇א אלפסוק ליס הו עבד דני̈ בל עבד ולי̈
בקולה משה עבדי מת (יהושע א' ב') ויאמר לי עבדי אתה (ישעיה מ"ט ג') יקול
אגור לא תסע באלולי אלי מולאה יעני אן אלנאקלין ען אלאנביא אוליא אללה
וסמאהם עבדי הנביאים (מלכים ב' י"ז י"ג) בד̇לך משאהדוהם אוליא להם כמא קאלו
לשמואל התפלל בעד עבדיך אל ה' (שמואל א' י"ב י"ט) וקאלו לאלישע הנה נא
יש את עבדיך חמשים אנשים (מלכים ב' ב' ט"ז) ואלסעאיה̈ בהם אלי מולאהם
פהי אד̇עא אן קולהם מנאקץ̇ לקול אלאנביא בעד אחתמאלה אלמלאממה̈ לה
ואלופאק בינהמא כמא תרי מן כ̇לף אלגמאעה̈ יג' אלי גין יחתמל אן יפסר
עלי מא נקולה בוגוה מן אלתכ̇ריג פיגרדה וידפעה ויקול לא ילזמני קבולה.
פארדעה אלחכים בארבעה̈ אשיא אלאול ד̇ם אלנאס לה הו קולה פן יקללך
ואלת̇אני ד̇ם אללה לה הו קולה ואשמת פיציר לעינא ענד אלנאס את̇מא ענד
אללה ואלת̇אלת̇ ד̇ם אלחכים לה וחכמה עליה באנה לא יסתנט̇ף מן אבישע אלוסך̇ [הי]
אלעד̇רה̈ בקולה ומצאתו לא רוחין פצ̇לא עלי אלנגאסאת אלסמעיה̈ אלתי לא תחס
בהא חאסה̈ ואלראבע עקאב אללה וג̇עלה צ̇רבין אמא מהלך ואמא מולם. פאלמהלך
קאל פיה לעלוקה וגמיע שרות אלעדם אן אללה יצ̇רבה אמא באלפקר מת̇ל ארץ
לא שבעה מים או באלעקם מת̇ל עצר רחם או באלמות מת̇ל שאול או בנאר גהנם
מת̇ל ואש לא אמרה הון אד̇ הו סאלם[3]) פי דניאה מן תלך אלת̇לת̇ה̈. ואלמולם קאל

---

1) נראה שחסר כאן ישׁן באבאיה.
2) בכ"י יסתחל.
3) בכ"י טאלם.

פיה עין תלעג לאב וגו׳ פאלמשבה בנקר אלגראביב הו מולם לא ינתפע בה ואלממתֿל באכל אלנסור הו ממן יולמה וינתפע מנה פכל ואחד מן הדֿה אלארבעה מהאלך אלמלמין חסב מבאלגה דֿלך אלמעאנד ינאלה[1]). ואלפצל אלתֿאלת חדֿר פיה מן אלזנא ואלפסק ומא [אנצֿם] אליהמא קאל

18 הי תֿלאתֿה כפית עני ואלראבע מעהא לא אערפהא: 19 טריק
אלנסר פי אלהוא וטריק אלחיה עלי אלצואן וטריק אלספינה פי לג
אלבחר וסביל אלרגל פי אלמראה: 20 עלי דֿאך סביל אלאמראה
אלזאניה תאכל ותמסח פאהא ותקול לם אפעל גלא:

[1]) ביאור: הענין השני הוא שראוי לאדם ללכת בדרכי אבותיו כפי מה שמסרו לו בקבלה. ואמרו אל תלשן עבדו אל תדבר רע. ועלוקה הוא ההעדר. והון טעמו די והן מלות יחידות. ולהקל ביאור אלו השמונה פסוקים נקדים קצתם לקצתם שלא כסדרם ונאמר הודיענו אגור שהעדר הדברים על שני פנים האחד שלא היו מעולם והשני שאבדו אחר שהיו. ולפי שכיוון אל בני אדם לקח משלו מן החי והצומח שהחי ניזון בו. והחי יעדר לשתי סיבות אם שלא יולד וזה עוצר רחם או שימות אחרי הולדו וזהו שאול והצומח יעדר אם שהארץ לא תתן פריה וזה אמרו ארץ וכו׳ אם שישרף וזאת השרפה תהיה בין בגוף הבהמה האוכלת בין באש ממש על פני הארץ וזה אמרו ואש וגו׳. וחילק החכם הארבעה אופני ההעדר שבני אדם נענשים בהם לשלשה מינים והתחיל בשאול ועוצר רחם הנוגעים אל החי בעצמו והזכיר אחר כך העדר הצומח וסיים בשרפת הצומח. והפריד האש משאר מיני ההעדר מפני שאינה מאבדת החי כי אם באמצעית הצומח. והארבעה כולם כאילו יאמרו הב הב וכאילו לא ישבעו וכאילו לא יאמרו הון וסדר אלו התארים כהופך שירד הכתוב מן היותר חזק אל היותר קל שלא בלבד לא יאמרו די אלא שאינן שבעים וגם יאמרו תן עוד. ואנחנו רואים שהרבה בני אדם ינשאו אל הקבר והאשה העקרה מאבדת שכבת זרע הרבה ושהארץ הצמאה נזרעת חנם והאש אוכלת עצים הרבה וכולם אין די להם במה שנותנים להם. וקודם שסיפר החכם אלו ארבעה אופני העונשים דבר על בני אדם הראוים להענש והם המורדים בדברי הקבלה האמתית שהשכל יחייב שכל קבלה שלא נכנס בה שקר בין בזדון בין בשגגה היא אמת בלי ספק וקבלה כזאת נמצאת אצלנו והסמרה בה הוא כופר ויענש מאת השם מפני שבתחלה הוא אומר שאבותיו מסרו לו שקר ויקללם וזה אמרו דור יקלל אביו אבל הנשים לא יקלל ולא יברך אותן מפני שהחכם חושב שהנשים הולכות אחר בעליהן וזה אמרו ואת אמו וגו׳. ואחר זה ירחיקו עצמם מדעותיהם הטהורות וחושבים אותן לטמאות וזה אמרו דור טהור וגו׳. ואחר זה יבחרו בדעות שבדאו מלבם ויתגאו בהן וזה אמרו דור מה רמו וגו׳ ואחר זה יבזו כל מי שאינו מסכים עם דעותיו ויעברו גם על השכליות וזה אמרו דור חרבות וגו׳ וכן ירד ממדרגה אל מדרגה כל עת מי שאינו מאמין בקבלה. ואחר זה הזכיר החכם עונש המתנגדים באמרו לעלוקה. וקודם שדבר החכם באלו ארבע מדרגות הכפירה ובענשן הזהיר מלומר על אנשי אמת שהם אנשי כזב מפני שהצווי ראוי שיקדם להבטחה והתפחדה לכן אמר בתחלה אל תלשן וגו׳. ומלת עבד תורה על הנביאים שהם עבדי השם ועל הנמשכים אחריהם שהם עבדי הנביאים והמלשין הוא האומר שדברי המקבלים מן הנביאים אינן מסכימים עם דברי הנביאים עצמם כמו שאתה רואה האנשים שיצאו מעדתנו כופרים בפירושי הפסוקים שאפשר לבארם על פי הקבלה ואומרים אין אנו חייבים ללכת אחרי אלו הפירושים והזכיר אגור אלו הכופרים בארבעה דברים אחד שהם מגונים אצל בני אדם וזה אמרו פן יקללך והשני שהם מגונים אצל השם וזה אמרו ואשמת והשלישי שהם מגועלים בטמאות מוחשות וזה אמרו מצואתו וכו׳ וכל שכן בטמאות המפורשות בתורה שאינן מוחשות והרביעי שנענשים מאת השם והעונשים הם ארבעה המאבידים את האדם והם העוני ועוצר רחם והקבר ואש של גיהנם המשגר אותו אם ניצל משאר העונשים וכולם נזכרים במאמר לעלוקה וכו׳ ושנים המכאיבים את האדם וזה אמרו עין וכו׳ והעונש הנמשל לנקירת העינים בעורבים אינו מועיל גם למי שיכאיב את האדם והנמשל לאכילת הנשרים הוא המועיל למי שיצערהו וכל אלו העונשים כפי גודל כפירת הכופרים

פסרת וארבעה לא ידעתים ואלראבע ולם אקל וארבעה לילא תותמע תלאתה וארבעה פתציר סבעה וגדת מן מכאטבה אלאמה אן יקולו בחמשה לחודש (יחזקאל א׳ א׳) יענון פי אלכאמס בשבעה לחדש (מלכים ב׳ כ״ה ח׳) פי אלסאבע. ופסרת בשמים פי אלהוא מתל קול אלתוראה ערים גדלת ובצורת בשמים (דברים א׳ כ״ח). וקד ינבגי אן אבין ען הדה אלארבעה אשיא אלתי וצפהא דרך הנשר בשמים ודרך נחש ודרך אניה ודרך גבר אד כאנת ארבעה תאמה לם פצל אחדהא מנהא פחסבהא תלתה תם צמה אליהא פצארת ארבעה בעד מא אבין אימא הו אלמפצול ואקול אנה דרך גבר בעלמה ואנמא פצלה לאנה כאן מקצודה אן יחדר מנה. ואמא תלך אלתלתה פהי מעלומה פאתי אגור בהדא אלראבע וקאל ללסאמעין אן הדא אלראבע אלדי יגהלה בעצכם הו מתל אלתלתה אלתי תערפונהא ולא תנכרונהא. וישרח דלך יקול ללזאני ואלפאסק לא תתוהם אנך אדא שאהדת נפסך תרתכב הדה אלמעאצי ולים תותר פיך אתרא ולא תוסמך בוסם מא אנהא ליסת להא האצל עטים ואלתקריב אלי פהמך לאנך תשאהד אשיא פי וקת הרכתהא ולים תרסם פימא פיה תחרכת רסמא ולהא מחצול מן אלפעל עטים. מן דלך אלטאיר אדא טאר פי אלהוא וקצד אלנסר לאנה אעטמהא לם ירסם פי אלהוא כטא במסירה ומע דאך פקד חצל לה פעל לאנה בעד מא כאן מוגודא פי מוצע עדם מנה וצאר פי מוצע כאן פיה מעדומא. ואלחיה אדא אנסאבת עלי אלצואן פהי ליסת תכט פיה כטא למסירהא עלי אנה בעד תקציה לם יתבין פאן חאצל מא פעלתה יתבין אד כאן אהל אלמוצע אלאול [אלדין כאנו] יחדרונהא פיה אמנוהא וצאר [אהל] מכאן אכר יכאפונהא בדלהם. ואלספינה תסיר פי לג אלבחר ואמא באלקרב מן אלשט פרבמא אתרת אתרא לוקתה יסירא וראהא ואמא פי אללג פלא בעדהא ולא מעהא תכט פיה כטא ולכן חאצל פעלהא יתבין אנהא נקלת קומא מן בלד ואסכנתהם פי אכר וחמלת מירה מן ענד קום אחתאגו ענהא אלי קום אחתאגו אליהא וגהות תגאירא פחאלת אסעאר בדלך מן עז אלי הואן ומן גלא אלי רכץ ומא אשבה דלך. פעלי הדא איצא לא יגתר אלרגל אדא ראי אנה ברנוה מן חראם לא יותר פיה אתרא פי נפסה פאן לפעלה דאך מחצולא יטאלב בה עליה[1]) לאנה קד פעל מא נהאה אללה ענה פלדלך קאל ודרך גבר בעלמה ולא יגר אלמראה אדא ראת אנהא חין אסתטאעת לן[א]תיהא חראמא לם תבן פיה עלאמה בל צארת כמן אכל טעאמא ומסח פאה ולם יתבק פי פיה אתר פאן לפעלהא דאך מחצולא תעאקב עליה למבאשרתה מא נהית ענה ולדלך קאל כן דרך אשה מנאפת בעד קולה ודרך גבר בעלמה[2]). ואלפצל אלראבע מנע פיה מן מחאולה אלעאמי מן אלנאס מרתבה מן הו אגל מנה בגיר אסתחקאק ולו חצלת לה לם יעדם אנכאר אלנאס עליה קאל

---

[1]) בכ״י ועליה

[2]) ביאור: והענין השלישי שיזהר אדם מן הניאוף והזנות והדומה להם. תרגמתי וארבעה והרביעי כדי שלא יוסיפו הארבעה על השלשה ויהיה שבעה וזה דרך לשוננו לומר בחמשה לחודש במקום בחמישי. ותרגמתי השמים האויר. וראוי שאבאר למה הפריד דבר רביעי מן השלשה האחרים ואיזה הוא הנפרד ואומר שזהו דרך גבר בעלמה והפרידו מפני שכוונתו רק להזהיר מזה הדבר. ואמר החכם כבר ידעתם שלשה דברים הראשונים הנה הרביעי הנעלם מכם הוא כמוהם וביאור זה שאגור אומר לנואף אל תחשוב שעבירת הזנות והנאוף לא תעשה מאומה לפי שאין לה רושם ניכר התבונן שיש הרבה דברים שאין מעשיהם נכרים ובכל זה פעולתם גדולה. וכן הנשר המעופף באויר ואינו עושה שרטוט יעתק ממקום אל מקום אחר וכן הנחש

21 תגד אלארץ תרגז תחת תלתה ואלראבע מעהא לא תטיק
חמלהא: 22 תחת עבד אדא מלך ונסים אדא שבע טעאמא:
23 ומבגוצה[1]) אדא אמלכת ואמה אדא ורתת סידתהא:

קולה רגזה ארץ לם ירד בה דאת אלארץ ואנמא אראד אהלהא כקול אללה ארץ כי תחטא לי (יחזקאל מ״ד ב׳) פקאל תגדהם ירגפון ויקלקון לעבד מלך מתל הרודוס ונסים איסר מתל נבל ומבגוצה רוסת מתל עתליה ותגד אלריאסה לא תליק בהם ותגרדהם איצא יגאורונהא במא לא יצלח. פינבגי אן תעלם אנך אן הגמת עלי ריאסה מא [אנת] להא אהל אנהם ירגפון בך ויזעגון לדלך ולא תליק בך ולא תחסן אן תגאורהא מתל אמה ורתת סידתהא פאלנאס יתחירון לדלך פלא תפעל מא ינכרונה כל אצבר אלי אן תסתחק ומע דלך אדא בלגת פאטלבהא בעקל ורפק וארץ בחכם אללה פי דלך ופי כל[2]). ואלפצל אלכאמס פי כואץ ארבעה מן אלחיואן נבה אלנאטקין בהם עלי מא יחתאגון אליה מן מתל מא יפעלה כל נוע מנהם קאל

24 הם ארבעה מן[3]) צגאר מא פי אלארץ עאלמין מעלמין:
25 אלנמל גמע גיר עזיז וקד אצלחו פי אלציף טעאמהם: 26 ואלובר
גמע גיר עטים וקד צירו פי אלצכר ביותהם: 27 ואלגראד לא מלך לה
וקד כרג מלתף כלה: 28 ואלסנוניה תעלק בידיהא מא תציר בה[4]) פי
היאכל אלמלוך:

למא קאל חכמים ולם תכן אלחכמה ממא יוצף בה גיר אלנאטקין אוגב אן יציף אלי קולה הדא מחכמים פיכון קולה מחכמים תפסירא לקולה חכמים לאנהם אנמא לקבו עאלמין עלי סביל מעלמין תעלים אלטבע. ולעל סאילא יסל פיקול כיף יגעל מא יפעלה אלמטבוע אעתבארא ותאדיבא ללמכתאר אגבנא וקלנא באלחרי אן יגעלה תאדיבא לאן אלעקל אעלי מן אלטבע ואגל כמא קדמנא פי אול אלכתאב פאדא כאן אלמטבוע וליס פיה עקל יפעל מצלחה פאלדי פיה עקל באלאוכד אן יפעל מצאלחה. ומתל הדא אלגואב פי קולה ידע שור קנהו (ישעיה א׳ ג׳) ומא

הרומיז על הצור גם הוא אינו עושה רושם אבל בני אדם שהיו יראים ממנו במקום שהיה ישב בתחלה ישקטו עתה אחר שהלך לו ואחרים שהיו שלוים עד עתה יפחדו וכן הספינה אף על פי שבחוף הים רואין קצת רושם הילוכה כשהיא בלב ים אין רושם להילוכה כלל אבל היא מוליכה בני אדם ממדינה למדינה ומביאה תבואה ממקום שיש בו שבר הרבה אל מקום שיצטרכו אליה וכמו זה בבעילות אסורות אף על פי שאין להן אות ניכר כאמרו כן דרך וכו׳ יש עוון כבד על האיש ועל האשה לפי שהם עושים זמה וענשם גדול מאד.

[1]) בכ״י ב׳ וג׳ משנייה.

[2]) ביאור: הענין הרביעי שלא יתאוה אדם למדרגת מי שהוא למעלה ממנו אם אינו ראוי לה ואם בכל זה הגיע אליה אין דעת הבריות נוחה הימנו. אמרו ארץ ר״ל יושבי הארץ. ואמר אגור הארץ תרעש מפני עבד המולך כהורודוס ומפני איש בזוי שהעשיר כנבל ומפני אשה שנואה המושלת כמו עתליה ותמצא שכל אלו אינם ראוים לממשלה ושמלכותן אינה טובה וכולן נמשלים לשפחה שירשה את גברתה. ולפיכך ימתין האדם עד שיהיה ראוי לשררה ואז יבקש אותה בתבונה ובנחת ויקבל בטוב לב את גזרת השם בזה ובכל דבר.

[3]) בכ״י ב׳ וג׳ חסר.

[4]) בכ״י א׳ מבה ובכ״י ב׳ וג׳ חסר.

אשבהה כמא רסמנא פי תפסיר ישעיהו. פאמא כֿאציה̈ אלנמל פגֿעלהא אעתבארא למן לא יעד̇ לה זאדא מן אלדניא אלי אלאכֿרה̈ והו ירי אלנמלה̈ תעד פי אלציף אלי אלשתא ועלי אן הד̇א אלמת̇ל קד יצ̇רב ללמסאפר פי אלבחר ואלמסבת פי אלסבת ונט̇ראהמא. וכֿאציה̈ אלובר[1]) אנהא תנקב פי אלצכֿר בלא אלה̈ מן חדיד ולא גירה תצלח ביותא באשכאל ועלי אן הד̇א אלמת̇ל קד יצ̇רב במא תבניה אלנחל ואשבאההא. וכֿאציה̈ אלגראד חת̇ בה עלי גֿמע שמל אלמומנין בעץ̇ אלי בעץ̇ ולא יצירון פרקא פרקא[2]) והם ישאהדון אלגראד וכת̇ירא מן אלטאיר אד̇א נזל נזל כלה ואד̇א רחל רחל כלה. וכֿאציה̈ אלסנוניה̈ חת̇ בהא אלנאס עלי אלתרקי אלי אלמראתב אלעאליה̈ מראתב אלמלאיכה̈ אלחיואניין אלרוחאניין אד̇ ירון טאיר חקיר יחמל פי ידיה מן טין וגירה מא יבני ויצלח לה וכרא פי סקף קצור אלמלוך. פהד̇ה אלארבעה̈ מעאן אלתי יקט עליהא והי אלזאד ואלמנזל ואלאגֿתמאע ואלעלו קד לקבת [בהא] סעאדה̈ דאר אלאכֿרה̈ כמא קאל פי אלזאד שמעו שמוע אלי ואכלו טוב ותתענג בדשן נפשכם (ישעיה נ״ה ב׳) וקאל פי אלמנזל תסתירם בסתר פניך מרכסי איש (תהלים ל״א כ״א) וקאל פי אלאגֿתמאע אספו לי חסידי (שם נ׳ ה׳) וקאל פי אלעלו ונתתי לך מהלכים בין העמדים האלה (זכריה ג׳ ז׳) וקד תנבה הד̇ה אלארבעה̈ כֿואץ איצ̇א עלי אמור מן אלדניא[3]). ואלאמר אלסאדס אמר פיה יחת̇ עלי טאעה̈ אלמלך וכל ראיס וגֿעל צדר אלאעתבאר פיה באן קאל

29 הי ת̇לת̇ה̈ גֿידה̈ אלכֿטא ואלראבע מעהא גֿיד אלמסיר:
30 אללית̇ גֿבאר מן אלבהאים לא ירגֿע מן בין ידי שי: 31 ואלזרזור[4])
אלחקוין ואלתיס ובד̇אך אלמלך לא קיאם מעה[5]): 32 אמא אן תד̇ללת
לה אד̇א[6]) תשרף או לזמת אליד ללפם: 33 פאנה כמא אן מכֿץ̇ אללבן
יכֿרגֿ זבדא ומכֿץ̇ אלאנף יכֿרגֿ דמא כד̇אך מכֿץ̇ אלגֿצ̇ב יכֿרגֿ בצומה̈:

קולה מטיבי צעד לם יען בה חסן אלמשי ואנמא אראד אסתקאמה̈ אמירהם ונגֿחהא. וקסמהא ת̇לאת̇ה̈ וגֿעל אלראבע[7]) עלי חדה̈ לאן אלראבע הו גרצ̇ה אראד

---

[1]) נראה שחסר כאן מה שנמצא בשלשה האחרים וזה שראוי לאדם לבנות לו בית בשפנים

[2]) בכ״י פירק פרק.

[3]) ביאור: הענין החמישי ידבר בו החכם בארבעה מיני בעלי חיים שצריכין בני אדם לעשות כמוהם. אמרו חכמים מחוכמים מפני שבעלי חיים אינם חכמים באמת אלא מלומדים בטבע ואחר שהטבע לבדו מספיק לבעלי חיים להצלחתם כל שכן האדם שיש לו שכל צריך שיעמול להגיע אל הצלחתו כמותם וזה מבואר בפירושנו לספר ישעיה. והנמלה היא משל שיזהיר בו מי שלא יכין צידתו בעולם הזה לחיי העולם הבא אף על פי שהיא משל גם כן להכנת יורדי הים ושובתי שבת. והשפן נוקב לו חור בסלע בלא כלי ברזל ובונה בתים על צורות קבועות וגם בוורית הדבורים משל לזה הענין. וחיל הארבה וגם הרבה עופות באים והולכים יחד ובזה הערית לקהל המאמינים שלא יעשו כיתות כיתות. והשממית והיא הסנונית נושאת ברגליה את הטיט והולכת לעשות קינה בהיכלי המלכים וזה להעיר את האדם שיבקש לעלות אל מדרגת המלאכים והיות הקודש ואלו ארבעה הדברים רצוני לומר הצידה והמחסה והאחוה וההתנשאות נמצאים במקרא לכנות בהם עונג העולם הבא והם ג״כ נאותים ומובים לדברי העולם הזה.

[4]) מלה זאת מלשון תרגום ואינה נמצאת בלשון ערבי.

[5]) בכ״י א׳ מעהם.

[6]) בכ״י א׳ אן. — [7]) בכ״י לין במקום אלד.

אן ישבההם בהם עלי מא שרחת פי אלמקסומאת אלאול. ואלדי דעאה אלי הדא אנה ראי בעץ̇ אלנאס יזריון באלמלך ואלראיס פיקולון אד̇ הו אנסאן מת̇לנא פכיף נטיעה פקאל להם ינבגי אן תעתברו בהדה אלאשׂאין מן אלחיואן אלתי לכל ואחד מנהא ריאסה̈ עלי סאיר נועה לא יטרחונהא בל ידענון לה. פאלאול אלאסד פי אלוחש קאל פיה ליש גבור בבהמה ואלת̇אני אלנסר פי אלטאיר קאל פיה זרזיר מתנים ועלי אנה אנמא אתי בלקבה לא באסמה פאן אלאליק אן יכון ארادה לעט̇מה פי גנסה. ואלת̇אלת̇ אלתיס פי אלגנם קאל פיה או תיש עלי מנאז אן ינסק בלפט̇ה̈ או כמא פסרת קול אלתוראה̈[1]) או לאיל תעשה מנחה (במדבר ט״ו ו׳). ת̇ם אטבק באלראבע אלדי הו אלמלך עלי הדה אלת̇לת̇ה̈ אלממת̇ל בהא פקאל וכדי אנתם יא מעאשר אלנאס יגב אן תעתרפו לראיסכם בריאסתה ותדענו לה ולא תבלׂסוה חקה. ווצף אלאסתעמאל מע אלמלך בת̇לת̇ה̈ אפעאל [ונהא ען אלפעל אלאול] אלמקאומה̈ וקאל אלקום עמו ואמר באלפעלין אלאכ̇רין וגעל אחדהמא מקדמא עלי אלאכ̇ר והו אלתדלל לה פקאל אם נבלת. וגעל אלת̇אני מוכ̇רא והו אקל מא יכון אלאמסאך ענה פקאל ואם זמות יד ואנמא געלהמא באבין לאנה רבמא צלח לך אלתקרב אלי אלסלטאן ואלתדלל לה לצלאחה וחסן דינה ורבמא לם יצלח דלך למעציתה פאתרכה. וכדלך רבמא אמכנך אלקרב מנה לחסן אכ̇לאקה ובסטהא ורבמא לם ימכנך דלך לזעארתהא וישראסתהא פאתרכה אלא אנה עלי גמיע אלחאלאת לא תקאומה. ואתבע הדה אלאקואל באלוציה̈ בתרך אלחדה̈ ואלחרד ושבה מא יתולד מן דלך במא יתולד מן סבבין אחדהמא אקוי מן אלאכ̇ר ויצא אחדהמא מבאשר ואלאכ̇ר מפארק פאלאקוי הו אלדם ואלאצעף הו אללבן אד̇ כאן אנמא הו מטבוך טבכ̇א ת̇אניא[2]) פקאל כמא אנך אדא מכ̇צת אלאנף אנבעת אלדם כדאך אדא מכ̇צת אלגצ̇ב שדידא כ̇רגת אלכ̇צומה̈ וקדם קבלה אנך לו לם תמכ̇צה שדידא אלא צ̇עיפא נשאת אלכ̇צומה̈[3]). וכדלך ינבגי אן תחדר מן שדתהא[4]) בעד כ̇מוד נארהא כמא תחדרהא והי משתעלה̈ כמא אן אללבן אלמפארק מכ̇יץ̇ מת̇ל אלאנף אלמתצל. פדלך סת[ה̈] אקואל פי כל ואחד מנהא ארבעה̈ סוי מי עלה שמים פתציר בה סבעה̈[5]). והדה

[1]) עיין תרגומו שם וגם פירוש הראב״ע על ויקרא ד׳ כ״ג שהביא דעת הגאון.

[2]) „מבושל בבישול שני״ נראה שלפי דעת הגאון החלב נתבשל פעם ראשונה בגוף הבהמה ואחר זה בקררה להוצאת החמאה.

[3]) נראה שצריך להוסיף כמא אנך אדא מכ̇צת אללבן כ̇רג אלזבד.

[4]) אפשר שצ״ל אלהדה במקום שדתהא.

[5]) ביאור: הענין הששי הוא צווי לשמוע בקול המלך והשרים. ואמרו מטיבי צעד אינו רוצה בו שהילוכם הוא נאה כי אם שהם מצליחים במעשיהם. ואמרו זרזיר מתנים כיוון בזה אל הנשר שהוא הגדול שבעופות אף על פי שלא הביא שם עצם שלו אלא כינויו. ואמרו או תיש כמו ותיש שבן מצינו או במקום וא״ו החיבור. ומנה שלשת דברים והרביעי לבדו לדמותו אליהם וזה שראה אגור בני אדם מבזים את מלכם ואומרים הוא איש כמונו ואמר להם הסתכלו באלו החיות המושלות על מיניהם האריה על החיות והנשר על העופות והתיש על הצאן וכולם נכנעים תחת יד מלכם כן אתם בני אדם חייבים להיכנע תחת יד מלכם ולכבדו כראוי. והזהיר אגור את העם שלא יתקוממו נגד המלך וזה אמרו אלקים עמו וצוה אותן שישפילו עצמם לפניו אם הוא מלך ישר או מקבל את בני עמו בסבר פנים יפות וזה אמרו אם נבלת וכו׳ או שיתרחקו ממנו אם הוא מלך רשע או רגזן וזה אמרו ואם זמות וכו׳. ובסוף אלו הענינים הזהיר החכם את האדם מן הכעס והמשיל תולדת הכעס למה שיולד משני דברים והם החמאה היוצאת במיץ חלב והדם היוצא במיץ החוטם והחבדל בין שניהם שהוצאת הדם יותר קשה מהוצאת החמאה שאיננה

אלאקואל אלאכ̇רה̈ קול למואל ועלי אנה קד נסב ד̇אך אלי אמ̇ה פינבגי אן נעלם אנהא ליסת מרואה̈ ען אמראה̈ פקט בל תכון ג̇מאעה̈ מן אלאמ̇ה̈ צאדקה̈ רותהא ואנמא נסבהא למואל אלי אקרב מן סמעהא מנה ובאנת אלאמ̇ה̈ סבילהא אן יודב אלואלדאן ולדהמא אלמרוס[1]) במת̇ל הד̇א אלקול. אפתתח אולהא[2])

לא.

1 כלאם למואל אלמלך פי[3]) צ̇רב אלמת̇ל מא אדבתה בה אמה:
2 מא ד̇א יא אבני יא אבן בטני יא אבן נד̇ורי: 3 לא תעט ללנסא
קואך וסעיך לצ̇רובי[4]) אלשהואת: 4 לא ללמלוך יא למואל לא להם
שרב אלכ̇מר ולא ללוזרא אלמסכר: 5 כילא יישרב אחדהם פינסא
אלמרסום ויג̇יר חכם כל ד̇י צ̇עף: 6 דעו אלמסכר ללהאלך ג̇מא
ואלכ̇מר למרי אלנפוס: 7 ישרב אחדהם פינסא פקרה ולא יד̇כר איצ̇א
שקאה: 8 ואפתח פאך ללאכ̇רס ולחכם כל ד̇וי אלמצ̇י: 9 ואפתח
פאך אקץ̇ באלעדל והכם אלצ̇עיף ואלמסכין:

מה ברי בלגה̈ אלתרגום הו מא בני וכד̇לך למחות הו צ̇רב מן לגה̈ אלתרגום איצ̇א וכד̇לך מלכין איצ̇א תרגום עצות וקאל נחמיה [וימלך] לבי (נחמיה ה׳ ז׳). אמא תצדיר אלואלדין באן יקולו לולדהמא מה ברי פאנהם ד̇הבו פי תצדיר ד̇לך אלי אלתרקיק ונסבוה אלי אלאם לאן אלחנין מנהא ואליהא אכת̇ר תקול אלאם לולדהא והי תעאתבה מא ד̇א יא בני אלד̇י רביתה ת̇ם יא אבן בטני אלד̇י קבל אלתרביה̈ חמלתה ת̇ם יא אבן נד̇ורי אלד̇י קבל אן אחמלה נד̇רת ודעות חתי רזקתה ינבגי לך אן תתפכר פי הד̇ה אלת̇לאת̇ מנאזל אלד̇י תעבת פיך ושקית [ו]טלבת אן תכון ולדא צאלחא ולא תצ̇יע ג̇מיע מא פעלת. ופי הד̇א אעתבאר אכ̇ר אד̇א כאן מן אלמנכר אן יצ̇יע אלנאשי ענאיה̈ ואלדיה בה פמן אלנכיר אלמנכר אן יצ̇יע ענאיה̈ רבה בה בג̇מיע אלמצלחאת מן חיוה̈ ועקל וטאקה̈ ואמר ונהי ווע̇ד וועיד. ונהיהמא אל תתן שפקה̈ עליה פי אלדניא ופי אלאכ̇רה̈ פאמא פי דאר אלדניא פאן נהיהמא לה ען כת̇רה̈ אלג̇מאע פלצ̇ררה באלג̇סם ועלי

אלא בישול שני ועוד שהחלב הוא נפרד מן הגוף כשמוציאין ממנו החמאה והאף הוא מחובר בגוף כשמוציאין ממנו הדם כן הכעס מוליד את הריב בין שהוא חזק בין שהוא רפה בין בזמן שהוא כאש בוערת בין כשהוא כאש שכבתה שלהבתה. והנה אלו הם ששה מאמרים שבכל אחד מהם ארבעה דברים ואם נחשוב מאמר מי עלה שמים עמהם יהיו שבעה.

[1]) נראה שענינו המגיע לשררה.

[2]) נראה שגם כאן השמיט הסופר גשלט הספר הרביעי ודברי למואל הם הספר החמישי ועיין לעיל תחלת פרק ל׳.

[3]) בכ״י א׳ וב׳ חסר.

[4]) עיקר מילת מחא בלשון תרגום הוא הכאה ובערבי נמשכה מלת צ̇רב מענין הכאה לענין ציון המטבעות מפני שמציינין אותן כדי שלא יתחלפו אלו באלו והשתמשו בזאת המלת גם כן בטעם מין לכל דבר ולכן תרגם הגאון מלת למחות צ̇רוב ר״ל אופנים וגם אבן גנאח בספרו אצול תרגם כן וזה לשונו בשורש מחה: ומן הד̇א אלמעני איצ̇א ענדי למחות מלכין אי לצ̇רוב אלאפכאר ואלארא פי אללהו ובשורש מלך ומנה ל׳ מ׳ אי לצ̇רוב אלאהוא ואלאפכאר ואלארא אלאלהיה̈.

אן אלאכתאר מן גמיע אלאסתפראגאת מתל אלאסהאל ואלקי ואלתעטס ואלפצד ואלנפת מדמום האתך ללאנסאם מצעף לקותהא אלא אן אלאסתפראג באלגמאע אשדהא למא יקדח פי אלתלת אלקוי אלשריפה אלתי פי אלדמאג אלמעטיה ללעצו אלקוה ואלתי פי אלקלב אלמעטיתה אלחרכה ואלתי פי אלכבד אלמעטיתה אלרטובה. ואמא צררה ללאנסאן פי דאר אלאכרה פאנה אולא ישגלה ען אלחכמה באלאקבאל עליה לאנה יעמל פי אלפכר אכתר מן סאיר אלדואעי ולאן כל מא אמען אלמר פיה אתסע פי פנונה ולאנה קד יקטע ען אלצלוה[1]) פי כתיר מן אלאוקאת. הדה אלאקואל אדא כאן מן חלה פלא תסל ענה אדא כאן מן חראמה אנה אלהלאך[2]) פי אלאכרה. ובדלך סאיר צנוף אלשהואת צאיה פי אלדארין גמיעא אדא אסרף פיהא אד תמלך אלאנסאן חתי יציר עבדא להא ממלוכא לא יסתטיע כלאפהא כמא קאל למחות מלכין אלא אן אלגמאע הו אשדהא ואצרהא ולדלך פרדה וקדמה. ותכרארהם אל למלכים ירידון אנה ילזמנא אן נעטף מרה בעד אכרי וכמא בינא פי תפסיר כי הנה איביך וגו׳ (תהלים צ״ב י׳) אלמכרר אנה אנמא אראד זמאנא בעד זמאן ופי נשאו נהרות י״י (שם צ״ג ג׳) אלמכרר אנה קצד חאלא בעד אכרי כדלך האהנא. וגעל אלמקדם ללמקדמין אל למלכים שתו ואלמוכר ללמוכרין בעדהם [ולרזנים אי שכר]. וכשפו לה מן עקאבה מא יפעלה אלכמר ואלנביד אנה יגני גנאיאת לא אצלאח להא ועלי אנה רבמא חסן קבאיחא כתירה אלא אן תלך למא כאנת אלתובה תזילהא תרך אלתרוע בהא ואכד אן ירוע במא לא תצלח אלתובה והי אלאחכאם יקול ללחאכם ראית יא הדא אן שרבת פסכרת ונסית אלפקה אלדי הו מחקק פחכמת עלי אנסאן בגיר אלחק ואנצרף אלכצמאן מן חצרתך (ו)תובתך לא תקבל חתי תרד מא בה חכמת כטאא פמתי תלתקי מעה חתי תרד עליה שיה וסימא אן כאן צעיפא כמא קאל בני עני פמתי ימכנה אלרגוע אליך או אלתטלם. ואעטם מן דלך אן כאן מא חכמת בה קתל פאדא קתל דלך אלבאים כיף ימכנך אן תצלח מא אפסדת אבדא פלהדה אלאסבאב צאר פסאד אלחכם באלסכר אשד מן כל פסאד. וקולהמא תנו שכר לאבד אראדו בה דפע מעארצה אלמעארץ פאן קאל קאיל פלם צנע אלכמר ואלנביד קלנא ליתעזא בה אלמהמומון אמא בנעמה עדמוהא פיסמי אלואחד מנהם אובד ויחתאג אלי שרב אלכמר לינסא פקרה כמא קאל רישו או במציבה אתוהא פיסמון מרי נפש ויחתאגון אלי שרבה לידהב ענהם ישקאהם כמא קאל ועמלו לא יזכר עוד פאלשרב לאוליך מצלח ולך יא חאכם יא פקיה מפסד. ואדא תאמלת הדה אלקציה וגדתהא מן מחץ אלחק לאן כתירא מן אלאשיא תצר בעץ אלנאס ותנפע בעצהם כמא הו מעלום אן אלעסל יצר אלמחרורין וינפע אלמבלגמין ואן אללבן ינפע אלכבד אלחאמיה ויצר באלמעדה אלמרטובה ומא אשבה דלך כל אלמטאעם אלטיבה תנפע אלגאיע ותצר אלשבעאן וכדלך אלסמאים כלהא. ועלי הדא אלסביל אלכמר. פקאלו דעוה יא איהא אלמלוך למן יחתאגה פאמא אן ישרב מנה קלילא במקדאר מא ישכח רישו או ישרב מנה כתירא במקדאר מא ועמלו לא יזכר עוד. ואמא אנת יא חאכם פתח פיך לאלם וגו׳ אראד בפתח אלפם ללאכרס תלקין אלגבי חגתה כמא סמא אללה עור ללעמי ען רשדה אד יקול ולפני עור לא תתן מכשול (ויקרא י״ט י״ד)

[1]) לא ידענו למה פרט תפלה משאר המצות.

[2]) בכ״י אלהאלך.

וסמי חרש למן כאן גאיבא מן אלמחצר אד קאל לא תקלל חרש (שם) בדלך ההנא אלם אלגבי אלדי לא יערף חגתה ומסמוע הדא אלקול עלי אנה עאם פאן חאצלה כאין לאן אלחאכם אנמא עליה [אן] יחתג למן כפית עליה אלחגה פי אחכאם אלדמא לא פי אחכאם אלאמואל וכמא קאל אלאולון בדיני ממונות אם לא טען אין טוענין לו בדיני נפשות אף על פי שלא טען טוענין לו (סנהדרין כ״ט א׳) ומא אלפרק בין חכם אלדם ואלמאל בינהמא פרקאן אחדהמא אקוי מן אלאכר לאן אלמאל ימכן רדה ואלדם לא ימכן רדה ואלאכר לאן אלמטאלב באלדם רוע[1]) אלקתל ימית כאטרה וידהב בחגתה פיחתאג אלי מן ילקנה אלחגה ואמא אלמטאלב באלמאל עקלה תאבת ולא רוע עליה פהו יחתג בכל מא יעלם אנה הו לה מן אלחגה. ולתסמיתהא למן יחכם לה בני חלוף מעאן מנהא אנה יגב עלי אלחאכם אן ירי אלכצמין מתל מארה אלטריק כאנה לא יערף אחד מנהמא. ואיצא ינבגי אן ירי אלחכם כאנה פאית פלא יפעלה אלא עלי אצח מא יכון ענדה לא יעלק קלבה בתלאפיה. ואיצא אן אלחאדתה אדא חדתת וערצת עלי אלחאכם ותנאזעהא אבואב שתי מן אלפקה פיחתאג אלחאכם אלי אן יתאמל כל כאטר ימר עלי באלה חתי יעלם באיהא הו אשבה. ואמרהמא בעד דלך פתח פיך [שפט צדק] חכם אלעדל לא יחיט אלכתאב בגמיע פנונה ולכן מחיץ אלמראד בה אלא (אן) יכון אלחכם פתיא באסתתנא אן יקול אלחאכם אן כאן כדי כאן אלחכם כדי ואן כאן גיר דלך כאן אלחכם בעכס דלך בל יגב אן יצבר חתי יסתקר אלכבר ען אלחאדתה מקרה תם יחכם עלי שי צחיח ליס פיה אסתתנא פיכון משפט צדק. ואלתרגיב לה פי חכם עני ואביון לאן אלעקאב בסבבהמא אצעב כמא קאל אם ענה תענה אתו וגו׳ (שמות כ״ב כ״ב) כאן אלתואב לחכמהמא אכתר ואפצל[2]). וגעל כאתמה אלכתאב מתלא צרב פי מראה צאלחה משבה בהא כל חכים וכל צאלח ולעלה אנמא ראי אן יגעל אואיל אלאיאת עלי הרוף א׳ ב׳ ג׳ ד׳ ליסהל עלי אלמתעלמין חפטה אד הם מחתאגון אלי אסתעמאלה בכתרה. אולה

---

[1]) בכ״י מע.

[2]) ביאור: אמרו ברי בלשון תרגום וכן ולמחות לשון הבאה בתרגום וכן מלכין תרגום עצות. הדברים האחרונים של הספר הם דברי למואל ויחסם לאמו ששמעם ממנה והם היו מסורין בפרטן לאנשי אמת שבאומתנו אבל היה מנהג ההורים להוכיח בניהם המגיעים למלכות בדברים כאלה. והתחילו תוכחתם באמרם מה ברי להראות את חנינתם ויחסו זה לאם יפי שהיא תחמול יותר על בנה ובנה עליה והיא אומרת לו מה זה בני אשר רביתיך וקודם זה נשאתיך בבטני וקודם תריוני נדרתי אל השם והתפללתי אליו כדי שיתן לי בן כשר וראוי לך שתזכור את כל זה ולא תאבד מה שעשיתי בעבורך. ואם ראוי לאדם שלא יאבד מה שעמלו בו אבותיו כל שכן שלא יאבד מה שניתן לו בהשגחת הבורא כמו חיים וכוח ושכל וצווי והזהרה וגמול ועונש. ואמרם לבנם אל תתן וגו׳ זה מחמלתם עליו בעולם הזה ובעולם הבא בעולם הזה לפי שהמשגל יפסיד הגוף ואף על פי שכל הוצאה לחות יותר מדאי כגון השלשול והקיא והעיטוש והתקזה והרוק מאבדת את הגוף אלא שמשגל הרבה הוא יותר מזיק מפני שהוא מאבד השלש כוחות הנכבדים הכוח שבמוח המקשה את האבר הכוח שבלב המניע אותו והכוח שבכבד הנותן לו לחלוחית. ובעולם הבא מפני שהמשגל מונע את האדם מלעסוק בחכמה יותר משאר התאוות ולפי שכאשר הוא שטוף בזמה כן יטבע יותר ויותר בטיניה וגם כמה פעמים יעצור אותו המשגל מלקיים תפלתו וזה בבעילות מותרות ועל אחת כמה וכמה בבעילות אסורות. ואמרו למחות מלכין ר״ל שההפלגה בכל מיני התאוות מאבדת את האדם בשני עולמות לפי שהאדם נעשה עבד להן אבל הפריד והקדים את המשגל לפי שהוא מזיק יותר מכולן. ונכפלה מלת למלכים לחזק הענין ולומר חייבים אנחנו להוכיחך פעם אחר פעם כמו שביארנו

10 אלאמרה אלצאלחה מן דא[1] יגדהא ואבעד מן אלגואהר
אמתלאכהא: 11 וקד ותק בהא קלב בעלהא ומא תעוזה גנימה:
12 במא תוליה אלכיר לא אלשר טול איאם חיותהא: 13 ותטלב מנה
אלצוף ואלכתאן פתעמל בהמא במא פי טבע ידיהא[2]: 14 וצארת
כספן אלתאגר תאתי מן בעד בטעאמהא: 15 ותקום ועאד אלליל
ותעטי מכאסבא לאל ביתהא וצ׳ראיבא לגואריהא: 16 ואן המת בציעה
אשתרתהא ומן תמר כפיהא קד גרסת כרומא: 17 וישדדת חקויהא
בעז ואידת דראעיהא: 18 ולמא דאקת אן מתגרהא גיד פהי לא יטפא
באלליל סראגהא: 19 ומדת ידיהא בנגאח[3] וכפאהא דעמתא[4] אלמגזל:
20 ובסטת כפהא ללצעיף ומדת ידהא ללמסכין: 21 לא תכאף עלי אהל
ביתהא מן אלתלג אד׳ כלהם לאבסון קרמזא: 22 וקד צנעת להא
נגודא מן בוץ וארגואן לבאסהא: 23 ובעלהא מערוף פי אלמחאל

בתרגומנו לפסוקים כי הנה אויביך ונשאו נהרות. והזכירו במלכים היין שהוא יותר מעולה וברוזנים השכר שהוא פחות ממנו. ואמרו פן ישתה וכו׳ ענינו שהיין והשכר מביאים את האדם לידי עברות שאי אפשר לתקנם ולא הפחידו את הבן בהרבה דברים מגונים שהיין מראה אותם כטובים לפי שהתשובה תוכל למחותן אבל הפחידוהו בדברי המשפט וזהו אמרו מחוקק שהשופט אין לו כפרה על משפט מעוקל עד שישיב לבעל דין מה שדן בו שלא כראוי ומתי יפגש השופט את בעל הדין להחזירו לו ובפרט אם הוא עני שאז שלא יוכל לשוב אל הדיין או לצעוק חמס עליו וכל שכן בדיני נפשות שאם העניש האומלל הזה במיתה לא יוכל השופט לתקן את הדבר. ואמרו תנו שכר לאובד ענינו שאם יטען טוען למה נבראו היין והשכר נשיב לו שהם מנחמים את הנאנחים לפי שבשתייתם ישכחו את יגונם וענין אובד מי שאבד ממנו אשרו ומרי נפש מי שנפל ברעה ולכן היין והשכר הם טובים לנאנחים ורעים לשופטים. וכן יש הרבה דברים המזיקים את זה ומועילים לזה כמו הדבש שהוא רע למי שטבעו חם וטוב למי שטבעו לה והחלב מועיל לכבד החם ומזיק לאסטומכא הלחה וכן בכל הסמים. וכמו זה היין שהאובד ישתה מעט ממנו וישכח רישו ומר נפש הרבה ועמלו לא יזכור עוד. ואמרו פתח פיך וגו׳ ירצה בו שהדיין חייב ללמד את הסכל את טענותיו וקרא הסכל אלם כמו שקוראים עור למי שאינו יכול להנהיג עצמו בדרך ישרה וחרש למי שלא בפניך. וזה אינו אלא בדיני נפשות אבל בדיני ממונות אם לא טען אין טוענין לו וההפרש בין שניהם שהממון אפשר להחזירו ונפש המת אי אפשר להחזירה ועוד שהנידון במשפט מות חרדתו תמית את שכלו ומשכחת אותו את טענותיו אבל הנתבע על דבר ממון שכלו קיים והוא יודע לטעון לעצמו. ואמרו בני חלוף יש בו ענינים רבים האחד שיראה הדיין בעלי דין כעוברי דרך שאינו מכירם. והשני שיראה את פסק דינו בדבר חולף וידין היטיב כפי יכלתו ולא יחשוב שיתקן את דינו אחר כך. והשלישי שהדיין צריך להעביר בשכלו כל ההלכות הנוגעות אל הדבר הבא לפניו ויחזור עליהן עד שידע לאיזה מהן הוא דומה יותר. וענין צווי שפט צדק לא רצו בזה כל משפט צדק שאז לא יוכלו למנות כל אופניו אבל רצו לומר שהדיין לא יוציא את דינו על דרך תנאי ויאמר אם הדבר כן הדין כן ואם אינו כן הדין בהפך אבל ימתין עד שידע גוף הדבר בבירור ואחר כך יגזור את הדין. והוסיפו לומר דין עני ואביון שכמו שהעונש על משפט מעוקל של עניים יותר קשה כן השכר על משפט צדק שלהם יותר גדול.

[1]) בכ״י ב׳ וג׳ טובא מן ועיין בביאור.

[2]) בכ״י א׳ פתעמלהמא במא טבע ידיהא ובכ״י ב׳ וג׳ ותעמל בהא פי טבע ידיהא.

[3]) נראה שגזר הגאון כישור מלשון כשרון.

[4]) בכ״י א׳ דעמן בכ״י ב׳ דעמא ובכ״י ג׳ דעמו.

אדא גלס מע שיוך אלבלד: 24 וקד תצנע אזרא סתביעהא ומיאזרא
פתעטיהא ללמגהזין: 25 ואלֿ אלעז ואלבהא לבאסהא פהי תסרֿ
באלאיאם אלמסתקבלה: 26 ותפתח פאהא בחכמהֿ וישראיע אלבר
פי לסאנהא: 27 מטלעהֿ מלאהב ביתהא ולבז אלכסל לא תאכלה:
28 פיקומון בנוהא יצפונהא[1] ובעלהא ימדההא[1]: 29 יקולון כתיר מן
אלנסא אכתסבן אלצלאח ואנת עלית עלי גמיעהן: 30 פאלחטא באטל
ואלגמאל גרור ואמראהֿ תתקי אללה הי אלתי תמתדח: 31 אעטוהא
אלאן מן תמר ידיהא וימדההא פי אלמחאל אעמאלהא:

הדֿה אלאתנתאן ועשרין איהֿ מֿאתרה[א] פי אלאמראהֿ אלצאלחהֿ מישאהד לאנהא לא תסתחק הדֿא אלאסם חתי תכון קד אצלחת אמור דניאהא ואכֿרתהא גמיעא. ואלממתֿל בהא אלאנסאן אלעאקל ואלעבד אלצאלח אלדֿאן אנמא יסתחקאן הדֿא אלמעני אדֿא אצלחא אמור דניאהמא ודינהמא גמיעא ולדֿלך כל פסוק קאלה אלחכים פי הדֿה אלאמראהֿ פמתֿל מענאה פי אלעאקל ואלצאלח ואלאצל פי הדֿא אלאמר הו אן אלאנסאן למא כאן [לה] גסם ונפס פוקה פי אלמרתבהֿ יעקל פוקהמא צארת אקסאם אלמצאלח. מצאלח אלגסם ומצאלח אלנפס ומצאלח אלעקל ולמא כאן איצֿא אלגסם הו אלמשאהד מן בין אלתֿלאתהֿ ראי אלחכים חין קצד אן יצֿע נעותא להדֿה אלתֿלאתהֿ [אן יצף מצאלח] אלגסם ותכון אלמצלחתאן אלאכֿרתאן מסתדֿרגתין מנה מקאסתין עליה. וגעל אלנסבהֿ אלהאמלהֿ למצאלח אלגסם מנסובהֿ אלי אמראהֿ לגלאלהֿ אלרגאל באן תנסב אליהם מצאלח אלנפוס ואלעקול. פאול מא אפתתח פי אלמתֿל ענד וגוד אלאמראהֿ בקולה אשת חיל מי ימצא ולם יקצד בקולה הדֿא אנהא לא תוגד בתהֿ ולו כאן כדֿלך לכאן כלאמה עלי אלמחאל ולכנה קצד תשריף מן יגדהא כאנה יקול אשת חיל אשרי מי ימצא וכדֿלך יעה אלחכים מן אלנאס כמא קדם פקאל אשרי מצא חכמה (משלי ג׳ י״ג) וכדֿלך אלצדיק מן אלנאס כמא קדם מן קולה ואיש אמונים מי ימצא (שם כ׳ ו׳) עלי מעני אשרי מי ימצא. תֿם קאל אן וגוד הדֿה אלאמראהֿ אעז מן וגוד אלגואהר עלי מא תרי אלגואהר עזיזהֿ אלוגוד ואעז מנהא מן ידבר אמר דניאה תאמא. וכדֿלך אלעאלם אלבאלג כמא קאל יקרה היא מפנינים (שם ג׳ ט״ו) וכדֿלך אלצאלח אלבאלג כמא קאל טובת חכמה מפנינים (שם ח׳ י״א) ויתבין אן הדֿה אלחכמהֿ אלתֿאניהֿ יראד בהא אלצלאח מן קולה ענהא כי אמת יהגה חכי וגו׳ (שם ח׳). ומא אשבה דֿלך[2]) פלמא קדם האדֿין אלקולין פי מדחתהא אבתדי פי אפעאלהא פקאל אמא אלאול בטח בה אן אלמדבר אלמגיד יותק בה ויסכן אלי ראיה. וכדֿלך אלמאהר פי אלחכמהֿ כמא קאל מי שת בטוחות חכמה וגו׳ (איוב ל״ח ל״ו) וכדֿלך אלבאלג פי אלצלאח כמא קאל בטח בה׳ ועשה טוב וגו׳ (תהלים ל״ז ג׳). ואלתֿאני ושלל לא יחסר קאל אלמדבר מעאשה לים תפותה גנימהֿ פי כל וקת פהו כיף מא תקלב פירבח. וכדֿלך אלחכים אנמא קצדה אגתנאם כלמהֿ או חרף יתעלמה ויפרח בה כגנימהֿ כמא קאל אלולי שש אנכי על אמרתך וגו׳ (שם קי״ט קס״ב) וכדֿלך אלצאלח יסר אדֿא

---

1) בכ״י ב׳ וג׳ פיצפונהא. פי מדההא.

2) הגאון אמר כי ברור הוא שהחכמה בזה הפסוק היא הצדקה מפני שהיא אומרת כי אמת יהגה חכי.

בלג אלי יסיר מן אלטאעה̈ כסרורה באלמאל אלכת̇יר [אלד̇י] יגתנמה כמא קאל איצ̇א בדרך עדותיך ששתי [וגו׳] (שם י״ד). ואלת̇אלת̇ גמלתהו טוב ולא רע אלמתעיש יגב אן יקצד מא ירבח פיה לא מא יכ̇סר ולא יוטן נפסה (אלא) עלי אן יקצד אן ירבח וקתא ויכ̇סר אכ̇ר וכד̇לך אלעאלם לא יסהל לנפסה אן יתעלם שיא וינסא גירה ולא יתעלם מא ינפעה ומא יצ̇רה גמיעא כמא קאל דרשו טוב ולא רע וגו׳ (עמוס ה׳ י״ד) וכד̇לך אלמומן לא יקסם עמלה חסנאת וסיאת פוקת[א] יצלח ווקת[א] יפסד כמא קאל שנאו רע ואהבו טוב (שם ט״ו). ואלראבע כל ימי חייה אלמכתסב [יגב] אן ית̇בת עלי צלאח תדבירה טול חיותה[1]) כמא קאל למען תלמד וגו׳ (דברים י״ד כ״ג) וכד̇לך אלצדיק ית̇בת עלי צלאחה מא עאש כמא קאל אלה החקים והמשפטים אשר תשמרון וגו׳ (שם י״ב א׳). ואלכ̇אמס דרשה למא קאל חפץ כפיה ואלכפאן למא מראד להמא כאן מענאה אקתצ̇אהמא מא פי טבעהמא וד̇לך אן כל עצ̇ו יקתצ̇י מא לה פי אלטבע אן יפעלה כמא תקתצ̇י אלעין אלנט̇ר ואלאד̇ן אלסמע כד̇לך אליד אלעמל פאלמכתסב קד אנאל ידיה מן אלבטש מא יקתצ̇יאנה מנה. וכד̇לך אלעאלם קד אנאל עקלה מא יגדה יקתצ̇יה איאה מן אלתד̇אד̇ה באלחכמה̈ ורואה מנהא כמא קאל לב נבון יקנה דעת (משלי י״ח ט״ו). וכד̇לך אלצדיק אד̇א אנאל נפסה מא תתמנאה מן אלראחה̈ [ו]אלוצול אלי נור אלבארי כמא קאל ומצאו מרגוע לנפשכם (ירמיה ו׳ ט״ז). ואלסאדס היתה באניות אלמתעיש פיה[2]) יחתאל מן הלה חתי יגלב לה מכסבא מן בעד ואלעאלם פי מת̇ל הד̇ה אלנעות יחתאל באלהגה̈ [ליחקק] אלחק מן בעד וליבטל אלבאטל באלמעארצ̇ה̈ מן בעיד ואלצדיק פי מת̇ל הד̇א אלנעת יג̇י מן אלמוצ̇ע אלבעיד לילא יפותה מצלחה̈ חתי יחצ̇ר צלוה̈ או חג̇[א] או בעץ̇ אלפראיץ̇ או אלסנן. ואלסאבע ותקם אלמכתסב פיה יסתעמל אולאדה וגלמאנה בצ̇ראיב יטרחהא עליהם פי כל וקת יעידה אלחרפה̈[3]) ונעת אלעאלם מן מת̇ל הד̇א כאן ירסם לה פי כל יום ג̇ז מן אלעלם יחד̇ה וכד̇לך פי אלסבוע ופי אלשהר ופי אלסנה̈ ופי כל קטעה̈ מן אלזמאן. ונעת אלצאלח מן מת̇ל הד̇א אנה לה פי כל זמאן טאעאת לא בד לה מן עמלהא כאלצ̇ריבה̈ מת̇ל אלצלוה̈ פי אוקאתהא ותמסכה אלסבת ואלאעיאד פי אוקאתהא ומא אשבה ד̇לך. ואלת̇אמן זממה אלצפה̈ פי אלמתעיש אנה יהם בשרא ציעה̈ פלא יז[א]ל יגמע דרהמא דרהם ודינארא אלי דינאר מן חלה חתי יתם ת̇מנהא ואלנעת פי אלעאלם אנה יעזם עלי אלכתאב אלפלאני מן אלפקה או אלנט̇ר או אלהנדסה̈ או אלטב פלא יזאל[4]) ג̇ז אלי ג̇ז ומעני אלי מעני יולפה חתי יתעלמה או יעלמה ומת̇ל ד̇לך פי אלצאלח יגמע חסנה̈ אלי חסנה̈ ופריצ̇ה̈ אלי אכ̇רי חתי יבלג אלמבאלג אלכאמלה̈. ואלתאסע חגרה הד̇א אלנעת פי אל[מ]תכסב במא יתקוי ויתאיד עלי אלאעמאל אלשאקה̈ ופי אלעאלם אקדאמה עלי אלכתב אלמסתגלקה̈ ואלמעאני אלמעתאצה̈ כמא קאל גבר חכם בעוז (משלי כ״ד ה׳) וכמא קאל דניאל ומשרא קטרין השתכחת וגו׳ (דניאל ה׳ י״ב) ופי אלצאלח מלאטרתה בנפסה פי טאעה̈ אללה וצברה ותאידה עלי אלסם[5]) כמא קאל חזקו ויאמץ לבבכם כל וגו׳ (תהלים ל״א כ״ה). ואלעאשר טעמה הד̇א אלנעת ללמתכסב במא ילד̇ לה

[1]) חסר כאן מה שנוגע אל החכם שהוא צריך שילמד כל ימי חייו.

[2]) ר״ל לפי מה שנמצא בפסוק לפי שעיקר הפרשה מוסב אל העמל למהיתו.

[3]) אלו שתי מלות קשות להבין ואפשר שצ״ל יעודהם אלחרפה̈ = להרגילם באומנות.

[4]) בכ״י יזול. — [5]) נראה שצריך להיות אלאם = מכאובים.

מן נמע אלמאל חתי ידמן עליה ופי אלעאלם הו מא תלף לה אלחכמה ותציר לה כאלגדא פילזמהא כמא קאל ודעת לנפשך ינעם (משלי ב׳ י׳) ופי אלצאלח ילף לה אלצום ואלצלוה ואלדעא חתי לא יפארקהא כמא קאל טעמו וראו כי וגו׳ (תהלים ל״ד ט׳). ואלחאדי עשר ידיה שלחה נעת ללמתכסב באנה עלי הדה אלשרוט ינגח פי אמורה וללעאלם בנגאחתה בחכמתה כמא קאל ויתרון הכשיר חכמה (קהלת י׳ י׳) ואלצאלח יבשר בנגח אכרתה כמא קאל כי אז תצליח את דרכיך (יהושע א׳ ח׳). ואלתאני עשר כפה פרשה דלך נעת ללמתכסב במואסאתה אלצעפי מן מאלה ואלעאלם יואסי אלגאהל מן עלמה כמא קאל מי פתי יסור הנה וגו׳ לכו לחמו וגו׳ (משלי ט׳ ד׳—ה׳) ואלצאלח ירד אלנאס אלי אלטאעה כמא קאל ורבים השיב מעון (מלאכי ב׳ ו׳). ואלתאלת עשר לא תירא נעת אלמתעיש אנה לא יכאף אלגלא ואלגדב במא יועי מן טעאמה ואלחר ואלברד במא יסתעד מן כסותה ואלעאלם לא יכאף טען אלמלחדין ולא מעארצה אלמכאלפין במא יעד[1]) להם מן אלגואב כמא קאל וכל לשון תקום אתך למשפט תרשיעי וגו׳ (ישעיה נ״ד י״ז) ואלצאלח לא יכאף פתון אלדניא ורגאיבהא לאנה קד אעתד אלכיר כמא קאל אל תירא כי יעשיר איש וגו׳ (תהלים מ״ט י״ז). ואלראבע עשר מרבדים אדא נאם אלמתכסב פי מנזלה נאם עלי פראשה וטיה ומהאד נאעם ואלעאלם יטמאן אלי אקואל מנתכבה ובראהין ואצחה קד וטאהא לנפסה כמא קאל פיה בדרך חכמה הוריתיך וגו׳ ובלכתך וגו׳ (משלי ד׳ י״א—י״ב) ואלצדיק אדא אסתקר פי היותה או[2]) מותה וגד חסנאתה כאלפראש אלממהד כמא קאל וחפרת לבטח תשכב וגו׳ (איוב י״א י״ח). ואלנעת אלכאמס עשר נודע תרי אלצאנע טאלב אלמעאש משהור בין אלנאס באלסתר ואלעפה ואלעאלם מערוף פי מא בינהם בעלמה ואלכראמה לה כמא קאל והדרת פני זקן (ויקרא י״ט ל״ז) ואלצאלח טאהר בין קומה מברור מכרם כמא קאל בצאתי שער עלי קרתי וגו׳ ראוני נערים ונחבאו וגו׳ שרים עצרו במלים (איוב כ״ט ז׳—ט׳). ואלסאדס עשר סדין עשתה רבמא עני אלצאנע בשי וצנעה לא להאגתה אלי דאתה בל ליכתסב בה כמא וצף פי סדין וחגור ובדלך אלעאלם רבמא עני בצרב מן כלאם אלעאמה או בחרף מן אללגה או בבאב מן אלצנאיע אלמהניה לא לחאגתה אליה לכן ליברהן בה עלי באב מן עלום אלנטר וכמא קאל ודניאל הבין (דניאל א׳ י״ז) ואלצאלח תגדה יעמל עמלא ליס הו בעינה אלמפרין לכנה [חא]גה ומצלחה ללמשרוע כמא קאל פי עבדיהו ויקרא אחאב אל עבדיהו וגו׳ (מלכים א׳ י״ח נ׳). ואלסאבע עשר עז והדר לבושה וגו׳ כמא תגד אלמכתסב מן חלה יסעא פי עאקבתה אנמא מן ישר אלסלט[אן][3]) . . . .
ואלתאמן עשר פיה פתחה אדא סיל אלמכתסב כיף וצלת אלי הדה אלחאל אגאב בחכמה ובדלך אלעאלם יערב ען עלמה כמא קאל שפתי חכמים יזרו דעת ואלצדיק יעלם אלנאס במא יטיעון כמא קאל שפתי צדיק ירעו רבים. ואלתאסע עשר צופיה לא יתכל עלי אנה יצל אלי שי בכסל ואלעאלם אנמא תוכלה עלי טלבה אם תבקשנה ככסף ואלצאלח עלי אלענאיה [אל]שדידה כמא קאל בכל לבבך ובכל נפשך ובכל מאדך (דברים ה׳). ואלעשרון קמו רבות בנות חתי אקרבאה יחמדונה ובדלך אלעאלם קאל ותמכיה מאשר ואלצאלח פי[4])....

[1]) בכ״י יעיד. [2]) נראה שצ״ל: ופי.

[3]) אפשר שצ״ל אמנא מן שר אלסלטאן. ומה שנוגע אל החכם ואל הצדיק חסר בכ״י.

[4]) ביאור: החכם חתם את ספרו במשל שנשא מאשת חיל ונמשלו אליה החכמים

והצדיקים ויסד המשל על סדר א״ב כדי שיקל זכרונו על התלמידים לפי שהם צריכים להשתמש בו הרבה והנה אלו כ״ב פסוקים נאמרו בברור על דרך נגלה באשת חיל שאינה ראויה ליקרא כן אלא אם הכינה כל מה שהצריכה להצלחתה בעולם הזה ובעולם הבא וכן הוא בחכם וצדיק הנמשלים אליה ועיקר זה שהאדם מורכב מגוף ונפש ושכל ויש דברים שיצליח בהם אחד מהן וסיפר תארי הצלחת הגוף הנראים לעין כדי שנלמד מהן ונקיש להם מה שצריך להצלחת הנפש והשכל. ויחס הצלחת הגוף אל האשה לפי שמדרגת האנשים יותר מעולה ומיחסים לו הצלחת הנפש והשכל. והתחיל באמרו מי ימצא ואינו רוצה בו שלא תמצא אשת חיל כלל אלא שהיא יקרה במציאות כאילו אמר אשרי מי ימצא וכן נאמר בחכם ובצדיק שהם יקרים במציאות. והאשה הצדקנית וכמוה העוסק היטב בצרכי ביתו והחכם השלם והצדיק הגמור שלשתן יקרים מפנינים. ואחר ששיבח כן יקרת האשה דבר במעשיה והתחיל באמרו בטח וגו׳ שכל בני אדם נשענים על עצת המנהיג הטוב ועל החכם והצדיק. והשני ושלל וגו׳ שהמשגיח על מחיתו ירויח תמיד והחכם ישמח בכל דבר שלמד כמו בשלל רב וכן הצדיק ישיש גם על מצוה קלה שיקיים. והשלישי גמלתהו טוב ולא רע ירצה בו שהמכלכל את ביתו צריך לבקש רוח ולא הפסד ולא ירגיל את עצמו שפעם ירויח ופעם יפסיד והחכם לא ילמד דבר וישכח דבר ולא ילמד יחד מה שמועיל לו ומה שיזיקנו והמאמין לא יהיו מעשיו פעם טובים ופעם רעים. והרביעי כל ימי חייה שיתמידו שלשתן לעשות כן כל ימי חייהם. והחמישי דרשה וגו׳ אמרו בחפץ כפיה לא רצה בו שיהא לידים חפץ אלא שהן מבקשות מה שבטבעם לעשות לפי שכל אברי האדם דורשים המעשים המיוחדים להם בטבע והעוסק בפרנסתו יתן לידיו כח התנועה אשר יבקשו ממנו לעשות חפצם והחכם נותן לשכלו מה שהוא תובע כדי לשמוח בהכמה והצדיק יתן לנפשו המרגוע שהיא חפצה בו להגיע אל אור הבורא. והששי היתה באניות וגו׳ שהעמל למחיתו יביא לחמו מרחוק מן המותר לו וכן החכם מביא מרחוק טענות לקיים האמת ולבטל השקר והצדיק יבוא ממקום רחוק לקיים המצוות. והשביעי ותקם וגו׳ שבעל הבית נותן לבניו ולמשרתיו המלאכות הראויות להם בכל עת והחכם ילמד בכל חלק מן הזמן חלק מן החכמה והצדיק קובע לו זמן לכל מצוה ומצוה כמו תפלה ושבת ומועדים. והשמיני זממה וגו׳ שהעמל למחיתו אם חשב לקנות שדה לא יחדל מלאסוף מעות עד שישלם מחירו והחכם אם כוון להגות באחד מן הספרים הנוגע בחכמה אחת יחבר חלק עם חלק ועניו עם ענין עד שילמדהו או ילמדהו והצדיק מוסיף לעשות הטוב ולקיים המצוות עד שיגיע אל תכלית השלמות. והתשיעי חגרה וגו׳ שהאדם הרוצה למצוא פרנסתו יטריח עצמו במלאכות קשות והחכם לא יירא מלשקד על ספרים סתומים ועניינים עמוקים והצדיק מסכן את נפשו ויסבול מכאובים לקיים המצוות. והעשירי טעמה וגו׳ ר״ל שינעם לזה לקבץ ממון ולזה ללמוד חכמה ולזה לעבוד את השם. ואחד עשר ידיה וגו׳ שבאלו התנאים יצליחו שלשתם להגיע אל מטרתם. והשנים עשר כפה פרשה וגו׳ שהמרויח בממונו יתן ממנו לעניים והחכם ילמד את הכסיל והצדיק ישיב את החוטא מעון. והשלשה עשר לא תירא רוצה בו שהאדם העמל למחיתו לא יירא מן היוקר והרעב ומן החום והקור לפי שהכין באוצרו מאכלו ובגדיו והחכם לא יפחד מפני טענות הכופרים לפי שהכין תשובות עליהם והצדיק לא יירא שיסיתוהו תאוות העולם. והארבעה עשר מרבדים וגו׳ שהמרויח בעמלו ישכב על מטה נאה והחכם בוטח בראיות ברורות שהכין לנפשו והצדיק אם עמד בצדקתו בחייו אז במותו ימצא מעשיו הטובים כערש רבוד. והחמשה עשר נודע וכו׳ רוצה בו שהמבקש מחיתו במלאכה נודע בין בני אדם בתקון דרכיו וצניעותו והחכם נודע בידיעתו והולקין לו כבוד והצדיק נות לבריות ומכובד. והששה עשר סדין וגו׳ טעמו שלפעמים האומן עושה מלאכה שאינה צריכה לו בעצמה אלא כוונתו להרויח בה כמו שתאר הסדין והחגור (ר״ל למכור הסדין וליתן החגור) וכן החכם יתעסק באיזה מאמר מן המון העם או במלה מן הלשון או באיזה אומנות לא מפני שהם נצרכים לו כי אם לבאר בהם איזה שער מחכמת העיון והצדיק יעשה דבר שאינו מצוה עליו אלא מפני שהוא צורך מצוה והשבעה עשר עז והדר וגו׳ המשתדל להרויח מן המותר לו יעמל לימים הבאים והוא לא יירא מן רעת המלך . . . והשמונה עשר פיה וגו׳ רוצה בו שהמרויח בעסקיו כששואלים אותו איך הגיע אל מעלתו הוא ישיב בחכמה והחכם מבאר היטב את ידיעתו והצדיק מורה לבני אדם עבודת השם. ותשעה עשר צופיה טעמו שהמרויח לא יחשוב שיגיע אל דבר בעצלות והחכם אינו בוטח אלא על חקירתו והצדיק על יגיעתו (ר״ל לעשות הטוב רק ביגיעה רבה). והעשרים קמו וגו׳ ששלשתן גם קרוביהם מהללים אותם . . .